RAPPORT MONDIAL SUR LE DEVELOPPEMENT HUMAIN 1991

Publié pour le
Programme des Nations Unies
pour le développement (PNUD)
par

ECONOMICA
49, rue Héricart, 75015 Paris

Le graphique de couverture représente quatre taux ayant trait aux ressources publiques affectées au développement humain ou susceptibles de l'être. Le premier, en partant du bas, est le taux des dépenses publiques par rapport au revenu national. Le second est le taux des dépenses sociales par rapport aux dépenses publiques. Le troisième est le taux des dépenses prioritaires (essentiellement les dépenses d'enseignement de base et de soins de santé primaires) par rapport aux dépenses sociales. Le produit de ces trois taux est le taux des dépenses humaines, à savoir celui des dépenses publiques consacrées aux secteurs prioritaires par rapport au revenu national. Toute augmentation de l'un des trois premiers taux, et notamment du second et du troisième, permet d'obtenir un accroissement des dépenses de développement humain.

Titre original : *Human Development Report 1991*

Maquette de couverture : Gerald Quinn, Quinn Information Design, Cabin John, Maryland

Préface

Les années 1990 ont débuté sur un immense mouvement d'espoir. Une grande vague de démocratie balayait l'Europe de l'Est et l'Union soviétique. Le mur de Berlin tombait. L'Allemagne était réunifiée. Les régimes unipartites reculaient en Afrique. Une ère nouvelle semblait s'ouvrir dans le domaine des droits humains et de la liberté politique.

Ces espoirs furent soudain réduits à néant du fait de l'invasion du Koweït par l'Iraq. Mais le monde avait alors déjà changé de face, la division Est-Ouest ayant disparu, et la communauté internationale, par l'intermédiaire des Nations Unies, joignit ses forces pour condamner et repousser l'agression. Un processus de restauration long et coûteux doit à présent s'engager. Et il est de notre devoir historique et moral de tirer les enseignements qui s'imposent du passé récent : il faut des années, des décennies, des générations d'efforts pour construire le développement ; quelques secondes peuvent suffire à tout détruire. Le développement exige la paix.

Le cadre nécessaire à une coopération internationale intensifiée pour garantir la sécurité mondiale existe : c'est l'Organisation des Nations Unies. L'Organisation constitue une plate-forme à partir de laquelle les Etats membres pourront élaborer un monde nouveau, monde de paix et de développement. L'occasion nous est offerte à présent de redécouvrir la grande promesse du début des années 90 et de récolter les fruits de la paix engloutis pour un temps dans les sables de la région du Golfe.

Le *Rapport mondial sur le développement humain – 1991* se fait le reflet des événements survenus dans le monde durant l'année écoulée. Il propose une réallocation rationnelle des ressources afin de mieux servir l'humanité en faisant bénéficier autant d'individus que possible d'un usage créatif de ces ressources plutôt que d'en limiter l'affectation à des groupes d'intérêts restreints. Il recommande une forme participative du développement où l'être humain est placé au centre du processus de prise de décision. Il prône la liberté humaine et la libération des énergies créatrices des individus afin de susciter des possibilités de développement économiques et sociales pour eux-mêmes et pour la société. Il préconise un processus de développement humain dont le but principal est l'épanouissement et l'utilisation de toutes les capacités humaines.

Le rapport comporte pour la première fois un indicateur de liberté humaine. Abstraction faite des difficultés qu'il y a à quantifier et à mesurer la liberté, aucune mesure du développement humain ne peut se dire complète sans la prendre en considération.

Le rapport examine également la question de la disponibilité des ressources financières en vue de la réalisation des objectifs de développement humain et conclut sans complaisance que c'est fréquemment l'atonie politique, et non pas le manque de ressources, qui est la véritable cause de la dévalorisation de la vie humaine. Les exemples de gaspillage et d'occasions de développement manquées ne sont que trop nombreux : augmentation des budgets militaires, inefficacité des entreprises d'Etat, multiples projets de prestige, fuite accélérée des capitaux et vaste corruption. La plupart des budgets pourraient accroître la part des dépenses de développement humain à condition que les autorités révisent l'ordre de leurs priorités. Mais cette condition est déterminante. Or, les réformes éclairées peuvent se heurter en la matière à la rigidité des structures du pouvoir. C'est la raison pour laquelle le présent rapport identifie d'une part la portée que peut avoir une restructuration du budget de l'Etat, mais aussi d'autre part une stratégie politique permettant d'effectuer les changements nécessaires.

Le rapport s'est donné pour thème central les dépenses publiques de développement et ce thème vient éclairer les relations synergiques qui doivent être établies entre le secteur public et le secteur privé.

Lorsque les marchés fonctionnent bien et qu'un cadre de politiques favorables à l'initiative privée et à un développement largement participatif est en place, les individus sont en mesure de subvenir à leurs propres besoins. Le développement participatif est la clé de la croissance économique et du développement humain.

Le véritable défi à relever dans les années 90 est celui de transformer l'intérêt pour le développement humain en réalité tangible. Le processus passe par la conception de stratégies de développement saines à l'échelle des pays, par le renforcement de la base de données disponibles en vue de la planification et du suivi des programmes, et par la prise en considération du développement humain dans l'affectation des dépenses et dans le dialogue politique. Le présent rapport émet plusieurs suggestions concrètes à cette fin.

Comme cela avait été le cas du premier rapport, celui de 1991 a été le fruit d'une coopération au sein de l'Organisation des Nations Unies. Je suis personnellement reconnaissant à toutes les institutions spécialisées et aux autres organismes du système des Nations Unies, y compris la Banque mondiale et le FMI, du soutien qu'ils ont généreusement apporté à la préparation du rapport de cette année.

Le *Rapport mondial sur le développement humain - 1991* a été préparé par une équipe du PNUD et par d'éminents consultants de l'extérieur, et compilé sous la direction de Mahbub ul Haq, ancien Ministre des Finances et du Plan du Pakistan, en sa qualité de Conseiller spécial de l'Administrateur du PNUD. Je tiens à féliciter l'équipe de son excellente contribution au débat international sur le développement.

L'indépendance et l'intégrité intellectuelle sont essentielles pour assurer la validité d'un travail tel que celui-ci. Les opinions exprimées dans le présent rapport sont celles de l'équipe de rédaction et ne sont pas nécessairement partagées par le PNUD, son Conseil d'administration, ou les gouvernements membres du PNUD.

J'espère que le présent rapport apportera une contribution importante au dialogue sur la restructuration des budgets nationaux et des programmes d'aide, et placera les priorités humaines au centre même du dialogue sur le développement. Le PNUD se tient prêt à apporter tout l'appui nécessaire aux pays en développement afin de traduire leurs priorités de développement humain en programmes d'action.

New York
1er mai 1991

William H. Draper III
Administrateur du PNUD

Membres de l'équipe de préparation du *Rapport mondial sur le développement humain - 1991*

Directeur du projet
Mahbub ul Haq

Equipe du PNUD
Principal: Inge Kaul
Membres: Leo Goldstone, Bernard Hausner, Saraswathi Menon, Moez Doraid, Kees Kingma, Jeni Klugman, Jiali Li et Hana Shishtawy, assistés de Akhtar Mahmood et Paul Redfern, et rédigé par Peter Stalker

Groupe de Consultants
Paul Streeten, Frances Stewart, Meghnad Desai, Gustav Ranis et Herbert Wulf

Table des matières

VUE D'ENSEMBLE 1

CHAPITRE PREMIER
Mesurer le développement humain et la liberté humaine 13
Affinements de l'indicateur composite de développement humain 14
L'indicateur de liberté humaine 19

CHAPITRE DEUX
La situation du développement humain 23
La pauvreté 27
Les inégalités 27
La survie de l'espèce humaine 29
Perspectives régionales 32
Les pays industrialisés 32
L'Asie 34
L'Amérique latine et les Caraïbes 37
Les Etats arabes 38
L'Afrique subsaharienne 39

CHAPITRE TROIS
Le financement du développement humain 41
Complémentarité des dépenses publiques et privées 41
Analyse des dépenses publiques 42
Taux des dépenses publiques 46
Taux des dépenses sociales 49
Taux des priorités sociales 55
Aide internationale 59
Annexe : Résumé succinct des monographies de pays 65

CHAPITRE QUATRE
L'efficacité du développement humain 68
Réduction des coûts dans l'enseignement 68
Réduction des coûts des soins de santé 70
Réduction des coûts en matière de distribution d'eau et d'assainissement 71

Réduction des coûts en matière de subventions alimentaires 71
Services payants 73
Au-delà des statistiques 76

CHAPITRE CINQ
Concevoir les réformes 78
Equilibrage des pressions politiques 79
Les politiques de soutien 84

CHAPITRE SIX
Un nouvel ordre humain 87
Stratégies nationales en faveur du développement humain 87
Un nouveau calendrier mondial pour le développement humain 89
Les dividendes de la paix 91
Les perspectives de paix dans le Tiers-Monde 93
Un accord mondial en faveur du développement humain 95
Exemple : Définition d'un profil de développement humain au Pakistan 97

Notes techniques 100
Notes bibliographiques 118
Sources 120

INDICATEURS DU DEVELOPPEMENT HUMAIN 129

ENCADRES
1.1 Questions soulevées par le Rapport mondial sur le développement humain de 1990 14
1.2 L'indicateur de liberté humaine 21
2.1 Bilan du développement humain - pays en développement 25
2.2 Bilan du développement humain - pays industrialisés 26
2.3 100 millions de femmes manquent à l'appel 29
2.4 Etats-Unis - la pauvreté côtoie l'opulence 34
2.5 Des villes de carton pour les sans-abri du Royaume-Uni 34
2.6 Le SIDA en Afrique 39
3.1 Fuite des capitaux 54
3.2 Corruption 55
3.3 Projets de prestige 56
3.4 L'aide en faveur des services de santé communautaires au Sénégal 63
4.1 Classes doubles au Sénégal 69
4.2 Au Sri Lanka, les subventions alimentaires ne vont pas aux pauvres 72

4.3 Au Ghana, les redevances imposées aux utilisateurs rapportent de l'argent, mais découragent les patients en milieu rural 75
5.1 Participer au succès 81
5.2 ONG internationales 85
5.3 Assistance à l'ajustement humain 86
6.1 Un développement durable 90
6.2 Migration internationale - la pauvreté en marche 91
6.3 De l'endettement à l'investissement social 92
6.4 Les dividendes de la paix 93
6.5 Aide extérieure - un engagement mutuel 96

TABLEAUX

1.1 Classement des pays industrialisés par IDH 16
1.2 Classement des pays en développement par IDH 17
1.3 IHD sensible aux disparités entre les sexes 18
1.4 IHD ajusté selon la répartition du revenu 19
1.5 Classement d'un nombre limité de pays selon l'ILH 21
2.1 Revenus des 20 % des ménages les plus riches par rapport aux 20 % les plus pauvres, 1980-87 28
2.2 Comparaison par région du développement humain au cours des dernières années 32
3.1 Analyse des dépenses sociales du secteur public (1988) 44
3.2 Dépenses de développement humain par habitant (1988) 45
3.3 Part du secteur privé dans les dépenses sociales (exprimée en pourcentage) (1988) 46
3.4 Dépenses publiques et privées de santé en Afrique 46
3.5 Montant total des recettes exprimé en pourcentage du PNB (1988) 48
3.6 Taux des dépenses sociales (1988) 49
3.7 Croissance économique et dépenses sociales 50
3.8 Dette intérieure (1988) 52
3.9 Taux des priorités sociales (1988) 57
3.10 Scolarisation dans le secteur privé (1985) 58
3.11 APD exprimée en pourcentage du PNB 59
3.12 Répartition de l'aide par secteur 62
3.13 Analyse des dépenses sociales financées par l'APD (1989) 62
4.1 Services payants 73
4.2 Soins de santé payants en Afrique 74
4.3 Enseignement payant en Asie 74

DIAGRAMMES

1.1 Développement humain et revenu 13
1.2 Ajustement de l'IDH en fonction des disparités 16
1.3 Ajustement de l'IDH en fonction de la répartition du revenu 18

1.4 Evolution de l'IDH dans le temps 19
2.1 Transfert net de ressources du Nord vers le Sud 23
2.2 Population et revenu 24
2.3 Population et croissance 24
2.4 Populations vivant pauvrement dans les pays en développement 27
2.5 Populations vivant pauvrement dans les pays industrialisés 27
2.6 Malnutrition infantile dans les zones urbaines et rurales 28
2.7 Maternité sans risque 30
2.8 Demande d'énergie dans le monde 31
2.9 Ecarts femmes-hommes 33
2.10 Profil de la détresse humaine dans les pays industrialisés 35
2.11 Salaires des femmes : écarts 36
3.1 Les quatre taux 42
3.2 Dépenses sociales dans les domaines prioritaires 43
3.3 Dépenses de développement humain par habitant 45
3.4 Part de l'APD consacrée au développement humain (1989) 60
3.5 Part de l'APD consacrée aux priorités sociales par habitant des pays donateurs (1989) 61
6.1 Les dividendes de la paix 92
6.2 Modification des objectifs militaires sur le PNB 94
6.3 Dépenses militaires et succès obtenus dans le domaine du développement humain 95

Vue d'ensemble

C'est fréquemment l'atonie politique et non pas le manque de ressources financières qui est la véritable cause de la dévalorisation de la vie humaine.

Telle est la principale conclusion du *Rapport mondial sur le développement humain 1991*. Le rapport de cette année, qui a pour thème le financement du développement humain, est parcouru par une idée-force : la restructuration des budgets nationaux et de l'aide internationale en faveur du développement humain peut libérer un immense potentiel de ressources. Le rapport conclut qu'une grande partie des dépenses actuelles sont mal allouées et mal utilisées. Une révision adéquate des priorités peut doter le monde des moyens financiers d'accélérer le progrès humain.

Le principal objectif du développement humain — telle que la notion a été définie l'an dernier dans le premier rapport — est d'élargir la gamme des choix offerts à la population, qui permettent de rendre le développement plus démocratique et plus participatif. Ces choix doivent comprendre des possibilités d'accéder au revenu et à l'emploi, à l'éducation et aux soins de santé, et à un environnement propre et ne présentant pas de danger. L'individu doit également avoir la possibilité de participer pleinement aux décisions de la communauté et jouir des libertés humaines, économiques et politiques.

Les priorités des êtres humains ne sont pas immuables : elles évoluent dans le temps à mesure que les conditions et les aspirations individuelles changent. Et elles doivent être prises en considération globalement, sans privilégier un des aspects de l'existence humaine aux dépens d'un autre. De nombreux décideurs politiques tendent à concentrer leur attention sur un aspect, le revenu, mais c'est là une attitude réductionniste dans la meilleure des hypothèses et une grossière distorsion de la réalité dans la pire.

Hommes, femmes et enfants doivent être au centre de l'attention, le développement étant organisé autour d'eux et non pas l'inverse. En outre, le développement doit être participatif et il faut pour qu'il puisse l'être que les individus aient la possibilité d'une part d'investir dans le développement de leurs capacités — santé, éducation et formation — et d'autre part de faire usage de ces capacités, c'est-à-dire de participer pleinement à tous les aspects de la vie et de s'exprimer librement et de manière créative.

Ainsi conçu, le développement représente une amélioration de la vie individuelle et sociale de la personne. Deux mises en garde s'imposent à ce sujet : la première est que l'essence de la société n'est pas la satisfaction illimitée des choix individuels mais le respect du potentiel, des possibilités, des besoins et des intérêts de tous ; la seconde est qu'il ne faut pas élargir la gamme des choix de la génération actuelle en compromettant les choix des générations futures. En d'autres termes, il faut que le développement soit durable.

Le premier *Rapport mondial sur le développement humain* insiste sur le fait que le développement humain est manifestement possible, comme le prouvent les progrès réalisés au cours des trois décennies passées. A en juger d'après les indicateurs de base que sont l'espérance de vie et l'alphabétisation des adultes, le développement a connu des réussites. L'espérance de vie moyenne dans les pays en développement a augmenté de 16 ans et l'alphabétisation des adultes de 40 %. Il est exact que les besoins élémentaires d'un quart de la population du monde en développement ne sont toujours pas couverts. Mais si les priorités sont adéquatement fixées et si l'engagement politique est suivi d'une

La restructuration des budgets nationaux et de l'aide internationale en faveur du développement humain peut libérer un immense potentiel de ressources.

De même que la croissance économique est nécessaire au développement humain, le développement humain est essentiel à la croissance économique.

action, l'œuvre qui reste à accomplir est à la mesure de nos moyens.

Le développement humain exige la croissance économique, sans laquelle aucune amélioration durable du bien-être humain n'est possible. Mais si la croissance économique est une condition nécessaire du développement humain, elle ne suffit pas. Les taux de croissance économique élevés ne se traduisent pas automatiquement en niveaux de développement humain élevés. Il faut qu'une action politique ferme vienne resserrer le lien entre ces deux éléments.

De même que la croissance économique est nécessaire au développement humain, le développement humain est essentiel à la croissance économique. Toute action politique éclairée doit s'organiser autour de cette relation réciproque.

Le rapport de 1990 estimait que les pays en développement disposent des ressources nécessaires à la réalisation d'un grand nombre de leurs objectifs de développement. Le rapport de 1991 fait un pas de plus en montrant la possibilité de restructurer les budgets nationaux et l'aide extérieure afin de répondre aux besoins humains.

Ces besoins restent considérables, tout particulièrement dans les pays en développement, ainsi qu'il apparaît de l'état présent du développement humain qu'établit le rapport de cette année :

- *Pauvreté* — Plus d'un milliard d'êtres humains vivent dans un total dénûment.
- *Nutrition* — Quelque 180 millions d'enfants, soit un sur trois, souffrent de malnutrition grave.
- *Santé* — Un milliard et demi de personnes n'ont pas accès aux services de santé primaires. Près de trois millions d'enfants meurent chaque année de maladies contre lesquelles il existe des vaccins. Un demi-million de femmes environ meurent de causes liées à la grossesse et à l'accouchement.
- *Enseignement* — Approximativement un milliard d'adultes ne savent ni lire ni écrire. Le nombre d'enfants d'âge scolaire qui ne fréquentent pas l'école dépasse largement 100 millions.
- *Disparités entre les sexes* — Les disparités entre hommes et femmes restent considérables. Le taux d'alphabétisation féminin n'atteint que les deux tiers du taux masculin. La scolarisation primaire des filles dépasse légèrement la moitié de celle des garçons. Une grande part du travail féminin est toujours sous-payé et sous-estimé.

Les populations de tout le monde en développement partagent ces problèmes, mais l'urgence se manifeste dans différents domaines selon les régions. En Amérique latine, en Asie du Sud et dans les Etats arabes, la pauvreté est accentuée par une répartition extrêmement inégale des biens. La pression du service de la dette sur les ressources disponibles se fait sentir tout particulièrement en Amérique latine. En Afrique, près des deux tiers de la population n'ont pas accès à l'eau salubre et moins de la moitié des enfants fréquentent l'école primaire. Le dénûment extrême se concentre de plus en plus en Afrique. Même en Asie de l'Est et du Sud-Est, où la croissance économique générale a été rapide, la moitié de la population n'a toujours pas accès à l'eau salubre ni aux soins de santé de base.

Dans les pays industrialisés du Nord, le revenu moyen est considérablement plus élevé que dans le Sud et la quasi totalité des habitants ont accès aux services sociaux de base. Mais les manques et la détresse humaine n'ont pas disparu. En fait, les analyses de la situation des pays industrialisés et des pays en développement révèlent de nombreux points communs, encore que les manques diffèrent par leur ampleur et par leur nature :

- *Pauvreté* — Plus de 100 millions d'habitants des pays industrialisés à économie de marché vivent en-dessous du seuil de pauvreté. En incluant l'URSS et l'Europe de l'Est, ce chiffre atteint au moins 200 millions.
- *Chômage* — Dans dix pays industrialisés, le taux de chômage se situe entre 6 et 10 % ; il dépasse 10 % dans trois autres pays.
- *Inégalités entre les sexes* — Les salaires féminins moyens n'atteignent que les deux tiers des salaires masculins et la représentation parlementaire des femmes n'est que le septième de celle des hommes.
- *Structures sociales* — Dans de nombreux pays industrialisés, les structures sociales continuent à se défaire : les anciennes normes et coutumes disparaissent sans que de nouveaux éléments de cohésion viennent prendre leur place. Il en résulte trop souvent un isolement et une aliénation des individus. Toxicomanie, phénomène des sans-abris, suicide, divorce et foyers monoparentaux atteignent tous des taux élevés.

Le développement humain est un facteur d'unification des pays en développement et des pays industrialisés. La question de la permanence du développement l'est aussi. Chaque génération doit répondre aux besoins présents, sans contracter de dettes qu'elle ne pourra pas rembourser : surendettement financier, dettes sociales provenant d'une insuffisance d'investissements sociaux, dettes démographiques dues à une croissance non régulée de la population et dettes écologiques du fait de l'épuisement des ressources naturelles.

Le rapport de l'an dernier a défini un indicateur composite de développement humain (IDH), mesure statistique plus réaliste du développement humain que le simple produit national brut (PNB) par habitant. L'IDH tient compte du revenu, de l'espérance de vie et de l'alphabétisation pour déterminer une valeur du développement humain et établir un classement.

Le rapport de cette année a apporté certaines améliorations à l'IDH pour l'affiner et le préciser sur les points suivants :

• *Nouveau classement* — Le niveau de connaissances est mesuré de façon plus large, d'après le taux d'alphabétisation des adultes mais aussi selon la moyenne d'années de scolarité. En outre, la part de revenu supérieure au seuil de pauvreté est maintenant prise en considération ; elle n'est plus affectée d'un coefficient de pondération nul mais dégressif.

L'IDH modifié conduit à plusieurs conclusions intéressantes. Parmi les pays industrialisés, le Japon se classe toujours en première position et la Roumanie vient en dernière. Parmi les pays en développement, la Barbade se classe au premier rang et la Sierra Leone au dernier.

Pour 26 pays, le rang par IDH est inférieur de 20 places à leur rang par revenu par habitant, indiquant des possibilités considérables d'amélioration du développement humain par une rationalisation de l'affectation de leurs ressources nationales.

• *Disparités entre les sexes* — Pour 30 pays pour lesquels on disposait de données suffisantes, un IDH féminin et un IDH masculin distincts ont été calculés. Ces IDH montrent que les disparités entre les sexes sont considérables dans la majorité des pays en développement. Au Kenya, l'IDH féminin n'atteint que la moitié de l'IDH masculin. Dans les pays industrialisés, les disparités entre les sexes se sont atténuées (en particulier en niveaux d'éducation de base), mais elles restent importantes dans l'enseignement supérieur, la participation à la force de travail et les salaires. Au Japon, la part de revenu national provenant du travail féminin ne représente que 26 % de celle qui provient du travail masculin.

L'IDH pondéré en fonction des différences entre les sexes confirme les résultats antérieurs. La discrimination entre les sexes est un problème mondial. Il atteint une intensité particulière lorsque les ressources sont rares, c'est-à-dire dans les pays en développement les plus pauvres, mais se manifeste également dans des pays tels que la Suisse et le Japon dont l'IDH chute de façon notoire lorsque l'on fait intervenir dans son calcul les disparités entre les sexes.

• *Répartition du revenu* — Dans les pays où les écarts entre riches et pauvres sont importants, les moyennes nationales sont trompeuses. Le calcul d'un IDH tenant compte de la distribution du revenu, effectué pour 53 pays, montre que la valeur des résultats en matière de développement humain diminue de beaucoup lorsque ceux-ci ne sont pas également répartis. La valeur de l'IDH de plusieurs pays, dont le Népal, le Brésil et la Côte d'Ivoire, chute de plus de 10 % lorsqu'elle est ajustée en fonction de la répartition du revenu ; elle diminue de plus de 5 % lorsque l'on opère le même ajustement pour un cinquième de tous les pays considérés.

• *Progrès humain* — Une évaluation de l'évolution du développement humain dans le temps (de 1970 à 1985) montre qu'un grand nombre des pays les moins avancés d'Afrique ont réalisé des progrès sensibles en développement humain, alors même que leur PNB avait un taux de croissance faible ou négatif.

• *Liberté humaine* — Un indicateur de liberté humaine (ILH) a été calculé pour 88 pays. Bien que des recherches supplémentaires s'imposent, il est permis de tirer une conclusion provisoire dans ce domaine et de noter qu'il existe une corrélation entre les niveaux de développement humain élevés et les niveaux de liberté humaine élevés.

On note également des signes encourageants : la moitié des pays qui se situaient en bas de l'échelle de la liberté humaine (soit 14 pays sur 38) au milieu des années 80 ont fait depuis des progrès importants sur la voie de la démocratie. Le développement humain a tout à y

Il existe une corrélation entre les niveaux de développement humain élevés et les niveaux de liberté humaine élevés.

La tâche principale est d'investir dans la population dont il faut libérer l'initiative.

gagner ; son objectif principal d'amplifier les choix qui s'offrent aux populations ne pourra se réaliser que lorsque celles-ci auront effectivement la liberté de choisir ce qu'elles veulent être et comment elles veulent vivre.

Toutes ces améliorations de l'IDH en augmentent l'utilité et autorisent une meilleure compréhension des structures du progrès socio-économique. Elles ne sont cependant que les premières étapes d'un processus d'affinement continu et il reste des progrès à accomplir pour faire de l'IDH un instrument fiable d'interprétation de la réalité et d'aide aux décisions clés de politique.

S'agissant du thème central du rapport de cette année — le financement du développement humain — les principales conclusions auquel le rapport aboutit sont les suivantes :

1. La croissance économique pour le développement humain

La meilleure façon d'obtenir un développement humain est de promouvoir une croissance économique plus équitable et un développement plus participatif.

Dans les années 80, de par le monde, les pays ont fait de plus en plus largement confiance à l'initiative privée et aux mécanismes du marché pour promouvoir une croissance économique accélérée et pour améliorer la qualité de la vie humaine. Les agents moteurs de cette croissance sont multiples. Parmi les plus importants figurent les nombreuses petites entreprises qui fournissent un revenu à une main-d'œuvre en rapide expansion, stimulant ainsi l'épargne des particuliers et permettant à l'investissement d'accroître la productivité de la population.

La meilleure façon de promouvoir le développement humain est d'accroître le revenu national et de veiller à ce que s'établisse un lien étroit entre croissance économique et bien-être humain. Cette approche trouve son illustration dans les expériences récentes des économies des pays nouvellement industrialisés de l'Asie de l'Est, dont la croissance économique efficace, à large assise et à main-d'œuvre intensive, a été soutenue par des services sociaux fournis aux individus qui pour diverses raisons n'étaient pas en mesure de subvenir à leurs propres besoins.

La nécessité de la croissance économique, de l'initiative privée et du développement participatif est également illustrée par les pays d'Europe de l'Est qui procédaient à des dépenses publiques élevées et ignoraient l'importance de la mobilisation de l'initiative privée tout en limitant les libertés économiques et politiques. Ces pays ont changé de politique et s'attachent à privatiser les entreprises d'Etat, à promouvoir les petites et moyennes entreprises et à attirer les capitaux étrangers.

La croissance revêt une urgence particulière dans les régions où elle a précisément fait défaut. Pour un grand nombre des pays les moins avancés, un développement humain durable ne saurait être envisagé sans un large éventail de mesures visant à accroître les capacités et les possibilités des populations. Ceci comporte non seulement la mobilisation et le développement des capacités humaines, mais aussi des investissements destinés à étendre et à diversifier la base économique, ainsi que l'élimination des inégalités des chances. Il faut mettre l'accent sur la création d'encouragements à la productivité pour les agriculteurs et les petites entreprises, et sur le développement rural, l'élaboration de l'infrastructure et le développement durable.

Faute de telles mesures, le développement humain ne saurait se maintenir à long terme. La croissance économique doit atteindre l'élément humain et l'élément humain doit contribuer à la croissance. Au niveau national et international, la croissance économique assortie d'un développement humain dépendra, à long terme, d'une meilleure adéquation entre les possibilités économiques et les besoins des populations.

Actuellement, 77 % de la population mondiale — dans le Sud — gagnent 15 % du revenu mondial. Pour eux, les chocs extérieurs et la détérioration des termes de l'échange ont été catastrophiques. Dans les pays à revenu moyen fortement endettés et en Afrique, les termes de l'échange ont subi une chute de près de 25 pourcent au cours de la décennie écoulée. La situation des pays les moins avancés dans le domaine des échanges commerciaux est encore pire, leur part des exportations mondiales ayant diminué de deux tiers et étant tombée de 1,5 % à 0,5 % de 1965 à 1988. Par ailleurs, leurs perspectives ne sont pas brillantes étant donné leur absence de diversification économique et leur faible capacité de réagir aux chocs extérieurs (positifs ou négatifs) et à l'évolution des marchés internationaux.

Ce sont là des tendances inquiétantes qui exigent une attention immédiate. La tâche principale est d'investir dans la population dont il faut libérer l'initiative. Il faut en second lieu élargir les possibilités sur le plan mondial, par un accroissement de la productivité et de la compétitivité des pays en développement et en particulier des pays les moins avancés.

2. L'optimisation des dépenses

Des possibilités d'accès au revenu et une affectation adéquate des dépenses publiques constituent les composantes essentielles des politiques de développement humain.

Tous les pays ne sont sans doute pas en mesure d'obtenir une croissance intensive en main-d'œuvre telle que celle des pays nouvellement industrialisés de l'Asie de l'Est. Nombreux sont les pays dont la croissance économique est lente ou nulle, nombreux aussi ceux qui éprouveront des difficultés, à court et à moyen terme, à corriger les inégalités de répartition du revenu au moyen de mesures telles que les réformes foncières. La pression exercée par la population sur les rares possibilités de développement et les services sociaux continuerait à se faire sentir même si l'effort de réguler la croissance démographique se faisait plus vigoureux.

Une action politique portant sur les dépenses publiques et les dépenses privées s'impose afin de relever tous ces défis.

Il faut par dessus tout permettre à la population de contribuer au financement des services sociaux. Les données sur les dépenses privées consacrées au développement humain sont rares, mais pour les pays pour lesquels ces données sont disponibles, on note que ces dépenses sont souvent supérieures à celles du secteur public. Et les chiffres relatifs aux dépenses du secteur privé ne tiennent pas compte de la contribution en nature des membres des ménages, des femmes en particulier, au développement humain.

Si les sommes consacrées au développement humain par le secteur privé sont très importantes dans les pays en développement comme dans les pays industrialisés, le secteur public joue souvent un rôle complémentaire essentiel, particulièrement lorsque les revenus sont faibles et que les besoins humains de base ne seraient pas satisfaits sans son intervention. Mais l'action publique pour appuyer le développement humain peut revêtir plusieurs formes. Elle peut être un action politique visant à encourager l'initiative privée. Elle peut consister à subventionner des services gérés par le secteur privé. Elle peut être enfin une allocation de ressources publiques à des programmes gérés par l'Etat. Quelles que soient les approches ou la combinaison de stratégies retenues, l'expérience passée dans le domaine du développement montre que les forces du marché ne suffisent pas à assurer à elles seules un développement humain satisfaisant et que des dépenses excessives du secteur public ne le peuvent pas non plus, puisqu'elles ne peuvent être maintenues.

Près de 50 milliards de $ par an pourraient être dégagés et alloués à des usages plus productifs dans les pays en développement.

3. La restructuration des budgets nationaux

Près de 50 milliards de dollars par an — environ 2 % du PNB des pays en développement — pourraient être dégagés et alloués à des usages plus productifs. Ceci pourrait se faire dans une grande mesure en bloquant les dépenses militaires, qui absorbent 5,5 % du PNB du monde en développement. Dans certains des pays les plus pauvres, ces dépenses s'élèvent au moins au double des dépenses de santé et d'enseignement ; tel est le cas en Angola, en Ouganda, au Pakistan, au Pérou, en Syrie, au Tchad et au Zaïre.

Il est possible de réaliser des économies supplémentaires en appliquant les mesures suivantes :

- *Arrêt de la fuite des capitaux* — Aux Philippines, la fuite des capitaux atteignait 80 % de la dette nationale entre 1962 et 1986. Au Mexique et en Argentine, au moins 50 % du montant des emprunts des 15 dernières années ont donné lieu à des sorties de capitaux.
- *Lutte contre la corruption* — Au Pakistan, les gains illégitimes réalisés dans l'exercice de fonctions publiques sont estimés (estimation non officielle) à 4 % du PNB. On estime que la corruption est encore plus élevée dans beaucoup d'autres pays.
- *Réforme des entreprises d'Etat* — Les pertes des entreprises d'Etat au Cameroun, par exemple, dépassent le montant total des recettes publiques provenant du pétrole.

• *Réduction de la police intérieure* — Une attention accrue accordée au développement humain est susceptible dans de nombreux cas de réduire les disparités socio-économiques, la criminalité, les pressions politiques et le besoin de contrôle de police.

Toutes ces mesures sont à la portée des pays en développement, auxquels il incombe, afin de ne pas ajouter au fardeau de la dette, de rationaliser l'usage de leurs ressources et de prévenir les pertes qui peuvent l'être.

Il est, en revanche, un élément majeur de restructuration qui échappe dans une grande mesure à leur contrôle, à savoir la dette extérieure. Pour de nombreux pays, dont le Laos, l'Egypte, la Bolivie et le Mozambique, celle-ci dépasse actuellement le montant total de leur PNB.

Le remboursement de la dette représente une part importante du budget de l'Etat. Les Philippines affectent 36 % de leur budget central au service de la dette, contre 22 % pour les services sociaux ; la Jordanie alloue 39 % de son budget au service de la dette et 18 % aux services sociaux ; le Mexique consacre 20 % de son budget au service de la dette et 18 % aux services sociaux.

Ces taux élevés donnent une idée des fonds que permettrait de dégager la réduction de la dette extérieure. Mais une autre question se pose avec la même urgence : celle de la dette intérieure.

La dette intérieure, argent dû par l'Etat à ses citoyens en monnaie nationale, n'a pas encore retenu l'attention internationale. Dans de nombreux pays, dont l'Inde, le Pakistan, la Malaisie, Singapour et les Philippines, elle dépasse cependant la dette extérieure.

Les pays en développement pourraient appliquer plusieurs mesures de réduction de la dette intérieure : réduire le déficit budgétaire, abaisser les taux d'intérêt, faire des échanges de type dette-capital social pour les entreprises d'Etat, imposer une retenue fiscale sur les intérêts perçus et indexer le montant du capital en échange d'une réduction des paiements d'intérêt. Mais chacune de ces mesures débouche sur des choix difficiles.

Les pays qui restructurent leur budget doivent formuler une stratégie claire et un plan d'action concret. Ils doivent analyser les obstacles institutionnels et politiques qui s'opposent aux réformes et élaborer des propositions réalistes en vue de les surmonter.

De telles politiques et stratégies ne doivent pas être limitées aux pays en développement. Les pays riches ont, eux aussi, pris des décisions curieuses dans l'affectation des ressources nationales. Certains d'entre eux ont procédé à une réduction régulière de leurs dépenses dans les domaines sociaux prioritaires pendant les années 80. Il est exact que, dans ces pays, les dépenses privées en développement humain sont considérables. Mais un financement public complémentaire aurait contribué à résoudre des problèmes sociaux pressants : problème des sans-abri, de la toxicomanie, de la pollution, de la dégradation des systèmes de transport public. Il est essentiel, dans de nombreux pays industrialisés, d'arriver à un équilibre des dépenses publiques et privées — ainsi que dans les dépenses publiques elles-mêmes — afin de résoudre les multiples problèmes humains et sociaux qui ne cessent de s'accumuler.

4. La réaffectation des dépenses

Pour établir une base saine d'analyse des dépenses publiques consacrées au développement humain, les pays doivent surveiller quatre taux :

• *Le taux des dépenses publiques* — pourcentage du revenu national consacré aux dépenses publiques.

• *Le taux des dépenses sociales* — pourcentage des dépenses publiques affecté aux services sociaux.

• *Le taux des priorités sociales* — pourcentage des dépenses sociales consacré aux besoins humains prioritaires.

• *Le taux des dépenses de développement humain* — pourcentage du revenu national consacré aux besoins humains prioritaires.

Ce quatrième taux est le produit des trois premiers. Il constitue un instrument opérationnel puissant qui donne aux décideurs politiques souhaitant restructurer leur budget une représentation claire des options qui s'offrent à eux.

Si les dépenses publiques sont déjà élevées (elles le sont dans de nombreux pays en développement), mais que le taux des dépenses sociales est faible (comme en Indonésie), le budget devra être réexaminé afin de déterminer à quels postes de dépenses des réductions peuvent intervenir. Les dépenses militaires, le service de la dette, les projets de prestige et les entreprises d'Etat déficitaires figurent tous parmi les postes susceptibles d'être réduits.

Si les deux premiers taux sont relativement élevés, mais que l'impact humain final reste bas (comme au Pakistan), il faut accroître le taux des priorités sociales. Pour les pays les plus pauvres, cela comportera vraisemblablement un rééquilibrage entre hôpitaux et soins de santé primaires, entre universités et écoles primaires, et entre zones urbaines et zones rurales où réside la majorité de la population pauvre.

Si le problème se situe au niveau d'un faible taux des dépenses publiques (comme au Bangladesh), un élément clé de la stratégie pourra consister à relever ce taux et donc à accroître les recettes.

L'examen des taux des dépenses humaines de nombreux pays en développement conduit à proposer diverses conclusions en matière de politique :

- Le taux des dépenses de développement humain doit être au minimum de 5 % pour que le pays puisse obtenir un développement humain satisfaisant.
- Ceci peut se faire de différentes façons, certaines efficaces et d'autres pas. Une solution efficace consiste à maintenir le taux des dépenses publiques à un niveau modéré (aux environs de 25 %), d'en affecter une large part aux secteurs sociaux (plus de 40 %) et de se concentrer sur les domaines sociaux prioritaires (en leur accordant plus de 50 %). Une manière inefficace de procéder consiste à absorber une forte proportion du revenu national dans le secteur public, à déprimer l'investissement et l'initiative privés et à limiter la croissance économique et l'expansion des ressources. Il est souvent possible de réduire les dépenses publiques totales (peut-être en encourageant l'investissement privé) et de consacrer davantage de ressources financières aux problèmes humains.
- Les dépenses de l'Etat ne doivent pas nécessairement être importantes si la croissance du PNB est forte et généralement équitable, ou si les dépenses du secteur privé et des organisations non gouvernementales (ONG) consacrées aux dépenses sociales sont élevées.
- La situation la plus défavorable est celle qui allie des dépenses publiques élevées et des priorités sociales basses. Si plus de 25 à 35 % du revenu national sont consacrés aux dépenses publiques et que moins de 2 % du PNB arrivent aux secteurs humains prioritaires (comme au Brésil, en Thaïlande et en Sierra Leone), la situation ne saurait être pire. Le secteur public est immense et cependant, la majorité de la population n'en bénéficie pas.
- Plusieurs pays ont dépassé le stade des priorités de base. Maurice, Sri Lanka, Singapour, l'Argentine et la République de Corée ont effectivement des taux de dépenses de développement humain modérés lorsque l'on considère les priorités de base. Mais ils ont déjà atteint un niveau de développement humain élevé et peuvent donc centrer leurs efforts sur des services sociaux autres que des services de base.

Le taux des dépenses de développement humain devrait devenir l'un des principaux guides de la politique de dépenses publiques. Mais il n'est pas toujours nécessaire d'avoir un taux élevé de dépenses publiques. Lorsque les ressources sont rares, il faut accorder une attention plus grande aux priorités d'affectation et à l'efficacité de leur utilisation. On se gardera toutefois de confondre un appel à une efficacité accrue et une indifférence envers la croissance économique ou la mobilisation de ressources supplémentaires. C'est en dernière analyse le niveau de dépenses de développement humain par habitant qui compte, mais il n'est meilleur argument en faveur de l'octroi de ressources supplémentaires qu'une dépense judicieuse des fonds disponibles.

La proportion des dépenses affectées aux besoins humains prioritaires devrait devenir l'un des principaux guides de la politique de dépenses publiques.

5. Les économies et l'efficacité

La plupart des pays pourraient utiliser leurs ressources actuelles de façon plus efficace, en adoptant des approches plus décentralisées et participatives au développement, en réalisant des économies et des réductions de coûts unitaires prudentes, en exigeant de nombreux usagers une redevance pour les prestations dont ils bénéficient et en encourageant l'initiative privée au plan du financement et de la fourniture des services sociaux.

Nombreux sont les pays qui ont adopté des mesures dans ce sens. Il existe à présent tout un corpus d'expériences auquel les pays peuvent puiser des enseignements pertinents qui correspondent à leur situation particulière. Voici quelques-uns de ces enseignements :

- *Participation de la communauté* — Au Malawi, un programme d'auto-assistance pour l'approvisionnement en eau, dans le cadre duquel le gouvernement fournit

Les subventions alimentaires peuvent être un instrument vital de transfert du revenu aux pauvres.

l'équipement et assure la formation et où la communauté fournit la main-d'œuvre pour la construction et l'entretien et où les dirigeants locaux participent à la planification et à la conception, bénéficie à plus d'un million de personnes.

- *Participation des ONG* — On considère souvent que la fourniture de services sociaux relève de la responsabilité de l'Etat, mais il n'en est pas nécessairement ainsi. On tend actuellement à impliquer de plus en plus largement les organisations privées dans ce domaine, tendance qui va dans le sens d'un élargissement de la gamme de choix, d'une diversification, des entreprises à petite échelle et de la décentralisation. Les ONG ont ici un rôle important à jouer. Au Bangladesh, le Comité de développement des régions rurales (BRAC) assure un enseignement au niveau primaire pour la somme de 15 $ EU par élève et par an. Divers moyens ont permis de contrôler les coûts, parmi lesquels la participation des chefs de villages et des parents d'élèves, la simplicité des salles de classe, et le fait que l'enseignement soit assuré en partie par des instructeurs ayant reçu une formation limitée.
- *Amélioration de la gestion* — Des modifications simples au plan de la gestion du principal hôpital du Malawi permettraient d'économiser 40 % des dépenses ordinaires autres que les salaires.
- *Utilisation intensive des locaux scolaires* — La Zambie a adopté la pratique des doubles ou même des triples journées scolaires pour l'occupation des salles de classe, ce qui réduit ses frais d'investissement en capital de près de moitié.
- *Médicaments de base* — La consommation moyenne de médicaments dans les pays en développement s'élevait à 4,50 $ EU par habitant en 1985. Toutefois, les médicaments de base et essentiels peuvent ne revenir qu'à 1,00 $ EU par habitant, et une liste encore plus élémentaire, d'un coût de 0,25 $ EU pourrait être établie.
- *Subventions alimentaires* — Service social important dans les pays en développement, les subventions alimentaires peuvent être un instrument vital de transfert du revenu aux pauvres et d'amélioration de leur état nutritionnel. La difficulté est de cibler les subventions de manière à ce qu'elles soutiennent les besoins en nutrition des économiquement faibles de la façon la plus efficace possible. Cela comporte certains inconvénients, toutefois, car les programmes les plus précisément ciblés risquent de ne pas atteindre certains groupes parmi les plus vulnérables. Les subventions des marchandises de base qui constituent la consommation principale des pauvres, les cantines scolaires gratuites et les distributions de denrées alimentaires par les dispensaires d'hygiène publique peuvent être très efficaces et très rentables.
- *Technologie moins coûteuse* — Un projet de forage de puits et d'installation de pompes en Inde a permis d'approvisionner en eau les habitants pour un investissement en capital de moins de 1,00 $ EU par an par utilisateur.

Il est possible d'accroître la rentabilité de ressources limitées en appliquant des idées efficaces inspirées par les solutions mises en œuvre dans divers pays.

Une autre approche qui permet de réduire les coûts du secteur public est la participation aux frais des bénéficiaires des services. Cette approche a eu un succès mitigé dans les pays en développement, qui ne récupèrent de la sorte qu'une proportion minime de leurs coûts. Le succès ou l'échec varient selon le secteur auquel la formule est appliquée. C'est ainsi que la participation aux frais des usagers des transports publics semble présenter moins d'inconvénients que dans les secteurs sociaux.

Dans la majorité des pays d'Afrique, les redevances des usagers n'ont permis de récupérer que 5 % des dépenses engagées par l'Etat dans le domaine de la santé, avec quelques exceptions notoires telles que l'Ethiopie (12 %), la Mauritanie (12 %) et le Ghana (15 %). La plupart des pays d'Asie ont ainsi recouvré moins de 5 % de leurs dépenses d'enseignement primaire. Dans l'enseignement secondaire et supérieur, en revanche, ce taux s'élève à plus de 10 %.

Un problème à considérer est que des frais, même modiques, risquent de mettre les services hors de portée de certains usagers. Beaucoup de gouvernements préfèrent donc assurer la gratuité des soins de santé primaires et de l'enseignement primaire, en partie pour le bien public, en partie pour accroître l'égalité des chances, mais surtout pour répondre aux besoins de base de la population.

L'examen d'un certain nombre d'expériences permet de dégager les principes suivants, utiles pour la conception de programmes de développement humain :

- *Enseignement primaire* — L'enseignement primaire est un droit humain fondamental ; il doit donc être gratuit. Le même raisonnement peut s'appliquer aussi à l'enseignement secondaire. L'enseignement supérieur, en revanche, est coûteux et n'atteint qu'un segment limité de la population, appartenant généralement aux classes à revenu élevé. La participation aux frais semble donc appropriée en l'occurrence, à condition qu'elle soit assortie d'un système de prêts et de bourses d'étude pour les étudiants nécessiteux.

- *Soins de santé* — L'accès aux soins de santé primaires doit être universel et gratuit. Les gouvernements doivent s'efforcer de réaliser des économies dans ce domaine en adoptant un programme de médicaments essentiels sur la base d'un appel à la concurrence sur le marché et en accroissant l'efficacité du système de distribution. Ils doivent toutefois percevoir des redevances pour certains types d'hospitalisation.
- *Eau et assainissement* — Il conviendrait d'instaurer des systèmes de subventions croisées à base de tarifs préférentiels pour les quartiers ou les zones pauvres et de surcharges pour les zones riches.
- *Allocation locale des recettes* — Si des frais sont perçus pour un service, les recettes doivent être allouées aux services prioritaires, en particulier au niveau communautaire, de façon à ce que les prestataires puissent se rendre compte de l'amélioration des services pour lesquels ils ont payé.

6. L'aide internationale

Les programmes d'aide se prêtent à une restructuration qui pourrait s'avérer extrêmement rentable. Si un tiers de l'aide accordée actuellement était affecté aux secteurs humains prioritaires, l'affectation d'aide à ces secteurs s'en trouverait quadruplée.

Les budgets d'aide, tout comme les dépenses publiques, peuvent être analysés en examinant les quatre taux suivants :

- *Le taux de l'aide* — pourcentage du PNB du donateur consacré à l'aide au développement.
- *Le taux de l'aide aux secteurs sociaux* — pourcentage de l'aide de chaque donateur affecté aux secteurs sociaux.
- *Le taux de l'aide aux secteurs sociaux prioritaires* — pourcentage de l'aide aux secteurs sociaux consacré aux besoins humains prioritaires.
- *Le taux de l'aide au développement humain prioritaire* — produit des trois taux précédents qui correspond donc au pourcentage du PNB du donateur alloué sous forme d'aide aux besoins humains prioritaires du pays bénéficiaire. Pour l'ensemble des donateurs, le taux des dépenses d'aide humaine est extrêmement bas : 0,026 % de la somme de leur PNB.

Le calcul est simple. L'aide publique au développement (APD) de tous les pays représente actuellement 0,3 % du total de leur PNB. Sur ce total, en 1989, 23 % ont été alloués aux secteurs sociaux et 37 % des dépenses sociales ont été alloués aux secteurs prioritaires du développement humain. En enseignement, 7 % seulement ont été alloués à l'enseignement primaire ; en santé, 27 % seulement ont été alloués aux soins de santé primaires et en approvisionnement en eau et assainissement, 19 % seulement ont été alloués aux zones rurales.

Pour l'ensemble des donateurs, le ratio des dépenses d'aide humaine est de 0,026 % de la somme de leur PNB.

Ces moyennes dissimulent bien entendu des différences significatives entre les donateurs. Les pays nordiques consacrent plus de 0,9 % de leur PNB à l'aide et leurs taux de dépenses d'aide humaine varient de 0,05 % à 0,11 %, soit plusieurs fois la moyenne générale. Les Etats-Unis, en revanche, n'affectent que 0,15 % de leur PNB à l'aide, dont une forte proportion en aide pour la défense à Israël, à l'Egypte, au Pakistan et à la Turquie. Leur taux de dépenses d'aide humaine n'est par conséquent que de 0,01 %.

Certains avancent l'argument qu'il importe peu que l'aide ne soit pas affectée aux cibles prioritaires, car toute aide permet au gouvernement bénéficiaire de libérer d'autres ressources pour les réaffecter ailleurs. Argument plausible en théorie et souvent faux en pratique.

Pour beaucoup de pays pauvres, l'aide représente une telle proportion de leur budget de développement que les priorités de l'aide deviennent inévitablement les priorités de développement des Etats. Au Burundi, l'aide fournit 56 % des dépenses totales de santé et d'enseignement ; cette proportion est également élevée au Tchad (53 %), en Ouganda (48 %), en Somalie (38 %) et en Ethiopie (35 %).

Les ministres des finances des pays en développement sont, en tout état de cause, peu réceptifs à de tels arguments. Ils se montrent peu disposés à engager des dépenses sociales en période normale, car elles offrent un rendement financier

La restructuration pour le développement humain n'est possible que soutenue par une stratégie politique réaliste.

immédiat faible et exigent des dépenses renouvelables pendant longtemps. Il est difficile d'encourager les ministres à accroître les dépenses sociales si les donateurs sont eux-même hésitants à financer les dépenses récurrentes et préfèrent financer des projets intensifs en capital qui ont, précisément, besoin de machines et d'assistance technique provenant des mêmes pays donateurs.

De toutes les catégories d'aide au développement, c'est l'assistance technique qui a le plus besoin d'être réévaluée. L'Afrique reçoit actuellement 6 milliards de $ EU d'assistance technique par an et ce chiffre augmente. Alors que l'Asie a reçu une APD de moins de 5 $ EU par habitant, l'Afrique reçoit plus de 22 $ EU par habitant. Et cependant, le niveau de développement humain de l'Afrique reste l'un des plus bas du monde.

Le problème vient de ce que l'on dépense souvent trop en compétences techniques étrangères et trop peu pour instaurer des institutions locales et pour mobiliser les compétences nationales.

Si l'objectif principal de l'assistance technique était le renforcement des capacités nationales, cela réduirait de beaucoup les coûts de l'assistance. Cela libérerait aussi des millions de dollars qui pourraient être utilisés à des fins plus productives et accroîtrait très certainement l'efficacité de l'aide.

Le Comité d'aide au développement (CAD) de l'Organisation de coopération et de développement économiques (OCDE) pourrait devenir le point focal de restructuration des budgets d'aide. Son secrétariat pourrait faire beaucoup en réalisant une analyse exhaustive de l'impact des priorités actuelles de l'aide sur les niveaux de développement humain des pays bénéficiaires. Il pourrait également publier périodiquement le taux des dépenses d'aide aux secteurs sociaux et le taux de l'aide aux secteurs sociaux prioritaires de chaque pays donateur.

La possibilité de réorientier l'aide internationale en faveur du développement humain, particulièrement en période de stagnation des aides, dépendra en grande partie d'une plus grande transparence budgétaire, et d'une meilleure disponibilité des données analytiques. Elles contribueront à étayer les arguments de ceux qui souhaitent combler l'écart qui existe entre les priorités politiques et les priorités budgétaires.

7. La stratégie politique

De quelque portée qu'elle soit, la restructuration pour le développement humain n'est possible que si elle est soutenue par une stratégie politique réaliste.

Si les ressources sont inégalement réparties, la cause en est généralement politique. Les groupes d'intérêt, l'ordre établi — cadres militaires, élites urbaines et rurales, administrations corrompues — peuvent provoquer des inégalités dans ce domaine.

La restructuration ne sera donc possible que si elle est appuyée par des pressions politiques suffisantes. Il n'existe pas de directives précises à l'usage des décideurs politiques qui veulent procéder à une restructuration de leur système politique et économique : ils y parviennent normalement selon leurs propres méthodes. Mais l'expérience montre que certaines approches générales sont susceptibles de favoriser l'émergence d'un programme de réformes progressives :

- *Encourager la liberté démocratique* — Si une société est libre, l'influence ne passe pas par la richesse. La démocratie est la grande alliée de tous. Les pauvres ont souvent obtenu des résultats remarquables dans les systèmes multipartites et où les élections sont libres. Tel est le cas du Costa Rica en Amérique latine et du Botswana et de Maurice en Afrique.
- *Invoquer l'intérêt commun* — Les services sociaux fondamentaux tels que les soins de santé primaires ont de nombreux partisans et la transmission du message suffit généralement à en développer l'acceptation. Une fois qu'il est pleinement reconnu à quel point les choix possibles sont peu coûteux, et à quel point aussi ils peuvent bénéficier à l'ensemble de la société, l'opposition s'efface dans sa quasi totalité. La vaccination des enfants contre les six premières grandes maladies responsables de la mortalité infantile ne coûte que 0,50 $ EU par an et la réhydratation orale contre la diarrhée 0,10 $ EU.
- *Composer avec les groupes forts* — La réaffectation des ressources au profit des pauvres ne peut parfois se faire qu'en offrant des compensations aux riches. De nombreux systèmes de subventions alimentaires, par exemple, ont été appliqués aux moins pauvres afin de rendre politiquement acceptable l'application du programme d'ensemble, ainsi que cela s'est vu à diverses occasions au Maroc, à Sri Lanka, en Colombie et en Egypte.

L'application de mesures politiques strictes s'accompagne souvent d'actions compensatoires. Au Ghana, à la fin des années 80, l'ajustement a été assorti d'une série d'interventions compensatoires, dont des programmes de travaux publics, de santé et de nutrition.

- *Développer les groupes les plus faibles* — La meilleure façon de parvenir à ce résultat est de décentraliser le processus décisionnel et de permettre à la population de participer pleinement à la planification et à l'application des programmes qui affectent sa vie, ainsi que cela a été démontré par des organisations communautaires telles que la fondation Carvajal en Colombie et par le mouvement Six-S en Afrique de l'Ouest.
- *Accorder du crédit aux pauvres* — L'accès au crédit est une voie d'accès au pouvoir. Les pauvres se voient trop souvent refuser l'accès au crédit dans les pays en développement, en dépit du fait que le crédit constitue un procédé simple pour leur accorder un appui, en dépit du fait également qu'il est moins susceptible de faire l'objet de résistances politiques que d'autres formes d'assistance. Il introduit les pauvres dans le processus de production. Cette forme de soutien a fait beaucoup en ce sens au Ghana, au Rwanda, au Cameroun et aux Philippines.
- *Disposer d'une presse libre* — Les médias peuvent être des alliés puissants au service d'un développement participatif et au service des pauvres. On a émis l'opinion qu'il ne peut pas y avoir de famine dans un pays où la presse est libre, le raisonnement étant qu'il est alors beaucoup plus difficile de dissimuler les grands problèmes sociaux.
- *Coordonner les pressions de l'extérieur* — Les partenaires du développement venus de l'extérieur peuvent souvent toucher à des points politiquement sensibles, telles que les questions ayant trait aux réformes foncières ou aux dépenses militaires. Certains donateurs peuvent hésiter à le faire et préférer s'allier au gouvernement plutôt qu'au peuple. Mais une réforme structurelle peut fournir l'occasion de jouer un rôle plus positif. Si les donateurs souhaitent faire pression pour mettre en œuvre ces types de réformes, ils se découvriront vraisemblablement de nombreux alliés dans les pays en développement et obtiendront des résultats bien plus rapides que les améliorations marginales dont ils se contentent habituellement. L'attention récente portée par le FMI et la Banque mondiale aux dépenses militaires en est un exemple type.

8. Les accords nationaux pour le développement humain

Les gouvernements peuvent fonder leurs plans pour la décennie à venir sur des stratégies nationales de développement humain exhaustives et réalistes par leur coût.

Le présent rapport propose pour de telles stratégies une démarche en quatre points :

- *Un profil du développement humain* — qui énonce les résultats déjà obtenus, les manques humains et les disparités qui subsistent, ainsi que les objectifs d'avenir.
- *Des objectifs clairement définis et chiffrées* — en vue de mettre le développement humain en pratique. Ces objectifs doivent être accompagnés d'approches alternatives dont les coûts auront été étudiés, qui montrent ce qu'il est financièrement et politiquement possible de réaliser dans un cadre chronologique précisé.
- *Des plans de restructuration du budget* — afin de maximiser le taux de dépenses de développement humain et de renforcer les arguments qui militent en faveur de l'allocation de nouvelles ressources nationales et internationales.
- *Une stratégie politique viable* — pour contribuer à dégager un consensus national et un appui du public en faveur des réformes économiques et sociales.

Si les pays en développement bloquaient leurs dépenses militaires aux niveaux actuels, ils pourraient réaliser des économies de plus de 10 milliards de $ EU par an.

9. Une entente mondiale pour le développement humain

La communauté internationale peut conclure une entente mondiale pour le développement humain, où l'aspect humain sera placé au cœur de chaque question.

Nous sommes une communauté mondiale dans toutes les acceptions du terme, interdépendants économiquement, mais partageant aussi le même environnement et exposés à des risques communs de guerre et de bouleversements sociaux. Considérons les désastres qui surviendront si nous n'en acceptons pas pleinement les conséquences. Le commerce mondial et la croissance économique en souffriront. L'environnement continuera de se dégrader. Des guerres éclateront pour résoudre

Mobiliser les concours politiques suffisants pour une action nationale et mondiale, c'est assurer l'avenir du développement humain

des tensions exacerbées. Des millions de personnes, privées de possibilités économiques, migreront à la recherche d'une vie meilleure.

Une entente mondiale pour le développement humain doit être fondée sur la reconnaissance de la nécessité d'un ordre humain nouveau. Chaque question doit être envisagée du point de vue de son impact sur les individus et s'organiser selon les composantes centrales suivantes :

- *Des objectifs humains réalistes pour l'an 2000* — Les objectifs humains pour l'an 2000, sur la base des stratégies nationales de développement humain mentionnées plus haut, doivent comprendre l'éducation primaire, les soins de santé primaires et la planification familiale universels, l'eau salubre pour tous et l'élimination de la malnutrition grave. Les coûts supplémentaires de réalisation de ces objectifs sont estimés à environ 20 milliards de $ EU par an. D'une égale importance, toutefois, seront les objectifs économiques et en particulier l'élargissement des possibilités d'emploi productif, rémunérateur et satisfaisant.
- *Les dividendes de la paix* — La majorité des coûts supplémentaires pourrait être couverte par des réductions des dépenses militaires. Si les pays industrialisés réduisaient leurs dépenses militaires annuelles de 3 %, cela dégagerait 25 milliards de $ EU de ressources par an. Et si les pays en développement se contentaient de bloquer leurs dépenses militaires aux niveaux actuels, évitant ainsi des augmentations ultérieures, ils pourraient réaliser des économies de plus de 10 milliards de $ EU par an. Ces ressources, ainsi que d'autres, pourraient être affectées, par accord entre les pays en développement et les pays industrialisés, au financement des dépenses supplémentaires de développement humain à raison des deux tiers pour les pays en développement, et d'un tiers pour les pays industrialisés.
- *L'aide, un engagement mutuel* — Les pays donateurs peuvent réviser leurs priorités en matière d'aide et s'engager à appuyer le développement humain. Il serait ainsi possible d'inaugurer une ère nouvelle et productive de l'aide publique au développement en faveur des pays déterminés à promouvoir le développement, qui serait fondée sur un engagement mutuel à réaliser cet objectif. Les demandes d'aide devraient comprendre des plans de réduction des budgets militaires et d'augmentation du taux des dépenses de développement humain. Les donateurs pourraient offrir une aide à l'ajustement humain afin d'atténuer les difficultés éventuelles de la transition socio-économique.
- *La dette, le commerce extérieur et l'investissement étranger* — Un environnement économique international favorable est essentiel pour que le progrès soit possible en matière de développement humain et pour qu'il soit soutenu par la croissance économique. Il est nécessaire, à cette fin, de résoudre la crise internationale de la dette, de réétablir des flux de capitaux adéquats à des conditions acceptables pour les pays en développement, et d'instaurer une communauté mondiale plus ouverte aux échanges commerciaux, où les exportations des pays en développement trouveront un accès élargi aux marchés des pays industrialisés.

• • •

Le *Rapport mondial sur le développement humain 1991* jette les fondations d'un ensemble de priorités nouvelles, explique comment celles-ci peuvent être choisies, évaluées, et pourquoi nous pouvons nous permettre d'en assumer le coût.

Les rapports futurs s'appuieront sur ces bases, continueront d'affiner les notions et les méthodes de mesure du développement humain et de diffuser les enseignements des expériences de nombreux pays. Ils auront également pour but d'effectuer des recherches plus approfondies sur le développement participatif et d'examiner les dimensions mondiales du développement humain, analysant les questions internationales familières pour les envisager sous un angle humain.

Le message final du rapport de cette année est un message d'espoir. Si les obstacles au développement humain résidaient dans la rareté des ressources et dans la présence de barrières techniques insurmontables, l'entreprise serait désespérée. Mais, nous le savons, c'est trop fréquemment l'atonie politique et non pas le manque de ressources qui est la véritable cause de la dévalorisation de la vie humaine. Si nous pouvons mobiliser, en vue d'actions futures, une base politique nationale et internationale suffisante, l'avenir du développement humain sera assuré.

CHAPITRE 1

Mesurer le développement humain et la liberté humaine

Le développement humain occupe une place de plus en plus centrale dans les préoccupations émergentes des années 1990. Pendant trop longtemps, nous nous sommes demandé combien produisent les nations ? La question que nous devons nous poser à présent est celle de savoir comment vont leurs populations ?

Le véritable objectif du développement est d'élargir l'éventail de ce qu'il est donné à chaque individu de réaliser au cours de son existence. Il peut chercher à gagner de l'argent — et ce peut même être vital — mais aussi important que puisse être le revenu, il ne peut résumer toute une vie. La santé, l'éducation, la qualité du milieu environnant et la liberté, pour n'en nommer que quelques-unes, sont des composantes sans doute tout aussi importantes.

En envisageant les choses d'une manière réaliste, la croissance du revenu et l'expansion des possibilités économiques sont les conditions nécessaires du développement humain (diagramme 1.1 et encadré 1.1). Sans croissance, le programme social proposé dans le présent rapport n'est pas applicable. Car bien que la croissance ne soit pas la fin du développement, l'absence de croissance signifie souvent la fin du développement. Mais la croissance ne doit pas être un simple agrégat projeté vers l'avenir. La qualité de la croissance a son importance et l'objectif visé est une croissance qui soit :

- *participative* — ménageant une place à l'initiative individuelle et à une large implication des populations,
- *équitablement répartie* — pour que tous en bénéficient,
- *durable* — car l'accroissement de la production future peut exiger des sacrifices présents.

La croissance est certainement nécessaire, en particulier dans le Sud où les niveaux de développement sont faibles. Dans tous les pays, en développement et industrialisés, la question de la croissance doit se poser en termes de qualité plutôt que de quantité, en termes d'une répartition plus équitable plutôt qu'une simple expansion.

Les relations entre croissance économique et questions sociales exposées dans le présent rapport sont complexes. Si la croissance est nécessaire au développement humain, le développement humain, sous la plupart de ses formes, est généralement un accélérateur de croissance. Une main-d'œuvre en bonne santé, bien nourrie, instruite et dotée des capacités voulues est le meilleur fondement de la croissance. Le Japon, Singapour et la République de Corée ont investi massivement dans leur population et cet investissement a porté ses fruits en induisant une croissance rapide.

Ce genre d'investissement dans les secteurs sociaux peut viser deux buts importants : appuyer une stratégie de croissance équitable ou corriger les inégalités d'une stratégie de croissance injuste.

Il n'y a pas d'opposition entre croissance et développement humain, encore que l'on puisse assister à des conflits entre ceux qui souhaitent allouer les ressources aux riches et ceux qui souhaitent en faire bénéficier les pauvres.

Le concept de développement, tel que le présentait le premier rapport mondial, a été largement accepté ; il peut toutefois être précisé davantage en fonction des considérations suivantes.

Il faut axer le développement sur l'aspect humain et non pas modeler l'aspect humain sur une conception du développement. Pour reprendre une formule connue, le développement doit être un développement de la population, par la population et pour la population.

- *Développement de la population* — Toute société doit investir dans l'éducation, la santé, la nutrition et le bien-être social de sa population, afin que celle-ci

DIAGRAMME 1.1
Développement humain et revenu

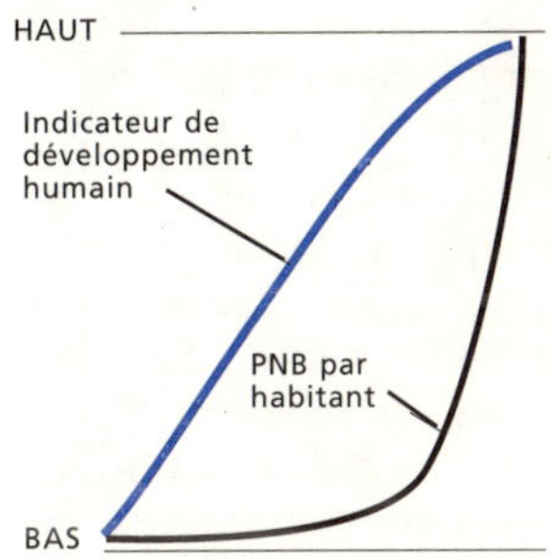

160 pays classés en fonction de l'IDH (trait bleu) et du PNB par habitant (trait noir)

soit en mesure de jouer pleinement le rôle qui est le sien dans la vie économique, politique et sociale. Compte tenu de l'insistance actuelle sur le marché et sur le progrès technologique, le développement des gens jouera un rôle de plus en plus essentiel pour assurer le succès économique du pays.

- *Développement par la population* — Au moyen de structures appropriées de prise de décision, le peuple doit participer pleinement à la planification et à l'application des stratégies de développement. Ces stratégies doivent créer suffisamment de possibilités pour assurer la croissance du revenu et de l'emploi, de façon à ce que les aptitudes humaines soient adéquatement utilisées et à ce que la créativité humaine puisse s'exprimer pleinement.
- *Développement pour la population* — Le développement doit répondre aux besoins de tous et offrir des chances à tous. Ce n'est qu'à ces conditions qu'il sera véritablement axé sur l'aspect humain. Il faudra également prévoir des filets de sécurité essentiels.

C'est ainsi que le développement amplifie les choix dont disposent les populations. Deux mises en garde s'imposent toutefois : il est impératif, par équité dans les relations humaines, d'éviter que l'expansion des choix d'un individu ou d'un groupe vienne empiéter sur les choix d'un autre ; on se gardera d'autre part d'améliorer le sort des générations actuelles aux dépens des générations à venir ; il faut en d'autres termes que le processus de développement puisse se maintenir.

Affinements de l'indicateur composite de développement humain

Le rapport de 1990 est allé au-delà d'une simple définition du développement humain, en proposant une façon de le mesurer. L'indicateur composite de développement humain (IDH) combine le revenu national et deux indicateurs sociaux, l'alphabétisation des adultes et l'espérance de vie, pour mesurer le progrès humain. Il était pleinement reconnu, et cela n'a pas changé, que la notion de développement humain ne se réduisait pas à la mesure qui en était faite. L'IDH n'avait retenu que trois des nombreux éléments essentiels qui définissent le déve-

ENCADRE 1.1

Questions soulevées par le Rapport mondial sur le développement humain de 1990

Le premier *Rapport mondial sur le développement humain*, publié l'an dernier, définissait le développement humain comme le processus d'amplification des choix de l'individu. Il insistait également sur la formation de capacités humaines (en investissant dans la population) et sur l'utilisation des capacités (en instaurant un cadre participatif en vue d'une croissance du revenu et de l'emploi). Cette nouvelle définition s'écarte des autres conceptions du développement.

Certains ont perçu le développement humain comme un « développement des ressources humaines ». Mais investir dans la population, ou dans la formation de capital humain, n'est qu'un aspect du développement humain. Cette conception exclut toute participation, tout développement par la population et pour la population.

D'autres ont présenté le développement humain comme une question sectorielle, question d'investissement dans l'enseignement, la santé et les autres services sociaux. Mais le développement humain est aussi une question de politique macro-économique multisectorielle. Son but, en dernière analyse, est de faire en sorte que la croissance économique se traduise en un accroissement du bien-être de la population.

Cette opinion a amené certains critiques à prétendre que les stratégies de développement humain n'accordent pas une attention suffisante à la croissance économique. Rien ne saurait être moins vrai.

Les cinq conclusions générales du premier rapport démontrent que les stratégies de développement humain ne négligent aucunement la croissance économique, mais qu'elles insistent sur la nécessité de la faire se répercuter sur l'existence humaine.

1. Il est inexact de considérer que le processus du développement s'est soldé par un échec dans la plupart des pays en développement au cours des trente dernières années.

D'après les indicateurs de base du développement humain, le développement a réussi au-delà de toute attente raisonnable. L'espérance de vie a augmenté de 16 ans, l'alphabétisation des adultes de 40 % et les niveaux de nutrition par habitant de plus de 20 %. La mortalité infantile a diminué de moitié.

Les pays en développement ont obtenu en 30 ans les résultats que les pays industrialisés ont mis près d'un siècle à obtenir. Les disparités de revenu restent considérables : le revenu par habitant du Sud n'atteint que 6 % de celui du Nord. Mais en termes humains, l'écart Nord-Sud se comble rapidement. L'espérance de vie moyenne du Sud est de 84 % de celle du Nord, l'alphabétisation des adultes de 61 % et l'apport quotidien de calories, mesure de la nutrition, de 80 %.

Certes, il existe de grandes disparités dans le monde en développement entre régions, entre pays et au sein d'un même pays. Certes, ces progrès n'apparaissent que dans les seuls indicateurs de base (l'espérance de vie, l'alphabétisation des adultes, la mortalité infantile) et pas en niveaux supérieurs d'éducation et de soins de santé ou dans le domaine de la science et de la technologie. Certes, aussi, il reste beaucoup à faire en développement humain, puisqu'un quart de la population des pays en développement ne dispose toujours pas des nécessités humaines de base, de niveaux minimum de revenu ni de services sociaux décents.

Mais la conclusion générale est claire : le processus de développement a bien produit des résultats ; la coopération internationale pour le développement a bien fait une différence. Et les questions restant à l'ordre du jour du développement humain pourront effectivement être résolues en partie dans les années 90 à condition de choisir judicieusement les priorités de développement. Il est donc des raisons d'espérer, mais sans optimisme excessif.

2. Il est faux de considérer que la croissance économique n'est pas

nécessaire pour le développement humain.

Il n'est pas d'amélioration durable en bien-être humain sans croissance. Mais il est tout aussi faux sinon plus de considérer qu'un taux de croissance économique élevé produit automatiquement un accroissement du développement humain. Tout dépend des choix politiques auxquels procèdent les pays.

Le monde offre trop d'exemples troublants d'écarts importants entre les niveaux de revenu et de développement humain. C'est ainsi que l'Arabie saoudite, dont le revenu est de plus de 15 fois celui du Sri Lanka, a un taux d'alphabétisation des adultes inférieur à celui de ce même pays. La mortalité infantile du Brésil est de quatre fois celle de la Jamaïque, alors que son revenu par habitant est du double.

De tels écarts proviennent de la répartition du revenu, des terres, du crédit, des services sociaux et des possibilités d'emploi. Pour que le développement humain soit plus directement relié au revenu, il est impératif d'adopter des politiques plus équitables de répartition des actifs économiques et des possibilités.

3. Il est erroné, en théorie et en pratique, de considérer l'allégement de la pauvreté comme un objectif distinct du développement humain.

De nombreux pauvres le sont parce qu'ils n'ont ni terre, ni capital, ni crédit, ni possibilité d'emploi décent, ni accès à des services sociaux adéquats. Le seul remède à long terme est de réaliser des investissements à l'intention des économiquement faibles, en particulier en éducation et en formation, pour leur permettre de bénéficier du développement. La pauvreté ne doit pas être considérée comme un résidu de la croissance économique, à traiter séparément et ultérieurement, sans modifier les stratégies de croissance elles-mêmes. Les gouvernements doivent adopter des modèles de croissance économique comportant parmi leurs principaux objectifs l'élimination de la pauvreté.

4. Il est erroné de s'en remettre entièrement aux forces du marché pour assurer un développement humain et une croissance économique équilibrés.

Efficacité du marché et responsabilité sociale doivent aller de pair. Même dans les pays industrialisés connaissant la libre entreprise, 15 à 20 % du PNB sont affectés par des mécanismes budgétaires à la mise en place de filets de sécurité sous forme d'assurance-chômage et de prestations de services sociaux.

Dans les pays en développement, où la richesse est moins également répartie et les services sociaux moins adéquats, il est d'autant plus important de veiller à équilibrer le rôle du secteur public et du secteur privé. Nombreux sont les pays en développement où le gouvernement intervient de façon inefficace dans les processus de production agricole et industrielle, où il ne devrait pas intervenir, et dépense de façon inadéquate (3 à 4 % du PNB) dans les domaines de la santé, de l'enseignement et autres services sociaux, où se situe sa principale responsabilité.

Dans de nombreux pays en développement, l'Etat alloue des ressources dans certains domaines où le secteur privé serait infiniment plus apte à intervenir, au lieu de les affecter à des domaines où il est de son devoir d'intervenir. Il faut corriger cette mauvaise affectation des dépenses publiques et rétablir la situation. Il est important par ailleurs que tous les dispositifs sociaux de sécurité restent en place en période de croissance rapide et de mutation sociale, afin de prévenir d'éventuels troubles politiques qui viendraient entraver le processus de développement.

5. Il est faux de considérer que les pays en développement ne disposent pas de ressources suffisantes pour réaliser leurs objectifs de développement humain.

Il existe en fait de vastes possibilités de changement offertes par une restructuration budgétaire et une révision de l'ordre des priorités, sans augmentation des dépenses. Il est parfaitement possible d'équilibrer le budget sans déséquilibrer la vie de la population. C'est cette conclusion qui a mené à la décision d'adopter pour thème du rapport de 1991 « le financement du développement humain ».

loppement humain, mais ce n'était là que le début d'un processus et le rapport de cette année propose certains affinements.

La simplicité de l'IDH a été maintenue, car celui-ci constitue une mesure fiable du progrès socio-économique (note technique 1). Ses trois composantes sont toujours la longévité, les connaissances et un niveau de vie décent, mais les indicateurs qui les mesurent ont été mieux définis (note technique 2). Le niveau d'éducation est mesuré par une combinaison de l'alphabétisation des adultes et de la moyenne d'années de scolarité. Ceci reconnaît l'importance de la formation de niveau élevé et contribue grandement à distinguer entre les pays situés au sommet de la courbe, en particulier les pays industrialisés, et les autres. L'effet progressivement décroissant sur le développement humain de l'augmentation des revenus est maintenant mieux reflété en affectant un coefficient de pondération décroissant au revenu au-delà du seuil de pauvreté et non plus une pondération nulle, cette pondération s'étant avérée excessive, en particulier dans les cas des sociétés à revenus élevés.

Selon l'indicateur de développement humain modifié, le Japon se classe encore en première place des pays industrialisés alors que la Roumanie vient en dernière place (tableau 1.1). Dans les pays en développement, la Barbade se classe la première et la Sierra Leone au dernier rang (tableau 1.2).

Depuis la publication du rapport de 1990, 13 pays ont subi des modifications de classement de neuf places ou plus. Ceci ne provient pas de changements spectaculaires au plan des performances en l'espace d'un an, mais d'un affinement et d'une sensibilité accrue de l'IDH et d'une disponibilité supérieure des données. Parmi les pays ayant rétrogradé de neuf places ou plus figurent le Cambodge, le Chili, l'Ethiopie, l'Iraq, le Laos et l'Ouganda. Parmi ceux qui ont progressé de neuf places ou plus se trouvent le Congo, les Etats-Unis, la République dominicaine, la Namibie et l'Oman.

L'affinement progressif de l'indicateur de développement humain s'inscrit dans le cadre de la recherche d'un indicateur amélioré permettant de mesurer le progrès socio-économique. L'IDH nous permet d'accéder par delà le PNB, à une mesure, si imparfaite soit elle encore, de la transformation de la croissance économique en bien-être humain. C'est ainsi qu'il y a 26

DIAGRAMME 1.2

Ajustement de l'IDH en fonction des disparités

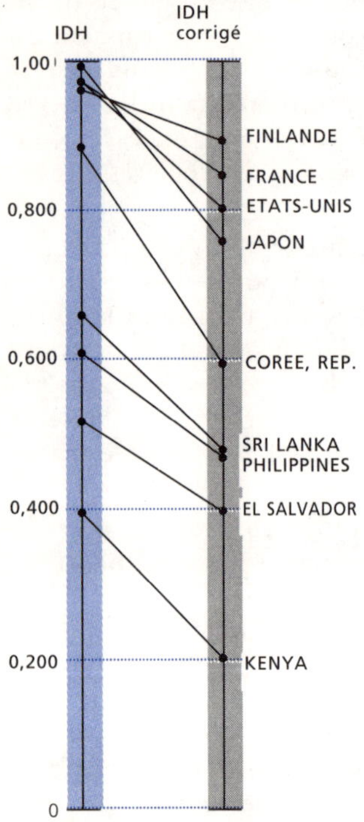

TABLEAU 1.1

Classement des pays industrialisés par IDH

	Rang selon l'IDH en 1990	Valeur de l'IDH en 1990
Japon	1	0,993
Canada	2	0,983
Islande	3	0,983
Suède	4	0,982
Suisse	5	0,981
Norvège	6	0,978
Etats-Unis	7	0,976
Pays-Bas	8	0,976
Australie	9	0,973
France	10	0,971
Royaume-Uni	11	0,967
Danemark	12	0,967
Finlande	13	0,963
Allemagne	14	0,959
Nouvelle-Zélande	15	0,959
Belgique	16	0,958
Autriche	17	0,957
Italie	18	0,955
Luxembourg	19	0,954
Espagne	20	0,951
Israël	21	0,950
Irlande	23	0,945
Grèce	24	0,934
Tchécoslovaquie	27	0,920
Malte	29	0,917
Hongrie	30	0,911
URSS	31	0,908
Bulgarie	33	0,899
Yougoslavie	34	0,893
Portugal	36	0,879
Pologne	41	0,863
Albanie	49	0,821
Roumanie	58	0,762

pays qui se classent par leur IDH à un rang inférieur de 20 places ou plus à leur rang par ordre de revenu par habitant, ce qui indique qu'ils ont un potentiel considérable d'amélioration de leur développement humain, par une affectation de leurs dépenses et une planification de leurs priorités d'investissement plus judicieuses. Quatorze de ces pays se trouvent en Afrique : l'Angola, le Bénin, le Cameroun, le Congo, la Côte d'Ivoire, Djibouti, le Gabon, la Guinée, la Mauritanie, la Namibie, le Sénégal, les Seychelles, la Sierra Leone et le Soudan. Dix sont des Etats arabes : l'Algérie, l'Arabie saoudite, le Bahreïn, les Emirats arabes unis, l'Iraq, le Koweït, la Libye, l'Oman, le Qatar et le Yémen. Deux enfin se trouvent en Asie : le Brunéi et l'Iran.

La différence de rang selon qu'ils sont classés par PNB ou par développement humain fait apparaître clairement la distance qu'il leur reste à couvrir pour transformer leur croissance économique en amélioration du sort de leur peuple, pour que leur développement humain atteigne un niveau comparable à celui de pays ayant des revenus par habitant équivalents.

L'indicateur de développement humain contribue à notre compréhension des réalisations socio-économiques. Mais il ne rend pas compte de toutes les dimensions des choix humains, en ce qu'il est une moyenne nationale qui dissimule des différences importantes en répartition régionale, locale, ethnique et individuelle des indicateurs de développement humain.

Certaines de ces différences sont immenses. En Afrique subsaharienne, on estime que seuls 26 % des ruraux ont accès à de l'eau salubre, contre 74 % des citadins. Au Mexique, l'espérance de vie est de 53 ans pour le groupe à plus faible revenu et de 73 ans pour le groupe à revenu le plus élevé. Le taux d'alphabétisation des femmes n'atteint pas 50 % de celui des hommes au Pakistan. Dans le Nord-Est du Brésil, région pauvre, le taux de mortalité infantile pour 1986 s'élevait à plus du double de celui du reste du pays.

Ces exemples montrent qu'il faut décomposer l'indicateur de développement humain de façon à ce qu'il reflète les conditions socio-économiques réelles et vécues. L'entreprise est de longue haleine et des efforts considérables sont en cours, au plan de la recherche de base et de la collecte des données. Par ailleurs, il est encourageant de constater que l'indicateur de développement humain se prête à la désagrégation.

L'IDH tel qu'il est présenté dans le rapport de cette année a fait l'objet d'autres affinements que ceux qui ont été mentionnés ci-dessus.

C'est ainsi que, pour 30 pays, des estimations distinctes ont pu être obtenues pour les hommes et les femmes en matière d'espérance de vie, alphabétisation des adultes, salaires et nombre d'années d'études. Les IDH établis sur ces bases font apparaître de larges disparités entre les hommes et les femmes dans de nombreux pays en développement (note technique 3). L'IDH féminin n'atteint que la moitié de l'IDH masculin au Kenya ; il atteint les deux tiers en République de

Corée et plus des trois quarts aux Philippines.

Dans les pays industrialisés, des progrès ont été réalisés sur de nombreux points encore que d'importantes disparités subsistent entre les sexes. L'IDH féminin est de 90 % de l'IDH masculin en Suède et de 79 % en Italie. Une façon de refléter les différences entre les sexes dans l'IDH global est d'élaborer un IDH sensible à ces disparités, en appliquant les disparités entre les IDH masculins et féminins à l'IDH global. En opérant cet ajustement pour les 30 pays pour lesquels les données sont disponibles, la valeur de l'IDH baisse pour tous les pays concernés (diagramme 1.2 et tableau 1.3). Si l'on fait intervenir les différences entre les sexes, et il le faut pour que le développement humain soit le développement de tous, le Japon rétrograde du 1er rang au 17ème, cédant ainsi la place à plus de la moitié des 30

TABLEAU 1.2

Classement des pays en développement par IDH

	Rang selon l'IDH en 1990	Valeur de l'IDH en 1990		Rang selon l'IDH en 1990	Valeur de l'IDH en 1990		Rang selon l'IDH en 1990	Valeur de l'IDH en 1990
Barbade	22	0,945	Jamahiriya arabe libyenne	76	0,665	Zambie	118	0,351
Hong-Kong	25	0,934	Equateur	77	0,655	Cameroun	119	0,328
Chypre	26	0,923	Pérou	78	0,644	Pakistan	120	0,331
Bahamas	28	0,920	Saint-Vincent	79	0,636	Ghana	121	0,311
Uruguay	32	0,905	Rép. dominicaine	80	0,622	Côte d'Ivoire	122	0,311
Corée, Rép. de	35	0,884	Samoa	81	0,618	Inde	123	0,308
Singapour	37	0,879	Chine	82	0,614	Zaïre	124	0,299
Chili	38	0,878	Jordanie	83	0,614	Haïti	125	0,296
Trinité-et-Tobago	39	0,876	Philippines	84	0,613	Comores	126	0,274
Costa Rica	40	0,876	Nicaragua	85	0,612	Tanzanie, rép. unie de	127	0,266
Brunéi Darussalam	42	0,861	Oman	86	0,604	Rép. dém. pop. Laos	128	0,253
Argentine	43	0,854	Mongolie	87	0,596	Nigéria	129	0,242
Venezuela	44	0,848	Liban	88	0,592	Yémen	130	0,242
Mexique	45	0,838	Guyana	89	0,589	Togo	131	0,225
Antigua-et-Barbuda	46	0,832	Tunisie	90	0,588	Libéria	132	0,220
Maurice	47	0,831	Iraq	91	0,582	Rwanda	133	0,213
Koweït	48	0,827	Iran, rép. islamique d'	92	0,577	Ouganda	134	0,204
Qatar	50	0,812	Maldives	93	0,534	Sénégal	135	0,189
Bahreïn	51	0,810	El Salvador	94	0,524	Bangladesh	136	0,186
Malaisie	52	0,802	Botswana	95	0,524	Guinée équatoriale	137	0,186
Dominique	53	0,800	Iles Salomon	96	0,521	Malawi	138	0,179
Panama	54	0,796	Gabon	97	0,510	Burundi	139	0,177
Suriname	55	0,792	Indonésie	98	0,499	Cambodge	140	0,175
Emirats arabes unis	56	0,767	Viet Nam	99	0,498	Ethiopie	141	0,166
Afrique du Sud	57	0,766	Honduras	100	0,492	Rép. centrafricaine	142	0,166
Jamaïque	59	0,761	Vanuatu	101	0,490	Soudan	143	0,164
Brésil	60	0,759	Algérie	102	0,490	Bhoutan	144	0,159
Colombie	61	0,757	Guatemala	103	0,488	Népal	145	0,158
Cuba	62	0,754	Swaziland	104	0,462	Mozambique	146	0,155
Seychelles	63	0,752	Namibie	105	0,440	Angola	147	0,150
Grenade	64	0,751	Myanmar	106	0,437	Mauritanie	148	0,140
Saint-Kitts-et-Nevis	65	0,719	Lesotho	107	0,432	Somalie	149	0,118
Thaïlande	66	0,713	Maroc	108	0,431	Bénin	150	0,114
Bélize	67	0,700	Cap-Vert	109	0,428	Guinée-Bissau	151	0,088
Sainte-Lucie	68	0,699	Bolivie	110	0,416	Tchad	152	0,087
Arabie saoudite	69	0,697	Zimbabwe	111	0,413	Djibouti	153	0,083
Turquie	70	0,694	Sao Tomé-et-Principe	112	0,399	Burkina Faso	154	0,081
Fidji	71	0,689	Kenya	113	0,399	Niger	155	0,079
Rép. arabe syrienne	72	0,691	Egypte	114	0,394	Mali	156	0,072
Paraguay	73	0,667	Congo	115	0,374	Afghanistan	157	0,069
Corée, Rép. pop. dém.	74	0,665	Madagascar	116	0,371	Guinée	158	0,066
Sri Lanka	75	0,665	Papouasie-Nouvelle-Guinée	117	0,353	Gambie	159	0,064
						Sierra Leone	160	0,048

DIAGRAMME 1.3

Ajustement de l'IDH en fonction de la répartition du revenu

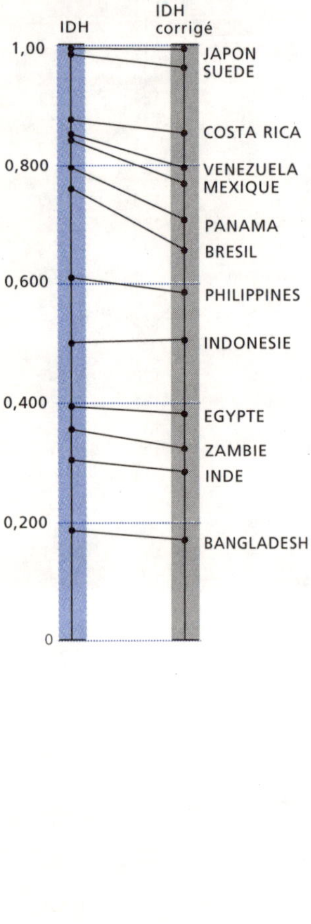

pays, et la Finlande avance du 12ème au 1er rang.

Une deuxième amélioration a été apportée pour rendre l'IDH plus sensible à la répartition du revenu à l'intérieur du pays (note technique 4). Des coefficients de Gini (mesure de la répartition du revenu) calculés directement ou estimés ont été obtenus pour 53 pays et utilisés pour élaborer des indicateurs de développement humain corrigés des disparités de revenus (tableau 1.4). Le classement de certains pays, où la répartition du revenu est relativement inégale (Australie, Canada, Nouvelle-Zélande et Portugal), subit des changements significatifs ; il en est de même pour les pays où la répartition est plus régulière (Belgique, Colombie, Italie, République de Corée et Pays-Bas). La compilation de cet indicateur modifié illustre une fois encore le fait que les réalisations des pays en matière de développement humain sont sensiblement réduites si toute la population n'en partage pas les bénéfices (diagramme 1.3).

Un troisième affinement a été opéré de manière à ce que l'IDH mesure le progrès humain sur 15 ans (1970-1985) en compilant l'IDH sur une base comparable pour 110 pays (diagramme 1.4 et note technique 5). Un examen de l'évolution de l'IDH dans le temps fait apparaître simultanément d'immenses progrès et des niveaux extraordinairement bas de développement humain. Les IDH du Niger, du Mali et de la République arabe du Yémen ont triplé au cours de la période considérée, mais les niveaux de développement humain de ces pays restent extrêmement bas. L'Afghanistan, le Burkina Faso, le Sénégal et la Somalie, dont l'IDH a doublé de 1970 à 1985, se classent toujours parmi les 25 derniers pays. Ceci montre qu'il est plus facile d'obtenir une amélioration de l'espérance de vie et du taux d'alphabétisation à partir de niveaux très bas. Parmi les pays qui se classent à un niveau plus élevé, le taux de croissance de l'alphabétisation et du niveau de vie est évidemment plus faible. Toutefois, le Mexique, la Colombie, Singapour, Hong-Kong, le Chili et le Venezuela ont obtenu des progressions de plus de 20 % de leur IDH de 1970 à 1985.

Il est intéressant d'examiner le rapport entre la croissance du PNB et le progrès en développement humain. Certains pays ont tiré parti d'un taux de croissance élevé du PNB pour améliorer leur développement humain (Botswana, Indonésie, République de Corée, Malaisie et Tunisie). D'autres ont réalisé des progrès grâce à l'intervention des pouvoirs publics en dépit du faible taux de croissance de leur PNB (par exemple, le Sénégal, le Kenya et la Côte d'Ivoire).

Les modifications apportées dans la mesure du développement humain — meilleures estimations des trois composantes de l'IDH, sensibilité accrue aux disparités entre les sexes et à la répartition du revenu, et intervention du facteur temps dans le calcul de l'indicateur afin de suivre l'évolution du progrès humain — constituent des améliorations significatives. L'IDH ainsi défini permet de mieux comprendre le progrès socio-économique ; il reste cependant d'autres affinements à y apporter pour en faire un instrument fiable d'interprétation de la

TABLEAU 1.3

IDH sensible aux disparités entre les sexes

	IDH sensible aux disparités entre les sexes	Ecart en % entre l'IDH et l'IDH sensible aux disparités entre les sexes
Finlande	0,902	-6,3
Suède	0,886	-9,8
Danemark	0,878	-9,1
France	0,849	-12,5
Norvège	0,845	-13,6
Australie	0,843	-13,4
Autriche	0,832	-13,1
Tchécoslovaquie	0,830	-9,9
Canada	0,813	-17,3
Etats-Unis	0,809	-17,2
Suisse	0,794	-19,0
Allemagne, Rép. féd.[a]	0,792	-17,5
Royaume-Uni	0,783	-19,1
Nouvelle-Zélande	0,776	-19,1
Pays-Bas	0,770	-21,1
Belgique	0,768	-19,8
Japon	0,764	-23,0
Italie	0,750	-21,5
Irlande	0,688	-27,2
Portugal	0,673	-23,5
Hong-Kong	0,654	-30,0
Costa Rica	0,612	-30,2
Corée, Rép. de	0,600	-32,1
Singapour	0,568	-35,4
Paraguay	0,486	-27,1
Sri Lanka	0,484	-27,2
Philippines	0,475	-22,5
El Salvador	0,395	-24,6
Myanmar	0,289	-33,8
Kenya	0,205	-48,5

a. Données relatives à l'ancienne République démocratique allemande exclues.

réalité et d'aide aux décisions clés de politique.

L'indicateur de liberté humaine

Le *Rapport mondial sur le développement humain* de 1990 mettait l'accent sur l'importance de la liberté humaine : « Sans liberté, le développement humain est incomplet. Tout au long de l'histoire, des individus ont sacrifié leur vie pour accéder à la liberté nationale et personnelle ». En conséquence de quoi il a été reconnu que « l'indicateur de développement humain doit donc accorder un poids suffisant à la liberté dont jouit une société dans la poursuite de ses objectifs matériels et sociaux ».

Toutefois, la liberté ne figure pas parmi les composantes de l'IDH, car il est plus facile de parler de liberté que de la mesurer. Dans le présent rapport, nous nous sommes efforcés de refléter l'un des aspects les plus significatifs de la vie humaine et le résultat, pour imparfait qu'il soit, a au moins l'avantage d'indiquer la direction dans laquelle il convient d'orienter les travaux à venir.

Les libertés sont généralement réparties en deux grandes catégories. Les premières comprennent les libertés dites « négatives » (ou droits à la protection), ainsi appelées parce qu'elles sont des libertés et des droits provenant d'une absence d'éléments contraires à la liberté — droit de ne pas être soumis à l'arbitraire, à l'arrestation illégale ou aux attaques contre les personnes ou les biens. A l'échelon des villages et des nations, ces libertés ont toujours été défendues, souvent au prix de combats, et un certain nombre d'institutions ont été instaurées pour les protéger, parmi lesquelles l'inscription sur les listes électorales, le scrutin secret et la primauté du droit, afin de garantir les droits des personnes et les droits de propriété.

Le second groupe est celui des libertés « positives », ou libertés « de faire » : libertés de prendre part à la vie de la collectivité, d'organiser des partis d'opposition ou des groupements syndicaux, et liberté de se déplacer sans « avoir honte de paraître en public », comme l'a dit Adam Smith il y a quelque 200 ans de cela. La codification la plus systématique des libertés est effectuée par la Déclaration universelle des droits de

TABLEAU 1.4
IDH ajusté selon la répartition du revenu

	IDH ajusté selon la répartition du revenu	Ecart (en %) en IDH et IDH ajusté
Japon	0,990	-0,3
Pays-Bas	0,972	-0,3
Suède	0,963	-1,9
Suisse	0,961	-2,0
Norvège	0,956	-2,3
Belgique	0,951	-0,7
Canada	0,948	-3,5
Royaume-Uni	0,948	-2,0
Etats-Unis	0,944	-3,3
Finlande	0,941	-2,3
France	0,938	-3,4
Danemark	0,936	-3,1
Australie	0,935	-3,9
Espagne	0,928	-2,4
Irlande	0,928	-1,8
Italie	0,923	-3,4
Israël	0,923	-2,8
Nouvelle-Zélande	0,921	-4,0
Corée, Rép. de	0,897	+1,5
Hongrie	0,896	-1,7
Hong-Kong	0,891	-4,6
Yougoslavie	0,868	-2,8
Singapour	0,865	-1,5
Costa Rica	0,852	-2,7
Chili	0,831	-5,3
Portugal	0,827	-5,9
Argentine	0,812	-4,9
Venezuela	0,793	-6,5
Maurice	0,779	-6,2
Mexique	0,767	-8,4
Malaisie	0,763	-7,4
Colombie	0,720	-4,8
Panama	0,705	-11,4
Thaïlande	0,670	-6,0
Jamaïque	0,665	-12,6
Brésil	0,652	-14,1
Sri Lanka	0,636	-4,3
Rép. arabe syrienne	0,631	-7,3
Turquie	0,629	-9,4
Philippines	0,584	-4,7
Tunisie	0,572	-2,7
Iran, Rép. islamique d'	0,538	-6,9
El Salvador	0,508	-3,1
Indonésie	0,503	+0,8
Honduras	0,436	-11,4
Egypte	0,383	-2,9
Kenya	0,372	-6,8
Zambie	0,325	-7,2
Pakistan	0,304	-2,5
Inde	0,288	-6,2
Côte d'Ivoire	0,268	-13,8
Bangladesh	0,170	-9,0
Népal	0,128	-18,8

DIAGRAMME 1.4
Evolution de l'IDH dans le temps

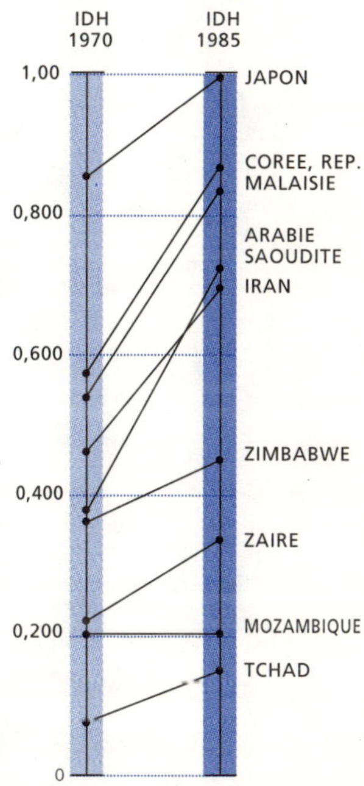

Sans liberté, le développement humain est incomplet.

l'Homme et les Conventions internationales relatives aux droits civils et politiques et aux droits économiques, sociaux et culturels. Ces droits comprennent de nombreux droits individuels : droit à la vie, à la liberté et à la sûreté, égalité devant la loi, liberté de réunion, liberté de pensée, de religion et d'opinion, droit au travail, au libre choix de son travail, droit à un niveau de vie suffisant — comprenant l'alimentation, l'habillement, le logement et l'éducation, droit de prendre part librement à la vie de la communauté, etc.

Nombreux sont ceux qui ont tenté d'opérer une classification des droits individuels et de mesurer chaque pays en fonction de cette classification. Les systèmes établis diffèrent par les concepts utilisés, les définitions retenues et leur portée, et aucun n'est encore universellement ni même largement accepté (note technique 6).

La classification la plus systématique et la plus complète est celle de Charles Humana, qui a examiné un certain nombre de conventions des Nations Unies et de traités internationaux et en a extrait 40 critères distincts selon lesquels on peut évaluer la liberté. Parmi ceux-ci figurent le droit de circuler librement, le droit à la liberté de réunion et d'expression, le droit à l'égalité entre groupes ethniques et sexes, la primauté du droit, et d'autres libertés démocratiques. L'indicateur élaboré par Humana est plus qu'un indicateur des libertés politiques, plus qu'un indicateur des droits individuels : c'est un *indicateur de liberté humaine*. Etabli pour 1985, il ne porte que sur 88 pays, les données n'étant pas disponibles pour les autres pays.

L'application d'un système de mesure des libertés humaines restera toujours une opération délicate. La première difficulté consiste à déterminer ce qui constitue une violation grave des droits ou une atteinte sérieuse à la liberté. La résiliation du passeport de quelques ressortissants signifie-t-elle que l'Etat interdise à ses citoyens de quitter le territoire national ? Le fait que certains critiques du régime ne soient pas autorisés à exprimer leurs opinions sur les chaînes de télévision nationales doit-il être interprété et enregistré comme une censure de la presse pratiquée dans le pays concerné ?

Le second point sujet à controverse est celui de l'importance relative des différents droits. Le droit à la liberté de réunion est-il plus ou moins important que le droit à la liberté de la presse ? Le droit de pratiquer une langue vernaculaire plus important que le droit de vote ?

Ces questions se poseront inévitablement dans le cas de l'indicateur d'Humana et doivent se poser. Elles auront pour effet d'encourager une recherche et des études plus systématiques sur la liberté humaine, lesquelles sont actuellement très rares.

Un des aspects de l'indicateur d'Humana qui suscitera très vraisemblablement des discussions est celui du système de notation des atteintes à la liberté, allant de « certaines violations ou atteintes » à une « oppression substantielle » et au « déni de liberté ». On peut adopter un système plus simple, distinguant entre « liberté garantie » et « liberté violée » (notation binaire 1-0), ce qui produit un classement révélateur des pays (encadré 1.2). Aucun des 88 pays couverts par l'indicateur d'Humana ne respecte toutes les libertés. La Suède et le Danemark viennent en première place, garantissant 38 des 40 libertés mesurées, suivis par les Pays-Bas avec 37 libertés. Se classe en fin de liste l'Iraq, immédiatement précédé par la Roumanie et la Jamahiriya arabe libyenne.

Mais la liberté humaine est sujette à des changements très rapides. De 1985 à 1990, de nombreux pays ont subi des changements politiques de portée et à un rythme parfois spectaculaires. Quelque 18 pays ont récemment évolué en direction d'une liberté et d'une démocratie accrues. Par comparaison à ce qu'il était il n'y a que cinq ans de cela, le monde d'aujourd'hui est, dans l'ensemble, considérablement plus libre.

Y a-t-il une corrélation entre liberté humaine et développement humain ? Le manque d'information sur certains pays fait obstacle aux comparaisons systématiques. Toutefois, pour les pays sur lesquels on dispose de données, un phénomène intéressant se dégage : les pays qui se classent en début de liste selon un indicateur tendent également à le faire pour l'autre indicateur. Certes, au milieu des années 80, à l'époque où Humana a recueilli ses informations, plusieurs pays qui avaient atteint un niveau de développement humain élevé se classaient à un faible niveau de liberté : les pays d'Europe de l'Est, des pays comme l'Argentine, le Brésil et le Paraguay en Amérique latine, et les Philippines en Asie. Mais ils ont réalisé depuis des progrès considérables sur

ENCADRE 1.2

L'indicateur de liberté humaine

Le but du développement humain est d'élargir la gamme des choix offerts aux populations. Encore faut-il que les populations disposent de la liberté culturelle, sociale, économique et politique d'exercer ces choix.

Le *World Human Rights Guide* de Charles Humana utilise 40 indicateurs pour mesurer la liberté :

Le droit

- de circuler librement dans son pays
- de quitter son pays et d'y revenir
- de se réunir et de s'associer pacifiquement
- d'enseigner des idées et de recevoir des informations
- de surveiller les violations des droits humains
- de pratiquer une langue vernaculaire

L'absence

- de travail forcé et de travail des enfants
- d'autorisation de travail obligatoire
- d'exécutions extra-judiciaires et de « disparitions »
- de torture et de contrainte
- de peine de mort
- de châtiment corporel
- de détention illégale
- d'appartenance obligatoire à un parti ou à une organisation
- de religion ou d'idéologie d'Etat obligatoire dans les écoles
- de contrôle des arts
- de censure politique de la presse
- de censure des lettres ou d'écoute téléphonique

La garantie

- d'opposition politique paisible
- d'élections pluripartites par scrutin secret universel
- d'égalité politique et légale des femmes
- d'égalité sociale et économique pour les femmes
- d'égalité sociale et économique pour les minorités ethniques
- d'indépendance de la presse
- d'indépendance de publication de livres
- d'indépendance des réseaux de radio et télévision
- d'indépendance des tribunaux
- d'indépendance des associations syndicales

Le droit reconnu par la loi

- à une nationalité
- à être présumé innocent jusqu'à preuve de sa culpabilité
- à l'assistance judiciaire en cas de besoin et à son propre avocat
- à un procès public
- à un procès rapide
- à la protection contre les perquisitions de police sans mandat
- à la protection contre les saisies arbitraires de biens individuels

Le droit individuel

- au mariage inter-racial, inter-religieux ou civil
- à l'égalité entre les sexes pendant la vie matrimoniale et la procédure de divorce
- à la pratique de l'homosexualité entre adultes consentants
- à la pratique de toute religion
- à déterminer le nombre de ses enfants

Sur la base des données du *World Human Rights Guide* pour 1985 et en affectant la note un à chaque droit ou liberté reconnus et la note zéro à chaque droit ou liberté violés, on obtient le classement de pays figurant au tableau 1.5. Ce classement selon l'indicateur de liberté humaine (ILH) doit bien évidemment être mis à jour. En tenant compte des données récentes sur une seule de ses composantes, les élections pluripartites au scrutin secret et universel, l'ILH de 18 pays augmente de valeur.

Le monde est aujourd'hui plus libre et il est temps d'établir un indicateur de liberté humaine actualisé calculé d'après un nombre limité d'indicateurs clés observables et mesurables objectivement.

TABLEAU 1.5

Classement d'un nombre limité de pays selon l'ILH

Nombre total de libertés, 1985

▲ Evolution récente vers un degré de liberté accru (élections pluripartites)

Nombre total de libertés, 1985	Pays
Liberté humaine élevée (31 à 40)	
38	Suède
38	Danemark
37	Pays-Bas
36	Finlande
36	Nouvelle-Zélande
36	Autriche
35	Norvège
35	France
35	Allemagne, Rép. féd. d'
35	Belgique
34	Canada
34	Suisse
33	Etats-Unis
33	Australie
32	Japon
32	Royaume-Uni
31	Grèce
31	Costa Rica
Liberté humaine moyenne (11 à 30)	
30	Portugal
30	Papouasie-Nouvelle-Guinée
29	Italie
29	Venezuela
27	Irlande
26	Espagne
26	Hong-Kong
26	Botswana
25	Trinité-et-Tobago
▲ 25	Argentine
25	Jamaïque
24	Equateur
23	Sénégal
▲ 21	Panama
21	République dominicaine
19	Israël
▲ 18	Brésil
18	Bolivie
16	Pérou
15	Mexique
14	Corée, Rép. de
14	Colombie
14	Thaïlande
14	Inde
14	Sierra Leone
13	Nigéria
▲ 13	Bénin
11	Singapour
11	Sri Lanka
11	Tunisie
11	Egypte
11	Ghana
Faible liberté humaine (0 à 10)	
▲ 10	Pologne
▲ 10	Paraguay
▲ 10	Philippines
10	Tanzanie, Rép. unie de
9	Malaisie
9	Zambie
▲ 9	Haïti
8	Yougoslavie
▲ 8	Chili
8	Koweït
▲ 8	Algérie
8	Zimbabwe
8	Kenya
8	Cameroun
▲ 7	Hongrie
7	Turquie
7	Maroc
7	Libéria
▲ 7	Bangladesh
▲ 6	République dém. allemande
▲ 6	Tchécoslovaquie
6	Arabie saoudite
6	Mozambique
5	Cuba
5	République arabe syrienne
5	Corée, Rép. dém. de
5	Indonésie
5	Viet Nam
▲ 5	Pakistan
5	Zaïre
▲ 4	Bulgarie
▲ 3	URSS
3	Afrique du Sud
2	Chine
2	Ethiopie
▲ 1	Roumanie
1	Jamahiriya arabe libyenne
0	Iraq

Note : A degré de liberté égal, les pays sont classés par ordre d'IDH.

Il semble exister une forte corrélation entre développement humain et liberté humaine.

la voie de la démocratie. Parmi les pays dont les niveaux de liberté étaient bas en 1985 et qui le sont encore, figurent des pays à faible niveau de développement humain.

Toutefois, certains pays, tels que le Botswana et le Sénégal, dont les résultats en développement humain sont assez modestes se classent relativement haut sur l'échelle de la liberté humaine.

Cela démontre que la mise en œuvre et la promotion du développement n'exige pas que la liberté leur soit sacrifiée, ainsi que les gouvernements déterminés à garder une emprise autoritariste sur les affaires de l'Etat l'ont parfois prétendu.

En général, il semble exister une forte corrélation entre développement humain et liberté humaine, sans que soit bien élucidé le lien de causalité. Dans certains cas (celui des pays nordiques et des Etats-Unis), la liberté politique semble avoir libéré l'énergie créative du peuple et produit des niveaux de revenu et de progrès humains toujours plus élevés. Dans d'autres pays, un investissement social continu a fini par donner au peuple suffisamment de pouvoir et de confiance pour lui permettre de se dégager de la domination autoritariste de ses dirigeants et pour accroître ses libertés politiques et individuelles.

La réalité vient également confirmer une des thèses centrales du présent rapport, à savoir que le développement humain est incomplet s'il ne comprend pas la liberté. Il conviendrait donc logiquement de combiner l'IDH et l'ILH en un indicateur global, mais il reste plusieurs difficultés à résoudre avant de pouvoir le faire de façon réaliste. L'obstacle le plus important est le manque de données. La seule actualisation de l'indicateur d'Humana présente des difficultés considérables. Nous savons effectivement que des changements significatifs ont eu lieu dans de nombreux pays depuis 1985, changements qui se répercutent — positivement dans la plupart des cas — sur la liberté humaine. Mais il n'existe pas d'étude systématique qui rende compte de ces multiples changements. Il est grand temps d'élaborer un nouvel indicateur global de la liberté humaine. Une seconde difficulté provient de l'évolution parfois rapide de la situation politique. L'indicateur de développement humain a pour base des indicateurs relativement stables, qui ne varient pas radicalement d'une année à l'autre. La liberté politique, en revanche, peut apparaître et disparaître brusquement. Un coup d'Etat militaire, par exemple, provoquerait une chute soudaine de l'indicateur quand bien même de nombreux aspects de la vie resteraient inchangés.

La vague de liberté économique et politique qui déferle actuellement sur de nombreuses régions du globe, de l'Union soviétique et de l'Europe de l'Est à l'Afrique, à l'Amérique latine et aux Caraïbes, fera vraisemblablement beaucoup pour améliorer la disponibilité de données sur la liberté humaine. La démocratie favorise la transparence et encourage la responsabilité et la primauté du droit. Elle autorise les déclarations des violations, ce qui améliore la qualité de la documentation. A son tour, un indicateur de liberté humaine objectif et fiable peut constituer un instrument important au service de la liberté humaine.

• • •

Le développement humain ouvre une perspective différente sur l'évolution politique et économique. Chacun des rapports successifs sur le développement humain affinera la définition et la mesure du développement humain ; chacun d'eux sera également centré sur un sujet important, celui de cette année étant consacré aux finances publiques. Le *Rapport mondial sur le développement humain* de 1991 examine la façon dont les gouvernements dépensent les ressources dont ils disposent et les améliorations qu'ils pourraient apporter à l'allocation des dépenses afin de transformer les espoirs de développement humain en réalités tangibles.

CHAPITRE 2

La situation du développement humain

Le monde a changé au cours des 12 derniers mois, réalisant des progrès stupéfiants dans certains domaines, reculant dans d'autres. Bien que débutant par ces performances contradictoires, la décennie des années 1990 pourrait bien être celle du développement humain.

La plupart des progrès ont été enregistrés sur le plan politique. L'amélioration spectaculaire des relations Est-Ouest, dont l'image la plus saisissante a été l'effondrement du mur de Berlin, continue de faire ressentir ses effets. La réunification de l'Allemagne a été plus rapide qu'on n'osait l'espérer. Les deux Yémen, gérés par des systèmes politiques et socio-économiques très différents, se sont également réunifiés. Des élections libres ont été organisées en Tchécoslovaquie, en Hongrie et en Pologne, ainsi que dans certaines régions de la Yougoslavie et de l'Union soviétique.

En Afrique, le Bénin, la Côte d'Ivoire et le Gabon se sont formellement prononcés en faveur de la démocratie. La Namibie a acquis son indépendance et, pour la première fois, des élections libres s'y sont déroulées. En Afrique du Sud, certaines mesures visant à démanteler le régime d'apartheid ont été adoptées. En Asie, le Bangladesh, la Mongolie, le Népal, le Pakistan, les Philippines et la République de Corée se sont acheminés sur la voie des élections libres. Au cours des dernières années, l'Amérique latine a, pour sa part, pris ses distances avec les dictatures militaires, les exemples les plus notables étant l'Argentine, le Brésil, le Chili, Haïti, Panama et le Paraguay. Quant aux pays arabes, l'Algérie et la Jordanie se sont rapprochées de la démocratie.

Le relâchement des tensions Est-Ouest a eu plusieurs conséquences importantes. La conséquence la plus directe a été la tenue de négociations sur le désarmement, permettant d'espérer récolter les dividendes de la paix et de pouvoir consacrer les ressources ainsi libérées des budgets militaires à des objectifs de développement (voir chapitre 6). Il faut noter également le regain de vigueur des Nations Unies qui, plus unies que jamais, ont aidé la Namibie à accéder à l'indépendance, supervisé les élections organisées en Haïti et au Nicaragua et qui participent actuellement à l'élaboration d'un plan de paix pour le Cambodge.

Mais des échecs importants ont également été enregistrés sur le plan politique. La violence a pris de nouvelles formes au Libéria, en Somalie, en Inde, en Union soviétique et dans d'autres pays encore. Plus grave encore, la guerre du Golfe a fait payer un lourd tribut en vies humaines et en bien-être aux populations locales, et a compromis les perspectives de paix et de développement à long terme dans la région.

Les coûts économiques de cette guerre dévastatrice se sont notamment soldés par une augmentation du prix du pétrole, un approfondissement de la récession dans le monde, une réduction des transferts des revenus du travail vers les pays d'origine des travailleurs immigrés et la perte de marchés d'exportation. Certains pays de la région, notamment la Jordanie, l'Egypte et bien d'autres encore, ont beaucoup souffert. Selon les estimations, la perte des marchés et des repatriements de salaires de ses ressortissants travaillant à l'étranger ont coûté à la Jordanie 40 % de son PNB. La Turquie a perdu des millions de dollars à la suite de la fermeture de l'oléoduc de pétrole iraquien qui traverse son territoire, et en Egypte, la diminution du tourisme et des transferts de salaires des Egyptiens travaillant à l'étranger ont fait perdre des milliards de dollars au pays.

Les pays situés en dehors de la région et qui bénéficiaient des salaires des travailleurs migrants du Golfe ont également souffert lorsque ceux-ci ont fui la zone de crise et sont retournés dans leur pays, où

DIAGRAMME 2.1

Transferts nets de ressources du Nord vers le Sud

Milliards de dollars

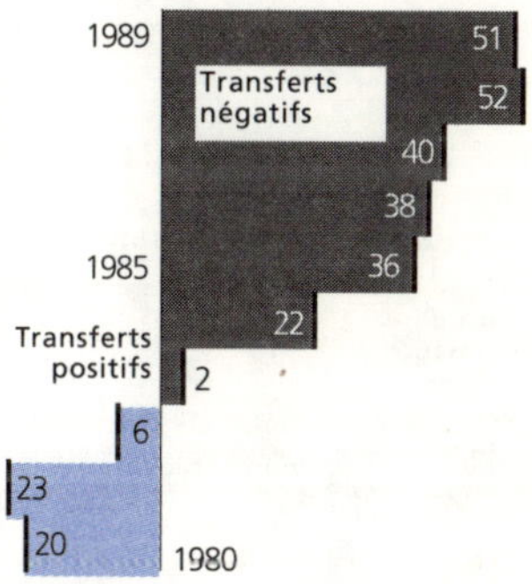

DIAGRAMME 2.2
Population et revenu

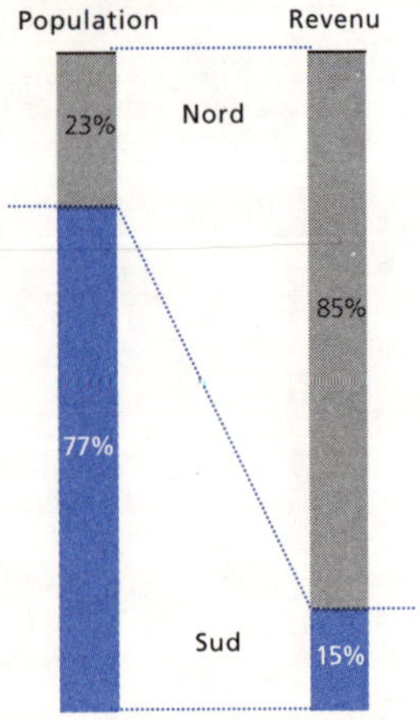

DIAGRAMME 2.3
Population et croissance

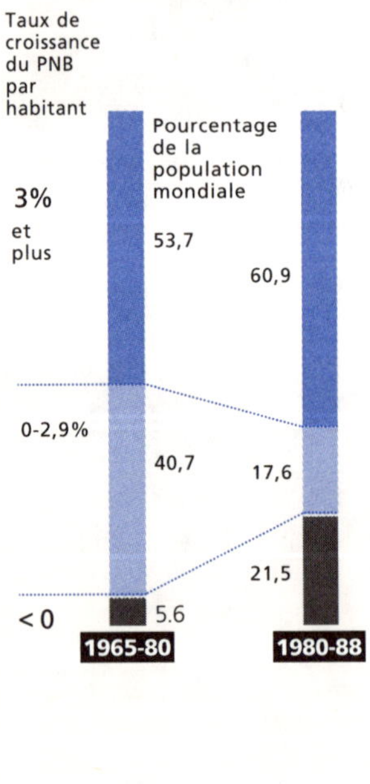

ils se sont trouvés confrontés au chômage et à la pauvreté. Les pays les plus touchés sont notamment le Bangladesh, l'Inde, le Pakistan, les Philippines, Sri Lanka et la Thaïlande.

Les pays industrialisés, et en particulier les Etats-Unis, ont consacré des milliards de dollars à ce conflit, ressources qui auraient pu être attribuées à l'éducation, qui auraient permis de réduire le manque de logement et la pauvreté à l'intérieur du pays comme à l'étranger. Selon les estimations, la guerre du Golfe a coûté un milliard de dollars par jour. Le coût de dix jours de guerre seulement aurait permis d'immuniser tous les enfants du tiers monde au cours des dix prochaines années contre les maladies évitables grâce à la vaccination.

Les retombées de la crise, qui sont encore difficiles à évaluer, vont de toute évidence avoir des conséquences néfastes sur le développement des Etats arabes et de plusieurs autres régions du monde dans les années à venir.

Sur le plan économique, de nombreux problèmes persistent. Parmi les plus importants pour les pays en développement, il convient de citer le fardeau de la dette extérieure. L'endettement est responsable du transfert net de ressources des pays pauvres vers les pays riches, qui s'est élevé, pour la seule année 1989, à quelque 50 à 60 milliards de dollars, alors que les pays du Sud ont besoin de toute urgence de ces ressources pour se développer (diagramme 2.1).

En ce qui concerne les pays d'Europe de l'Est, la création de la Banque européenne pour la reconstruction et le développement est une première étape vers la résolution de leurs problèmes financiers. Mais la crise de l'endettement du tiers monde semble actuellement jouir d'une priorité moins élevée.

Le commerce représente un problème économique tout aussi préoccupant pour les pays en développement. L'échec des négociations de l'Uruguay qui se déroulent au GATT aurait pour conséquence de voir favoriser les contrats bilatéraux entre les divers pays et blocs commerciaux, dont sont exclus un grand nombre de pays en développement, au détriment des accords multilatéraux. Les principaux blocs commerciaux sont la Communauté européenne, l'Association européenne de libre échange, le groupe des pays du bassin du Pacifique (avec le Japon en tête) et l'accord de libre échange conclu entre les Etats-Unis et le Canada (qui s'étend à certains pays d'Amérique latine, notamment le Mexique).

Pour les pays qui ne font pas partie de ces groupes, les perspectives commerciales sont limitées. La participation des pays en développement aux échanges commerciaux mondiaux, à l'exception des pays exportateurs de pétrole, est passée de 15,2 % en 1968 à 12,9 % en 1988. Selon les estimations, le protectionnisme a fait chuter les revenus du secteur agricole des pays en développement d'une valeur de 100 milliards de dollars par an, auxquels il faut ajouter une perte de 50 milliards pour les textiles. Le commerce international et la finance ont besoin d'intégration et non pas de fragmentation; il faut promouvoir la libre circulation des marchandises entre les pays et non pas élever des barrières pour l'entraver. Cette ouverture débouchera sur une prospérité générale et non pas réservée à certains groupes et alliances.

Les événements politiques et économiques des 12 derniers mois sont importants, certains d'entre eux encourageants, d'autres préoccupants, mais tous ont influé sur l'état actuel du développement humain. Deux séries de données rendent compte des succès ainsi que des échecs enregistrés dans le domaine du développement humain, dans les pays en développement comme dans les pays industrialisés. (encadrés 2.1 et 2.2). Par exemple, dans les pays industrialisés, les succès enregistrés dans les domaines de la science et de la technique sont compromis par les échecs enregistrés sur le plan écologique et par la détérioration du tissu social. Et bien que les pays en développement aient dans leur ensemble accru leur production alimentaire par habitant, un cinquième de leur population souffre chaque jour de la faim. La communauté internationale doit prêter une attention soutenue à quatre problèmes particuliers dont fait état le bilan du développement humain. Ces problèmes, qui touchent les pays riches comme les pays pauvres, et qui nécessiteraient une action au plan national et au plan international sont :

- la pauvreté
- les inégalités
- la survie de l'espèce humaine
- la dégradation de l'environnement

ENCADRE 2.1

Bilan du développement humain - pays en développement

PROGRES	MANQUES
Espérance de vie	
• L'espérance de vie a augmenté d'un tiers entre 1960 et 1990 et est actuellement de 63 ans.	• 14 millions de jeunes enfants et dix millions d'enfants plus âgés et de jeunes adultes et meurent chaque année, essentiellement de causes évitables.
Santé	
• La proportion d'individus ayant accès à des services de santé a augmenté de 63 %.	• 1,5 milliard de personnes n'ont toujours pas accès aux soins de santé élémentaires.
Alimentation et nutrition	
• La ration moyenne de calories en pourcentage du total des besoins est passée de 90 à 107 % entre 1965 et 1985.	• Un cinquième de la population souffre encore chaque jour de la faim.
Education	
• Les taux d'alphabétisation des adultes sont passés de 46 à 60 % entre 1970 et 1985.	• Plus d'un milliard d'adultes sont encore illettrés. • 300 millions d'enfants ne fréquentent toujours ni l'école primaire, ni l'école secondaire.
Revenu	
• Le revenu par habitant a augmenté de près de 4 % par année dans les années 80, et de 9 % en Asie de l'Est. • Plus d'une personne sur quatre dans les années 80 vivait dans un pays où le taux de croissance était supérieur à 5 %.	• Plus d'un milliard de personnes vivent toujours dans la pauvreté absolue. • Le revenu par habitant a baissé en Amérique latine et en Afrique subsaharienne au cours de la dernière décennie.
Enfants	
• Le taux de mortalité des moins de cinq ans a baissé de moitié au cours des trois dernières décennies. • La couverture vaccinale des enfants d'un an a fait un bond en avant au cours des années 80, sauvant ainsi environ 1,5 millions de vies par an.	• Plus de 14 millions d'enfants meurent chaque année avant leur cinquième anniversaire. • 180 millions d'enfants de moins de cinq ans souffrent de malnutrition grave.
Femmes	
• Le taux d'inscription à l'école primaire des filles est passé de 79 à 87 % entre 1960 et 1988. • Le taux d'inscription des femmes dans l'enseignement supérieur a augmenté presque partout et est presque égal à celui des hommes en Amérique latine et dans les Caraïbes.	• La moitié des femmes rurales âgées de plus de 15 ans sont illettrées. • Les femmes se voient souvent refuser le droit de décider si elles désirent ou non avoir des enfants et à quelle période de leur vie. Un demi million de femmes meurent chaque année de causes liées à la grossesse et à l'accouchement. • Les femmes se voient souvent refuser le droit légal (ou de fait) à la propriété, à l'héritage ou à la gestion des biens.
Zones rurales et urbaines	
• La proportion de personnes vivant dans des zones rurales et qui ont accès à des installations sanitaires suffisantes a doublé au cours de la dernière décennie. • 88 % des habitants des zones urbaines ont accès aux soins de santé et 81 % ont accès à de l'eau potable.	• 44 % seulement de la population rurale a accès aux soins de santé fondamentaux. • On compte 2,4 personnes par pièce habitable, trois fois la moyenne enregistrée dans le Nord. Un habitant des zones urbaines sur cinq vit dans la plus grande ville de son pays.

ENCADRE 2.2

Bilan du développement humain - pays industrialisés

PROGRES	MANQUES
Espérance de vie et santé	
• L'espérance de vie moyenne est de 75 ans. • La quasi-totalité des accouchements se fait sous la surveillance de personnels de santé et le taux de mortalité maternelle n'est que de 24 pour 100 000 naissances vivantes. • Les deux tiers de la population sont couverts par la sécurité sociale en cas de maladie. • En moyenne, 8,3 % du PNB sont consacrés à la santé.	• Les adultes fument en moyenne 1800 cigarettes par an et consomment quatre litres d'alcool pur. • Plus de la moitié des individus qui naissent aujourd'hui courent le risque de succomber à des problèmes circulatoires ou à des maladies respiratoires, dont beaucoup étroitement liés à un mode de vie sédentaire, à un régime riche en graisses, à la consommation d'alcool et au tabagisme. • Aux Etats-Unis seulement, 137 000 cas de SIDA ont été rapportés en 1989.
Education	
• L'éducation publique obligatoire à temps complet est en moyenne de neuf ans. • Plus d'un tiers des étudiants diplômés ont étudié les sciences. • En moyenne 6 % du PNB sont consacrés à l'éducation.	• Près de quatre personnes sur dix n'ont pas reçu d'éducation secondaire supérieure. • 15 % seulement des jeunes du groupe d'âge 20-24 ans s'inscrivent à plein temps dans le cycle d'études supérieures.
Revenu et emploi	
• Le PNB par habitant est passé de 4850 dollars à 12510 dollars entre 1976 et 1988. • Les pays industriels produisent 85 % de la richesse de la planète chaque année.	• Les 20 % les plus riches de la population ont un revenu de près de sept fois supérieur à celui des 20 % les plus pauvres. • Près de 6,5 % de la population active n'a pas d'emploi, dont un tiers depuis plus de 12 mois.
Sécurité sociale	
• Les dépenses de sécurité sociale représentent actuellement en moyenne 11 % du PIB.	• Près de 100 millions de personnes vivaient au-dessous du niveau de pauvreté en 1990 (200 millions si l'on compte l'URSS et l'Europe de l'Est).
Femmes	
• Autant de femmes que d'hommes sont actuellement inscrites dans les cycles secondaire et supérieur. • Les femmes de plus de 25 ans ont déjà reçu, en moyenne, neuf ans de scolarisation. • Un quart des femmes diplômées ont étudié les sciences.	• Les salaires des femmes ne représentent encore que les deux tiers de ceux des hommes. • 50 viols sont rapportés par tranche de population de 100 000 femmes âgées de 15 à 59 ans. • Un cinquième seulement des représentants parlementaires sont des femmes.
Tissu social	
• Les individus ont la possibilité de s'informer et sont reliés les uns aux autres; on compte un poste de radio par personne, un appareil de télévision et un téléphone pour deux personnes. • Toute famille moyenne possède une voiture. • Une personne sur trois achète un quotidien. • Les bibliothèques comptent six livres par personne.	• Dans de nombreux pays industrialisés, le tissu social se modifie rapidement. Quelques exemples frappants : la Finlande qui détient le plus grand nombre de parents célibataires (10 %); la Suède qui compte le plus grand nombre d'enfants illégitimes (42 %); les Etats-Unis avec le taux de divorces le plus élevé (8 %). • Chaque année, environ 433 personnes sur 100 000 sont gravement blessées dans des accidents de la route.
Population et environnement	
• Actuellement la croissance démographique moyenne est d'environ 0,5 %. • Pratiquement toute la population a accès à de l'eau potable et à des installations sanitaires.	• Le coefficient de dépendance atteint jusqu'à 50 %. • L'émission annuelle de polluants atmosphériques traditionnels est de 42 kilogrammes pour 100 personnes. • L'indice de réchauffement de la planète a déjà atteint 3,5 en 1989.

La pauvreté

La distribution des revenus de la planète demeure toujours choquante : 77 % de la population de la planète n'a accès qu'à 15 % de ses revenus (diagramme 2.2).

Si l'on se sert du PNB par habitant pour mesurer le revenu moyen, celui des pays du Nord (12 510 dollars) est 18 fois supérieur à la moyenne enregistrée dans les pays du Sud (710 dollars).

Le fossé s'élargit, en partie à cause des taux de croissance économique. La croissance économique dans le Sud a continué à baisser en 1989 et l'on s'attend à ce que cette tendance persiste. La croissance démographique constitue un autre facteur important. Au cours de la prochaine décennie, le taux de croissance démographique pour l'ensemble des pays en développement devrait atteindre 2 % par année, alors qu'il ne sera que de 0,5 % dans les pays industrialisés. La croissance démographique est généralement la plus rapide dans les pays les plus pauvres, où les services sociaux relatifs à la santé et à l'éducation sont les moins développés, c'est-à-dire dans les pays les moins avancés et notamment dans les zones rurales. Il s'en suit que le pourcentage de la population de la planète ayant connu une croissance négative a été quatre fois plus élevé dans les années 80 que dans les années 70. Toutefois, plus de 60 % de la population a enregistré des taux de croissance de l'ordre de 3 % et plus au cours de la même période (diagramme 2.3).

Le nombre de pauvres dans les pays en développement se monte actuellement à 1,2 milliard, et devrait atteindre 1,3 milliard d'ici à l'an 2000 et probablement 1,5 milliard d'ici à l'an 2025. L'Asie compte le plus grand nombre de pauvres, soit 500 millions, mais il y a une forte concentration de la pauvreté en Afrique. Selon les estimations, le pourcentage de pauvres en Afrique par rapport au total de la planète devrait passer de 30 % actuellement à 40 % d'ici à l'an 2000, dépassant ainsi l'Asie (diagramme 2.4). Par conséquent, si les dirigeants africains et la communauté internationale n'agissent pas immédiatement, plus de la moitié de la population du continent africain vivra au-dessous du seuil de la pauvreté à la fin de cette décennie.

De plus, la situation dans les pays industrialisés révèle que l'augmentation du revenu moyen ne débouche pas nécessairement sur l'éradication de la pauvreté. Près de 100 millions de personnes dans les pays industrialisés occidentaux vivent toujours au-dessous du seuil de la pauvreté, et ce chiffre s'élève à 200 millions si l'on inclut l'URSS et les pays d'Europe de l'Est (diagramme 2.5). La pauvreté est particulièrement présente chez les jeunes, dans les familles monoparentales et au sein des minorités ethniques.

DIAGRAMME 2.4

Populations vivant pauvrement dans les pays en développement

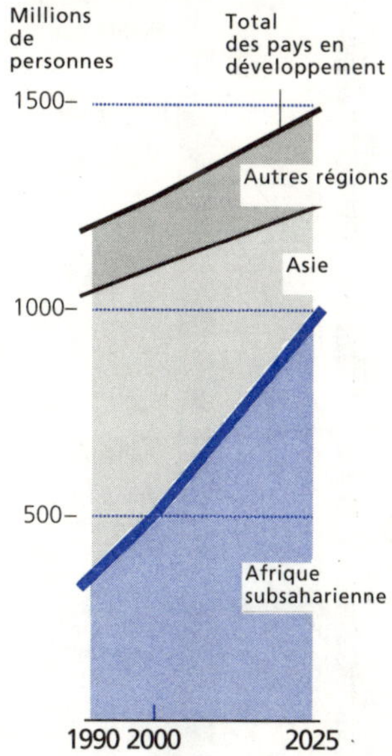

Les inégalités

Les chiffres décrivant les revenus nationaux donnent quelques indications sur la distribution de la pauvreté dans le monde. Mais ils cachent les contrastes frappants et les inégalités qui sévissent à l'intérieur des pays. Les inégalités se divisent en trois catégories : les riches et les pauvres, les hommes et les femmes, les zones urbaines et les zones rurales.

Riches et pauvres

N'ayant accès qu'à des revenus limités, les pauvres sont difficilement capables de satisfaire leurs besoins fondamentaux, qu'il s'agisse d'alimentation, de santé ou d'avoir un abri. Au Mexique, l'espérance de vie des plus pauvres ne dépasse pas 53 ans, ce qui représente 20 ans de moins que dans les pays où les revenus sont les plus élevés.

Bien que l'espérance de vie augmente dans la plupart des pays, elle est toujours assez faible dans les groupes de population les plus démunis. Les bébés qui naissent dans des familles pauvres en Colombie, courent un risque deux fois plus grand de mourir pendant les premières années de leur vie que ceux qui naissent dans des familles plus riches. On a également découvert que les femmes pauvres des villes courent un risque beaucoup plus grand de mourir d'un cancer du sein que les autres femmes, et ceci pour deux raisons : elles connaissent moins bien les moyens de prévention et elles dépendent des services de santé publics dans lesquels les systèmes de détection précoce du cancer sont souvent insuffisants.

Le niveau d'éducation varie également selon le revenu, et parfois largement. Dans certains villages indiens, on a constaté que le taux d'alphabétisation

DIAGRAMME 2.5

Populations vivant pauvrement dans les pays industrialisés

Total - 200 millions de personnes

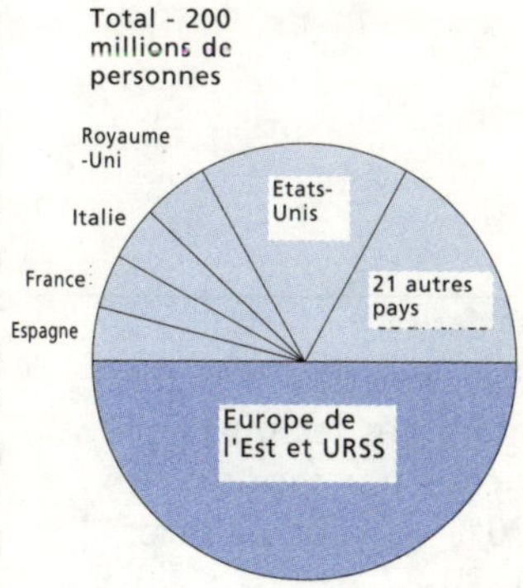

DIAGRAMME 2.6

Malnutrition infantile dans les zones urbaines et rurales

Pourcentage d'enfants souffrant d'insuffisance pondérale

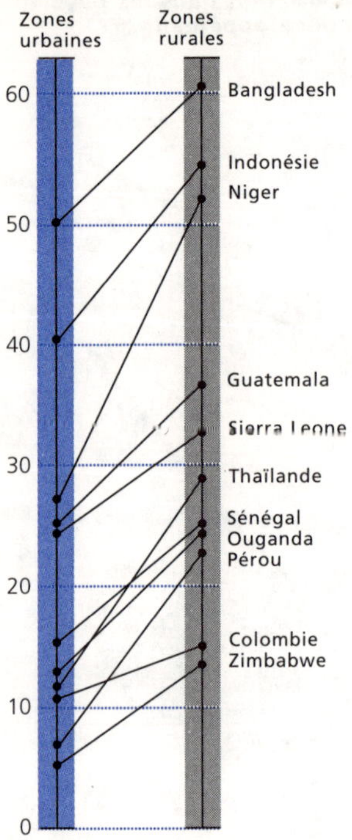

dans les castes les plus élevées de la hiérarchie, les Brahmanes, était de 90 % alors qu'il n'atteignait que 10 % dans les castes inférieures.

Bien qu'il soit difficile d'évaluer ce problème avec précision, nous savons qu'un grand nombre de personnes vivant dans les pays en développement ne disposent pas d'un logement adapté à leurs besoins. De plus dans certains pays industrialisés, le nombre de sans-abri pose toujours un problème.

La distribution du revenu dans les pays industrialisés est parfois très inégale (tableau 2.1). Dans certains pays industrialisés, tels que l'Australie, la Nouvelle-Zélande, la Suisse et les Etats-Unis, les 20 % les plus riches de la population ont un revenu de huit à dix fois plus élevé que celui des 20 % les plus pauvres.

Il ne fait pas de doute que les disparités entre les riches et les pauvres se creusent à mesure que le niveau du développement humain s'élève, par exemple en ce qui concerne le degré d'éducation, l'accès à l'information, aux transports, etc.

Hommes et femmes

La condition des femmes s'est améliorée au cours des 30 dernières années. Le niveau d'instruction des femmes dans le Sud a augmenté régulièrement. Il y a encore quelques années, le taux d'inscription des filles dans les écoles primaires ne représentait que 60 % de celui des garçons. Maintenant il dépasse les 90 %.

Mais le chemin à parcourir est encore long. L'indicateur composite du développement humain pour les femmes (voir chapitre 1) est inférieur de plus de deux tiers à l'IDH pour les hommes dans de nombreux pays, notamment au Kenya, au Myanmar et à Singapour. Le taux d'inscription des filles aux niveaux supérieurs d'éducation dans les pays en développement est d'ordinaire de 50 % inférieur à celui des garçons. Les femmes souffrent encore d'un retard dans le domaine de l'alphabétisation dans de nombreux pays. En Asie du Sud, le taux d'alphabétisation des femmes ne représente que 50 % de celui des garçons et dans certains pays, la situation est encore plus catastrophique comme par exemple en Afghanistan (24 %), au Soudan (25 %), en Sierra Leone (30 %) et au Népal (32 %).

Les inégalités entre les sexes sont souvent renforcées par les législations. Les femmes se voient souvent refuser le droit à la propriété et à l'héritage, le droit de recevoir une pension ou même de décider si elles veulent avoir des enfants et à quel moment de leur vie.

Même dans les pays industrialisés, les inégalités entre les sexes sont souvent importantes. Cet aspect particulier et d'autres aspects encore des inégalités entre les femmes et les hommes sont évoqués plus loin dans ce même chapitre.

Zones urbaines et zones rurales

La plupart des populations pauvres d'Asie et d'Afrique vivent dans les zones rurales. Même dans les régions d'Amérique latine ou dans les Etats arabes où l'urbanisation est plus forte, une proportion importante de pauvres vivent dans les zones rurales. Dans la plupart des pays, les habitants des campagnes gagnent généralement de 25 à 50 % de moins que ceux des villes et des cités. Ces contrastes sont particulièrement marqués en Afrique, où la crise agricole a eu pour résultat de faire chuter les revenus provenant des cultures de rente, de réduire la production agricole et d'accroître la malnutrition (diagramme 2.6).

Ces disparités sont encore aggravées par les déséquilibres dans l'accès aux services sociaux. Dans un tiers des pays en développement, les populations rurales n'ont que 50 % de chances d'avoir accès à des services de santé par rapport aux populations urbaines. Même dans ce cas, elles ne disposeront souvent que de simples dispensaires qui n'ont rien de commun avec les hôpitaux modernes des villes et des cités. On retrouve le même contraste en ce qui concerne l'accès à une source d'eau potable et aux services d'assainissement. Dans certains pays comme la Côte d'Ivoire, le Ghana, le Mozambique et la Somalie, l'accès à ces services dans les zones rurales est inférieur de plus de la moitié à l'accès dans les zones urbaines. De même, dans les zones rurales un tiers seulement des populations disposent d'électricité, par rapport aux populations urbaines.

Les services d'éducation ne font pas exception et l'accès à l'éducation pour les enfants des zones rurales est beaucoup moins facile que pour ceux des zones urbaines. Par conséquent, les taux d'alphabétisation dans les zones rurales d'Afrique et d'Asie sont généralement

Tableau 2.1

Revenus des 20% des ménages les plus riches par rapport aux 20% les plus pauvres, 1980-87

Hongrie	3,0
Japon	4,3
Belgique	4,6
Suède	4,6
Royaume-Uni	6,8
Etats-Unis	8,9
Australie	9,6

inférieurs de plus de 50 % à ceux des zones urbaines.

Survie de l'espèce humaine

Une longue vie ne constitue pas nécessairement une garantie pour les populations de pouvoir développer leurs talents et atteindre leurs objectifs, mais accroît leurs possibilités de le faire.

Au cours des trois dernières décennies, la longévité a fortement augmenté dans le monde. L'espérance de vie sur la planète est passée de 53 à 66 ans. Dans les pays en développement, où elle était de 46 ans, elle est actuellement de 63 ans, et dans les pays industrialisés, elle est passée de 69 à 75 ans. Toutefois, selon les estimations, quelque 25 millions d'enfants et de jeunes adultes meurent chaque année, ce qui représente une population égale à celle de la Tanzanie ou du Canada.

Mortalité infantile

Les taux de mortalité infantile ont baissé de moitié dans les pays en développement entre 1960 et 1989, ce qui prouve bien que des progrès considérables sont possibles dans ce domaine. Mais les taux de mortalité infantile pour 1000 naissances vivantes continuent à être élevés dans les pays les moins avancés (200) et en Afrique (188). La mortalité infantile chez les filles est particulièrement élevée dans plusieurs pays. De nouveaux succès pourront être obtenus en améliorant l'alimentation et la nutrition, l'éducation des mères, en développant les soins de santé primaires et l'accès à l'eau potable et aux installations d'assainissement, notamment dans les zones rurales. Tous ces objectifs sont atteignables (chapitre 3).

On pourrait penser que si davantage d'enfants survivent, les problèmes démographiques empireront. En fait, non. Les taux de fécondité ont tendance à baisser lorsque les parents ont la conviction que leurs enfants survivront. Le monde ne peut qu'être gagnant si ses enfants vivent plus longtemps.

Mortalité maternelle

Les femmes qui vivent dans les régions du Sud courent 12 fois plus de risques de mourir de causes liées à la grossesse et à l'accouchement que celles qui vivent dans les régions du Nord. La mortalité maternelle s'élève à 500 000 décès par année. C'est en Afrique subsaharienne que la mortalité maternelle est la plus élevée, soit 540 décès pour 100 000 naissances vivantes. En Asie du Sud, le taux de mortalité maternelle est supérieur à 400. Ces chiffres sont la conséquence d'une grande négligence envers les femmes et de leur situation peu enviable dans certaines parties du monde, ce qui contribue à garder la proportion de femmes dans la population à un niveau inférieur (encadré 2.3).

Les difficultés d'accès aux méthodes de planification familiale sans danger font de l'avortement l'une des causes principales de la mortalité maternelle; cette pratique est responsable de 200 000 décès sur le demi million de décès enregistrés chaque année. Parmi les autres causes, on peut citer les hémorragies, les infections, la toxémie et l'occlusion au cours de l'accouchement, qui sont tous des problèmes qui pourraient être résolus grâce à des soins médicaux et prénatals de meilleure qualité (diagramme 2.7).

Etant plus exposées pendant la grossesse, les filles de moins de 15 ans courent

ENCADRE 2.3

100 millions de femmes manquent à l'appel

Environ 105 garçons sont conçus pour 100 filles. Mais l'avantage des garçons est de courte durée. La biologie semble ensuite favoriser les filles.

Lorsque les enfants des deux sexes reçoivent un régime alimentaire et des soins de santé similaires, la longévité des femmes est considérablement plus grande, elles résistent mieux à la maladie et sont généralement plus fortes. Elles jouissent de cet avantage dès le départ, d'abord pendant la grossesse et plus particulièrement au cours des premiers mois qui suivent la naissance. Par conséquent, dans les populations où filles et garçons sont traités pratiquement de la même manière, la population se compose de 106 femmes pour 100 hommes.

Si les femmes, et notamment les petites filles, ne sont pas traitées comme leurs frères, la situation est toute autre. Dans la plupart des pays d'Asie et d'Afrique du Nord, beaucoup moins de filles et de femmes survivent, car elles sont soumises à une forte discrimination. En Asie du Sud et de l'Ouest et en Chine, on ne compte que 94 filles pour 100 garçons.

Cela représente une perte de 12.% par rapport au pourcentage «.naturel.». En Chine seulement, quelque 44 millions de femmes, si l'on tient compte de la différence dans la structure de l'âge. En ajoutant à ce pourcentage ceux des régions d'Afrique du Nord et du Sud, de l'Asie du Sud-Est et de l'Ouest, comme l'a démontré Amartya Sen, près de 100 millions de femmes manquent à l'appel.

dix à 15 fois plus de risques de mourir que les femmes de plus de 20 ans, et leurs bébés ont moins de chances de survivre. Le premier enfant d'une adolescente court pratiquement deux fois plus de risques de mourir que le deuxième ou troisième enfant d'une femme âgée de 20 à 24 ans.

VIH/SIDA

L'épidémie du VIH/SIDA est particulièrement alarmante; quelque huit à dix millions d'adultes de par le monde seraient infectés par le virus de l'immunodéficience humaine (VIH), dont la moitié court le risque d'être atteinte du SIDA au cours de la prochaine décennie. Selon les estimations, 15 millions de nouveaux cas d'infection par le VIH viendront encore s'y ajouter dans les années 90, dont plus de la moitié dans le monde en développement, avec une proportion élevée en Afrique orientale et centrale. Le nombre de personnes infectées augmente également en Asie (particulièrement en Thaïlande et en Inde), ainsi qu'en Amérique latine et dans les Caraïbes (en Haïti, au Brésil, au Mexique et dans d'autres pays des Caraïbes). Les Etats-Unis détiennent de loin le nombre le plus élevé de cas de SIDA (plus de 137 000 en 1989), soit près de la moitié du total des cas enregistrés dans le monde.

DIAGRAMME 2.7
Maternité sans risque

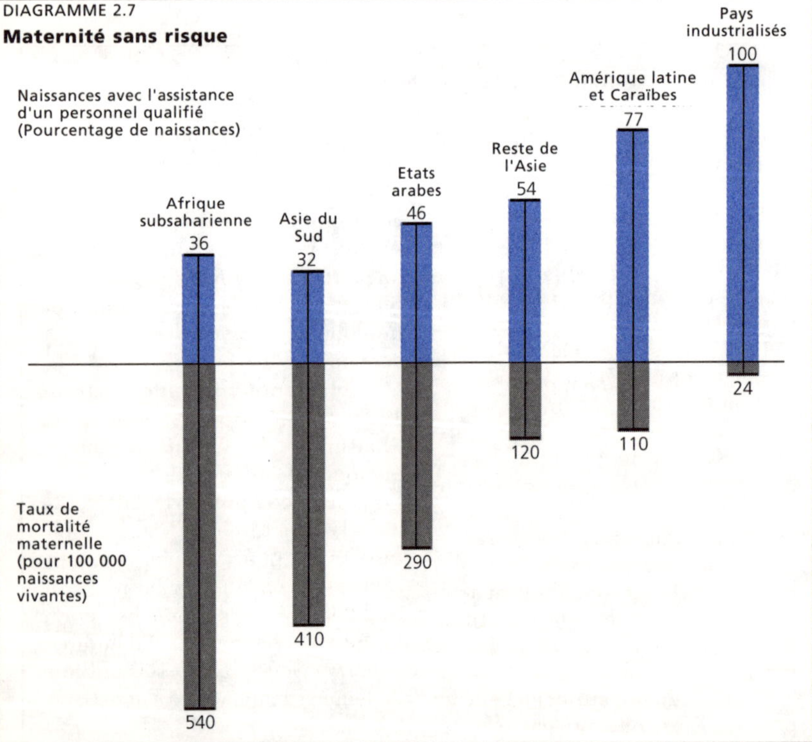

Les conséquences financières de cette épidémie sont stupéfiantes. Une étude réalisée en 1988 portant uniquement sur le coût du traitement médical du SIDA, a révélé qu'en Tanzanie, chaque cas occasionnait une dépense se situant dans une fourchette allant du tiers à deux fois le PNB par habitant, et qu'au Zaïre, le traitement coûte entre les trois quarts et dix fois le PNB par habitant. Le coût du diagnostic est supérieur à ce que bien des personnes gagnent en six mois. Cent préservatifs coûtent environ 2 dollars s'ils sont acquis auprès d'un organisme international et certains pays disposent d'un budget annuel pour la santé inférieur à 5 dollars par habitant.

Cependant, les conséquences économiques de l'épidémie ne s'arrêtent pas là. La majorité des personnes infectées par le VIH se situent dans une tranche d'âge qui va de 15 à 49 ans. La plupart ont fondé une famille, sont actives économiquement et font vivre plusieurs dépendants : enfants, parents, conjoints et autres. L'adoption d'une stratégie d'assistance aux survivants qui se fonde sur la collectivité est donc indispensable. Les gouvernements et les entreprises privées devront élaborer des plans prenant en compte les conséquences de la morbidité et de la mortalité liées au VIH sur la structure de la population, sur la productivité, sur la disponibilité, le remplacement et la formation de la main-d'œuvre ainsi que sur la base d'imposition et les réserves en devises.

Autres décès prématurés

L'épidémie du SIDA ne représente toutefois qu'une des causes principales de décès prématurés enregistrés dans le monde.

Dans les pays en développement, quelque dix millions d'enfants et de jeunes adolescents meurent chaque année. Le paludisme et diverses autres maladies tropicales sont responsables de la plus grande partie de ces décès, ainsi que d'autres causes majeures telles que les maladies respiratoires, les maladies diarrhéiques et les accidents, ainsi que les maladies sexuellement transmissibles, autres que le SIDA.

Les accidents de la route ont fait des centaines de milliers de victimes en 1988 et des millions de blessés. Dans 15 pays en développement, ils occupent la deuxième place pour le nombre de victimes (la première revenant aux maladies intestinales). Dans l'ensemble des pays en développement, les taux de mortalité dus à la circulation sont 20 fois plus élevés que dans les pays industrialisés.

Le tabagisme provoque des millions de décès, dus au cancer des poumons et à d'autres maladies.

Les catastrophes naturelles, telles que les cyclones, les tremblements de terre et les inondations ont causé trois millions de décès au cours des deux dernières décennies et ont forcé au moins un milliard de personnes à aller vivre ailleurs. Les connaissances techniques permettant de protéger les collectivités contre ces forces destructrices existent, mais rares sont ceux qui peuvent y avoir accès.

Dégradation de l'environnement

L'ironie du sort veut que la dégradation de l'environnement soit généralement causée par la pauvreté dans le Sud et par l'abondance dans le Nord.

La pauvreté et la pression démographique dans les pays en développement obligent les populations à cultiver de plus en plus les terres marginales. Cette pratique a pour conséquence d'éroder un sol déjà appauvri et d'épuiser les ressources en eau de surface, ce qui aggrave la pauvreté car la production vivrière diminue et les femmes consacrent davantage de temps à ramasser du bois de chauffage et à aller chercher de l'eau.

Les trois quarts des populations pauvres du Sud vivent dans des zones écologiquement fragiles, et près de 14 millions de réfugiés ont dû quitter leur domicile à la suite de catastrophes écologiques et pour fuir la dégradation de l'environnement.

Les conséquences économiques de cette dégradation sont sévères. Le Nigéria était l'un des premiers exportateurs du monde de bois tropicaux; pourtant en 1988, il a dû importer du bois pour une valeur de 100 millions de dollars. Le taux de croissance économique de l'Indonésie aurait diminué de 3 points, passant de 7 à 4 % entre 1970 et 1985 si on avait tenu compte du coût de la dégradation de l'environnement.

Les populations du Sud ne consomment en moyenne qu'un tiers des ressources en énergie consommées par les populations du Nord. La consommation d'énergie par habitant, mesurée en gigajoules, est de 30 en Amérique latine, 21 en Asie et 12 en Afrique, mais il faut noter que dans certains pays d'Afrique elle ne dépasse pas un gigajoule. Il faut comparer ces chiffres avec les 110 gigajoules consommés au Japon, les 165 consommés dans l'ancienne République fédérale d'Allemagne, et les 280 consommés aux Etats-Unis.

La consommation d'énergie dans le Nord semble démesurée; les dépenses en énergie pour chauffer et refroidir des maisons spacieuses, le développement des villes et l'encombrement de leur réseau routier, chaque famille possédant deux ou trois voitures, en sont la cause. L'une des conséquences de cette situation est la production par le Nord de près de la moitié des six milliards de tonnes métriques de gaz responsables de l'effet de serre émis chaque année, bien qu'il ne comprenne qu'un cinquième de la population de la planète.

DIAGRAMME 2.8

Demande d'énergie dans le monde

(millions de tonnes équivalent pétrole)

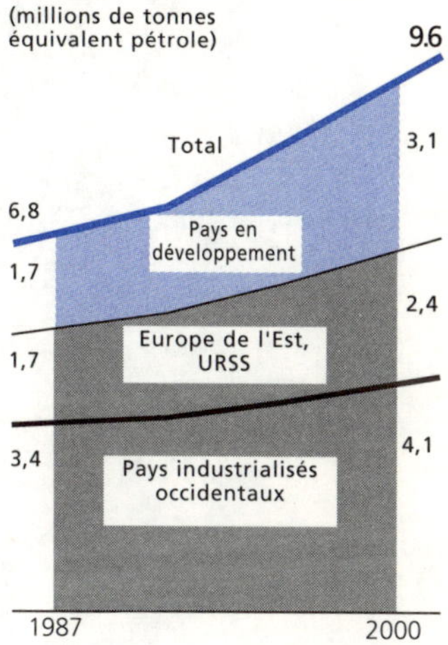

Le développement du Sud augmentera sa consommation d'énergie. Les besoins en énergie, mesurés en millions de tonnes équivalent pétrole (mtep) devraient s'accroître de 5 % en moyenne par année, passant ainsi des 2000 mtep actuellement nécessaires à plus de 3000 mtep d'ici à la fin du siècle (diagramme 2.8).

Il n'est pas envisageable de freiner le développement du Sud pour conserver l'énergie de la planète. Nous vivons tous sur la même planète, ce qui signifie que nous devons partager équitablement les ressources écologiques avec les autres citoyens du monde et les conserver pour les générations à venir. Les pays riches doivent envisager de réduire leur consommation pour permettre aux pays en développement de réaliser pleinement leur potentiel. Mais les pays industrialisés comme les pays en développement doivent également renforcer leur efficacité en matière d'utilisation de l'énergie et découvrir des sources d'énergie nouvelles et renouvelables.

Il est également important pour la protection de l'environnement d'investir dans le développement humain du Sud. Des individus qualifiés et instruits sont mieux à même de prendre en main leur destin et de saisir les chances qui s'offrent à eux, d'aider à diversifier les économies en développement et d'accepter des emplois en dehors du secteur agricole. Il est moins probable qu'ils épuisent les ressources des zones fragiles dans lesquelles beaucoup de populations démunies tentent de survivre.

Perspectives régionales

Le développement humain est une préoccupation mondiale et chacun devrait s'efforcer d'éliminer la pauvreté de notre planète.

Toutefois le développement de chaque région pose des problèmes particuliers, du fait de son histoire, de sa culture et de son degré de développement (table 2.2). Dans les pages qui suivent, nous allons examiner les problèmes de cinq groupes de pays :

- les pays industrialisés
- l'Asie
- l'Amérique latine et les Caraïbes
- les Etats arabes
- l'Afrique subsaharienne

Les pays industrialisés

Pour la plupart des habitants des pays industrialisés, la vie est relativement facile. L'espérance de vie est d'environ 70 ans, pratiquement chacun a accès à une source d'eau potable et aux soinsde santé primaires, et personne ne va mourir de faim.

Toutefois les récents changements politiques survenus en Europe de l'Est ont dévoilé l'existence d'une pauvreté, d'inégalités et d'une pollution considérables. Les mesures permettant d'accéder à une économie de marché vont entraîner une période de transition pénible pour un grand nombre de personnes et une augmentation du chômage.

Dans les autres pays industrialisés, les disparités de revenu constituent une autre forme persistante d'inégalité (encadré 2.4). Au Royaume-Uni par exemple, les disparités entre les revenus se sont accrues entre 1979 et la fin des années 80. Bien qu'une grande partie de la population ait bénéficié de la croissance économique enregistrée au cours de cette même période, le nombre de personnes vivant au-dessous du seuil de la pauvreté est passé de 8,2 millions à 10,3 millions, soit de 15 à 18 % de la population. Il existe également une autre forme d'inégalité, l'inégalité entre les sexes. Mais les disparités prennent également de nouvelles formes dans les pays industrialisés, comme l'aliénation des individus qui souffrent de la détérioration du tissu social.

Inégalités entre les sexes

Les inégalités qui affectent le plus grand nombre de personnes dans les pays industrialisés sont toujours celles qui opposent les hommes aux femmes (diagramme 2.9). Bien que les mêmes proportions de filles et de garçons soient inscrites à l'école primaire et à l'école

TABLEAU 2.2

Comparaisons par région du développement humain au cours des dernières années

(les chiffres en caractère gras sont inférieurs à la moyenne)

	Asie du Sud	Asie de l'Est et du Sud-Est	Amérique latine et Caraïbes	Etats arabes	Afrique sub-saharienne	Monde en développement	Monde industrialisé
PNB par habitant (dollars)	390	530	1,830	1,820	470	710	12,510
Espérance de vie (années)	58,4	68,1	67,4	62,1	51,8	62,8	74,5
Taux de mortalité des moins de cinq ans (pour 1000)	151	57	72	106	179	116	18
Taux de mortalité maternelle (pour 100 000)	410	120	110	290	540	290	24
Taux d'alphabétisation des adultes (% 15+)	42	72	82	53	45	60	-
Chercheurs et techniciens (pour 1000)	3,0	-	39,5	-	-	9,5	139,3
Taux annuel de croissance démographique (1960-90)	2,3	2,0	2,4	2,7	2,8	2,3	0,8
Taux de croissance annuel de la population urbaine (1960-90)3,9	3,9	3,9	3,7	4,6	5,2	4,0	1,4
Dépenses militaires en % des dépenses consacrées à la santé et à l'éducation	164	-	29	166	70	109	38
Population vivant au-dessous du seuil de pauvreté (%)	42	11	3	15	72	32	2
Ecart femmes-hommes dans le domaine de l'alphabétisation (H=100)	49	73	95	58	56	6	-
Ecart rural-urbain dans l'accès à l'eau potable (U=100)	61	76	63	49	35	62	-

secondaire, au niveau de l'éducation supérieure le fossé commence à se creuser. Au niveau supérieur, la proportion de femmes inscrites par rapport à la proportion de garçons inscrits est de 76 % au Japon et au Portugal et de 66 % en Suisse.

Les différences sont encore plus marquées dans les études scientifiques et techniques. Le taux d'étudiantes par rapport aux étudiants est de 35 % en Italie, 32 % en Autriche et 28 % au Canada, aux Pays-Bas, au Royaume-Uni et en Hongrie.

Les inégalités dans le domaine de l'éducation se retrouvent au niveau professionnel. Dans les pays industrialisés, les femmes ont davantage de peine à trouver un emploi que les hommes. La population active féminine, en pourcentage de la population masculine est de 61 % au Japon, 58 % en Suisse, 45 % aux Pays-Bas et 41 % en Irlande.

Les femmes qui travaillent sont également moins bien payées que les hommes. Dans tous les pays industrialisés, les salaires des femmes sont nettement inférieurs à ceux des hommes (diagramme 2.11). En France et en Belgique, elles ne gagnent que les trois quarts environ de ce que gagnent en moyenne les hommes et au Japon, la moitié seulement. Elles courent également davantage de risques d'être au chômage, le taux de chômage chez les femmes étant généralement une fois et demi plus élevé que celui des hommes. Les hommes sont toujours prédominants dans les affaires et au gouvernement. Même dans les pays où les femmes sont particulièrement bien représentées, tels que la Suède, la Finlande, la Norvège et l'URSS, les femmes ne comptent que pour un tiers dans l'appareil législatif.

Chômage

La croissance de l'emploi - de 2 % - enregistrée dans les années 1987 et 1988 a été la plus élevée des dix dernières années. Cette croissance n'a toutefois pas réussi à battre en brèche le chômage, qui reste nettement supérieur aux niveaux de l'après-guerre. De plus, le chômage est devenu de plus en plus souvent chronique et de longue durée; plus d'un tiers des cas de chômage se prolongent sur plus de 12 mois et dans six pays, plus d'un tiers des cas de chômage durent au delà de 24 mois.

La poursuite de l'expansion et de l'utilisation des capacités humaines reste la tâche essentielle des pays industrialisés. Outre les succès de la croissance économique et l'amélioration de l'emploi, l'effort doit porter sur la formation dans les domaines de compétences qui seront nécessaires dans le monde de demain. Cet aspect est très important si l'on veut combattre un chômage structurel en progression, dans lequel le nombre de chômeurs augmente parallèlement au nombre de postes inoccupés.

La modification du tissu social

La plupart des pays traversent une période où les changements surviennent rapidement dans les domaines de la technique, des communications et du mode de vie, qui tous ont des conséquences profondes pour la société. Certaines structures culturelles disparaissent, le rôle de la famille s'amenuise et peu de nouvelles forces de cohésion semblent prêtes à les remplacer (encadré 2.5).

DIAGRAMME 2.9
Ecarts femmes-hommes

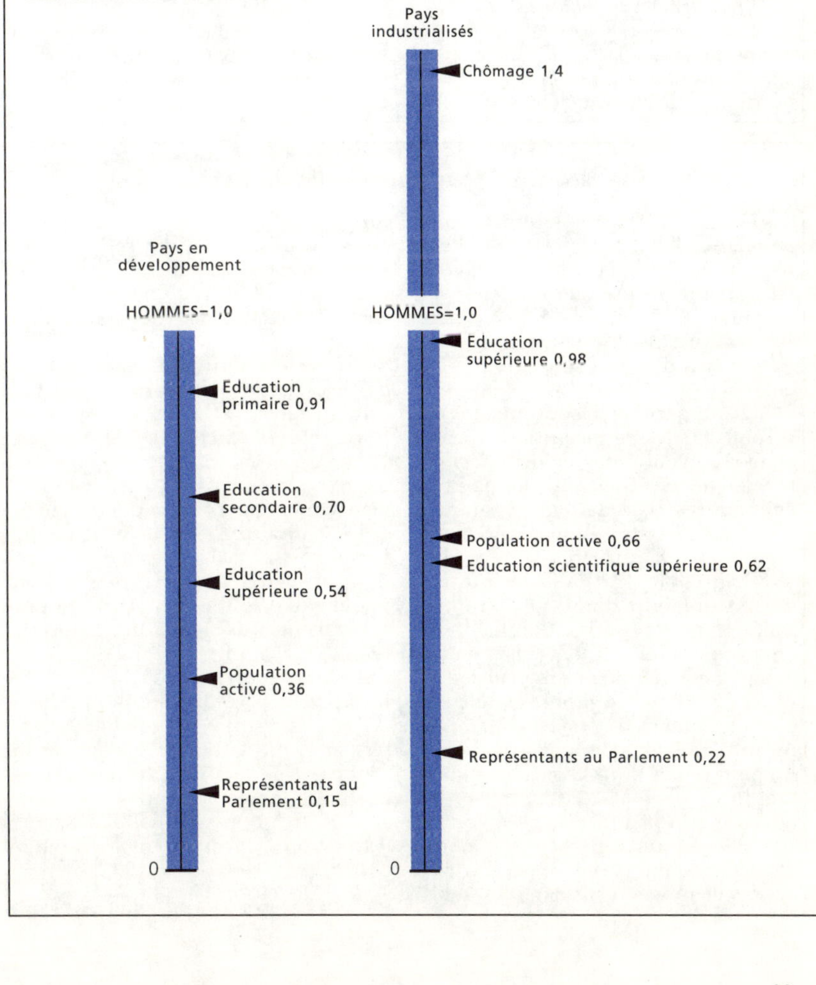

ENCADRE 2.4

Etats-Unis - la pauvreté côtoie l'opulence

Aux Etats-Unis, des millions de personnes sont restées en marge de la prospérité nationale des 25 dernières années.

Le Bureau américain de recensement publie chaque année des estimations sur le seuil de pauvreté. Ces statistiques donnent une maigre idée de l'anxiété des parents qui survivent avec difficulté, luttent contre la faim et élèvent des enfants mal vêtus et peu préparés à assumer les responsabilités de leur vie d'adultes. Elles ne révèlent pas non plus le cheminement de la pauvreté, comment on devient pauvre et comment on le reste. Elles répondent toutefois à certaines questions fondamentales.

• *Combien y a-t-il de déshérités?*

Environ 32 millions, soit 13 % de la population totale, ce qui représente à peu près le même pourcentage qu'en 1988, mais un pourcentage nettement plus élevé que dix ans plus tôt. Onze millions d'autres personnes sont considérées comme étant « proches de la pauvreté ».

• *Sont-ils très pauvres?*

Près de 38 % vivent dans des familles dont le revenu total est inférieur de moitié au seuil de pauvreté. Cette proportion s'accroît; en 1975, elle ne représentait que 30 %.

• *Quel âge ont les pauvres?*

Près de 40 % étaient âgés de moins de 18 ans, et 11 % étaient plus âgés. Les enfants représentent la proportion la plus élevée depuis 1973. Et la proportion de personnes âgées proches du seuil de pauvreté est très élevée.

• *A quel groupe racial appartiennent-ils?*

L'évaluation de la pauvreté à l'intérieur de chaque groupe racial révèle que la proportion de déshérités est la plus élevée parmi les noirs (31 %), suivis pas les populations hispaniques (26 %) et par les blancs (10 %).

• *Où vivent-ils?*

Environ 40 % d'entre eux vivent dans des zones où la concentration de déshérités est élevée, le plus souvent dans les villes. Ce schéma est beaucoup plus répandu pour les noirs que pour les blancs.

• *Dans quel genre de familles vivent-ils?*

La plupart des déshérités (76 %) ont des familles, et 52 % sont des mères célibataires. Cette dernière proportion a fait plus que doubler depuis 1959, mais est restée stable dans les années 80.

• *Travaillent-ils?*

Dans environ 50 % des ménages, l'un des membres de la famille travaille et 16 % sont employés toute l'année.

• *Quel niveau d'éducation possèdent-ils?*

Les taux de pauvreté progressent fortement à mesure que le niveau d'éducation baisse, et cette relation est valable pour toutes les races.

ENCADRE 2.5

Des villes de carton pour les sans-abri du Royaume-Uni

Dans les pays industrialisés, une population bien logée est un indicateur du succès de la politique du gouvernement. Mais en 1989, au Royaume-Uni, plus de 400 000 personnes étaient officiellement reconnues sans abri (dont 196 000 enfants).

La plupart ne disposent que de revenus faibles ou insuffisants (beaucoup reçoivent de l'aide de la sécurité sociale) et 40 % sont des parents célibataires avec de jeunes enfants.

Certains ont été temporairement logés par les autorités locales. En 1989, près de 120 000 personnes, dont beaucoup d'enfants, étaient logés dans de petits hôtels. Leur chambre sombre ne possédait qu'un équipement rudimentaire pour cuisiner et souvent le mobilier le plus élémentaire faisait défaut. Une étude récente a révélé que la moitié de ces immeubles étaient insalubres. Les familles y demeuraient en moyenne pendant 30 semaines.

Ces populations mises à part, beaucoup d'autres ont des problèmes de logement et vivent dans des habitations mal adaptées ou surpeuplées. Les autorités locales ont refusé de les considérer sans abri. En 1989, quelques 130 000 familles, qui avaient demandé de l'aide, ont essuyé un refus.

Il y a encore les « sans-abri cachés », essentiellement des célibataires âgés de 16 à 18 ans, dont le nombre était estimé à 180 000 en 1986. Ce nombre est très certainement inférieur à la réalité, notamment en ce qui concerne les femmes et les jeunes filles. La majorité de ces personnes sont au chômage et viennent de milieux défavorisés (un grand nombre d'entre elles étaient auparavant à la charge des autorités locales); la proportion de noirs s'accroît.

Les jeunes célibataires sont à bien des égards les plus vulnérables, guettés par la prostitution, le crime et la drogue. Des milliers de déshérités vivent actuellement dans les « villes de cartons » qui se sont créées dans les principales villes du Royaume-Uni.

La drogue est responsable de 300 délits par tranche de 100 000 habitants au Canada, près de 100 viols sont rapportés par tranche de 100 000 femmes âgées de 15 à 59 ans aux Pays-Bas, il y a plus de 400 prisonniers et 9 meurtres pour 100 000 personnes aux Etats-Unis et près de 50 suicides pour 100 000 personnes en Hongrie (diagramme 2.10).

Bien que ces chiffres élevés reflètent peut-être une plus grande propension à rapporter et à enregistrer les délits de ce genre, ils sont également le reflet du désarroi des sociétés industrielles.

De même, l'éclatement de la famille peut être considéré sous deux angles. Les parents uniques sont de plus en plus nombreux, et le nombre de mères célibataires s'accroît. Cette fragmentation de la famille est en grande partie le résultat de forces extérieures telles que la pauvreté, la drogue, la pression de la consommation, une mobilité croissante. De nombreux divorces ont également pour cause la revendication du droit personnel à la liberté, de la part du mari ou de la femme, revendication qui n'aurait jamais été tolérée il n'y a pas si longtemps. Mais le prix de cette liberté, en termes de traumatisme de l'individu, de démembrement de la vie des enfants et d'appauvrissement de la famille, est parfois très élevé.

La dégradation du tissu social dans les pays industrialisés démontre bien que des revenus nationaux élevés ne constituent pas une protection contre les tensions sociales et le désespoir.

Asie

L'Asie compte une population de quelque trois milliards d'habitants, soit plus de 70 % de la population de la planète. Des progrès importants ont été réalisés dans le domaine du développement humain au cours des trente dernières années. L'espérance de vie s'est accrue, passant de 46 à 64 ans, et l'éducation a subi des améliorations notables, l'inscription dans les écoles primaires et secondaires étant passée de 57 à 71 %.

Toutefois les progrès ont été irréguliers à l'intérieur d'un même pays et entre les différents pays. Il est plus facile de comprendre ce qu'est l'Asie en tenant compte des différences entre les régions, entre l'Asie de l'Est et du Sud-Est d'une part, et l'Asie du Sud d'autre part.

DIAGRAMME 2.10

Profil de la détresse humaine dans les pays industrialisés

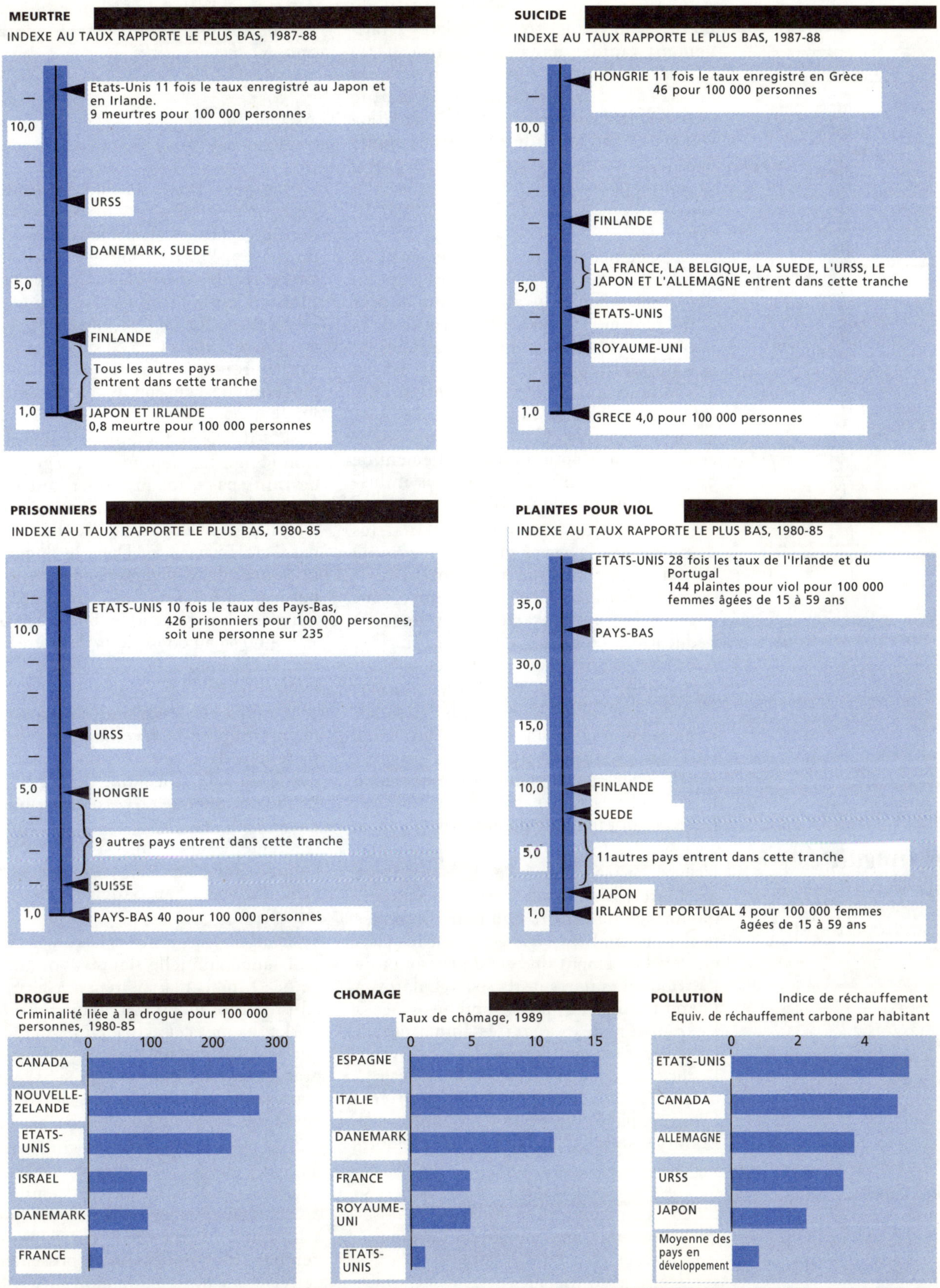

DIAGRAMME 2.11
Salaire des femmes: écarts

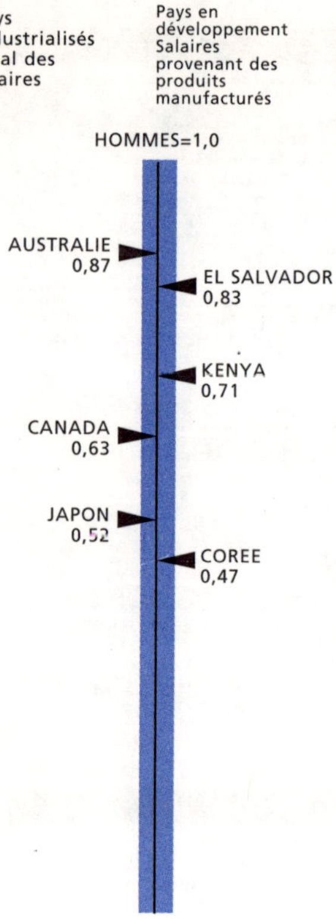

Les inégalités sont frappantes en Asie du Sud

Asie de l'Est et du Sud-Est

Certains pays d'Asie de l'Est et du Sud-Est ont enregistré des progrès relativement rapides dans le domaine de la mortalité infantile, soit environ 5 % par an. Il s'agit notamment de la Chine (4,5 %), de Singapour (4,8 %) et de Hong Kong (5,9 %). Près de 85 % des enfants âgés d'un an de la région sont vaccinés, ce qui représente une proportion plus élevée que la moyenne des pays industrialisés.

L'espérance de vie y est nettement plus élevée que dans l'ensemble des pays en développement et atteint 70 ans et plus dans plusieurs pays, en particulier la Chine et la Malaisie. Le taux annuel de croissance démographique, qui est de 1,5 % pour les 30 dernières années, est inférieur à celui de la moyenne des pays en développement (2,3 %) et la prévalence de la contraception est actuellement de 66 % (la moyenne dans les pays industrialisés n'étant que de 70 %).

Les progrès enregistrés dans les domaines de la santé et de la survie de l'enfant ont contribué au ralentissement de la croissance démographique, tout comme les améliorations apportées à l'éducation. Le taux d'alphabétisation est passé de 67 à 80 % entre 1970 et 1985.

Les taux soutenus (et parfois très élevés) de croissance économique basée sur le plein emploi expliquent pour une large part ces progrès. Dans les cas les plus notables, cette croissance a été précédée d'une redistribution plus équitable des biens, et notamment de la terre.

Les pays de cette région, en particulier Hong Kong, Singapour et la République de Corée ont, sous certains aspects, davantage de points communs avec les pays industrialisés qu'avec les autres pays en développement du Sud de l'Asie et de l'Afrique. Leurs résultats spectaculaires à l'exportation ont pu être obtenus grâce à l'expansion des capacités humaines, à l'amélioration du niveau de la santé et de l'éducation et à la création de structures de production avancées et diversifiées. Certains pays comme la Thaïlande et la Malaisie sont en quête de succès identiques.

Ces progrès n'empêchent pas la persistance d'une pauvreté et d'inégalité conséquentes. Seule une moitié de la population a accès tant à l'eau potable qu'à des services d'assainissement. La discrimination à l'égard des femmes est toujours très marquée. L'alphabétisation des femmes n'est toujours que de 73 % par rapport à celle des hommes, un chiffre qui ne s'est pas modifié au cours des 15 dernières années.

Asie du Sud

Les pays d'Asie du Sud ont également enregistré certains progrès au cours des 30 dernières années. Toutefois, à l'exception de Sri Lanka, ils tombent tous dans la catégorie des pays où le développement humain est « faible ». Au Bangladesh, l'espérance de vie est passée de 40 à 52 ans entre 1960 et 1990, mais ce résultat est toujours inférieur de 10 ans à la moyenne de l'ensemble des pays en développement.

L'Asie du Sud a le taux d'alphabétisation le plus bas de toutes les régions. Dans certains pays, les progrès n'ont été que limités. De 1970 à nos jours, le taux d'alphabétisation des adultes au Népal est passé de 13 à 22 %. Dans le domaine de la santé, la couverture vaccinale des enfants d'un an s'est améliorée. Au Bangladesh par exemple, elle est passée de 1 % à 60 % au cours de la dernière décennie. A Sri Lanka, la couverture est actuellement de 89 %.

Le progrès économique, qui est si important pour le développement humain, a été lent dans cette région et cela est en partie dû à la croissance démographique. Le taux annuel de croissance économique entre 1960 et 1988, a été en moyenne légèrement supérieur à 3 %. Le PNB par habitant reste bas, en particulier au Népal (180 dollars) et au Bangladesh (170 dollars).

Le Pakistan a enregistré un taux de croissance annuelle impressionnant (près de 6 %), mais n'a pas réussi à le traduire en progrès humain. La comparaison avec Sri Lanka met cet échec en lumière : alors que le PNB par habitant au Pakistan est pratiquement le même qu'à Sri Lanka, l'espérance de vie moyenne de 58 ans est de 13 ans inférieure à celle de Sri Lanka.

Les inégalités sont frappantes en Asie du Sud, celles qui séparent les riches et les pauvres, les hommes et les femmes, les diverses régions et les différents groupes ethniques. Dans les campagnes du Pendjab, les familles qui ne possèdent pas de terre ont un taux de mortalité infantile de 36 % supérieur à celui des propriétaires terriens.

En règle générale, en Asie un enfant sur trois souffre de malnutrition et près de 700 millions de personnes vivent pauvrement, la grande majorité d'entre elles étant concentrées dans deux pays : l'Inde et le Bangladesh. Seuls les deux tiers de la population ont accès à des services de santé et à des sources d'eau potable. L'espérance de vie des femmes est peu élevée, pourtant la majorité des femmes qui meurent auraient survécu si elles étaient nées ailleurs. L'Asie demeure l'une des régions les plus pauvres du monde.

Amérique latine et Caraïbes

Le développement humain a atteint un niveau impressionnant en Amérique latine et dans les Caraïbes. Entre 1960 et 1990, le taux de mortalité des moins de cinq ans pour 1000 naissances vivantes est passé de 157 à 72. L'espérance de vie moyenne est actuellement de 67 ans, seulement sept ans de moins que la moyenne dans les pays industrialisés. De plus à la Barbade, au Costa Rica et à Cuba, les gens vivent plus longtemps en moyenne que dans les pays industrialisés.

Le niveau de l'éducation est également supérieur à celui du reste du monde en développement. Le taux moyen d'alphabétisation atteint 82 %, et en Argentine, à la Barbade, en Guyane, en Jamaïque, en Uruguay et à Trinité-et-Tobago, il atteint même 95 %. La région possède également un plus grand pourcentage de chercheurs et de techniciens que l'ensemble du monde en développement; il s'élève à 40 pour 1000 dans cette région alors qu'il n'est que de 10 pour 1000 dans les autres régions en développement.

Toutefois les problèmes économiques des années 80 ont durement touché cette région. La crise de l'endettement, l'augmentation des taux d'intérêt, les barrières érigées pour freiner les exportations de l'Amérique latine et la baisse du prix des produits de base ont eu une influence néfaste sur les succès remportés dans le passé par la région dans le domaine du développement humain. Le taux moyen d'inflation a grimpé de plus de 100 % dans les années 80 en Argentine, en Bolivie, au Brésil et au Pérou, affectant ainsi les salaires réels et décourageant les investissements. Le chômage est resté relativement stable entre 1980 et 1989, mais l'emploi s'est déplacé vers des activités moins productives. La production par habitant a chuté, entraînant le niveau de vie dans son sillage, faisant augmenter la malnutrition et la mortalité infantiles dans de nombreux pays.

Bien que les économies de cette région soient parmi les plus avancées du monde en développement, les contrastes entre les riches et les pauvres sont également les plus frappants, et des millions de personnes vivent au-dessous du seuil de pauvreté. Le cinquième de la population le plus riche au Brésil gagne 26 fois plus que le cinquième le plus pauvre. Au Pérou, les 40 % de la population les plus pauvres n'ont accès qu'à 13 % du revenu national (alors qu'au Maroc ce taux atteint 21 %, 20 % en Inde et 23 % en Indonésie).

Bien que les économies de l'Amérique latine et des Caraïbes sont parmi les plus avancées du monde en développement, les contrastes entre les riches et les pauvres sont également les plus frappants

Certains pays de la région sont extrêmement pauvres et leurs services sociaux insuffisants. Le pourcentage de la population ayant accès à une source d'eau potable est parfois très bas; il est de 54 % au Nicaragua, de 47 % en Bolivie, de 41 % en Haïti, de 39 % en El Salvador, et de 35 % au Paraguay. De même, les taux d'inscription à l'école primaire et secondaire sont parfois très bas; ils atteignent 76 % en Bolivie, 69 % au Paraguay et également 69 % en El Salvador.

L'Amérique latine est l'une des régions parmi les plus urbanisées du monde en développement. Soixante-seize pour cent de la population et les deux tiers de la main-d'œuvre vivent actuellement dans les villes, dont un tiers travaille dans le secteur informel.

La proportion de femmes qui travaillent s'est accrue régulièrement, passant de 18 % en 1950 à 26 % aujourd'hui. Une raison de cet accroissement provient du fait que davantage de femmes que d'hommes se sont déplacées des zones rurales vers les villes et les cités. Actuellement de nombreuses femmes sont chef de famille et leur nombre atteignait 40 % dans certaines villes à la fin des années 80.

Dans le domaine de l'éducation, les disparités entre les femmes et les hommes ne sont pas très importantes. Le taux d'alphabétisation des femmes n'est que de 5 % inférieur à celui des hommes et davantage de filles fréquentent l'école secondaire que de garçons.

En Amérique latine, les priorités dans le domaine du développement humain diffèrent de celles des autres régions. Les services de base sont toujours insuffisants dans certains pays. Mais dans d'autres, plusieurs objectifs fondamentaux dans le domaine de la santé et de l'éducation ont été atteints. Pour ceux-là, il s'agit maintenant d'améliorer la qualité des soins et d'en faire bénéficier une proportion plus large de la population. Dans le domaine de l'éducation, il s'agit d'améliorer l'enseignement aux niveaux secondaire et supérieur, et notamment de former du personnel scientifique et technique capable d'améliorer la compétitivité de la région dans l'économie mondiale.

Cette région ne consacre pas beaucoup de fonds aux dépenses militaires : le pourcentage des dépenses militaires par rapport à celles consacrées à la santé et à l'éducation représente moins d'un tiers de la moyenne du monde en développement. Mais il faut redistribuer les ressources consacrées à de grandes entreprises publiques peu viables, qui profitent largement aux plus riches, pour en faire profiter les activités orientées plus particulièrement vers le développement humain.

Les Etats arabes

Au cours des trois dernières décennies, les Etats arabes ont enregistré une des plus fortes augmentations du revenu par habitants, et cela grâce essentiellement aux exportations de pétrole.

Le développement humain a également fait apparaître des progrès considérables. Entre 1960 et 1988, l'espérance de vie est passée de 47 à 62 ans. Les taux d'alphabétisation sont passés de 34 à 43 % entre 1970 et 1985 et les taux de mortalité des enfants de moins de cinq ans ont été réduits de près de deux tiers. L'accès aux services de santé est le plus élevé du monde en développement et l'accès à l'eau potable n'est meilleur qu'en Amérique latine.

Bien que certains pays de la région soient extrêmement riches, il subsiste encore une pauvreté considérable. Près de 40 millions de personnes vivent toujours au-dessous du seuil de la pauvreté et 60 millions d'adultes sont illettrés.

Le potentiel des femmes est encore largement ignoré dans les Etats arabes. La tradition est encore très vivace dans certaines zones rurales et dans les parties plus conservatrices de la région, creusant ainsi un fossé plus large entre les hommes et les femmes que dans toute autre région du monde. Le taux d'alphabétisation des femmes n'est que de 39 %, alors qu'il est de 66 % pour les hommes. Officiellement, les femmes ne représentent que 15 % de la population active, bien que les statistiques ne fassent pas vraiment état de leur rôle économique, notamment en agriculture et dans le secteur informel.

De gros efforts doivent être faits pour permettre aux femmes d'avoir totalement accès à l'éducation, à la formation, au monde du travail, et à la vie publique en général.

La production de nourriture représente une autre priorité essentielle. La région dépend en grande partie des importations de nourriture, qui s'élèvent à l'équivalent de 100 dollars par an et par personne et devraient atteindre 300 dollars d'ici à l'an 2000. Les Etats arabes ne représentent que 5 % de la population mondiale, mais ils importent 13 % de la nourriture commercialisée sur les marchés internationaux (dont 20 % sont des céréales).

Le fossé entre les pays arabes les plus riches et les plus pauvres, entre les pays producteurs de pétrole et les autres, s'est fortement creusé au cours des dernières décennies. Les pays plus pauvres ne touchent pas les dividendes du pétrole. De plus, leur population est plus nombreuse et la croissance démographique plus forte. La différence de PNB par habitant qui était de 2 pour 1 en faveur des producteurs de pétrole en 1960, a atteint 9 pour 1 en 1987. Le PNB par habitant s'étend de 480 dollars au Soudan à 15 770 dollars dans les Emirats arabes unis.

Les pays riches en pétrole ont atteint un niveau de développement humain relativement élevé. Le Koweït, le Qatar, le Bahreïn et les Emirats arabes unis sont en tête dans ce domaine. Mais leur indicateur de développement humain n'est pas proportionnel à leur PNB, bien que des changements rapides aient été enregistrés dans certains pays au cours des deux ou trois dernières décennies.

Il existe un deuxième groupe de pays arabes, qui dispose d'un niveau de revenu et de développement humain moyens. Ces pays, comme la Tunisie, la Syrie, le Liban et la Jordanie, disposent d'un PNB par habitant relativement modeste, mais grâce à une distribution des revenus relativement équitable, leur niveau de développement humain est supérieur à la moyenne de la région.

Un troisième groupe, considérablement plus pauvre, se compose du Yémen et du Soudan, pays dont tant le revenu que le développement humain sont très faibles.

Plusieurs pays parmi les plus pauvres des Etats arabes ont fourni de la main-d'œuvre qualifiée et non qualifiée aux pays riches en pétrole. L'Egypte, le Soudan, la Tunisie, le Maroc, la Jordanie, la Syrie, le Liban et le Yémen ont envoyé des millions de personnes, et le rapatriement de leur salaire leur a procuré des devises fortes dont ils ont grand besoin. Mais cette migration les a également amputés d'une partie de leur main-d'œuvre et les a privés du capital humain dans lequel ils avaient investi.

L'instabilité politique, dont la crise du Golfe est la manifestation la plus récente, menace de réduire nombre des succès obtenus dans cette région. Les dépenses militaires, qui s'élèvent à 13 % du PNB, sont les plus élevées du monde et représentent le double de celles consacrées à la santé et à l'éducation.

Afrique subsaharienne

L'Afrique a obtenu des gains considérables en matière de développement humain au cours des dernières décennies. Depuis 1960, les taux de mortalité infantile ont chuté de 37 % et l'espérance de vie est passée de 40 à 52 ans. L'alphabétisation des adultes a augmenté de deux tiers entre 1970 et 1985.

Toutefois la croissance économique a été lente dans les années 80 et la population a augmenté de 3,2 % par an, ce qui a eu pour conséquence une diminution du PNB par habitant de 2,2 % par an en moyenne au cours des dix dernières années. Cette tendance a toutefois paru se renverser en 1989, où une croissance positive du PNB par habitant a été enregistrée.

En dépit de cette amélioration, la mortalité des moins de cinq ans atteint toujours 178 décès pour 1000 naissances vivantes, alors que le taux est de 57 pour 1000 en Asie du Sud-Est et de 72 pour 1000 en Amérique latine et dans les Caraïbes. En Angola, en Guinée-Bissau, au Malawi, au Mali, au Mozambique et en Sierra Leone, un quart au moins des enfants meurent avant l'âge de cinq ans.

Plus de la moitié de la population n'a pas accès aux services de santé publics, bien que la médecine traditionnelle continue à jouer un rôle important. Près des deux tiers des habitants n'ont pas d'eau salubre. Les maladies tropicales affectent une proportion élevée de la population; 18 millions de personnes souffrent de la maladie du sommeil et le paludisme tue des centaines de milliers de jeunes enfants chaque année. Le SIDA a atteint de nombreuses familles, notamment en Afrique centrale et méridionale (encadré 2.6).

Le chômage représente l'un des problèmes les plus sérieux. Selon les estimations, 100 millions de personnes n'avaient pas d'emploi en 1989, soit quatre fois plus qu'en 1979, et la plupart étaient des femmes et des hommes jeunes. De plus 100 autres millions de personnes sont sous-employées. Les salaires réels diminuent; ils ont baissé de 30 % entre 1980 et 1989.

De nombreuses personnes ont quitté les zones rurales, en partie parce que les villes leur offraient de meilleures perspectives. Mais les populations ont également été chassées de leurs terres par la pression démographique et la dégradation du sol. A la recherche de travail dans les villes, elles rejoignent souvent rapidement un secteur informel en pleine croissance, qui a au moins l'avantage de leur offrir un

Le fossé entre les pays arabes les plus riches et les plus pauvres s'est fortement creusé au cours des dernières années

ENCADRE 2.6

Le SIDA en Afrique

Le SIDA est un problème qui touche toute la planète, mais certains pays d'Afrique sont particulièrement frappés par la maladie. Plus de 1 % de la population d'Afrique subsaharienne âgée de 15 à 49 ans est infectée par le virus d'immunodéficience humaine (VIH), et court ainsi un risque important de contracter le SIDA.

Les pays suivants sont un exemple de la gravité de la situation en Afrique Centrale et de l'Est :

- L'*Ouganda*, où les taux d'infection de la population adulte atteignent entre 10 et 20 % dans les régions qui bordent le lac Victoria. Pour 1991, plus de 25 % des femmes enceintes qui se sont présentées dans les cliniques de soins prénatals de Kampala étaient séropositives.
- Le *Burundi*, où 17 % des femmes qui se sont présentées dans les cliniques de soins prénatals étaient séropositives.
- La *Zambie*, où 20 à 25 % des personnes appartenant à divers groupes testées à Lusaka étaient séropositives.

Le SIDA sera l'une des causes principales de décès dans tous ces pays, surtout au sein des groupes économiquement actifs.

Il est urgent d'agir. Il faut en priorité modifier les comportements des populations et organiser des campagnes de santé publique. Les populations doivent connaître la maladie et apprendre à se protéger et à protéger leur famille en utilisant des préservatifs ou en prenant d'autres précautions.

Les budgets attribués à la santé devront également être augmentés, en particulier au niveau local. De plus en plus, les collectivités réagissent contre l'épidémie et mobilisent les ressources locales. Cependant, une aide extérieure est nécessaire de toute urgence. Il faut surtout tenter d'enrayer la transmission de la maladie. Mais dans ces pays, où l'infection est très répandue, des programmes d'aide se fondant sur la communauté devront être créés, et les gouvernements, comme les entreprises, devront s'efforcer d'éponger les immenses coûts sociaux et économiques associés à l'épidémie.

emploi, même si la production est souvent marginale et que les salaires couvrent à peine leur subsistance.

Dans cette région, les budgets familiaux sont minces. Les gens doivent lutter pour satisfaire leurs besoins les plus élémentaires et certains aspects, tels que la scolarisation, doivent parfois être sacrifiés. Les filles sont souvent les premières à être retirées de l'école. Le taux net d'inscription à l'école primaire est de 44 % pour les filles alors qu'il atteint 54 % pour les garçons, et le taux d'alphabétisation des femmes n'est que de 34 %, alors que celui des hommes atteint 56 %.

Le manque d'emploi sur place a poussé un grand nombre de personnes ayant reçu une éducation supérieure à émigrer pour trouver du travail. Il y a quatre fois plus de médecins ghanéens qui pratiquent à l'étranger que dans leur pays. Le Nigéria a également perdu des centaines de personnes hautement qualifiées dans le domaine médical au profit des pays industrialisés. De nombreux enseignants quittent leur pays. Cet exode important a pour conséquences de saper les bases du développement.

Dans de nombreux pays, ces problèmes ont été exacerbés par la violence politique, notamment les conflits entre pays, les soulèvements ethniques et les guerres civiles. A cet égard, les pays qui ont le plus souffert sont l'Angola, le Burundi, l'Ethiopie, le Libéria, le Mozambique, l'Afrique du Sud et l'Ouganda. En 1989, le bilan des troubles causés par l'apartheid, l'agitation sociale et les escarmouches militaires se soldait à six millions de réfugiés et cinquante millions de personnes handicapées. En comptant les conséquences des catastrophes naturelles et des difficultés socio-économiques on peut encore ajouter à ces chiffres 35 millions de personnes déplacées.

Les perspectives de l'Afrique resteront inquiétantes si des efforts concertés aux niveaux national et international ne sont pas entrepris pour aider ce continent à retrouver une trajectoire plus positive. Le potentiel existe. L'Afrique possède la population et les ressources naturelles nécessaires à la création d'un avenir beaucoup plus prospère. Mais pour cela un investissement humain substantiel et une restructuration importante des politiques économiques seront indispensables.

L'une des tâches importantes consiste à améliorer la position des femmes dans la société. Outre les bénéfices que les femmes en retireront sur le plan personnel, cela permettra de réduire la mortalité infantile, et par conséquent de réduire la croissance démographique puisque les parents désireront avoir des familles moins nombreuses.

La plupart des ressources nécessaires sont déjà disponibles dans les budgets publics. De nombreux pays africains dépensent des sommes colossales pour s'armer, pour soutenir des entreprises publiques peu rentables ou des projets prestigieux dans lesquels des sommes importantes sont englouties, alors que ces fonds doivent être consacrés de toute urgence à l'amélioration de la santé, de l'éducation et de l'alimentation.

Malgré tous les progrès réalisés dans le domaine du développement humain, il reste encore beaucoup à faire. Dans pratiquement tous les pays, des moins avancés aux pays industrialisés à hauts revenus, certains besoins fondamentaux doivent être satisfaits en matière d'alimentation, de santé, d'éducation, de logement et autres.

Il est important de satisfaire les besoins fondamentaux des individus. Mais le *développement* personnel est tout aussi important. Des individus en bonne santé, confiants et instruits seront mieux à même de s'adapter aux modifications rapides de l'environnement, de répondre aux exigences techniques et d'être compétitifs sur le marché international. La nécessité de satisfaire en priorité les besoins des populations va de pair avec la conception du développement présentée dans ce rapport, où la participation joue un rôle essentiel. Le développement est impossible si les populations ne sont pas vivantes, en bonne santé, instruites et capables de gagner leur vie décemment. Tels sont les aspects essentiels qui doivent être garantis pour que les populations se prennent en charge et saisissent les occasions qui leur sont offertes sur les plans économique, social et politique.

Le chapitre suivant traite des politiques qui pourraient être mises en oeuvre à cet effet, c'est-à-dire des dépenses publiques consacrées au développement humain.

CHAPITRE 3

Le financement du développement humain

Les enjeux du développement humain dans les années 90 sont énormes. Des millions d'êtres humains, tant dans les pays en développement que dans les pays industrialisés, n'ont pas accès à ce qui constitue les bases les plus élémentaires d'une vie digne et satisfaisante : nourriture, eau potable, enseignement, soins de santé, logement adéquat et environnement non pollué.

Complémentarité des dépenses publiques et privées

Ce qui entrave le plus le développement humain, c'est le manque de revenus : les pauvres n'ont tout simplement pas les moyens d'acquérir les choses élémentaires dont ils ont besoin. Il est rare que les pouvoirs publics les aident autant qu'ils le devraient en matière de services de santé, d'enseignement ou autres.

C'est essentiellement par l'initiative individuelle ou familiale que les gens peuvent se procurer ce dont ils ont besoin - grâce à ce qu'ils gagnent, ce qu'ils cultivent ou ce qu'ils produisent. Il s'agit là de leur revenu primaire, par opposition au revenu secondaire, à savoir ce qu'ils perçoivent en nature des pouvoirs publics. Le montant du revenu primaire détermine la part de denrées alimentaires et autres biens indispensables que le ménage peut se permettre d'acheter. En matière de développement humain, la meilleure des stratégies consiste à accroître le revenu primaire en permettant à chacun de donner libre cours à son énergie créatrice et de tirer parti de toutes ses ressources et capacités, tout en veillant à ce que cela profite au plus grand nombre.

Il faut donc prendre des mesures énergiques afin de créer des revenus primaires et d'en assurer une meilleure répartition. Une croissance économique soutenue et plus équitable fait que les ménages sont mieux à même de satisfaire leurs besoins. L'expérience des pays nouvellement industrialisés de l'Asie de l'Est est là pour le prouver. Mais si le pouvoir en place maintient des modes inéquitables de répartition des terres ou néglige de promouvoir la création d'emplois, les pauvres resteront pauvres et le pays ne pourra se développer.

Les pouvoirs publics prélèvent une partie des revenus primaires par le biais de la fiscalité. L'on attend d'eux en retour qu'ils assurent la sécurité individuelle et la sûreté nationale et qu'ils pourvoient à la mise en place d'infrastructures matérielles (routes, électricité, etc.) et de services sociaux (hôpitaux, écoles, subventions alimentaires, etc.). Ils peuvent aussi aider les plus pauvres à compenser l'insuffisance de leurs revenus. Cependant, les recettes fiscales et l'usage qui en est fait varient considérablement d'un pays à l'autre. Le présent chapitre explore les possibilités de financer le développement humain à l'aide des fonds publics et analyse la part du revenu que chaque pays consacre aux dépenses de l'Etat en matière d'aide sociale dans les domaines prioritaires.

Avant d'examiner les dépenses sociales du secteur public des pays en développement et de déterminer si elles sont rentables, il convient de replacer le rôle de l'Etat dans un contexte plus large.

Il incombe en tout premier lieu à l'Etat d'encourager la création d'emplois productifs, rémunérateurs et satisfaisants

En matière de développement humain, il incombe en tout premier lieu à l'Etat d'encourager la création d'emplois productifs, rémunérateurs et satisfaisants - y compris en incitant les gens à travailler pour leur propre compte. L'emploi permet non seulement à l'individu de percevoir un revenu et de produire des biens et services, il l'engage aussi dans une activité collective et en fait un agent du progrès.

Des politiques macro-économiques judicieuses contribuent à réaliser cet objectif. Ainsi, il importe de ne pas sur-

DIAGRAMME 3.1

Les quatre taux

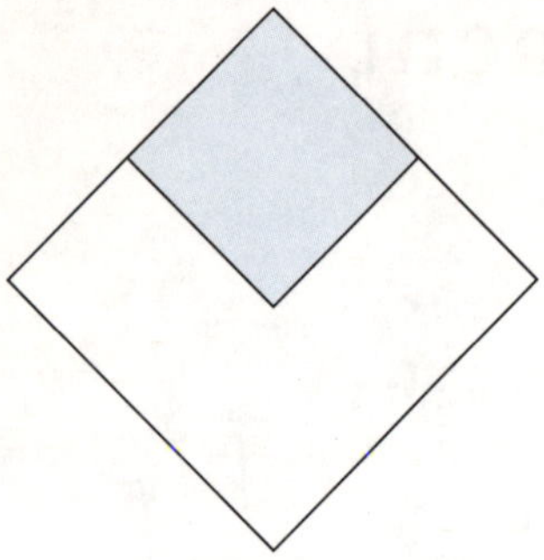

Taux des dépenses publiques

Part du PNB consacrée aux dépenses publiques

Taux des dépenses sociales

Part des dépenses publiques consacrées aux services sociaux

Taux des priorités sociales

Part des dépenses publiques consacrées aux secteurs prioritaires en matière de développement humain

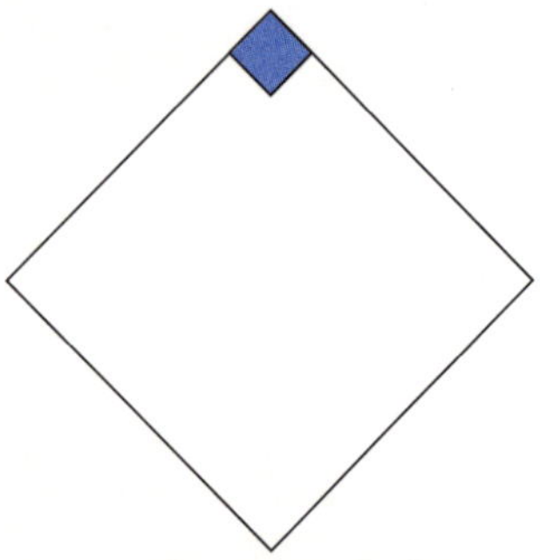

Taux des dépenses de développement humain

Part du PBN consacrée aux secteurs prioritaires en matière de développement humain

Le taux des dépenses de développement humain est le produit des trois autres taux :

E/Y=Part du revenu national consacré aux dépenses publiques

S/E=Part des dépenses publiques consacrées au secteur social : taux des dépenses sociales

P/S=Part des dépenses sociales consacrées aux priorités en matière de développement humain : taux des priorités sociales

En d'autres termes, le taux des dépenses pour le développement humain se calcule comme suit : E/Y x S/E x P/S

évaluer les taux de change et de ne pas imposer de restrictions commerciales qui entravent les exportations de produits à forte intensité de main d'œuvre. L'inflation devrait demeurer sous contrôle et les taux d'intérêt être tels que les petits emprunteurs soient en mesure d'avoir accès au crédit. Il ne faudrait pas non plus que la distribution des actifs se fasse au détriment des petites entreprises et de leurs employés, ce qui tuerait l'initiative privée et aggraverait la pauvreté.

Toutefois, les politiques macro-économiques à elles seules, même si elles sont tout à fait judicieuses, risquent de ne pas suffire si elles ne sont pas complétées par des mesures efficaces sur le plan *méso-économique* - c'est-à-dire par des mesures qui établissent le lien entre les niveaux macro- et micro-économiques et qui ont des incidences directes sur la vie quotidienne de la population. Ces mesures portent principalement sur le montant et la structure des dépenses sociales de l'Etat et l'orientation des politiques et des programmes qui les accompagnent (voir, à la fin du présent chapitre, les études par pays).

Pour que son rôle soit le plus productif possible, l'Etat doit :

• *Permettre le bon fonctionnement des marchés* - Il ne faut pas qu'une réglementation excessive vienne étouffer les petites entreprises. Toutefois, il faut prévoir des mesures de réglementation en vue d'assurer le libre cours de la concurrence.

• *Remédier aux déficiences du marché* - Il faut freiner certaines activités telles que la pollution, la surutilisation de véhicules privés, certains types de spéculation en bourse ou la consommation de produits tels que le tabac, les drogues ou l'essence. Inversement, l'Etat devrait subventionner certaines activités dont il souhaite encourager le développement, telles que les transports publics.

• *Mettre en place des infrastructures matérielles* - Routes, voies ferrées, installations portuaires, centrales électriques et télécommunications. L'Etat est souvent le mieux à même de fournir des infrastructures; toutefois, là où le secteur privé peut remplir cette fonction efficacement, il convient d'encourager l'investissement privé.

• *Accorder son appui à des activités d'intérêt public* - L'Etat doit notamment définir le cadre juridique, favoriser les espaces verts publics et se charger de la défense et de la sûreté nationales.

• *Veiller à ce que l'individu soit au cœur du développement* - L'Etat doit investir dans le développement des capacités humaines, mobiliser et tirer parti du potentiel productif et créatif de l'individu et permettre à ceux qui ne peuvent pas se prendre en charge - particulièrement les chômeurs, les personnes âgées et les handicapés - d'avoir accès à une protection sociale.

Les paragraphes qui suivent traitent plus spécialement de ce dernier point, notamment la question de savoir comment les dépenses publiques sont utilisées pour répondre aux besoins d'investissement dans les domaines prioritaires, à savoir la formation de capacités humaines.

Analyse des dépenses publiques

Pour analyser les orientations et le contrôle des dépenses publiques en matière de développement humain, il est proposé d'avoir recours à quatre taux (diagrammes 3.1 et 3.2) :

• *Taux des dépenses publiques* - Pourcentage du revenu national consacré aux dépenses publiques.

• *Taux des dépenses sociales* - Pourcentage des dépenses publiques consacrées aux services sociaux.

• *Taux des priorités sociales* - Pourcentage des dépenses sociales consacrées aux questions prioritaires en matière de développement humain.

• *Taux des dépenses de développement humain* - Pourcentage du revenu national consacré aux questions prioritaires en matière de développement humain.

Le taux des dépenses de développement humain est le produit des trois autres. Il s'agit là d'un instrument extrêmement utile, qui permet aux responsables soucieux de restructurer leur budget de cerner les déséquilibres qu'il comporte et de dégager les options qui s'offrent à eux.

Si les dépenses publiques sont élevées (comme c'est le cas dans de nombreux pays en développement) mais que le taux des dépenses sociales demeure faible (comme en Tanzanie), il faudra revoir le budget de façon à déterminer quels types de dépenses pourraient faire l'objet d'une réduction (diagramme 3.2). L'on pense en particulier aux dépenses militaires, au service de la dette et aux entreprises publiques déficitaires.

Si les deux premiers taux sont élevés alors qu'en dernière analyse les incidences sur le développement humain, dont rendent compte les indicateurs de développement humain, sont faibles (comme au Pakistan), il faut alors augmenter le taux des priorités sociales. Pour les pays les plus pauvres, cela passera probablement par la recherche d'un meilleur équilibre entre soins de santé curatifs onéreux et soins de santé primaires préventifs, entre enseignement supérieur et enseignement primaire, et, enfin, entre villes et campagnes, où se trouvent la majorité des couches les plus défavorisées de la population.

L'étude du taux des dépenses de développement humain dans 25 pays, représentant 74 % de la population des pays en développement, fait apparaître certaines caractéristiques particulièrement intéressantes (voir tableau 3.1) et montre comment il est possible de parvenir à des dépenses d'un montant analogue dans les domaines sociaux prioritaires en empruntant des voies extrêmement diverses.

Au Pakistan et en Indonésie, le taux des dépenses de développement humain est faible, et ce, bien que le montant global des dépenses publiques soit raisonnable. Ce phénomène s'explique par le fait que le taux des dépenses sociales et celui des priorités sociales sont eux aussi peu élevés. En République de Corée, par contre, une grande partie des dépenses publiques - elles mêmes peu importantes - est orientée vers la réalisation des priorités sociales; en conséquence, le taux des dépenses de développement humain y est considérablement plus élevé.

L'on constate que s'il est des pays (tels la Jordanie) où le taux des dépenses de développement humain est élevé de même que le taux des dépenses publiques, d'autres (comme la Malaisie et le Maroc), ont un taux des priorités sociales particulièrement élevé.

DIAGRAMME 3.2

Dépenses sociales dans les domaines prioritaires

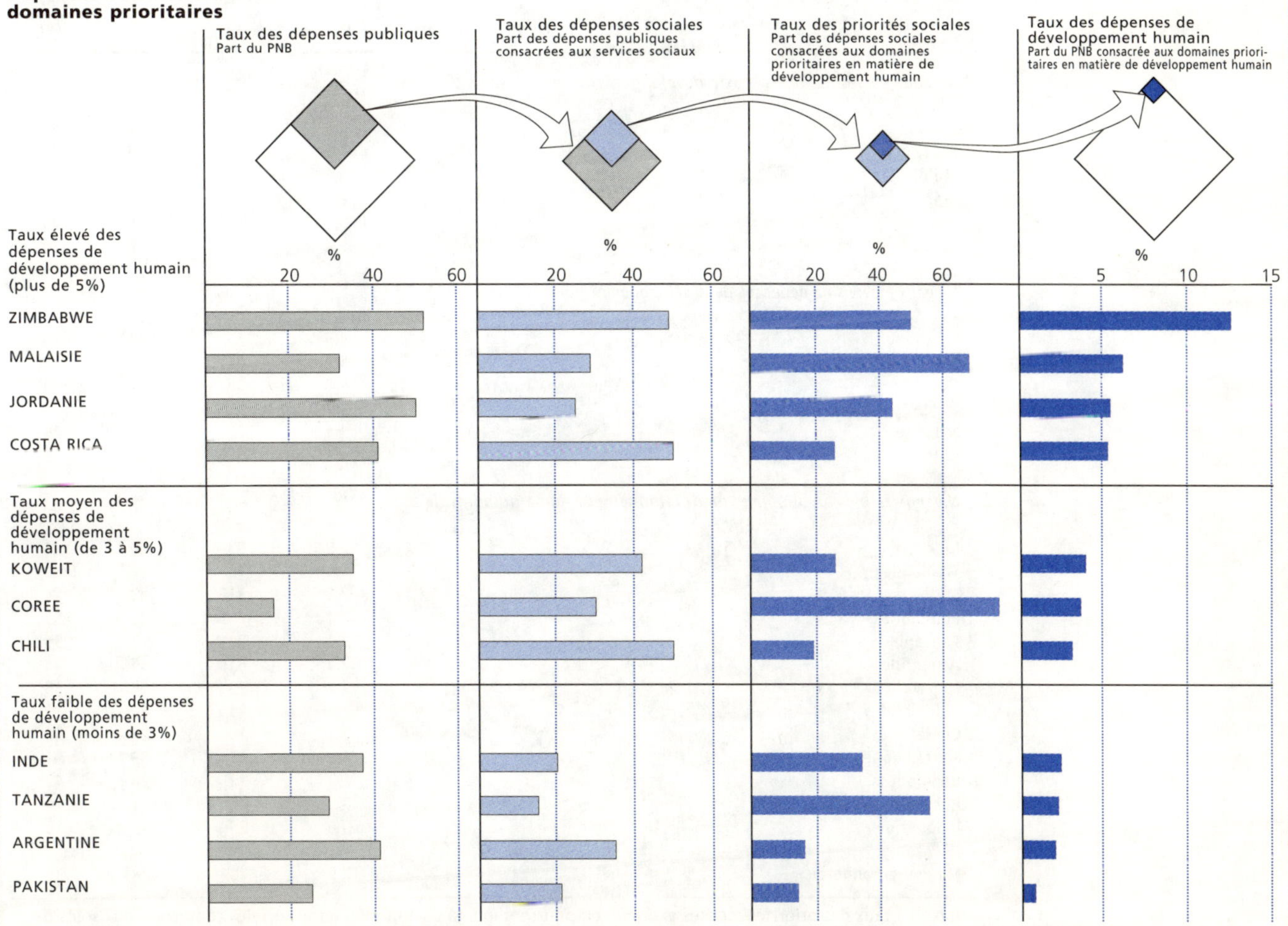

C'est en faisant valoir que les ressources disponibles ont été dépensées de manière rationnelle que l'on parviendra à en mobiliser de nouvelles

Plus important sans doute que le taux des dépenses publiques, le montant en termes absolus des dépenses de développement humain par habitant (diagramme 3.3 et tableau 3.2) permet de replacer ce taux dans un contexte approprié. Ainsi, la République de Corée et la Malaisie consacrent des montants équivalents par habitant aux priorités sociales (128 dollars) alors qu'en Malaisie le taux des dépenses de développement humain est deux fois plus élevé qu'en République de Corée, du fait même que le PNB par habitant de cette dernière est deux fois plus élevé que celui de la Malaisie. De même, le taux des dépenses de développement humain du Koweït est inférieur de moitié à celui du Botswana, alors qu'en termes absolus, les dépenses par habitant y sont près de sept fois plus élevées.

Ces phénomènes permettent de tirer d'importantes leçons pour l'action gouvernementale :

- Le taux des dépenses de développement humain devra sans doute être fixé aux alentours de 5 % si l'on veut qu'il ait des incidences réelles sur le développement humain.
- Pour arriver à cette fin, plusieurs voies s'offrent aux pouvoirs publics - certaines efficaces et d'autres non. Une option souhaitable consiste à maintenir le taux des dépenses publiques à un niveau modéré (aux alentours de 25 %), à consacrer une grande partie de ces dépenses au secteur social (plus de 40 %) et à axer les dépenses sur les domaines sociaux priori-

TABLEAU 3.1

Analyse de dépenses sociales du secteur public (1988)

	Taux des dépenses de développement humain (colonnes 2x3x4) (%) (1)	Taux des dépenses publiques (%) (2)	Taux des dépenses sociales (%) (3)	Taux des priorités sociales (%) (4)
Niveaux élevés de dépenses de développement humain (plus de 5 %)				
Zimbabwe	12,7	52	49	50
Botswana	7,7	51	37	41
Malaisie	6,3	32	29	68
Maroc	6,3	29	42	52
Jordanie	5,5	50	25	44
Costa Rica	5,4	41	50	26
Niveaux moyens de dépenses de développement humain (entre 3 et 5 %)				
Singapour	4,3	35	35	35
Brésil	4,2	34	32	38
Koweït	4,0	36	42	26
Corée	3,7	16	30	77
Maurice	3,1	27	40	29
Chili	3,1	33	50	19
Niveaux faibles de dépenses de développement humain (moins de 3 %)				
Inde	2,5	37	20	34
Thaïlande	2,5	16	37	42
Sri Lanka	2,5	31	43	18
Philippines	2,4	21	22	53
Tanzanie	2,4	29	15	55
Argentine	2,3	41	35	16
Nigéria	2,2	29	20	38
Colombie	2,1	15	40	36
Chine	2,1	19	24	46
Sierra Leone	1,6	13	39	31
Bangladesh	1,2	12	24	42
Pakistan	0,8	25	21	14
Indonésie	0,6	25	13	18
Moyenne pondérée	2,9	28	28	38

Note : Le taux des priorités sociales exprime, en pourcentage, la part des dépenses sociales consacrées aux soins de santé primaires et à l'éducation de base.

taires (plus de 50 %). Une option peu viable, par contre, consisterait à consacrer une forte part du revenu national au secteur public, freiner l'investissement et l'initiative privés et limiter la croissance économique et l'expansion des ressources qui peuvent seules, au bout du compte, financer le développement humain. Très souvent, il est possible d'effectuer des coupes dans les dépenses publiques (ce qui pourrait relancer l'investissement privé) tout en consacrant une plus grande part des fonds publics au développement humain.

• Les dépenses budgétaires n'ont pas besoin d'être accrues lorsque le PNB croît rapidement et de façon équitable ou encore lorsque le secteur privé et les organisations non gouvernementales (ONG) participent très largement aux dépenses sociales. L'on peut également envisager que des services soient confiés au secteur privé, tout en étant financés par le secteur public. De nombreux gouvernements prennent conscience de ce que le secteur privé et les ONG peuvent fournir des services sociaux de façon plus rentable que le secteur public et leur confient en conséquence de plus en plus l'exécution de programmes financés sur fonds publics.

• Le scénario le plus négatif se produit lorsque les dépenses publiques sont élevées et que le taux des priorités sociales demeure faible. La pire des situations consiste à consacrer plus de 25 % du revenu national aux dépenses publiques et faire en sorte que moins de 1 % du PNB soit alloué aux questions prioritaires en matière de développement humain (ce qui est le cas au Pakistan et en Indonésie). Le secteur public y occupe une énorme place alors que la majorité de la population ne bénéficie pas des dépenses sociales.

• Plusieurs pays en développement sont allés au-delà des priorités de base. Certains pays, tels que Maurice, Singapour, la République de Corée et le Chili, ont certes un taux des dépenses de développement humain faible si l'on considère les priorités de base; toutefois, le niveau de développement humain y est déjà important et il est donc possible de se concentrer sur la mise en place de services sociaux d'un niveau plus poussé.

Il serait utile que la notion de taux des dépenses de développement humain devienne l'un des principaux instruments de référence lors des décisions politiques concernant l'attribution des ressources publiques. Lorsque les ressources sont

DIAGRAMME 3.3

Dépenses de développement humain par habitant

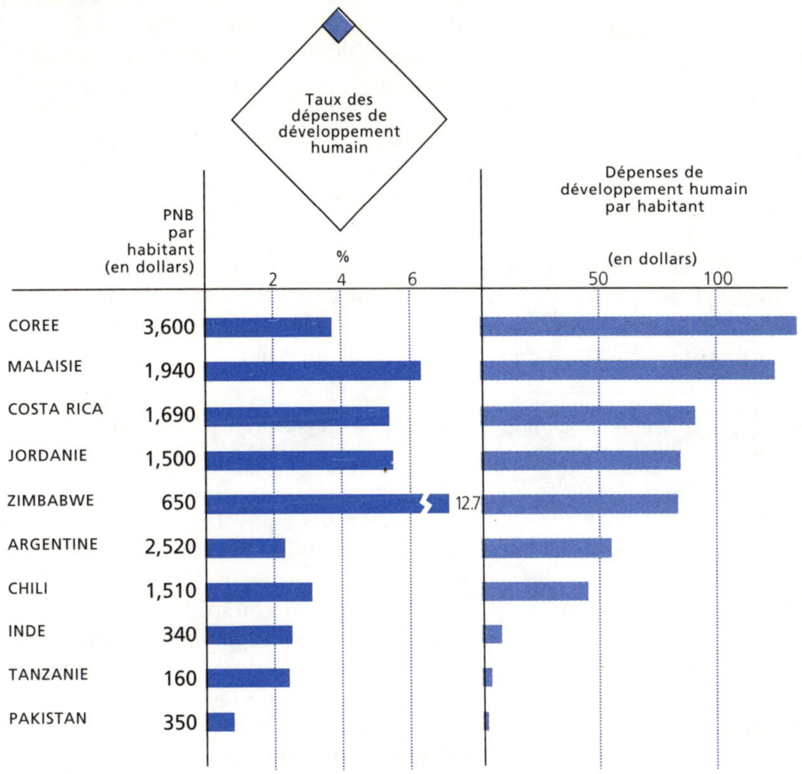

TABLEAU 3.2

Dépenses de développement humain par habitant (1988)

	Dépenses de développement humain par habitant (en dollars)	Taux des dépenses de développement humain (pourcentage)	PNB par habitant (en dollars)
Koweït	536	4,0	13,400
Singapour	390	4,3	9,070
Corée	133	3,7	3,600
Malaisie	123	6,3	1,940
Costa Rica	92	5,4	1,690
Brésil	90	4,2	2,160
Jordanie	83	5,5	1,500
Zimbabwe	83	12,7	650
Botswana	77	7,7	1,010
Argentine	57	2,3	2,520
Maurice	56	3,1	1,800
Maroc	52	6,3	830
Chili	46	3,1	1,510
Colombie	25	2,1	1,180
Thaïlande	25	2,5	1,000
Philippines	15	2,4	630
Sri Lanka	10	2,5	420
Inde	9	2,5	340
Chine	7	2,1	330
Nigéria	6	2,2	290
Sierra Leone	5	1,6	300
Tanzanie	4	2,4	160
Pakistan	3	0,8	350
Indonésie	3	0,6	440
Bangladesh	2	1,2	170
Moyenne pondérée	$ 17	2,9	570

limitées, il faut se pencher de plus près sur les domaines prioritaires et veiller encore plus à l'efficacité des dépenses engagées. Il ne faudrait toutefois pas que le souci d'une meilleure efficacité se fasse au détriment de la mobilisation de ressources additionnelles. C'est en faisant valoir que les ressources disponibles ont été dépensées de manière rationnelle que l'on parviendra à en mobiliser de nouvelles.

On trouvera ci-après une analyse plus détaillée des divers éléments qui composent le taux des dépenses de développement humain.

TABLEAU 3.3

Part du secteur privé dans les dépenses sociales (exprimée en pourcentage) (1988)

Philippines	69
Inde	64
Argentine	55
Maurice	54
Ghana	53
Costa Rica	28
Jordanie	26

Taux des dépenses publiques

L'on ne peut pas dire qu'il soit forcément souhaitable ni même nécessaire que le taux des dépenses publiques soit élevé. L'action gouvernementale et l'utilisation qui est faite des dépenses publiques doivent faciliter, stimuler et compléter les dépenses privées de façon à répondre aux besoins en matière de développement humain. Si l'Etat décide de consacrer une part suffisante des dépenses publiques aux domaines prioritaires, l'on peut considérer comme souhaitable que le taux des dépenses publiques se situe entre 20 et 25 %. L'analyse des dépenses publiques d'un certain nombre de pays en 1988 fait apparaître qu'elles varient entre 52 % (Zimbabwe) et 12 % (Bangladesh) du PNB.

Si l'on considère les quelques pays pour lesquels on dispose de données fiables - tels que l'Argentine, l'Inde et les Philippines (tableau 3.3) - les dépenses privées sont souvent supérieures aux dépenses publiques. Une étude du financement privé des soins de santé fait apparaître que la part relative du secteur privé n'est pas liée au PNB du pays en question - la participation privée peut être importante aussi bien dans des pays riches que dans des pays pauvres. Ainsi, en Afrique, dans 11 des 15 pays ayant fait l'objet de l'étude, les dépenses du secteur privé sont supérieures, en tous points, à celles du secteur public (tableau 3.4).

Il n'en faut pas moins poser un certain nombre de questions : Quels sont les objectifs des dépenses publiques? Qui en tire parti? Ont-elles tendance à inciter ou à freiner l'initiative privée? A "évincer" l'investissement privé? L'on constate que dans de nombreux pays en développement, au moins 25 % du revenu national revient au budget de l'Etat, alors qu'au bout du compte, moins de 3 % de ce même revenu est consacré aux questions prioritaires en matière de développement humain.

La fiscalité constitue la principale source de financement des dépenses publiques. Les recettes fiscales varient for-

TABLEAU 3.4

Dépenses publiques et privées de santé en Afrique

		Part du secteur public (%)			Part du secteur privé (%)			
Pays	Année	Financement central et aide extérieure	Financement local	Total	ONG	Secteur moderne	Secteur traditionnel	Total
Botswana	1979	62,8	10,5	73,3	7,6	11,8	7,3	26,7
Burkina Faso	1981	72,6	1,9	74,5				25,5
Burundi	1986			70,5	7,2	22,3	29,5	
République centrafricaine	1986			41,2				58,8
Ethiopie	1986			35,6	1,7	53,7	9,0	64,4
Kenya	1984	43,3	5,6	48,9	7,2		44,0	51,2
Lesotho	1986			40,6	7,5	51,9		59,4
Madagascar	1985	44,8	0,8	45,6	4,1	35,5	14,8	54,4
Mali	1985			42,4		18,8	38,8	57,6
Rwanda	1982			46,5	29,1		24,4	53,5
Somalie	1982			49,2				50,8
Swaziland	1984			32,4	12,0	17,6	38,0	67,6
Ouganda	1982	15,2	4,5	19,7	4,4	22,9	53,0	80,3
Zambie	1981	43,0	0,8	43,8	7,1	33,1	16,0	56,2
Zimbabwe	1987	53,0	8,8	61,8	4,3	33,9		38,2

cément d'un pays à l'autre, en fonction, notamment, de la structure de l'économie, du niveau de développement, et des moyens institutionnels dont dispose le pays en question.

Il arrive - et c'est même souvent le cas - que les dépenses publiques soient supérieures aux recettes; toutefois, un tel financement déficitaire risque de fortement déstabiliser l'économie. L'exemple de la Bolivie dans les années 80 constitue un cas extrême : le déficit y a atteint 28 % du PNB, ce qui a provoqué une hyperinflation et une grave crise économique. Il faut donc que chaque pays s'attache à équilibrer plus ou moins son budget et à mobiliser les recettes fiscales nécessaires à cet effet.

Dans les pays en développement, ces recettes proviennent normalement de trois sources principales : fiscalité directe (sur le revenu des personnes physiques ou le revenu des sociétés), fiscalité indirecte (généralement sous forme d'impôt sur les ventes) et taxation du commerce extérieur.

- Dans les pays en développement, l'impôt sur le revenu des personnes physiques est relativement négligeable et ne constitue généralement qu'environ 10 % du montant total des recettes fiscales (contre quelque 30 % dans les pays industrialisés). Cela est imputable principalement au fait que seule une petite partie de la population est salariée et employée dans le secteur structuré de l'économie. Mais il faut dire aussi que les exonérations d'impôt sont très courantes et la fraude fiscale généralisée. Ainsi, au Bangladesh, 0,5 % de la population est soumise à l'impôt sur le revenu.
- L'impôt sur le revenu des sociétés est plus important et représente d'une manière générale environ 17 % du montant total des recettes fiscales. Il dépasse souvent 25 % dans les pays exportateurs de pétrole ou de minéraux et peut atteindre 50 % dans certains cas, tels que le Congo, l'Indonésie, l'Oman, le Venezuela et Trinité-et-Tobago.
- La fiscalité indirecte, qui porte principalement sur les ventes, représente, dans de nombreux pays en développement, une part importante des recettes fiscales - 28 % en moyenne. Dans certains cas, comme en Côte d'Ivoire, à Maurice et au Maroc, elle atteint plus de 75 %.
- Les taxes sur le commerce extérieur - droits sur les importations et les exportations - représentent en général 25 % du montant total des recettes fiscales. Les droits perçus sur les importations constituent la source la plus importante de recettes des pays en développement, particulièrement en Afrique, en Asie du Sud et dans les pays arabes.

D'autres formes d'imposition, moins courantes, telles que les cotisations à la sécurité sociale, constituent des entrées non négligeables dans certains pays d'Amérique latine (en Uruguay, par exemple, elles représentent environ 27 % du montant des recettes). Toutefois, dans beaucoup d'autres régions, elles ne font pas partie du système fiscal. L'impôt sur la richesse est encore plus rare, mais l'on notera qu'il a été institué au Népal, à Singapour, en El Salvador et en Jamaïque.

Dans la plupart des pays en développement, le régime fiscal est complexe et instable

Le montant des recettes fiscales détermine donc dans une large mesure le volume des dépenses publiques. Mais la structure même du régime fiscal est tout aussi importante, dans la mesure où elle a des incidences tant sur l'équité que sur l'efficacité économique.

La fiscalité directe tend à être progressive, les riches étant tenus de reverser un pourcentage plus élevé de leurs revenus que les pauvres. La fiscalité indirecte, par contre, peut avoir des effets différents sur la population, selon la manière dont elle est conçue. Si elle s'applique aux produits de première nécessité, elle peut être régressive; en effet, si chaque consommateur consacre la même somme à l'achat d'un pain, celle-ci représente une part plus élevée du revenu d'une personne pauvre. En Tanzanie, par exemple, la fiscalité indirecte est régressive puisqu'elle s'applique à des produits de première nécessité tels que le sucre. Toutefois, dans la plupart des pays en développement, ce type de fiscalité ne vise ni les denrées alimentaires ni d'autres produits de base, de sorte que les couches les plus pauvres de la population paient moins d'impôt sur les ventes que celles qui peuvent se permettre d'acheter des produits de luxe.

Le « taux des recettes publiques » est défini comme étant le montant total des recettes publiques courantes, exprimé en pourcentage du PNB (tableau 3.5). Si le gouvernement décide de consacrer une plus grande part des dépenses au développement humain (tout en conservant un budget équilibré), il lui faudra soit relever le taux des recettes, soit réaffecter au secteur social des crédits précédemment alloués à d'autres secteurs. Les possibilités de le faire varient grandement d'un pays à l'autre, mais on peut formuler un certain nombre d'observations d'ordre général.

• *Administration* - Dans la plupart des pays en développement, le régime fiscal est complexe et instable. Il serait possible d'augmenter le montant des recettes si l'on simplifiait les procédures, si l'on recueillait toutes les données requises et si l'on s'attachait davantage à percevoir effectivement l'impôt. Il serait également possible de rationaliser les régimes fiscaux et d'augmenter aussi les recettes par le biais d'une réduction du nombre des exonérations, un élargissement de l'assiette et, éventuellement, une baisse des taux d'imposition. Le Brésil est parvenu - à la suite des réformes de 1988 qui se sont traduites par des dégrèvements et ont permis d'introduire un impôt modéré sur la richesse - à accroître son taux de recettes publiques courantes de quatre pourcent. De même, le Ghana a réussi, grâce à une série de réformes fiscales destinées à répondre aux impératifs d'efficacité et d'équité, à faire passer ce taux de 5 % en 1983 à 14 % en 1989.

• *Leviers fiscaux* - Il existe un certain nombre de moyens administratifs relativement simples de percevoir des recettes fiscales. S'il est vrai que les possibilités d'imposition sont souvent très restreintes dans les pays où l'économie repose largement sur l'agriculture et ceux où la production est destinée à l'autoconsommation ou est le fait de petites entreprises, il n'en va pas de même pour les pays exportateurs de minéraux, tels le Botswana, gros producteur de diamant. Il est un fait que, d'une manière générale, les pays où la pression fiscale est la plus élevée sont ceux où la part des industries minières dans le PNB est elle-même élevée. Par contre, il ressort d'une étude récemment effectuée que les pays où elle est en baisse sont ceux pour lesquels les recettes fiscales proviennent principalement d'impôts indirects.

• *Recettes* - Il n'y a pas nécessairement corrélation entre revenu national et effort fiscal. Ainsi, en Inde et en Colombie, la pression fiscale est sensiblement la même, alors que la Colombie est un pays bien plus riche. En revanche, si le PNB par habitant de la Bolivie et du Zimbabwe sont sensiblement les mêmes, l'on ne peut guère en dire autant de la pression fiscale. Ce phénomène montre bien qu'il existe des possibilités inexploitées d'augmenter encore les recettes publiques.

• *Croissance économique* - Ce qui importe, en réalité, c'est le taux de croissance de l'économie. La croissance économique, en effet, facilite l'augmentation du niveau des recettes courantes. On en voudra pour preuve les exemples fournis dans les années 80 par le Botswana, le Burkina Faso, la Colombie, l'Indonésie, la République de Corée et la Sierra Leone.

Le Burkina Faso, par exemple, est un pays pauvre qui ne dispose guère de minéraux et dont l'industrie manufacturière est peu développée. Il a pourtant réussi à accroître son taux de recettes courantes tout en ramenant l'inflation à un rythme très faible.

La Colombie est parvenue à assurer sa croissance économique tout en procédant à des ajustements économiques. Elle a également réussi à augmenter ses taux de recettes et dépenses publiques. Son régime fiscal, qui repose sur l'impôt sur le revenu et l'impôt sur la propriété ainsi que sur une taxe à la valeur ajoutée qui ne s'applique pas aux biens de consommation de base, semble être assez progressif.

Il n'en reste pas moins que la relation entre croissance économique et fiscalité est complexe. C'est ainsi qu'en Malaisie et au Maroc, les recettes fiscales ont été relativement moins élevées dans les années 80, malgré la croissance économique. Ce phénomène s'est peut-être toutefois révélé crucial pour stimuler la croissance, augmenter les dépenses privées et freiner (ou du moins maintenir

TABLEAU 3.5

Montant total des recettes exprimé en pourcentage du PNB (1988)

Taux élevés	
Botswana	74,1
Gabon	47,1
Nicaragua	40,7
Oman	35,9
Brésil	34,4
Egypte	34,3
Tunisie	33,2
Zimbabwe	32,0
Panama	31,9
Chili	31,7
Taux faibles	
Haïti	10,8
Paraguay	10,6
El Salvador	10,5
Guatemala	10,3
Népal	10,3
Pérou	9,0
Bangladesh	8,6
Ouganda	8,2
Sierra Leone	7,3

Note : Ces chiffres ne prennent en compte que les recettes perçues par le pouvoir central.

constantes) les besoins en matière de dépenses publiques.

Taux des dépenses sociales

La part des dépenses consacrées à des domaines sociaux tels que la nutrition, la santé et l'éducation varie considérablement d'un pays à l'autre. Le taux des dépenses sociales lui-même est extrêmement variable, allant de 13 % (Indonésie) à 50 % (Costa Rica et Chili). L'on ne dispose malheureusement pas de données sur le montant total des dépenses publiques dans de nombreux pays, de sorte qu'il est impossible de déterminer le taux des dépenses sociales.

Pour certains pays, ce taux ne porte que sur les dépenses publiques du pouvoir central. Les autorités régionales et locales contribuent également au financement du secteur social - parfois dans une proportion non négligeable, si le pays est constitué en fédération; ainsi, en Inde, 85 % des dépenses d'éducation et de santé sont financées par les autorités provinciales ou locales. Il en va de même au Brésil pour 18 % des dépenses de santé. On notera cependant, ici encore, que l'on ne dispose pas pour tous les pays des données relatives aux dépenses publiques des autorités locales, de sorte qu'il arrive que les chiffres soient incomplets. Si les dépenses du secteur social étaient disponibles sur une base consolidée, l'on pourrait procéder à des comparaisons internationales plus fiables.

On entend par « dépenses sociales » les dépenses consacrées à l'éducation, à la santé, au bien-être, à la protection sociale, à l'approvisionnement en eau, aux services sanitaires et aux services collectifs. Dans de nombreux pays, particulièrement en Afrique subsaharienne et en Asie du Sud, l'éducation et la santé constituent la part la plus importante de ces dépenses. En Amérique latine (par exemple en Argentine, au Brésil et au Chili), les prestations de sécurité sociale représentent une part beaucoup plus importante. Là où les dépenses sociales sont élevées, elles dépassent 40 % des dépenses publiques : dans les pays où elles sont faibles, elles en représentent au maximum 20 % (tableau 3.6).

Le fait que le taux des dépenses sociales soit élevé ne suffit pas à garantir le développement humain, mais il va de soi que c'en est un élément important. Dans certains pays en développement, le taux des dépenses sociales et le taux des priorités sociales est élevé - tout comme le niveau du développement humain. Presque tous les pays commencent par établir un taux élevé de dépenses publiques : un tiers, voire plus, du PNB. Beaucoup d'entre eux, toutefois, pourraient réduire la part du secteur public tout en maintenant, voire en augmentant, les dépenses de développement humain.

L'évolution des dépenses sociales dans les pays en développement au cours des dernières années est inquiétante. Dans de nombreux pays, les dépenses réelles par habitant ont régressé (tableau 3.7). Dans cinq des sept pays étudiés d'Amérique latine, elles ont été moins importantes entre 1985 et 1987 qu'entre 1979 et 1981. Il en va de même pour la moitié des pays africains, la Tanzanie étant le cas le plus extrême, puisque les dépenses sociales ont chuté de moitié au cours des années 80.

Les pays d'Asie et les pays arabes, par contre, et sans doute du fait de leur croissance économique, sont parvenus à relever le niveau des dépenses sociales au cours des année 80, bien que l'on constate que dans la plupart des cas, le taux de croissance en a été moins élevé que dans les années 70.

Comment augmenter le taux des dépenses sociales

Pour financer le développement humain, il faut souvent opérer des transferts de ressources budgétaires initialement destinées à d'autres domaines.

Certes, il n'est pas toujours facile de restructurer un budget : les gouvernements

Dans de nombreux pays en développement, les dépenses réelles par habitant ont régressé au cours des dernières années

TABLEAU 3.6
Taux des dépenses sociales (1988)

Taux élevés (plus de 40 %)	
Costa Rica	50
Chili	50
Zimbabwe	49
Sri Lanka	43
Koweït	42
Maroc	42
Taux faibles (20 % au maximum)	
Inde	20
Nigéria	20
Tanzanie	15
Indonésie	13

ont des engagements à remplir et subissent des contraintes d'ordre politique. Il ne faut toutefois pas exagérer ce type de contraintes ni encourager une attitude passive face à une structure des dépenses trop peu judicieuse. Les réformes considérables réalisées par certains pays montrent que bien des changements sont possibles.

Les contraintes sont, d'une manière générale, moins pesantes lorsque les dépenses publiques augmentent et que les apports d'aide peuvent être acheminés vers de nouveaux secteurs. Les délais sont également importants : le moyen et long termes permettent une plus grande marge de manœuvre dans la mesure où ils supposent moins d'engagements contractuels.

Le développement humain et la croissance économique doivent être favorisés conjointement. Les dépenses consacrées au secteur économique - notamment aux infrastructures telles que le réseau routier et les télécommunications - sont extrêmement importantes pour le développement global. L'augmentation des dépenses sociales ne doit donc pas se faire au détriment des autres secteurs de l'économie. Certes, il peut être possible de réaliser des compressions budgétaires judicieuses dans ces secteurs, mais des coupes généralisées risqueraient de nuire au potentiel de croissance.

Il n'en reste pas moins que d'autres domaines de dépenses peuvent se prêter à des économies. Le budget militaire repré-

TABLEAU 3.7

Croissance économique et dépenses sociales

	Variation, en pourcentage, pour la période 1973/75-1979/81		Variation, en pourcentage, pour la période 1979/81-1985/87	
	Dépenses d'éducation et de santé	PNB par habitant	Dépenses d'éducation et de santé	PNB par habitant
Amérique latine				
Barbade	24,6	23,3	5,2	1,4
Chili	22,8	32,8	-12,5	-7,5
Costa Rica	127,4	13,0	-32,5	-9,8
Mexique	53,8	21,9	-21,9	-6,6
Panama	5,1	14,8	19,5	4,2
Uruguay	-4,6	28,3	-24,2	-13,2
Venezuela	14,1	-0,8	-20,5	-16,8
Pays arabes				
Bahreïn	20,7	17,8	36,5	-9,6
Egypte	7,4	41,8	5,9	-9,4
Koweït	-17,4	-32,0	22,7	-42,9
Oman	67,7	75,9	235,8	53,2
Syrie	4,8	29,8	7,0	-13,7
Tunisie	25,2	30,1	6,4	8,1
Yémen	712,4	30,8	36,0	15,9
Asie				
Inde	8,9	9,6	72,6	22,3
Indonésie	102,3	38,7	32,4	11,6
Iran	31,6	-23,2	-23,3	-0,3
Corée	95,2	45,1	47,7	43,7
Malaisie	28,1	31,1	26,7	12,7
Myanmar	-0,2	22,0	41,7	16,1
Népal	45,8	4,4	58,9	5,3
Pakistan	119,9	16,2	22,2	24,2
Singapour	65,9	47,3	84,6	30,4
Sri Lanka	20,5	21,2	14,7	21,0
Thaïlande	68,8	30,6	38,1	21,0
Afrique				
Burkina Faso	34,7	15,1	10,4	10,9
Ethiopie	-18,2	-20,5	-	-
Libéria	16,2	-17,1	-14,0	-22,3
Maurice	87,6	23,6	-16,9	5,4
Tanzanie	0,2	-2,9	-52,6	-12,1
Zimbabwe	-	-	53,4	3,4

sente une part importante des dépenses publiques et se prête le mieux à des réductions. Dans de nombreux pays pauvres, il est en effet deux à trois fois plus élevé que le budget de l'éducation et de la santé.

Outre le budget militaire, dont il est question au chapitre 6, d'autres objets de dépenses pourraient être réduits en faveur de secteurs plus productifs :

- Dette extérieure
- Dette intérieure
- Maintien de l'ordre
- Entreprises publiques déficitaires

REMBOURSEMENT DE LA DETTE EXTÉRIEURE. La charge de la dette et le transfert net de ressources des pays en développement vers les pays développés constituent un obstacle fondamental au développement humain. Les derniers chiffres disponibles (1989) montrent que les remboursements effectués au titre de la dette se sont élevés à 171 milliards de dollars, montant supérieur au budget militaire des pays en développement. A la fin de 1990, pour les pays fortement endettés d'Amérique latine, l'encours des prêts à long terme s'élevait à plus de 423 milliards de dollars et le service de la dette à près de 5 % du PIB (soit 24 % des recettes d'exportation) - ce qui ne permettait même pas de régler l'intégralité des intérêts. Bien que le montant total de la dette des pays africains soit considérablement inférieur (70 milliards de dollars, ce qui est moins que la dette du seul Mexique), la charge relative est bien plus lourde. Le montant total de la dette des pays africains à faible revenu est en général cinq fois plus élevé que le montant de leurs recettes annuelles d'exportation. Pour 10 d'entre eux, il représente 10 fois ce montant et le service de la dette équivaut à 80 % des exportations.

La dette des pays en développement a doublé au cours de la décennie écoulée, alors même que la croissance économique se ralentissait et que les taux d'intérêt atteignaient des niveaux records. Les pays qui ont le plus souffert de cette situation sont ceux qui sont tributaires des exportations de produits de base. La détérioration des termes de l'échange et l'impossibilité pour eux d'augmenter leurs recettes d'exportation n'a fait qu'aggraver la charge de la dette. C'est en vain qu'ils ont tenté de parer à la hausse brutale du service de la dette par un excédent commercial : l'offre croissante de biens dont la demande est inélastique par rapport aux prix s'est traduite par une chute des cours. L'ajustement, malgré les efforts poursuivis, n'a pas abouti aux résultats escomptés.

La majeure partie de la dette extérieure des pays en développement est le fait du secteur public, soit parce que c'est l'Etat qui a lancé l'emprunt initial, soit parce qu'il garantit la dette privée. Dans certains pays, le transfert net négatif de ressources dû au service de la dette et l'effondrement des prêts spontanés impose une sévère contrainte de financement pour les dépenses publiques entravant les politiques de restructuration, l'investissement et la croissance. Les efforts déployés pour assurer le service de la dette malgré la détérioration des termes de l'échange ont entraîné une déflation budgétaire et une dévaluation. Ainsi, aux Philippines, le service de la dette est passé de 2 % des dépenses publiques en 1975 à 36 % en 1988, alors que les dépenses sociales représentaient 22 % de l'ensemble du budget. Au Kenya, le service de la dette représentait, en 1984, 20 % des dépenses publiques, contre 23 % pour l'éducation. Au Mexique, la part du service de la dette est de 20 %, et celle du secteur social de 18 %.

La dette des pays en développement a doublé au cours de la décennie écoulée

Il est clair qu'il faut trouver une solution à moyen terme au problème de la dette. L'intérêt s'est récemment déplacé des rééchelonnements aux possibilités d'en réduire l'encours et le service. L'on a ainsi envisagé diverses options : conversion, rachat, obligations spéciales, etc. D'autres plans d'allégement, plus structurés et formulés par le Département d'Etat des Etats-Unis d'Amérique, n'ont pas donné les résultats escomptés. Si l'on ne peut que se réjouir de l'objectif fixé par le plan Brady, qui vise à relancer une croissance soutenue, l'on peut se demander s'il aura vraiment quelque effet sur le montant effectif du service de la dette réglé par les débiteurs. Les arrangements conclus avec le Costa Rica, par exemple, n'ont fait que ramener le montant des obligations contractuelles au niveau des remboursements précédemment effectués.

Dans les faits, l'allégement de la dette a été considérable, dans la mesure où les arriérés sur la dette commerciale de la majorité des pays d'Amérique latine et des Caraïbes sont très importants. Les banques, leurs actionnaires et les pouvoirs publics ont été amenés à accepter cette situation. Il n'en reste pas moins que l'on assiste à une forte hémorragie de ressources qui étouffe la croissance économique et freine les dépenses sociales des pays en développement.

L'adoption de mesures susceptibles d'améliorer les échanges commerciaux contribuerait aussi grandement à assurer la viabilité financière des pays endettés. L'on pourrait envisager, notamment, d'améliorer leur accès aux marchés des pays industrialisés dans des domaines tels que le textile et l'habillement, les produits tropicaux et l'agriculture.

De plus, il sera indispensable d'envisager d'alléger la dette encore plus que prévu par le plan Brady, voire de l'annuler, si l'on veut retrouver le chemin de la croissance et mobiliser les ressources nécessaires aux dépenses sociales et économiques de base.

Le montant de la dette intérieure est supérieur à celui de la dette extérieure dans certains pays en développement

DETTE INTÉRIEURE. La question de la dette intérieure - contractée par l'Etat auprès de ses propres citoyens et en monnaie locale - n'a quasiment pas été envisagée dans le cadre de la crise actuelle. Or, dans certains cas, le montant en est supérieur à celui de la dette extérieure - comme en Inde, en Malaisie et aux Philippines (tableau 3.8).

L'Etat s'endette de diverses manières, notamment par le biais des plans d'épargne nationaux et l'émission de bons du Trésor. L'endettement intérieur peut sembler poser moins de problèmes que l'endettement extérieur, dans la mesure où les intérêts et l'amortissement n'entraînent pas de sorties de capitaux et constituent un transfert de ressources d'un groupe de citoyens à un autre. Il n'en reste pas moins que la crise est grave.

Le service de cette dette, en effet, absorbe des ressources qui pourraient être utilisées dans le secteur social ou dans le secteur productif. Aux Philippines, par exemple, il entre pour 23 % des dépenses, contre 22 % seulement pour le secteur social.

Les taux d'intérêt en sont parfois plus élevés que ceux pratiqués pour la dette extérieure : c'est le cas au Pakistan, en Colombie et à Maurice. Sur le plan politique, l'Etat ne peut que très difficilement (et sans injustice) obtenir de ses propres citoyens qu'ils acceptent de renoncer à une partie de leurs créances.

Des mesures propres à alléger la charge de la dette intérieure pourraient donc grandement contribuer à dégager des ressources pour mieux financer les dépenses sociales. L'une des manières les plus directes de procéder serait d'augmenter les ressources de l'Etat pour rembourser la dette. De nombreux pays ont accompli d'importants progrès sur le plan budgétaire dans les années 80, notamment le Botswana, le Burkina Faso, la Colombie et l'Indonésie. Dans chaque cas, ces progrès ont été réalisés alors que les dépenses publiques par habitant augmentaient, et ce, grâce à un relèvement de la fiscalité. D'autres pays ont également assaini leur situation, mais au détriment des dépenses publiques (Malaisie, Pérou, Zambie et Uruguay).

L'on a proposé d'alléger la dette en la convertissant en actions ou autres formes d'actifs. L'on pourrait également la rééchelonner ou l'indexer de façon à réduire le coût de remplacement.

Toutes ces options pourraient aider à réduire de façon non négligeable la charge à court terme de la dette. En revanche, l'amélioration de la position budgétaire réglerait la question une fois pour toutes. Certains arrangements, tels que l'indexa-

TABLEAU 3.8
Dette intérieure (1988)

	Service de la dette intérieure (en pourcentage des dépenses publiques)	Service de la dette intérieure (en pourcentage du service total de la dette)	Montant total de la dette (en pourcentage du PNB)	Dette intérieure (en pourcentage du montant total de la dette)
Malaisie	33,7	69,9	49	70,2
Philippines	22,5	62,6	60	59,0
Chili	14,5	61,5	68	34,1
Nigéria	9,2	38,2	101	26,0
Zimbabwe	8,8	55,7	37	47,3
Côte d'Ivoire	8,2	20,7	93	12,8
Jordanie	8,1	23,6	94	34,8
Pakistan	7,1	67,6	37	55,7
Inde	4,1	92,3	19	90,0

tion, seraient avantageux à court terme mais pernicieux à long terme, la crise risquant de s'étendre à la génération suivante.

MAINTIEN DE L'ORDRE. Dans nombre de pays en développement, la majeure partie des dépenses de sécurité visent à maintenir l'ordre public. Ce sont là des dépenses difficiles à chiffrer car elles prennent des formes diverses et peuvent relever du budget de différents ministères ou administrations : cabinet du Président (comme au Chili sous le gouvernement Pinochet), Ministère de la défense (Zaïre) ou Secrétariat à l'intérieur (Royaume-Uni).

Comme il s'agit d'un point sensible, il est difficile d'obtenir des données sur les effectifs et les dépenses de police. Il arrive souvent que les autorités ne publient pas les chiffres correspondant à l'intégralité des dépenses, et les estimations provenant d'autres sources peuvent varier considérablement. Il est donc probablement plus utile d'examiner les chiffres concernant l'ensemble des dépenses de sécurité plutôt que des dépenses de police à proprement parler.

Pour certains pays en développement, l'on dispose d'informations concernant les dépenses relatives à l'ordre public et à la sûreté. Le cas le plus frappant est celui du Sri Lanka, où la part des dépenses publiques consacrées à la police a presque triplé entre 1982 et 1987. En Ethiopie, elle s'est maintenue autour de 5 % au cours des années 80. En Inde, le plan le plus récent indique que le budget relatif au maintien de l'ordre est supérieur à celui des dépenses sociales du gouvernement central, ce qui s'explique en partie par les tensions croissantes entre les diverses communautés ethniques et religieuses.

La démocratisation sous tous ses aspects est un élément décisif de la réduction des dépenses relatives au maintien de l'ordre. Plus il règne de liberté, moins il est nécessaire d'instaurer une surveillance politique; les dépenses de maintien de l'ordre s'en trouvent donc réduites et les sommes ainsi économisées peuvent être consacrées au développement humain. L'on engage ainsi un processus qui s'entretient de lui-même. En effet, les progrès accomplis en matière de développement humain, lorsqu'ils s'accompagnent de régimes ouverts, participatifs et sensibilisés aux besoins de l'ensemble de la population (y compris les minorités), réduisent la nécessité de faire respecter la loi et l'ordre.

ENTREPRISES PUBLIQUES DEFICITAIRES. Dans de nombreux pays en développement, toute une série d'activités économiques sont le fait d'entreprises publiques : industries manufacturières, extraction des ressources naturelles, commercialisation des produits agricoles et fourniture de services d'utilité publique.

La plupart des entreprises publiques sont très peu performantes

Ces entreprises absorbent une grande part du budget de l'Etat dans de nombreux pays d'Afrique subsaharienne et, dans une moindre mesure, dans d'autres régions. Ainsi, en Uruguay, une personne sur quatre est employée par l'Etat, qui exerce un monopole sur les assurances, les activités portuaires, le jeu, et la production de ciment. Au Sri Lanka, il existe plus de 270 entreprises publiques, qui emploient à elles seules 40 % de la main-d'œuvre du secteur structuré.

Or, ces entreprises sont très peu performantes, à quelques exceptions près. La gestion en est le plus souvent incompétente et les pertes qui en résultent représentent très souvent une énorme ponction sur le budget national. Les transferts nets du budget de l'Etat aux entreprises publiques s'élèvent annuellement à 3 % environ du PIB en Egypte et 2 % aux Philippines. Au Sri Lanka, ces entreprises absorbent 20 % des dépenses publiques et représentent 62 % du déficit budgétaire. Au Cameroun, le déficit est souvent supérieur aux recettes pétrolières. Dans certains cas, une partie du déficit peut se justifier sur le plan social, notamment lorsqu'il s'agit d'étendre les services de commercialisation et de distribution à des régions défavorisées ou peu accessibles. Il n'en reste pas moins que d'énormes progrès pourraient être accomplis.

Diverses raisons expliquent les mauvaises performances de ces entreprises. Il arrive souvent que les interventions des politiciens en entravent la bonne marche, dans la mesure où ils se servent d'elles comme des leviers d'action pour y placer leurs hommes et promouvoir à des postes d'autorité des personnes qui n'ont pas les compétences requises. L'entreprise publique devient souvent l'employeur du dernier recours, ce qui fait baisser la productivité, affecte le moral des employés et entraîne une régression des salaires en termes réels. La mauvaise gestion et l'opacité des opérations n'a fait qu'aggraver les problèmes. Au bout du compte, l'Etat accepte généralement de subventionner ces entreprises déficitaires.

De plus en plus, l'on essaie de régler le problème par la privatisation. Dans beaucoup de pays en développement, toutefois, cette démarche suscite l'opposition des employés et d'autres groupes concernés; les pouvoirs publics tentent donc de trouver d'autres solutions. Or, les demi-mesures risquent de rester sans effet, comme on l'a vu en Argentine, au Brésil, au Pakistan, en Pologne et en Union soviétique. Là où la privatisation a été menée de manière résolue, l'on commence, après une période de transition douloureuse, à en percevoir les avantages. Par contre, les demi-mesures qui ont été prises dans certains pays n'ont abouti ni à la rentabilité économique ni à la promotion de la justice sociale.

Même sans aller jusqu'à la privatisation, il est possible de procéder à des réformes d'envergure. Il faut accorder aux entreprises publiques une plus grande autonomie tout en améliorant la publication de l'information financière et en les obligeant à rendre compte de leurs résultats. L'on pourrait aussi rentabiliser les biens et services fournis aux consommateurs, notamment par le biais des politiques de prix. Dans de nombreux cas, en effet, les prix fixés pour les services téléphoniques, la fourniture d'énergie et l'approvisionnement en eau sont bien en deçà du coût marginal. L'on pourrait avancer qu'une politique visant à amener les prix à un niveau plus réaliste se ferait au détriment des couches les plus pauvres de la population, mais il n'en est généralement pas ainsi. Par exemple, environ 90 % des services d'eau et d'électricité que fournissent les entreprises publiques sont consommés par le secteur industriel et par les couches les plus aisées. Les pauvres, pour leur part, doivent souvent avoir recours à des solutions plus onéreuses, et se résoudre, par exemple, à être approvisionnés en eau par des camions citernes qui appartiennent à des sociétés privées.

Si l'on facturait le coût réel des services à ceux qui peuvent le payer, cela permettrait de dégager des ressources publiques (ou du moins de réduire les pertes), et ces ressources pourraient alors être consacrées aux dépenses sociales. L'on pourrait, par exemple, pratiquer des tarifs différents pour prendre en compte les intérêts des groupes les plus défavorisés. Ainsi, l'approvisionnement en eau devrait être facturé moins cher lorsqu'il se fait à partir de bornes fontaines, comme c'est souvent le cas dans les quartiers pauvres.

L'élimination des contraintes financières permettrait également d'étendre la fourniture de services. Ainsi, l'aménagement d'infrastructures à forte intensité de main-d'œuvre permettrait de mieux desservir les zones les plus pauvres.

La dilapidation des ressources peut prendre de nombreuses autres formes : fuite des capitaux (encadré 3.1), corruption (encadré 3.2) et projets de prestige

ENCADRE 3.1

Fuite des capitaux

Les exportations de capitaux, qu'elles soient le fait de particuliers ou de sociétés, grèvent fortement les ressources de nombre de pays en développement. Les estimations varient considérablement puisque ces fuites sont, de par leur nature même, difficiles à quantifier. De source fiable, toutefois, il semblerait qu'elles équivalent, pour le Mexique, l'Argentine et le Venezuela (trois des pays américains les plus endettés), à la moitié au moins des fonds empruntés au cours des 15 dernières années. Aux Philippines, on estime qu'elles ont représenté 80 % de l'encours de la dette entre 1962 et 1986.

Ce sont les riches qui en tirent avantage. Il arrive souvent, en effet, qu'après avoir contracté une dette, ils achètent, à un cours subventionné, des dollars qu'ils transfèrent alors à l'étranger. Dans nombre de pays d'Amérique latine, l'Etat a ultérieurement pris ces dettes à sa charge en l'assimilant à la dette publique, de sorte qu'alors que les riches conservaient à l'étranger leurs avoirs en dollars non imposables, la charge de l'ajustement et de l'austérité budgétaire était transférée sur les pauvres.

La mise en place de politiques macro-économiques judicieuses permettrait d'encourager l'investissement local et de limiter les conditions propres à susciter une fuite de capitaux.

De même, l'établissement de taux de change plus réalistes - accompagnés, si nécessaire, d'un contrôle des changes - constituerait un pas dans la bonne direction, comme le montre l'expérience de la République de Corée et de la Colombie. Les échecs enregistrés au Mexique et en France font toutefois apparaître que la réglementation des changes n'est pas une panacée.

La fuite des capitaux est exacerbée par les pratiques des banques commerciales des pays d'accueil, qui offrent de placer ces fonds dans des comptes non imposables rapportant des intérêts élevés.

Il faut également envisager une réforme de la fiscalité. En Amérique latine, par exemple, les intérêts perçus à l'étranger sont exonérés d'impôt; aux Etats-Unis, seuls les résidents locaux sont imposables. Il va de soi que cela crée les conditions favorables à l'ouverture de comptes non imposables à l'étranger. Pour bien faire, il faudrait que les autorités des pays d'accueil suppriment toute exonération d'impôt sur les avoirs détenus par des étrangers - par exemple en instituant une retenue fiscale - et évitent de pratiquer des taux d'intérêt élevés tels que ceux qui ont renforcé la fuite des capitaux dans les années 80.

De telles mesures pourraient prévenir de nouvelles pertes. Il est à noter toutefois que l'on peut aussi favoriser le rapatriement des capitaux exportés. L'Etat peut décider une amnistie tant sur l'évasion fiscale que sur les infractions à la réglementation des changes. Il importe toutefois, par-dessus tout, d'assurer la stabilité et de restaurer la confiance en l'économie.

(encadré 3.3). Les exemples cités montrent qu'il est tout à fait possible d'augmenter le budget des dépenses sociales en réduisant les dépenses effectuées dans d'autres secteurs ou en éliminant le gaspillage. Il n'en faut pas moins décider de la part des dépenses sociales qui doivent être consacrées aux questions prioritaires en matière de développement humain.

Taux des priorités sociales

Le taux des priorités sociales représente le pourcentage des dépenses sociales consacrées aux domaines prioritaires. Les priorités varient naturellement d'un pays à l'autre et en fonction des progrès accomplis en matière de développement humain. Pour les pays fortement alphabétisés, l'enseignement supérieur peut constituer une priorité. Si des niveaux de base ont été atteints en matière de santé, le ministère de la santé se consacrera davantage à la fourniture de soins curatifs plus complexes.

Dans de nombreux pays en développement, toutefois, les services de santé, d'éducation et d'approvisionnement en eau laissent beaucoup à désirer. Les priorités doivent alors porter sur l'éducation de base, les soins de santé primaires et l'installation d'infrastructures élémentaires d'approvisionnement en eau dans les zones les plus défavorisées, tant en milieu urbain que rural.

Il va de soi que l'on devrait pouvoir trouver, même dans les pays les plus pauvres, des réseaux de santé adéquats et de bonnes universités. Aucun pays ne peut se passer de personnel qualifié, que ce soit pour éduquer ses enfants, soigner ses malades, construire des ponts ou formuler des politiques économiques et sociales. Toutefois, les pays où la proportion d'analphabètes est supérieure à 40 % devraient sans doute s'abstenir de réserver la part la plus importante du budget de l'éducation au financement intégral de l'enseignement supérieur.

De même, les régimes de sécurité sociale ne représentent peut-être pas le meilleur emploi qu'un pays en développement peut faire des ressources dont il dispose. Les versements effectués à ce titre profitent généralement aux employés du secteur structuré plutôt qu'aux couches les plus pauvres de la population. Au Chili, par exemple, l'on estime qu'en 1985, 13 % seulement des prestations de sécurité sociale étaient versées aux 40 % des personnes les plus pauvres. Par contre, 64 % des dépenses de santé ont été effectuées en leur faveur.

L'on pose ici le principe que, dans la plupart des pays en développement, la priorité devrait être accordée aux services de base. Calculé à partir de cette hypothèse, le taux des priorités sociales permet de faire apparaître les cas où les dépenses sociales sont fortement déséquilibrées (tableau 3.9). Le Pakistan en offre une bonne illustration. Dans ce pays, qui enregistre le taux le plus faible des pays retenus, et où le taux d'alphabétisation n'est que de 31 %, les pouvoirs publics consa-

ENCADRE 3.2

Corruption

La corruption - le fait de se servir de sa position pour en tirer un gain illégitime - est un problème aigu dans de nombreux pays et constitue un véritable gaspillage de temps et d'argent qui pourraient autrement être mis à profit.

Les deux exemples les plus notoires de corruption dans les pays du Nord sont le scandale Recruit au Japon et la débâcle des caisses d'épargne aux Etats-Unis. Nombre de pays en développement - de l'Indonésie au Zaïre, en passant par la République dominicaine - ont souvent été les victimes de très hauts responsables qui amassent d'énormes fortunes pour leur propre compte et pour celui de leur famille.

Cependant, la corruption se situe généralement à un niveau plus bas de l'échelle. Les pays en développement sont souvent dotés d'énormes institutions bureaucratiques qui exercent un contrôle administratif intensif, alors que la réglementation et la définition des pouvoirs sont fréquemment vagues. Dans ces pays, les bureaucrates s'embarrassent moins souvent de principes juridiques que leurs homologues des pays du Nord. Du fait même que les fonctionnaires sont mal payés et qu'ils constatent autour d'eux des inégalités frappantes de revenu, de statut social et de richesse, ils sont plus susceptibles de succomber à la tentation d'accroître leurs revenus par ce biais.

Il n'est pas facile de lutter contre ce phénomène. Les grandes campagnes contre la corruption n'ont en général eu que des incidences limitées; on en voudra pour preuve l'exemple de l'URSS vers la fin des années 80 et du Nigéria au milieu des années 70.

La transparence en matière de conduite des affaires publiques peut contribuer à réduire la corruption. Il faudrait notamment que les appels d'offres soient ouverts et que l'on conserve les écritures relatives aux intérêts commerciaux des fonctionnaires. Lorsque l'électorat est instruit et que la presse est libre de s'exprimer, une telle méthode permet d'éliminer les cas de corruption les plus élémentaires et constitue une arme de dissuasion. La transparence, toutefois, comme le montre la fréquence des scandales financiers dans les pays industrialisés, n'est pas une garantie de probité.

Il serait souhaitable d'engager un nouveau processus de réflexion sur ce phénomène. Dans la mesure où la corruption est souvent le fait des personnes les plus haut placées, et donc d'élites riches et puissantes, la population locale peut avoir des difficultés à la faire apparaître au grand jour. L'on pourrait imaginer de confier cette tâche à une organisation internationale dont le mode d'opération serait analogue à celui d'Amnesty International.

crent moins d'un tiers des dépenses sociales à l'éducation de base.

Les priorités évoluent en fonction du stade de développement. L'Argentine consacre une part importante des dépenses publiques au secteur social. Pourtant, le taux des priorités sociales y est peu élevé; la part des dépenses sociales consacrées à la santé et à l'éducation n'a cessé de diminuer au profit des prestations de sécurité sociale. L'on peut considérer, toutefois, que dans ce cas, il s'agit d'une restructuration des priorités une fois réalisés les objectifs de base. L'Argentine a en effet atteint un stade élevé en ce qui concerne le développement humain : le taux d'alphabétisation y est de 95 %.

ENCADRE 3.3

Projets de prestige

De nombreux projets semblent n'avoir pour objectif majeur que de rehausser le prestige des dirigeants nationaux. Tel est le cas, par exemple, de la basilique construite sur le modèle de la Basilique de Saint-Pierre à Rome, pour un montant de 250 millions de dollars, dans un pays où 10 % seulement de la population est théoriquement catholique et où 90 % des habitants ne sont pas approvisionnés en eau potable. Outre qu'ils constituent un gaspillage des maigres ressources dont disposent les pays, des projets de ce type sapent la crédibilité des pouvoirs publics aussi bien sur le plan national qu'à l'étranger.

L'on peut également mettre en doute l'utilité de consacrer des fonds publics à la construction de nouvelles capitales, que ce soit à Canberra ou à Islamabad. Certes, elles peuvent présenter certains avantages, dans la mesure où elles contribuent à renforcer l'unité et l'identité nationales et, pour les pays nouvellement indépendants, à symboliser, par le transfert du siège du gouvernement, la rupture avec le passé colonial. Mais cela ne saurait justifier les extravagances qui, en fin de compte, plutôt que de renforcer la solidarité nationale, risquent de la miner.

Certains projets de prestige, conçus conjointement avec les donateurs étrangers, peuvent donner lieu à des activités totalement inadaptées et grever excessivement les dépenses locales. L'on citera en exemple l'Institut de recherche sur le paludisme aux îles Salomon, financé par le Japon, et pour lequel les installations de climatisation coûtent à elles seules plus que ce que l'Etat pouvait financer.

La Banque mondiale a elle aussi financé des projets de grande envergure et fort onéreux qui se sont avérés techniquement peu viables et mal conçus. L'un des exemples les plus notoires est celui de la fabrique de chaussures de Morogoro, en Tanzanie, conçue pour produire des articles de qualité supérieure. Equipée de machines italiennes extrêmement coûteuses et totalement inadaptées, cette fabrique - l'une des plus grandes du monde en ce domaine - n'a fonctionné, au plus haut niveau de sa production, qu'à 7 % de sa capacité; la qualité des articles est si mauvaise qu'il a fallu renoncer à les exporter et qu'il a même été difficile de les écouler sur le marché local.

De tels projets n'auraient jamais vu le jour si le processus de planification du développement et de programmation de l'aide était plus participatif et si les priorités sociales étaient mieux identifiées

Priorités en matière de santé

La fourniture de soins de santé primaires constitue, pour de nombreux pays, le moyen le plus rapide et le plus rentable d'améliorer le niveau de santé. Pour sauver une vie, il suffit de dépenser de 100 à 600 dollars en soins préventifs; par contre, en soins curatifs, il en coûtera de 500 à 5 000 dollars. Cela est dû en partie au fait qu'il suffit de 500 dollars environ pour former un agent de santé, alors qu'il en faut 60 000 pour former un médecin diplômé.

Dans la plupart des pays, la part élevée du budget de santé va aux hôpitaux : plus de 90 % au Malawi et en Sierra Leone et plus de 80 % en Argentine, en Bolivie, en République de Corée, au Libéria, au Panama, en Tanzanie, au Togo et en Uruguay. Dans beaucoup de ces pays, le taux de mortalité infantile est extrêmement élevé (comme au Libéria et en Tanzanie).

Souvent, la situation s'aggrave lorsque le pays applique un programme d'ajustement économique rigoureux. Lorsque le budget de santé doit subir des coupes, le secteur le plus touché est souvent celui des soins de santé primaires. Il s'agit là encore de définir les priorités. Ce n'est pas parce qu'un secteur est déclaré prioritaire qu'il faut en éliminer totalement un autre. Il importe de maintenir un équilibre.

Bien qu'il figure au bas de l'échelle parmi les pays pour lesquels on a étudié le taux des priorités sociales, le Bangladesh est un bon exemple pour ce qui est de la restructuration des dépenses de santé. Au moment de l'indépendance, le système de santé était orienté vers les citadins et les soins curatifs. Aujourd'hui, partant du principe qu'il fallait mettre en place des soins de santé primaires, le Bangladesh dispose d'un réseau institutionnel qui a ses racines au niveau local. On en voudra pour preuve le fait que la part des dispensaires ruraux dans le budget de santé est passée de moins de 10 % en 1978 à 60 % en 1988, ce qui donne à penser que les couches les plus pauvres de la population, particulièrement en milieu rural, ont désormais un meilleur accès aux soins de santé. En Malaisie, les gouvernements successifs ont manifesté la volonté politique de redistribuer les revenus en faveur des Malais (*bumiputras*) qui sont, d'une manière générale, plus pauvres et vivent en milieu rural. En conséquence, les dépenses par habitant d'éducation, de santé et de sécurité sociale y sont plus élevées dans les campagnes que dans les villes.

D'autres gouvernements ont favorisé des interventions peu coûteuses mais fort efficaces. L'Indonésie a mis en place à l'échelle nationale, dans les années 80, un programme de ce type, de sorte que l'on estime à 85 % la proportion de mères et d'enfants qui ont accès à des soins préventifs. Ce programme (*posyandu*) qui repose sur des réunions tenues chez l'habitant même ou dans la salle de réunions du village, porte essentiellement sur des priorités fondamentales telles que la nutrition, l'immunisation, la lutte contre les maladies diarrhéiques et l'éducation en matière de santé.

Le Chili est parvenu, dans les années 70 et 80, à réduire de façon spectaculaire la mortalité infantile grâce à l'exécution d'une série de programmes ciblés, qui comportaient en particulier des subventions accordées aux femmes enceintes pauvres, la gratuité des repas dans les écoles primaires et le rétablissement nutritionnel d'enfants souffrant de malnutrition aiguë. Ces résultats soulèvent toutefois des polémiques; certains, en effet, font valoir que le fait de mettre l'accent presque exclusivement sur la santé et la nutrition infantiles nuit à d'autres secteurs sociaux. S'il est vrai que la mortalité infantile s'est trouvée réduite, le niveau de vie global des couches les plus défavorisées de la population a diminué au cours de la même période, en raison de la baisse du revenu primaire.

Priorités en matière d'éducation

Alors que la première des priorités en matière d'éducation devrait être la mise en place d'un système judicieusement structuré d'instruction élémentaire, l'enseignement primaire ne représente, dans chacune des régions étudiées, que moins de la moitié du budget de l'éducation. Plus de100 millions d'enfants dans le monde n'accèdent pas à l'enseignement primaire. D'autres, au nombre de 200 millions, quittent l'école à l'âge de 12 ans.

C'est un bel exemple d'occasions perdues. En effet, non seulement l'enseignement primaire est d'une importance fondamentale, mais encore il permet de canaliser les ressources en faveur des pauvres, dans la mesure où ce sont eux qui en tirent, de loin, le plus grand profit. Au Costa Rica, par exemple, 57 % de l'enseignement primaire se fait au bénéfice des 40 % les plus pauvres, contre 8 % en faveur des 20 % les plus riches.

L'éducation de base se traduit aussi en gains économiques élevés. Dans de nombreux pays, l'enseignement primaire «rapporte» d'ailleurs presque deux fois plus que ne le font les niveaux plus élevés d'enseignement. Or, dans l'ensemble des pays en développement, la part des dépenses publiques consacrées à l'enseignement supérieur est disproportionnée. En Afrique francophone, en Asie de l'Est, en Amérique latine et dans la région du Pacifique, elle est supérieure à celle de l'enseignement primaire.

Certains pays procèdent à une restructuration des dépenses d'éducation - restructuration qui est plus courante dans ce secteur qu'en ce qui concerne les services de santé. Sur 22 pays d'Afrique subsaharienne, la part de l'enseignement primaire au cours des années 80 a augmenté dans 15 pays, diminué dans cinq autres et est demeurée constante dans l'un d'eux. En Amérique latine, des progrès ont été accomplis au Brésil, au Chili et en République dominicaine. En Argentine et en Jamaïque, la part de l'enseignement primaire a diminué à mesure qu'augmentait celle de l'enseignement supérieur. En Jamaïque, cela peut témoigner toutefois d'un mouvement dans la bonne direction, étant donné que le taux d'alphabétisation des adultes est de 98 % et le taux d'inscription dans l'enseignement primaire et secondaire conjugués de 82 %. L'enseignement supérieur constitue donc dès lors une nouvelle priorité.

La formation de chercheurs et d'ingénieurs est importante, particulièrement en Asie de l'Est et en Amérique latine, où les taux d'alphabétisation sont élevés. Toutefois, l'on pourrait tirer grand profit d'une restructuration même limitée. Ainsi, si l'on réduisait de 12 % seulement le montant des dépenses publiques consacré à l'enseignement supérieur dans les pays arabes, cela permettrait de doubler le budget de l'enseignement primaire, ce qui est indispensable dans une région où l'alphabétisation demeure faible.

Priorités en matière d'approvisionnement en eau et d'assainissement

TABLEAU 3.9
Taux des priorités sociales (1988)

Taux élevés	
République de Corée	77
Malaisie	68
Tanzanie	55
Philippines	53
Maroc	52
Zimbabwe	50
Taux faibles	
Chili	19
Sri Lanka	18
Indonésie	18
Argentine	16
Pakistan	14

Paradoxalement, les riches obtiennent de bons services à bon prix, alors que les pauvres doivent payer très cher des services insuffisants

Les inégalités constatées en matière de santé et d'éducation se retrouvent dans le domaine de l'approvisionnement en eau. L'approvisionnement en eau non polluée et la mise en place d'infrastructures sanitaires, conjuguées à la sécurité alimentaire, constituent les fondements du développement humain. Or, les pauvres sont ici encore défavorisés : environ 50 % des ménages ruraux et 20 % des ménages urbains ne sont pas approvisionnés en eau non polluée. Dans certains pays, les écarts sont encore plus grands. En Ethiopie, l'accès aux infrastructures sanitaires est 14 fois plus élevé en ville qu'en milieu rural.

Chaque année, les pays en développement dépensent 10 milliards de dollars pour l'approvisionnement en eau, alors que l'on estime à 80 % la part qui revient aux couches les plus favorisées. Or, l'approvisionnement en eau par une borne fontaine ne reviendrait qu'à cinq dollars par personne et par an. Paradoxalement, dans de nombreux pays, les riches obtiennent de bons services à bon prix, alors que les pauvres doivent payer très cher des services insuffisants.

Contribution du secteur privé dans les domaines sociaux prioritaires

Sur le plan national, les stratégies de développement humain sont les plus efficaces lorsqu'elles tendent à assurer une complémentarité et une interaction entre les secteurs public et privé. C'est un phénomène qui s'est souvent vérifié. Comment le secteur privé réagit-il face aux besoins sociaux prioritaires?

L'on ne dispose sur la question que de données fragmentaires, mais quelques estimations sont possibles.

Pour ce qui est de l'éducation, il apparaît que dans toutes les régions, à l'exception des pays arabes, le secteur privé s'intéresse davantage à l'enseignement supérieur qu'aux autres cycles (tableau 3.10).

Toutefois, dans une même région, les conditions varient considérablement d'un pays à l'autre. Dans l'ensemble, la part du privé dans l'enseignement primaire est relativement peu importante en Asie; toutefois, elle n'est pas négligeable au Bangladesh (11 %) ni en Thaïlande (9 %). Dans cette région, les différences sont encore plus marquées en ce qui concerne l'enseignement secondaire, puisqu'il est privatisé à 93 % au Bangladesh, à 2 % seulement au Sri Lanka et pas du tout en Chine et au Laos. Les chiffres varient également en ce qui concerne l'enseignement supérieur, puisque, aux Philippines, 83 % des établissements relèvent du secteur privé, alors qu'il n'en existe aucun en Chine.

La situation est différente en Afrique subsaharienne. Le secteur privé est beaucoup plus présent dans les pays anglophones que dans les autres, puisqu'il représente un tiers des effectifs scolarisés dans le primaire et près de la moitié dans le secondaire. Dans les pays francophones et autres, la proportion, pour ces deux secteurs, se situe au maximum à 8 %.

Pour ce qui est de la santé, certains pays en développement disposent de cliniques privées parfaitement équipées. Au Maroc, par exemple, elles représentent 90 % des lits.

Mais il faut savoir aussi qu'une forte partie de la population - par exemple, entre 60 % et 80 % dans certaines régions du Pérou - se fait soigner, dans le secteur privé, par des guérisseurs locaux qui pratiquent une médecine traditionnelle.

TABLEAU 3.10
Scolarisation dans le secteur privé (1985)
a/(exprimée en pourcentage de l'effectif total)

Région	Primaire %	Primaire Nombre de pays	Secondaire %	Secondaire Nombre de pays	Supérieur %	Supérieur Nombre de pays
Asie	3,9	10	26,0	9	28,6	13
Afrique subsaharienne	15,4	32	26,4	31	-	-
Amérique latine	17,7	19	29,1	19	33,6	7
Moyen-Orient et Afrique du Nord	8,8	15	8,1	17	3,3	15

a/ Ces chiffres englobent et les établissements financés entièrement par le secteur privé, et ceux qui reçoivent une subvention de l'Etat.

Les cas les plus intéressants se situent probablement entre ces deux extrêmes. Ainsi, tant le Gandhigram Institute of Rural Health and Family Welfare en Inde que l'association des praticiens traditionnels rwandais de Bare, favorisent la coopération entre la médecine traditionnelle et la médecine moderne.

D'autres stratégies « mixtes », particulièrement intéressantes pour répondre aux besoins élémentaires de santé, et en particulier à ceux des couches les plus défavorisées de la population, encouragent l'interaction entre le secteur public et le secteur privé. L'on pourrait citer de nombreux exemples de cliniques privées travaillant pour le Ministère de la santé.

L'on notera également que la fourniture de soins de santé par le secteur privé, notamment par les ONG, est venue dans certains cas pallier les lacunes du secteur public. Parfois, la médecine traditionnelle joue un rôle fort important, notamment en Ouganda, au Kenya et au Swaziland. Ailleurs, la médecine privée offre à ceux qui peuvent se permettre d'en payer le coût des soins de qualité plus élevée.

Aide internationale

Les programmes d'aide sont eux aussi susceptibles d'être restructurés de façon à en tirer d'énormes avantages. Si seulement un tiers de l'aide fournie aujourd'hui était consacré aux domaines prioritaires en matière de développement humain, les crédits alloués à ces secteurs s'en trouveraient multipliés par quatre.

Le budget de l'aide internationale, comme les dépenses publiques, peut être analysé à l'aide de quatre taux :

- *Taux de l'aide* - Pourcentage du PNB qu'un donateur consacre à l'aide.
- *Taux de l'aide aux secteurs sociaux* - Pourcentage de l'aide fournie par chaque donateur alloué au secteur social.
- *Taux de l'aide aux secteurs sociaux prioritaires* - Pourcentage de l'aide allouée au secteur social consacré aux domaines prioritaires en matière de développement humain.
- *Taux de l'aide au développement humain prioritaire* - Produit des trois taux ci-dessus, correspondant au pourcentage du PNB du pays donateur consacré aux domaines prioritaires pour le développement humain des pays bénéficiaires.

Taux de l'aide

La plupart des pays donateurs n'ont pas atteint l'objectif fixé, à savoir consacrer 0,7 % de leur PNB à l'aide publique au développement (APD). Si les pourcentages varient considérablement d'un pays à l'autre - plus de 1 % pour la Norvège et 0,15 % seulement pour les Etats-Unis - la tendance générale, dans les années 80, a été à la baisse (tableau 3.11).

Bien que les taux aient baissé, la part de l'APD dans les flux financiers nets en direction des pays en développement a augmenté de façon spectaculaire au cours des 10 dernières années - passant d'environ un tiers à plus de deux tiers - ce qui s'explique en grande partie par la réduction des prêts du secteur privé . Cette augmentation a été particulièrement importante dans les pays les plus pauvres. L'on constate ainsi que, dans une quarantaine de pays, le montant de l'APD reçue dépasse les 10 % du PIB.

Taux de l'aide au secteur social

L'on n'est guère en mesure, cependant, de fournir des précisions quant à l'utilisation de l'aide reçue - en particulier, il est difficile d'estimer la part qui est allée au secteur social et au secteur productif. Une partie sert à financer l'ensemble des dépenses publiques et n'est pas liée à un secteur donné, de sorte qu'elle peut être utilisée pour la défense, les infrastructures ou le secteur social. Par ailleurs, l'aide fournie explicitement pour le secteur social peut - en théorie, quoique rarement en pratique - se substituer à un financement public, le gouvernement étant alors libre d'acheminer vers un autre secteur les sommes ainsi compensées.

Si seulement un tiers de l'aide fournie aujourd'hui était consacrée aux domaines prioritaires en matière de développement humain, les crédits alloués à ces secteurs s'en trouveraient multipliés par quatre

TABLEAU 3.11
APD exprimée en pourcentage du PNB

	1970	1980	1989
Norvège	0,33	0,90	1,04
Suède	0,41	0,85	0,97
Pays-Bas	0,60	0,90	0,94
Danemark	0,40	0,72	0,94
Canada	0,41	0,47	0,44
Australie	0,59	0,52	0,38
Japon	0,23	0,27	0,32
Royaume-Uni	0,42	0,43	0,31
Etats-Unis	0,31	0,24	0,15
Moyenne des pays industrialisés	0,33	0,35	0,32

La part de l'aide non liée n'a cessé d'augmenter dans les années 80, ce qui est imputable, dans une certaine mesure, à l'importance accrue des prêts octroyés au titre de l'ajustement structurel. Pour ce qui est de la Banque mondiale, les prêts accordés à ce titre pour 1989 ont représenté 18 % de l'ensemble des engagements et 8 % des fonds fournis par l'Association internationale de développement, contre 8 % et 4 % pour la période 1980-1982. Une part de plus en plus importante de ce type d'aide - deux tiers en 1989 - a été explicitement allouée à des secteurs donnés. Toutefois, jusqu'en 1989, seuls deux prêts au titre de l'ajustement structurel ont été destinés au secteur social, de sorte que la part de l'aide explicitement consacrée au développement humain s'est trouvée réduite.

Le taux de l'aide aux secteurs sociaux a également diminué dans le cadre de l'aide bilatérale, ainsi qu'il ressort de la répartition par secteur de l'aide fournie par les donateurs occidentaux, qui constitue plus de 85 % de l'aide bilatérale, de gouvernement à gouvernement (tableau 3.12). La part de l'aide bilatérale consacrée aux secteurs conjugués de la santé et de l'éducation est passée de 24,5 % en 1979 à 17,4 % en 1989. La régression a été encore plus sensible pour ce qui est de l'aide multilatérale. Les variations sont toutefois considérables d'un donateur à l'autre, la part de certains pays étant relativement peu élevée - tels le Japon (8,4 %) et la Suède (8,9 %) - alors que pour d'autres, elle représente une forte proportion - comme pour la Belgique (38 %) et la Nouvelle-Zélande (54 %).

Bien que, pour certains pays bénéficiaires, le rapport aide/secteur social régresse d'une manière générale, la part de l'aide consacrée à l'éducation et à la santé peut être non négligeable par rapport à l'ensemble des dépenses sociales. Dans certains cas, elle dépasse le budget financé sur les ressources publiques nationales.

DIAGRAMME 3.4

Part de l'APD consacrée au développement humain (1989)

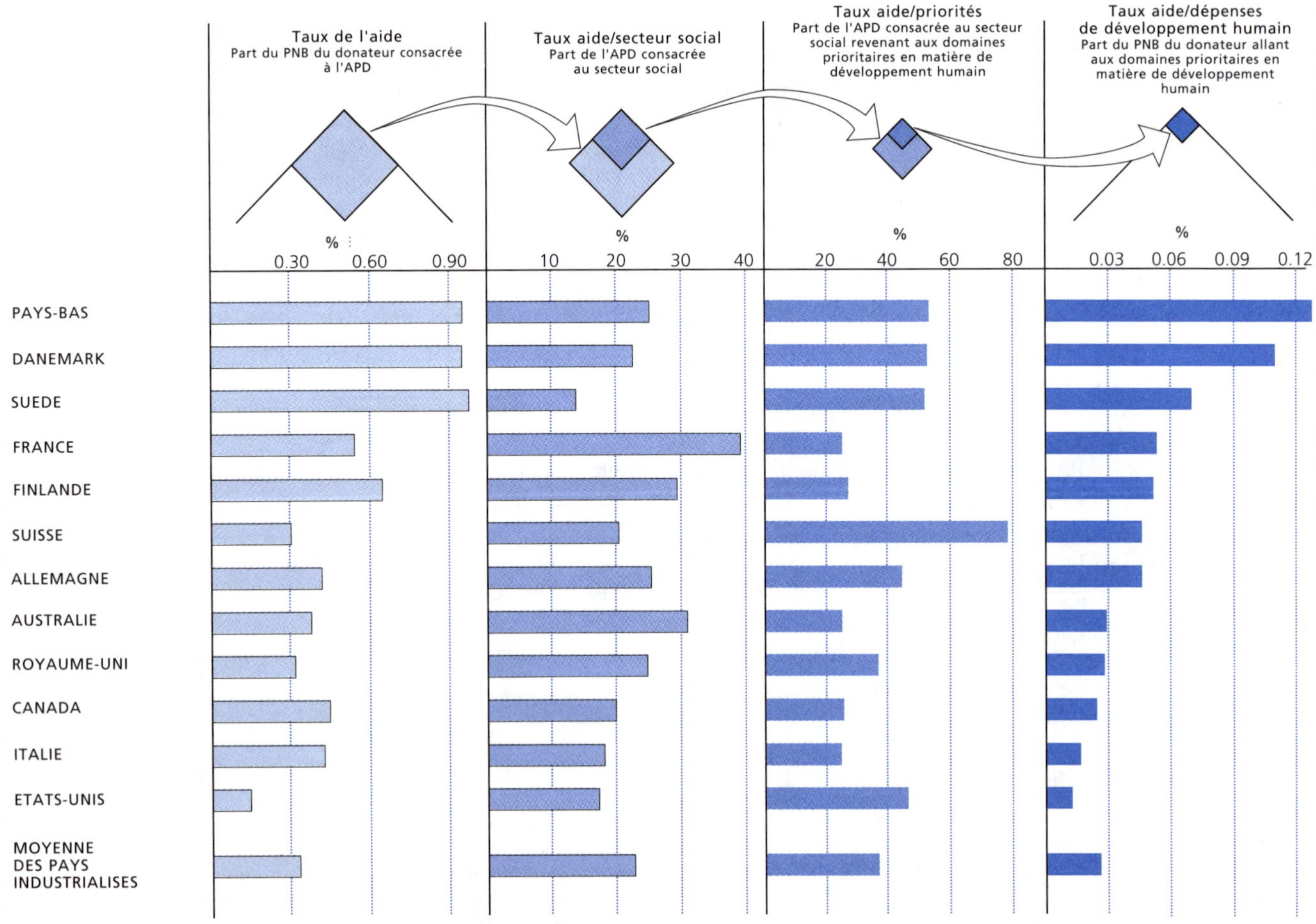

Une grande partie de l'aide qui n'est pas explicitement consacrée au secteur social joue quand même un rôle important pour ce qui est du développement humain, puisque ce dernier conjugue le progrès économique et le progrès social. Ainsi, l'appui apporté à certaines infrastructures peut être d'une valeur inestimable. L'on peut même dire que pour certains pays qui ont atteint un stade élevé de développement humain, certaines dépenses sociales ne sont pas prioritaires. Des pays comme le Chili, Cuba et les Philippines, où le taux d'alphabétisation est élevé, accorderont ainsi la priorité à l'enseignement supérieur.

Par contre, l'on est en droit de remettre en cause la part de l'aide qui va au budget militaire. Pour les Etats-Unis, l'aide militaire est un instrument majeur de la politique étrangère. Le montant réel de l'aide militaire fournie par ce pays n'a jamais été aussi élevé que lors de la guerre de Corée. Depuis cette époque, l'on a assisté à une réaffectation régionale de l'aide, au détriment de l'Asie et en faveur d'Israël, de l'Egypte et des pays du Golfe. Outre ces pays, la majeure partie est destinée aux pays où les Etats-Unis disposent de bases militaires : Turquie, Grèce, Portugal, Espagne et Philippines; le Pakistan a également été l'un des principaux bénéficiaires de ce type d'aide dans les années 80 du fait de la guerre en Afghanistan. Ailleurs, l'assistance fournie à l'Afrique, à l'exclusion de l'Ethiopie (à partir du début des années 70), et à l'Amérique latine (à l'exclusion d'El Salvador) est relativement peu importante. Depuis 1974, l'aide militaire fournie par les Etats-Unis s'est faite sous forme de ventes à crédit plutôt que de dons. Mais il faut dire que les Etats-Unis ont souvent renoncé à leurs créances, en particulier, à des époques diverses, à celles sur Israël, l'Egypte, la Turquie et le Pakistan.

Taux de l'aide aux secteurs sociaux prioritaires

La proportion de l'aide destinée aux domaines prioritaires du secteur social (soins de santé primaires, éducation de base, planning familial, approvisionnement en eau en milieu rural, etc.) demeure faible. Le rapport aide/priorités ne se situe qu'aux environs de 36,6 % (diagrammes 3.4 et 3.5 et tableau 3.13), bien que la communauté internationale ait sou-

DIAGRAMME 3.5

Part de l'APD consacrée aux priorités sociales par habitant des pays donateurs (1989)

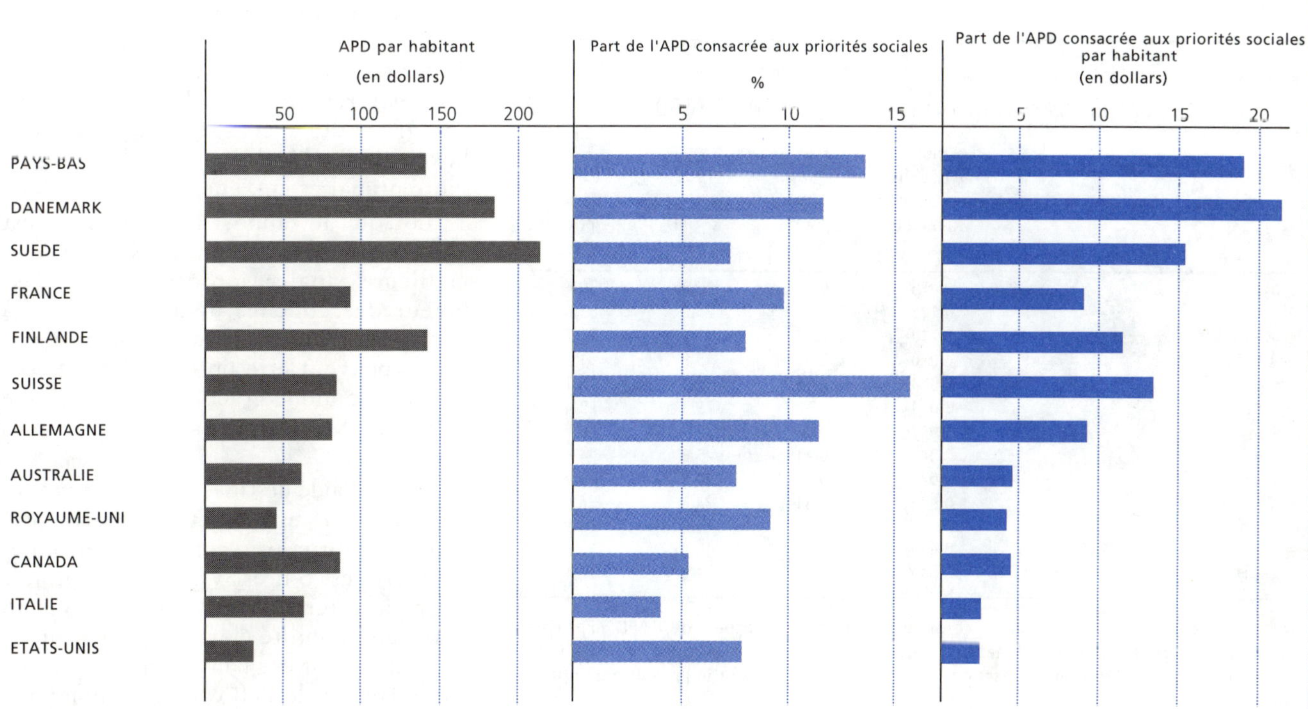

ligné à plusieurs reprises l'importance de l'éducation de base, des soins de santé primaires et des services ruraux. Il est particulièrement faible pour l'Italie et n'est pas beaucoup plus élevé pour la France, l'Australie ou le Canada. Tout en haut de l'échelle se trouvent les pays nordiques et la Suisse.

Les chiffres indiqués dans le tableau 3.13 sont dérivés de la base de données du Système de notification des pays créanciers (SNPC) de l'OCDE. Toutefois, ces données - qui portent sur 70 % environ du montant total de l'APD bilatérale - ne sont pas exhaustives, particulièrement en ce qui concerne certains donateurs parmi les plus importants tels que la France, l'Allemagne et le Royaume-Uni. Il a donc fallu estimer approximativement la distribution sectorielle des dons accordés au titre de l'aide bilatérale (note technique 7). Il est à noter cependant que si les chiffres indiqués ne sont qu'approximatifs et doivent être vérifiés, ce qui compte c'est la méthode retenue pour l'analyse.

TABLEAU 3.12

Répartition de l'aide par secteur

	Aide bilatérale *a/*		Aide multilatérale
	1979	1989	1988
Santé et population	8,0	6,7	7,8
Education	16,5	10,7	4,3
Total des dépenses d'infrastructures sociales et administratives, y compris la planification et l'administration publique	30,8	25,7	19,9
Agriculture	17,0	11,3	23,2
Divers	51,3	63,0	56,9
Total	100,0	100,0	100,0

a/ CAD (OCDE), représentant 85 % du montant total de l'aide bilatérale.

TABLEAU 3.13

Analyse des dépenses sociales financées par l'APD (1989)

	Taux aide/dépenses de développement humain (%)	Taux de l'aide (%)	Taux aide/secteur social (%)	Taux aide/priorités (%)
Moyenne	0,026	0,32	22,6	36,6
Pays-Bas	0,128	0,94	25,2	53,8
Danemark	0,110	0,94	22,4	52,2
Suède	0,070	0,97	13,8	51,9
France	0,053	0,54	39,1	25,1
Finlande	0,051	0,63	29,3	27,4
Suisse	0,047	0,30	20,12	78,7
Allemagne [a]	0,047	0,41	25,6	44,4
Australie	0,029	0,38	30,7	25,2
Royaume-Uni	0,028	0,31	24,8	36,6
Canada	0,020	0,44	19,9	25,9
Italie	0,017	0,42	18,0	22,4
Etats-Unis	0,012	0,15	17,1	46,1

Note : Les chiffres indiqués dans la colonne 1 représentent la part de l'APD exprimée en pourcentage du PNB du donateur consacrée aux secteurs prioritaires (soins de santé primaires et éducation de base) des pays bénéficiaires. Ils sont le produit des chiffres des colonnes 2, 3 et 4.

a/ A l'exclusion de l'ancienne République démocratique allemande.

L'éducation ne représente que 11 % du montant total de l'aide bilatérale pour les années 80. Les apports destinés à l'enseignement primaire ont été médiocres et ont même baissé, en termes réels, pour les pays à revenu intermédiaire et à faible revenu.

Ainsi, l'aide fournie en ce domaine aux pays d'Afrique subsaharienne au début des années 80 a été consacrée en majeure partie à l'enseignement supérieur : elle représentait 1,10 dollar par élève du primaire, contre 11 dollars par élève du secondaire et 575 dollars par étudiant du supérieur. L'on notera toutefois que cet écart est dû dans une certaine mesure au fait que l'enseignement supérieur revient beaucoup plus cher.

L'aide fournie au secteur social est également mal répartie lorsque les donateurs préfèrent que leur contribution serve à réaliser des objectifs « visibles » - par exemple, un hôpital urbain plutôt qu'un dispensaire rural. Cependant, même lorsque la volonté de favoriser les programmes de base est réelle, il peut s'avérer extrêmement difficile de canaliser les fonds disponibles en faveur d'initiatives locales, de faible importance et fortement dispersées, et de veiller à ce qu'elles puissent être reproduites. L'on a cependant enregistré des succès, comme le montre l'exemple du développement des soins de santé primaires au Sénégal (encadré 3.4).

Lorsque le rapport aide/priorités est élevé, l'on assiste en général à une meilleure canalisation des ressources en faveur des couches défavorisées de la population. Des effets sensiblement identiques peuvent être obtenus dans le secteur économique grâce à l'aide apportée aux projets en faveur de ces mêmes couches.

Ainsi, l'aide destinée aux petits exploitants agricoles et à la petite industrie permet d'accroître les revenus des personnes défavorisées. S'il est vrai que les projets visant à lutter contre la pauvreté ont un taux de rentabilité élevé et que les initiatives en faveur des pauvres ne se font pas au détriment de l'efficacité économique, il n'en reste pas moins que nombreux sont ceux qui ont eu des effets contraires. En Inde, par exemple, une bonne partie des pauvres sont des paysans sans terre. Or, l'aide extérieure - souvent destinée à encourager la production vivrière par l'irrigation, l'accès au crédit, la vulgarisation et l'introduction de nouvelles semences - a bénéficié principalement aux exploitants agricoles disposant d'un revenu intermédiaire. Certes, la production vivrière a augmenté, mais le pouvoir d'achat des pauvres n'a pas augmenté significativement. L'on n'a donc pas réussi à abaisser le taux de malnutrition.

De nombreuses initiatives - pas toujours fructueuses - ont visé à aider les couches pauvres de la population urbaine grâce à l'accès au crédit et à la technologie. Au Costa Rica, par exemple, l'aide extérieure a financé plus de 400 microentreprises urbaines, ce qui a permis de créer des emplois et d'accroître les revenus. Plus de la moitié des bénéficiaires étaient des personnes extrêmement pauvres.

Restructuration du budget de l'aide extérieure

Les possibilités sont grandes, pour les donateurs, de dégager davantage de ressources en faveur du développement humain s'ils restructurent les fonds consacrés à l'aide. Le rapport aide/priorités - c'est-à-dire la part du PNB que le donateur consacre à des questions prioritaires en matière de développement humain - est extrêmement faible. En ce qui concerne les membres de l'OCDE, pris dans leur ensemble, il ne se situe qu'à 0,026 % du PNB total.

Les calculs sont simples. Pour l'ensemble des pays, l'APD représente à l'heure actuelle 0,32 % du PNB total. De ce pourcentage, 23 % seulement des fonds sont allés au secteur social en 1988 et 37 % seulement des dépenses sociales ont été allouées à des domaines prioritaires en matière de développement humain. En ce qui concerne l'éducation, par exemple, 7 % seulement de l'aide a été consacrée à l'enseignement primaire. S'agissant de la santé, 27 % seulement de l'aide concernait les soins de santé primaires. Enfin, pour ce qui est de l'approvisionnement en eau et de l'assainissement, seule 19 % de l'aide a été destinée aux milieux ruraux.

Certes, ces moyennes masquent des différences considérables d'un pays à l'autre (tableau 3.11). Les pays nordiques consacrent plus de 0,9 % de leur PNB à l'aide extérieure et enregistrent un taux aide/priorités qui se situe entre 0,05 % et 0,11 % - ce qui est de loin supérieur à la moyenne des donateurs. Les Etats-Unis, en revanche, ne consacrent que 0,15 % de leur PNB à l'aide extérieure ; le taux aide/dépenses de développement humain n'est, pour ce pays, que de 0,01%.

Certaines personnes font valoir qu'il importe peu que l'aide ne soit pas directement axée vers des objectifs prioritaires dans la mesure où elle permet aux gouvernements bénéficiaires de dégager d'autres fonds à cet effet. Si cet argument est théoriquement valable, il ne se vérifie guère dans la pratique. Pour de nombreux pays, l'aide extérieure constitue une part si importante du budget de développement que les priorités de l'aide déterminent les priorités du développement. Ainsi, au Burundi, 56 % du montant total des dépenses de santé et d'éducation sont financées par l'aide. Cette proportion est également élevée au Tchad (53 %), en Ouganda (48 %), en Somalie (38 %) et en Ethiopie (35 %).

Les ministres des finances des pays en développement ne sont, de toute façon,

ENCADRE 3.4

L'aide en faveur des services de santé communautaires au Sénégal

Au Sénégal, le projet Pekine est un exemple de programme de santé primaire qui a donné de bons résultats. Lancé en 1975 et financé en partie par l'aide extérieure, son objectif est de fournir des soins de santé aux habitants d'un quartier pauvre de la capitale, Dakar.

En 1985, 24 dispensaires avaient été créés, dont deux centres de santé plus importants, sept services de maternité et deux services de soins dentaires. Au cours des 800 000 consultations dispensées pendant cette période, l'accent a été mis sur la médecine préventive. Le taux de vaccination est passé de 5 % à 60 %. Des soins curatifs ont également été dispensés à des tarifs assez raisonnables.

La participation a été importante. Les bénéficiaires ont été consultés dès le départ et des comités de santé locaux ont été créés pour contrôler et administrer les dispensaires. La formation de personnel local a constitué une priorité absolue.

Avec le temps, la part du financement central, y compris l'aide extérieure, a diminué alors que, parallèlement, l'on a dégagé des fonds sur le plan local - en partie grâce à une modique redevance versée par les usagers - qui ont permis de financer un pourcentage toujours plus grand des dépenses. En 1983, 70 % des dépenses recurrentes étaient financées par des ressources locales.

guère susceptibles de réagir favorablement à un tel argument. Ils hésitent, même dans les meilleures conditions, à engager des dépenses sociales, dépenses qui ne sont pas immédiatement rentables sur le plan financier et qui supposent des engagements renouvelables à très long terme. Les ministres ne seront guère incités à augmenter le budget du secteur social si les donateurs eux-mêmes hésitent à financer des dépenses renouvelables et préfèrent que l'aide qu'ils fournissent soit consacrée à des projets à forte intensité de capitaux pour lesquels le pays bénéficiaire devra se procurer, auprès de ces pays donateurs, l'assistance technique et les équipements requis.

De tous les types d'aide au développement, c'est sûrement l'assistance technique qu'il faut avant tout réévaluer. L'Afrique reçoit à ce titre 6 milliards de dollars par an, et ce chiffre ne cesse d'augmenter. Or, c'est dans les pays africains que l'on enregistre le niveau de développement humain le plus bas du monde.

Le problème qui se pose est qu'une part excessive de cette aide sert à payer les traitements élevés des experts étrangers, au détriment du renforcement des institutions et des compétences locales. Une restructuration de l'assistance technique en faveur du perfectionnement des compétences nationales permettrait non seulement de réduire le coût de l'aide mais encore de dégager des millions de dollars qui pourraient être canalisés à des fins plus productives.

Il faut donc que les pays donateurs réévaluent leurs priorités et s'engagent à œuvrer en faveur du développement humain. Si les pays bénéficiaires adoptent les mêmes priorités, la voie sera ouverte à une ère nouvelle, et l'aide publique au développement, fondée sur un engagement mutuel en faveur du développement humain, sera alors plus productive (voir chap. 6).

La restructuration de l'aide extérieure ne pourra se faire que moyennant une meilleure publication de l'information. Le Comité d'aide au développement (CAD) de l'OCDE pourrait utilement y contribuer. Il est à même, en effet, d'analyser les incidences des priorités actuelles en matière d'aide sur le niveau de développement humain des pays bénéficiaires. Il serait utile aussi qu'il publie régulièrement les taux aide/secteur social et aide/priorités pour chacun des pays donateurs.

ANNEXE AU CHAPITRE 3

Résumé succinct des monographies de pays

République de Corée

Répartition du revenu primaire : bonne
Taux des dépenses de développement humain : moyen
Taux des dépenses publiques : faible
Taux des dépenses sociales : moyen
Taux des priorités sociales : élevé

C'est l'accroissement rapide et généralisé du revenu primaire, grâce à la croissance économique, qui a été le moteur du développement humain en République de Corée. La réforme agraire de 1949 a jeté les bases d'un accès généralisé à ce qui est le bien le plus productif du pays, la terre. L'accent a également été mis sur l'éducation, particulièrement l'enseignement primaire, de façon à développer les ressources humaines nécessaires à la croissance dans l'équité. En outre, des politiques macro-économiques ont favorisé le passage d'une substitution aux importations à un régime de production de produits d'exportation à forte intensité d'emploi.

L'expérience montre toutefois que la croissance rapide ne suffit pas à assurer le développement humain. Depuis 1976, le Gouvernement a étendu le régime d'assurance maladie de façon à ce que plus de la moitié de la population puisse en bénéficier et a mis en place des systèmes de santé publique et d'éducation de haute qualité. Les familles défavorisées - et particulièrement les mères et leurs enfants - ont accès à des soins médicaux gratuits ou fortement subventionnés par l'Etat.

Le développement humain a donc eu pour point de départ la volonté des pouvoirs publics de stimuler le revenu primaire. A l'heure actuelle, le Gouvernement s'attache à canaliser une part non négligeable des fonds publics vers le secteur social, particulièrement les domaines prioritaires.

Zimbabwe

Répartition du revenu primaire : médiocre/modérée
Taux des dépenses de développement humain : élevé
Taux des dépenses publiques : élevé
Taux des dépenses sociales : élevé
Taux des priorités sociales : élevé

Le cas du Zimbabwe montre combien il importe que le taux des dépenses pour le développement humain soit élevé. La volonté des pouvoirs publics d'œuvrer en faveur des domaines prioritaires a fait que le montant des dépenses consacrées au développement humain par habitant y est plus élevé que dans des pays plus riches. C'est ce qui explique les réalisations impressionnantes en matière d'alphabétisation, de réduction de la mortalité infantile et de relèvement de l'espérance de vie.

Après l'accession à l'indépendance, le taux des dépenses sociales est passé de moins de 20 % en 1978 à près de 30 % en 1981 et à 49 % à l'heure actuelle. Le taux des dépenses publiques, tout en étant élevé, est demeuré constant. Le budget de la défense et de l'administration publique a parallèlement régressé, passant de 44 % à 28 %.

Le taux des priorités sociales s'est élevé à mesure que les dépenses de santé se sont déplacées des hôpitaux urbains vers les services de prévention en milieu rural. Des progrès extraordinaires ont été accomplis dans le domaine de l'éducation, la part de l'enseignement primaire passant de 38 % à 56 %, ce qui veut dire que les dépenses réelles per capita ont doublé. Les enfants en âge de suivre l'enseignement primaire sont scolarisés à 100 %; dans le secondaire, le taux global de scolarisation est monté à 51 %.

Même dans les années 80, alors que le pays devait faire face à l'ajustement économique et à une forte vague de sécheresse, la diminution du taux de mortalité infantile et l'accroissement du taux de scolarisation montrent que le développement humain a continué de progresser.

Le cas du Zimbabwe fait ressortir en outre l'avantage de restructurer l'aide extérieure. Cette dernière a servi, en 1983, à financer près d'un cinquième du budget consacré à l'immunisation. Elle a également été déterminante pour le financement du Programme d'alimentation complémentaire de l'enfant depuis sa création en 1981. La part de l'aide dans les dépenses consacrées à l'approvisionnement en eau en zone rurale est passée de 32 % en 1983 à 58 % en 1985.

Tanzanie

Répartition du revenu primaire : modérée
Taux des dépenses de développement humain : faible
Taux des dépenses publiques : moyen
Taux des dépenses sociales : faible
Taux des priorités sociales : élevé

Les progrès impressionnants accomplis par la Tanzanie en matière de développement humain au cours des 30 dernières années sont attestés par l'accroissement du taux d'alphabétisation (de moins de 30 % à environ 52 %) et le relèvement de l'espérance de vie (de 41 à 54 ans). Bien que le revenu par habitant (160 dollars) soit inférieur de moitié à la moyenne régionale, ces progrès - comme le montrent la diminution de la mortalité infantile et l'état nutritionnel - peuvent favorablement soutenir la comparaison avec les pays voisins.

Les résultats obtenus sont le produit de la volonté de fournir des services sociaux de base à la totalité de la population. La Tanzanie a été l'un des premiers pays d'Afrique subsaharienne à mettre en place un réseau de santé publique. Dès la fin des années 60, la population rurale a été regroupée dans des villages, ce qui a permis de faciliter son accès aux services sociaux de base. Plus de 80 % de la population a ainsi accès aux services de santé et près de 90 % des enfants âgés d'un an sont immunisés.

Malgré tout, des manques significtifs persistent. La moitié de la population n'est pas approvisionnée en eau potable et près de la moitié des enfants ne sont pas scolarisés dans le primaire. De fait, le taux de scolarisation primaire a diminué au cours de la deuxième moitié des années 80. Dans le secondaire, il est inférieur à 5 %.

Malgré le rang de priorité élevé accordé à l'enseignement primaire et à la santé, les dépenses de développement humain par habitant n'ont été que de 3,80 dollars en 1988. Cela s'explique par le fait que le revenu par habitant est peu élevé et que l'on n'a pas accordé toute l'attention voulue aux dépenses sociales.

Les contraintes budgétaires depuis le milieu des années 70 ont donné lieu à des coupes sévères, notamment pour ce qui est des services sociaux de base. Les dépenses de santé par habitant ont diminué d'un quart au cours de la période écoulée. L'on a constaté en conséquence que la qualité des services avait régressé et que les pauvres y ont de moins en moins accès en raison des coûts qu'ils supposent.

Il faut envisager d'urgence une restructuration des dépenses publiques. Le taux des dépenses sociales n'est que de 15 %, alors que le service de la dette, les entreprises publiques et les dépenses militaires grèvent le budget de l'Etat.

Le développement humain souffre du fort taux d'accroissement de la population (qui s'est situé en moyenne à 3,4 % par an entre 1960 et 1990) et des mauvais résultats économiques. La restauration de la croissance et l'extension d'activités génératrices de revenus, conjuguées à la restructuration des dépenses publiques en faveur du secteur social, sont des facteurs essentiels au progrès du développement humain en Tanzanie.

Costa Rica

Répartition du revenu primaire : modérée
Taux des dépenses de développement humain : moyen
Taux des dépenses publiques : élevé
Taux des dépenses sociales : élevé
Taux des priorités sociales : moyen

Le Costa Rica a enregistré des progrès remarquables en matière de développement humain. Les taux des dépenses publiques et des dépenses sociales sont élevés et les indicateurs du développement humain se situent à un niveau comparable à ceux des pays européens.

Les bases de la réforme sociale ont été posées dans les années 40, avec l'abolition de l'armée et la mise en place d'institutions « autonomes » en matière de santé, d'éducation et de protection sociale. Une longue tradition démocratique a renforcé les politiques de protection sociale, elles-mêmes soutenues par une forte expansion des cultures d'exportation, tel le café, qui a permis de créer des emplois générateurs de revenus.

Dès le début des années 70, l'accent a porté sur les soins de santé primaires, par le biais de programmes d'action rurale et communautaire axés sur les soins préventifs - en particulier la lutte contre les infections et les maladies parasitaires - ainsi que sur la participation des collectivités.

Pour ce qui est de l'éducation, le pourcentage de jeunes filles ayant terminé le cycle primaire est passé de 17 % en 1960 à 65 % en 1980. La proportion élevée de mères ayant reçu une certaine instruction a permis d'abaisser le taux de mortalité infantile, ce qui, à son tour, a amené à réduire le nombre d'enfants souhaité et le taux de fécondité.

Le régime de sécurité sociale s'applique à l'ensemble de la population, alors que, dans d'autres pays d'Amérique latine, il est généralement régressif et ne profite qu'aux employés du secteur structuré. En 1980, la presque totalité des habitants bénéficiaient d'un régime de pension, d'assurance maladie, de protection sociale et de santé publique. Le taux des priorités sociales, qui est modéré, ne tient pas compte de la participation aux prestations sociales (qui est dans ce cas positive).

Toutefois, depuis un certain temps, le revenu national n'a pas progressé au même rythme que les dépenses sociales. Ce déficit de plus en plus important a été financé par l'emprunt intérieur et extérieur, de sorte que lorsque l'aide extérieure s'est tarie au cours des années 80, le Costa Rica a dû faire face à une forte récession.

Mais cette situation adverse n'a malgré tout pas affecté les progrès accomplis en matière de développement humain. Lorsque les femmes savent ce que c'est que la planification de la famille, lorsqu'elles ont compris l'importance de l'hygiène et de la nutrition, les acquis ne se perdent pas facilement. Le taux de mortalité infantile et la malnutrition ont continué de régresser (quoique moins qu'auparavant), alors même que la situation économique s'aggravait.

S'il est vrai que certains signes sont alarmants, en particulier la baisse inquiétante de la scolarisation dans les années 80, le Costa Rica n'en demeure pas moins un exemple remarquable des progrès que l'on peut accomplir en matière de développement humain en Amérique latine et dans le monde.

Jordanie

Répartition du revenu primaire : modérée
Taux des dépenses de développement humain : élevé
Taux des dépenses publiques : élevé
Taux des dépenses sociales : faible
Taux des priorités sociales : moyen

Le niveau de développement humain de la Jordanie est élevé par rapport aux autres pays arabes de la région. L'importance des dépenses publiques, bien que le taux des priorités sociales soit modéré, a contribué à élever le taux des dépenses de développement humain.

La majorité de la population ayant moins de 15 ans, les pouvoirs publics ont accordé la priorité à l'éducation. Le taux d'alphabétisation est passé de 47 % en 1970 à 74 % en 1985. Pour les femmes, bien qu'il demeure faible (62 %), il est considérablement plus élevé que la moyenne pour la région.

Le fort relèvement du niveau d'instruction s'est avéré bénéfique sur le plan économique et financier. La main-d'œuvre qualifiée constitue la ressource la plus précieuse de la Jordanie. Les envois de fonds des Jordaniens qualifiés émigrés dans les pays du Golfe constituent l'une des sources principales de recettes en devises.

Des progrès considérables ont également été accomplis dans le domaine de la santé. Depuis 1960, l'espérance de vie est passée de 47 à 67 ans et la mortalité infantile de 217 pour 1 000 naissances à 55. Les services de santé les plus importants sont à Amman, la capitale, où réside plus d'un tiers de la population. Les pouvoirs publics s'attachent aujourd'hui à améliorer la qualité des soins de santé primaires en milieu rural en créant des centres de santé susceptibles d'offrir toute une gamme de services de base.

L'expérience de la Jordanie est particulièrement utile pour les pays de la région et d'ailleurs dont le revenu est plus élevé mais qui n'ont pas réussi à atteindre un stade de développement humain à la mesure de leurs richesses. L'affectation ingénieuse des maigres ressources dont dispose la Jordanie, conjuguée à une répartition assez équitable du revenu, a fait qu'elle a atteint un stade de développement humain plus élevé que celui de pays qui jouissent d'un revenu par habitant plusieurs fois supérieur.

Indonésie

Répartition du revenu primaire : bonne
Taux des dépenses de développement humain : faible
Taux des dépenses publiques : moyen
Taux des dépenses sociales : faible
Taux des priorités sociales : faible

L'Indonésie connaît depuis les années 70 une croissance économique dans tous les secteurs. Elle a perçu des gains inattendus de sa production pétrolière et les a employés à préparer l'avenir, de sorte qu'elle ne s'est pas trouvée démunie lorsque les recettes pétrolières ont diminué. Les pouvoirs publics ont réalisé des progrès en matière de développement humain, d'une part en provoquant un élargissement des revenus primaires - particulièrement dans le secteur agricole - et, de l'autre, en complétant ces revenus par des services sociaux. La proportion des habitants qui se trouvaient en dessous du seuil de pauvreté a considérablement diminué dans les années 80, quoique la pauvreté est bien plus élevée dans les régions orientales de l'archipel que dans le reste du pays.

Le Gouvernement a généralisé l'enseignement primaire et décidé la gratuité de l'enseignement en 1978, de sorte que les taux de scolarisation de base sont élevés.

D'importants problèmes demeurent. Un fort pourcentage de la population continue d'être marginalisé, avec des revenus à peine supérieurs au seuil de pauvreté. L'Indonésie est toujours en retard, par rapport à ses voisins, en ce qui concerne la nutrition, l'espérance de vie et la mortalité infantile.

Les taux des dépenses sociales et des priorités sociales sont de loin inférieurs à la moyenne et le taux des dépenses pour le développement humain est extrêmement faible. Les dépenses de santé sont relativement peu élevées et orientées principalement vers les soins curatifs en milieu urbain. Il faudra accorder une priorité plus élevée aux soins préventifs au niveau du village, et ce, par l'exécution de programmes tels que le *posyandu*.

Seule une minorité d'Indonésiens, généralement les couches urbaines les plus élevées, bénéficient d'approvisionnement en eau potable et de services d'assainissement. Il convient d'accorder une attention bien plus grande à la fourniture par l'Etat de services sociaux prioritaires.

Argentine

Répartition du revenu primaire : médiocre
Taux des dépenses de développement humain : moyen
Taux des dépenses publiques : élevé
Taux des dépenses sociales : moyen
Taux des priorités sociales : faible

L'Argentine connaît des taux d'alphabétisation et de scolarisation élevés (plus de 80 % au milieu des années 80) et le taux de mortalité infantile y est en dessous du tiers de la moyenne des pays en développement.

Il n'en reste pas moins que le niveau de développement humain y est décevant par rapport au PNB par habitant (2 520 dollars). Une proportion non négligeable de la population, particulièrement dans le nord et dans les taudis proches de Buenos Aires, n'a qu'un accès limité à l'éducation, aux soins de santé, à l'approvisionnement en eau non polluée ou à l'assainissement. La situation sociale s'est aggravée du fait de la poursuite de la crise économique. La part de la population approvisionnée en eau non polluée a baissé de 9 pourcent au cours des années 80, et ne se situe qu'à 51 %. Depuis le milieu des années 70, le revenu moyen des ménages a diminué de plus d'un cinquième, en termes réels, et la distribution des revenus est encore plus inégalitaire.

Le taux des dépenses publiques est élevé. Par ailleurs, si le taux des dépenses sociales est modéré (35 % en 1988), 70 % de ces dépenses concernent des prestations de sécurité sociale, qui bénéficient uniquement aux employés du secteur structuré et pas aux couches les plus défavorisées. Dans la mesure où l'Argentine est parvenue, au cours d'une période assez longue, à des taux élevés d'accès aux soins de santé et à l'éducation de base, l'on peut penser qu'il s'agit, jusqu'à un certain point, en ce qui concerne les prestations sociales, l'enseignement supérieur et des soins de santé de qualité, de restructurer les priorités à la lumière des progrès accomplis.

Parallèlement, il est indispensable que ces progrès - obtenus avant 1970 - soient préservés. Or, l'expérience des années 80 montre que tel n'est pas toujours le cas. A cet égard, le fait que le taux des priorités sociales soit peu élevé est inquiétant : les services sociaux destinés principalement aux pauvres - enseignement primaire, hôpitaux publics, soins de santé primaires et assainissement des taudis - ont été plus gravement touchés au cours des 10 dernières années que les dépenses sociales destinées au bien-être des Argentins des classes les plus aisées.

CHAPITRE 4

L'efficacité du développement humain

La décentralisation des services sociaux réduit les coûts

Les gouvernements de tous les pays en développement ne disposent que d'un budget extrêmement serré; ils cherchent donc d'une part à réduire le coût unitaire des services sociaux sans nuire à leur qualité ni à leur accès, et de l'autre à recouvrer certains coûts en rendant les services payants.

Les mesures de réduction et de recouvrement des coûts doivent être comprises dans leur contexte politique et socio-économique. En effet, l'expérience laisse entendre qu'une «saine» concurrence entre les services publics et privés provoque souvent, dans le domaine du développement humain, une baisse des prix et permet un meilleur accès, au profit des intéressés.

Par ailleurs, il ne s'agit pas seulement de savoir comment réduire les coûts de telle ou telle mesure ou de tel ou tel service. La question essentielle est la suivante: peut-on atteindre le même objectif par exemple, satisfaire les besoins nutritionnels de l'ensemble de la population ou de certains groupes par d'autres voies moins onéreuses? En matière de subventions alimentaires, les gouvernements pourraient orienter leur action vers des politiques agricoles qui encouragent et aident les groupes concernés à accroître leur propre production alimentaire.

Nombre de programmes, tel le programme d'appui à la nutrition lancé par l'Indonésie, sont conçus pour combiner deux approches: satisfaire les besoins nutritionnels de la population grâce à des programmes spéciaux - subventions alimentaires ou programmes nutritionnels - et inciter les gens à accroître leur production alimentaire, par exemple en cultivant un lopin de terre.

Tout comme l'équilibre entre l'action publique et privée, le degré de centralisation ou de décentralisation qui marque la stratégie de développement d'un pays est déterminant pour l'efficacité. La décentralisation des services sociaux réduit les coûts, car elle favorise l'utilisation des ressources locales et freine souvent les frais administratifs. Elle n'a pas que des avantages: elle rend plus difficiles le respect et le contrôle des normes de qualité imposées aux services. Elle risque en outre de perpétuer, voire de renforcer, les disparités entre régions ou communautés locales.

Avantages et inconvénients doivent être soigneusement pesés. Pour ce qui est des avantages, la décentralisation crée en général un climat favorable à l'initiative à tous les niveaux, de bas en haut. Elle permet aux gens de participer davantage à la prise de décisions qui les touchent directement. Elle encourage donc un développement davantage centré sur la population, plus durable et plus proche des besoins et des intérêts des principaux intéressés. Elle facilite un développement participatif, qui est bien plus qu'un moyen de renforcer l'efficacité et la productivité. Or, c'est là l'un des objectifs majeurs du développement humain.

Ce sont les grandes lignes directrices de la politique d'un pays qui permettent de faire jouer la concurrence et la complémentarité entre secteurs public et privé, de décentraliser, et d'agir de façon plus efficace (grâce au ciblage par exemple). Pour exposer plus concrètement les résultats des diverses approches, nous examinerons différents moyens de réduire les coûts dans les services intéressant au premier chef le développement humain, pour discuter ensuite de leur recouvrement par imputation aux utilisateurs.

Réduction des coûts dans l'enseignement

Dans le domaine de l'enseignement, il est tout à fait possible de réduire fortement les coûts. Une étude récente, menée à l'occasion de la Conférence mondiale sur l'éducation pour tous, conclut qu'il est possible de réformer l'enseignement de façon à réduire de 25 % les dépenses récurrentes. L'ensemble de réformes comporterait notamment l'élimination, autant que possible, des redoublements, une meilleure utilisation des ressources collectives, l'introduction de classes à temps partagé, l'augmentation sélective des effectifs des classes et un certain recouvrement des coûts au niveau supérieur, étant entendu que la qualité de l'enseignement ne doit pas pâtir des économies faites au niveau des coûts unitaires.

Pour réduire la masse salariale, on peut par exemple avoir recours à des professeurs de formation moins classique et demander plus d'aide aux communautés. Au Sénégal, les enseignants adjoints sont en plus grand nombre; leur salaire de départ est nettement inférieur à celui des professeurs, sans que la qualité de l'enseignement s'en ressente. En Colombie aussi, les coûts ont été réduits par l'accroissement du rôle des «aides-enseignants».

Quinze dollars par an, c'est tout ce que coûte la formation d'un élève du primaire dans le privé au Bangladesh. Dans ce pays, la Commission pour le développement rural propose un programme avant tout pratique, qui amène les élèves à atteindre, en trois ans, le niveau de la quatrième année de l'enseignement primaire officiel. Les responsables villageois et les parents participent activement et les cours sont donnés dans des locaux modestes. Les enseignants n'ont pas de formation approfondie, mais les écoles ont un taux élevé de réussite et ont permis aux enfants des familles pauvres, en particulier les filles, qui représentent 63 % des effectifs, de mieux accéder à l'instruction. Bien entendu, le coût réel de cet enseignement est supérieur aux dépenses effectuées du fait des contributions «en nature» des parents et du reste de la communauté.

L'augmentation des effectifs des classes permet aussi de réduire les coûts. Les tests de réussite ne font pas apparaître de différence notable entre des enfants qui fréquentent des classes de 25 ou de 40 élèves.

L'on peut encore accroître les effectifs par professeur en instituant des classes en temps partagé: un premier groupe d'élèves suit les cours le matin, un deuxième l'après-midi. Les classes doubles permettent d'employer moins de professeurs (s'ils assument les deux classes) et d'économiser sur les dépenses d'équipement (bâtiments, matériel, bibliothèques et laboratoires). C'est ainsi que le Sénégal a considérablement réduit les coûts et amélioré l'accès à l'enseignement (encadré 4.1). La Zambie a aussi introduit des classes doubles (voire triples) et a réduit presque de moitié les dépenses d'équipement; le coût de scolarisation d'un élève du primaire a baissé de 4,1 % en moyenne entre 1980 et 1984.

L'enseignement en temps partagé ne présente pas que des avantages. La pression exercée sur les enseignants est plus forte et les parents se voient obligés de s'occuper des jeunes enfants qui ne sont en classe qu'une demi-journée. Mais les possibilités de réduire les coûts unitaires sont considérables.

Le recours au secteur privé permet aussi de rentabiliser l'enseignement. Il est

Il est possible de réformer l'enseignement de façon à réduire de 25 % les dépenses récurrentes

ENCADRE 4.1

Classes doubles au Sénégal

En 1986, l'enseignement primaire est revenu à 117 dollars par élève, montant de loin le plus élevé pour les pays africains à faible revenu, et qui représente presque le double de la moyenne de l'Afrique sub-saharienne. Il y a trois raisons à cela: le salaire élevé des enseignants (dix fois plus élevé que le PIB par habitant en 1980), le petit nombre d'élèves par enseignant dans les zones rurales, et l'importance des frais administratifs.

Pour réduire les coûts, le gouvernement a introduit en ville le principe des classes en temps partagé, dans le cadre de son programme de réforme de l'enseignement. Pendant la phase pilote (1982), deux enseignants se partageaient une même salle de classe qu'ils occupaient séparément, à différentes heures de la journée. Dans la phase actuelle, un même enseignant assume deux classes, une le matin, l'autre l'après-midi. Il lui faut assurer 40 heures de cours par semaine au lieu de 27, mais il bénéficie en contrepartie d'une augmentation de 25 % du salaire de base. Les classes sont plus petites: au lieu de compter 70 à 100 élèves, elles n'ent ont plus que 40 à 50.

Les maîtres auxiliaires (qui reçoivent une formation plus rapide) jouent aussi un rôle important dans la réforme. Le quotient auxiliaires/professeurs est passé de 0,9 à 1,2 entre 1986 et 1988, sans que la qualité de l'enseignement en ait souffert. En effet, les examens prouvent que les classes où l'enseignement est assuré par un maître auxiliaire obtiennent de meilleurs résultats que celles dirigées par un enseignant diplômé. L'on recrutera sans doute désormais davantage de maîtres auxiliaires que d'enseignants diplômés. Le personnel administratif devient aussi plus productif à mesure qu'il est réaffecté dans l'enseignement primaire.

Tout ne s'est pas déroulé sans heurts. Tentant d'accroître l'accès à l'enseignement primaire, les autorités ont accéléré la mise en œuvre du programme. Certains enseignants ont dû appliquer le nouveau système sans y avoir été préparés. Les parents, inquiets du changement, s'y sont opposés.

Toutefois, le programme est dans l'ensemble une réussite. Les coûts unitaires diminuent et le taux d'inscription brut dans les écoles primaires est passé de 46 % en 1980 à 57 % en 1985, et à 59 % en 1988, sans que les résultats obtenus par les élèves en pâtissent.

Bon nombre des traitements les moins chers sont aussi efficaces que leur équivalent de pointe

difficile de comparer écoles privées et écoles publiques, car elles attirent généralement des élèves venant d'horizons différents et dont les résultats scolaires sont de ce fait différents. Cela étant, une étude menée aux Philippines a fait apparaître qu'en moyenne, le coût de la scolarisation dans les établissements privés était à peu près deux fois moindre que dans les écoles publiques et que les élèves du privé obtenaient de meilleurs résultats en anglais et en tagalog (la langue nationale), tandis que les élèves du public étaient plus forts en mathématiques. Des études réalisées en Colombie, en Tanzanie et en Thaïlande semblent aussi indiquer qu'au niveau secondaire, les écoles privées sont plus économiques que les écoles publiques.

Des recherches fondées sur des données provenant de plusieurs pays asiatiques indiquent que les coûts unitaires tendent à diminuer quand les contributions privées augmentent. Au-delà d'un taux de recouvrement de 40 %, la diminution marginale des coûts unitaires devient toutefois très faible.

Il est prouvé que les écoles dont le financement et la planification se font de façon décentralisée et qui sont supervisées par des comités locaux sont plus efficaces que celles gérées centralement.

Réduction des coûts des soins de santé

Le secteur de la santé présente aussi des possibilités considérables de réduction des coûts. Pour les Amériques, on estime que 25 % des dépenses sont inutiles. La plupart des gouvernements pourraient économiser beaucoup s'ils optaient pour des traitements meilleur marché, choisissaient des médicaments plus appropriés et les achetaient à meilleur prix.

Les achats de médicaments représentent, pour la majorité des services de santé, des montants énormes; le gaspillage pourrait dépasser les 50 %. Si l'on se concentrait sur les médicaments essentiels, on pourrait faire des économies considérables. En 1985, la consommation de médicaments était estimée à 5,40 dollars par habitant pour les pays en développement, alors que les médicaments essentiels et de base reviennent à environ 1 dollar par personne, voire, si on ramène la liste au strict minimum, à 0,25 dollar. Aujourd'hui encore, entre 1,5 et 2,5 milliards de personne ont peu accès, ou de façon irrégulière, aux médicaments essentiels.

Bon nombre des traitements les moins chers sont aussi efficaces que leur équivalent de pointe. Les maladies diarrhéiques sont l'une des principales causes de mortalité dans les pays en développement. On opte habituellement pour une réhydratation par voie intraveineuse, alors que la réhydratation orale est tout aussi efficace, sinon plus, et cette thérapie pourrait réduire les coûts de 90 %.

On pourrait réaliser des économies supplémentaires en rationalisant les politiques d'achat de médicaments. Il serait possible, sur appel d'offres, d'acheter des produits génériques plutôt que de marque. Le Sri Lanka a considérablement réduit ses dépenses en confiant à une entreprise publique le soin de centraliser les achats de produits pharmaceutiques. Celle-ci obtient les médicaments de base pour moins de la moitié, voire du tiers, du prix que paie le secteur privé. Un stockage et une distribution meilleurs peuvent aussi accroître l'efficacité. Pour les campagnes de vaccination, le gaspillage a été estimé à 33 %. En le ramenant à 20 %, on ferait reculer le coût des vaccins et des seringues de 1,40 à 1,15 dollar par enfant.

L'adoption de quelques-unes de ces mesures pourrait avoir pour effet de réduire de 30 à 50 % le coût des médicaments achetés en devises. Des économies plus grandes encore ont été réalisées dans plusieurs pays qui comptent une industrie pharmaceutique: Argentine, Brésil, République de Corée, Egypte, Inde et Mexique.

Comme pour l'enseignement, le recrutement de personnel moins qualifié permettrait aussi des économies énormes sans que les normes de qualité soient menacées pour autant. Les agents de santé et les sages-femmes traditionnelles peuvent être utiles au niveau du village. Et les communautés peuvent contribuer au financement ou à la construction de postes sanitaires et de centres de consultation, surtout si elles participent auxresponsabilités et constatent qu'elles en tirent des avantages directs. On pourrait aussi recourir davantage aux guérisseurs traditionnels et aux soins phytosanitaires.

Enfin, la réorganisation et l'amélioration de la gestion des services de santé pourraient mener à une plus grande rentabilité. Que l'on pense au Malawi, où de simples ajustements apportés à la gestion du principal hôpital du pays ont permis d'économiser 40 % des dépenses renouvelables, salaires mis à part.

Réduction des coûts en matière de distribution d'eau et d'assainissement

De nouvelles techniques et de meilleures structures de gestion peuvent jouer un grand rôle. La Décennie internationale de l'eau potable et de l'assainissement a aidé à définir des approches très diverses, tels les systèmes gravitationnels d'alimentation en eau, qui permettent de diminuer les coûts et de mieux couvrir les régions au relief accidenté. Il est aujourd'hui possible de traiter l'eau par des processus lents de filtration par le sable, qui purifient à moindre frais les eaux de surface modérément polluées.

Des améliorations ont été apportées aux pompes et aux puits. On peut faire fonctionner des puits de petit diamètre pour un coût allant de 5 dollars à moins de 0,50 dollar par utilisateur. Dans un projet lancé en Inde, où l'eau est pompée d'un puits profond, l'investissement initial a été de moins de 1 dollar par an et par utilisateur et les dépenses de fonctionnement et d'entretien représentent environ 0,10 dollar par utilisateur. On a obtenu des résultats similaires dans des programmes mis en œuvre au Ghana et au Malawi. Plusieurs pompes de type nouveau sont maintenant disponibles, y compris des pompes manuelles qui permettent aux communautés de faire fonctionner et d'entretenir elles-mêmes les systèmes de distribution d'eau.

Quelques gouvernements et bailleurs de fonds étrangers encouragent une meilleure maîtrise des coûts et une bonne gestion financière, qui sont d'une importance vitale pour tout système d'alimentation en eau. L'informatique peut alors faciliter la facturation et la perception des frais facturés, notamment dans les zones urbaines.

Les utilisateurs eux-mêmes sont l'un des outils de gestion les plus importants. La participation des communautés, et surtout celle des femmes, aux décisions relatives à l'emplacement des installations, aux techniques les plus acceptables, à l'utilisation et à l'entretien peut contribuer à l'exécution d'un programme réaliste d'investissements à peu de frais.

Réduction des coûts en matière de subventions alimentaires

Chaque soir, quelque 800 millions de personnes se couchent le ventre creux. Plus d'un tiers des enfants du monde en développement - 180 millions environ - sont beaucoup trop maigres et voient leur croissance et leur vie menacées. Dans nombre de pays, au-delà des pénuries alimentaires, le vrai problème de beaucoup de familles pauvres est que les denrées disponibles sont d'un prix inabordables.

Les pouvoirs publics ont essayé de freiner les prix alimentaires, mais ils ont ainsi diminué le revenu des agriculteurs (dont beaucoup sont d'ailleurs pauvres et mal nourris), et contribué à faire régresser la production.

Il vaudrait mieux subventionner les denrées alimentaires de base, procédé qui est devenu un « service social » important dans beaucoup de pays en développement. Mais les subventions alimentaires coûtent cher à l'Etat et représentent parfois plus de 15 % du budget, de sorte que tout examen des dépenses publiques doit aussi porter sur les moyens d'organiser l'aide de façon plus rentable.

Les subventions alimentaires doivent être l'un des éléments d'une stratégie nutritionnelle mûrement réfléchie

Les subventions alimentaires prennent principalement quatre formes:

- *Baisses de prix générales sur les marchés* - On baisse le prix de certains produits de sorte que tous les consommateurs en profitent.
- *Baisses de prix sélectives* - On consent des réductions pour certains magasins ou certaines familles.
- *Intervention nutritionnelle* - On prend en charge la nourriture des enfants scolarisés ou d'autres groupes vulnérables.
- *Rémunération en nature* - On paye en denrées alimentaires ceux qui prennent part à des programmes de travaux publics, lesquels consistent souvent en l'aménagement d'infrastructures ou des plans de secours en cas de catastrophe.

Les baisses de prix accordées à tous les consommateurs profitent relativement plus aux familles les plus pauvres (surtout en zone urbaine), qui consacrent une grande partie de leur revenu à l'alimentation. Au Sri Lanka, les 10 % les plus pauvres de la population consacrent près de 80 % de leur revenu à la nourriture. A la fin des années 70, les subventions versées aux 20 % les plus pauvres des ménages à faible revenu représentaient environ 16 % du revenu des ménages concernés. Au Kerala (Inde), pour la même période, les subventions représentaient jusqu'à la moitié du revenu des ménages à faible revenu.

Lorsqu'un gouvernement applique un programme d'ajustement économique, les subventions alimentaires sont souvent le premier poste des dépenses publiques à subir des coupes. Au milieu des années 80, près d'un programme d'ajustement sur trois comportait une réduction des subventions alimentaires. De façon générale, le montant réel des subventions a reculé entre 1980 et 1985, sauf dans quelques pays comme le Bangladesh, le Maroc et Maurice, où il a augmenté.

ENCADRE 4.2

Au Sri Lanka, les subventions alimentaires ne vont pas aux pauvres

Si l'on cible avec précision un programme de subventions dans l'espoir que seuls les pauvres en profiteront, on parviendra sans doute à en réduire les coûts. Mais le risque est double. D'une part, certains nécessiteux peuvent s'en trouver exclus; d'autre part, des groupes politiquement puissants peuvent en prendre ombrage et soit faire obstacle au programme, soit le détourner à leurs propres fins.

L'expérience du Sri Lanka illustre certains de ces risques. Le régime, en place depuis 1977, a hérité d'un programme en vertu duquel le riz était subventionné pour tous et d'autres aliments ne l'étaient que pour certains. C'était là une formule très onéreuse, qui accaparait 15 % du budget de l'Etat.

Le nouveau gouvernement était bien placé pour introduire des réformes. Il disposait d'une large majorité; l'aide étrangère était généreuse; les conditions climatiques étaient bonnes et les cours internationaux bas; après des années de stagnation, la croissance avait repris. En 1978, les subventions ont été supprimées pour les couches les plus riches de la population et, en 1979, les subventions ciblées ont été remplacées par des bons alimentaires.

Le ciblage a certainement réduit les coûts: les subventions alimentaires sont passées de 5 % du PNB au milieu des années 70 à 1,3 % en 1984. Cela étant, les pauvres ont perdu au change. La consommation calorique par habitant des 20 % les plus pauvres de la population est tombée de 1490 calories en 1979 - niveau déjà bas - à 1368 calories en 1982. De plus, la proportion de Srilankais vivant au-dessous du seuil de pauvreté est passée de 23 % en 1978 à 27 % en 1987.

Pourquoi les pauvres ont-ils vu leur situation s'aggraver? Parce que 30 % des ménages appartenant à la moitié la plus pauvre de la population n'avait matériellement pas accès aux bons alimentaires et que l'inflation a fait diminuer de moitié la valeur réelle de ces bons (non indexés). Entretemps, 30 % de la moitié la plus aisée de la population ont, eux, effectivement touché des bons. En effet, la distribution se faisait sur la base des déclarations de revenus, qui n'étaient pas vérifiées, surtout dans les zones rurales. En conséquence, les disparités de revenu se sont aggravées.

Certes, le gouvernement a tenté de vérifier les revenus des demandeurs, mais le parlement s'y est opposé: il faut sans doute aider les pauvres, mais à la seule condition de ne pas toucher aux avantages des classes moyennes.

La leçon est claire: il est impossible de venir en aide à *tous* les pauvres et à eux *seulement*. S'il faut choisir, mieux vaut une couverture trop grande que trop étroite.

Cela s'explique en partie par le fait que les subventions alimentaires ne semblent pas ciblées. Des pays comme l'Egypte, le Maroc, le Pakistan et la Zambie accordent des subventions générales, qui profitent aussi à des personnes relativement aisées. Dans les zones rurales marocaines, 80 % du budget alloué aux subventions alimentaires ne profite pas aux plus nécessiteux.

Ces dernières années, la grande question a été de cibler les subventions pour qu'elles servent au mieux à nourrir les plus pauvres. De toute évidence, il faudra accepter des compromis: plus un programme est ciblé, plus on court le risque de laisser de côté certains des plus vulnérables. De surcroît, bien que les sommes consacrées à l'alimentation diminuent, il faut s'attendre à ce que les frais administratifs grimpent. Enfin, les programmes de subventions alimentaires risquent de perdre leur appui politique (voir chapitre 5).

Il importe que les subventions alimentaires entrent dans une stratégie nutritionnelle clairement pensée. Les recherches indiquent que les subventions sont plus efficaces quand elles sont combinées à l'éducation nutritionnelle et aux soins de santé primaires. Au Tamil Nadu (Inde), les compléments alimentaires, combinés à l'éducation nutritionnelle et aux soins de santé primaires ont considérablement amélioré l'état nutritionnel des enfants menacés par la malnutrition.

La situation économique et politique détermine ce qui est approprié et faisable dans chaque cas particulier. Néanmoins, on peut tirer du passé récent quelques conclusions générales.

- *Ciblage en fonction des revenus* - Ce type de ciblage tend à être inefficace dans les pays pauvres où les revenus sont mal connus. Beaucoup de personnes dans le besoin sont oubliées et les frais administratifs sont élevés (encadré 4.2).
- *Ciblage en fonction des régions* - Il peut être rentable de distribuer des denrées bon marché dans certains magasins et certaines zones si la pauvreté est concentrée géographiquement. Mais ce n'est généralement pas le cas et les magasins en question se trouvent plutôt dans les quartiers défavorisés des zones urbaines, et ne servent qu'une fraction des pauvres.
- *Ciblage en fonction des produits* - En ne subventionnant que des produits de base principalement consommés par les pauvres, on peut venir en aide à ceux-ci

sans trop de gaspillage. Toutefois, le ciblage est souvent mal fait de sorte que l'on subventionne des produits - tels le blé ou la viande - qui sont surtout consommés par des groupes à revenu élevé. Si l'on vise le bon produit, l'« auto-ciblage » peut s'avérer très efficace.

- *Repas gratuits à l'école* - C'est là un bon moyen de venir en aide aux enfants d'âge scolaire, et qui présente en outre l'avantage d'encourager la fréquentation scolaire.
- *Distribution d'aliments par l'intermédiaire des dispensaires* - C'est là un moyen très efficace d'aider les groupes vulnérables, y compris les jeunes enfants souffrant de malnutrition et les femmes enceintes ou allaitantes. En Colombie et dans des zones rurales reculées des Philippines, la distribution de bons alimentaires aux mères qui conduisent leurs enfants d'âge préscolaire à des centres de soins a remporté des succès remarquables.

Les subventions alimentaires peuvent être un élément crucial de l'aide apportée aux pauvres, mais elles doivent faire partie intégrante d'une stratégie plus large dont l'objectif est de permettre aux ménages de satisfaire leurs propres besoins et donc, en dernière instance, de rendre ces subventions superflues.

Services payants

Dans les pays en développement, les services sociaux de base sont souvent dispensés gratuitement ou moyennant le paiement d'une somme minime. Cela se justifie si l'on considère que la société dans son ensemble en bénéficie, même quand les services sont dispensés à des particuliers. La fourniture de soins de santé gratuits pour les malades contagieux profite de toute évidence à ceux qui sont en bonne santé. De même, l'enseignement gratuit permet de développer les compétences et, par voie de conséquence, le revenu et le bien-être de tout le pays. En outre, en offrant gracieusement les services de base, on crée une plus grande égalité des chances et le gouvernement s'acquitte de son devoir de satisfaire les droits élémentaires du citoyen. Cela étant, souvent, même les groupes à faible revenu sont disposés à contribuer financièrement si cela leur garantit de meilleurs services. Dans plusieurs pays, l'existence d'un secteur privé leur offre ce choix.

Dans certains pays, l'enseignement est gratuit, mais pas tout au long de la scolarité. Au Népal et en République de Corée par exemple, l'enseignement primaire n'est pas payant. Aux Philippines, l'enseignement secondaire est gratuit depuis 1988. Dans d'autres pays, dont Maurice, l'enseignement est gratuit à tous les niveaux.

Même quand les services sont officiellement gratuits, ils peuvent constituer un fardeau financier considérable pour les familles pauvres. Dans certains pays, l'enseignant perçoit un salaire si maigre que les parents doivent contribuer à ses frais de transport ou de nourriture, faute de quoi il ne pourrait assurer les classes. Souvent aussi, les médicaments sont censés être gratuits, mais les pharmacies sont comme par hasard « en rupture de stock » si le patient ne donne rien.

Le mécanisme des prix devrait décourager tout recours inutile ou excessif aux services publics

Il faut faire une distinction entre l'organisation et le financement des services (voir chapitre 3). Le secteur privé peut dispenser certains services assumés financièrement par les pouvoirs publics. Ceux qui fréquentent des écoles et des hôpitaux privés pourraient éventuellement payer, en partie du moins, avec des bons de l'Etat, ce qui les laisseraient libres de choisir et encouragerait la concurrence. L'appui peut enfin être plus indirect et consister en avantages fiscaux contre des contributions personnelles au système de santé ou d'enseignement.

Certains laissent aussi entendre que les gens devraient payer, ne fût-ce que peu, pour les services dont ils profitent; l'on pourrait ainsi, par exemple, favoriser une utilisation plus rationnelle de services tels que la distribution d'eau. Autre exemple: il y aurait moins d'absentéisme scolaire si les parents devaient payer les cours.

Tableau 4.1
Services payants

Redevances perçues auprès des utilisateurs, en pourcentage des dépenses publiques

	Enseignement		Santé	
	1980	1988	1980	1988
Bolivie	-	-	6,0[a]	22,0
Chine	4,0[b]	5,0	"	"
Costa Rica	1,9	0,0	1,4	0,0
Inde	2,2	1,5[c]	8,7	4,5[c]
Maurice	3,1	0,0	0,2	0,2
Nigeria	0,1	5,1	0,2	0,6
Pakistan	5,9[d]	1,4	6,0[d]	2,6
Philippines	4,1	1,1	7,7	2,5
Zimbabwe	4,7	3,8	"	"

a. 1984 b. 1986 c. 1985 d. 1973

Le débat actuel sur le paiement des services porte essentiellement sur quatre points: la mesure dans laquelle il est possible de percevoir des *redevances*, le renforcement éventuel de l'*efficacité*, le souci de justice et d'*équité* et le danger de réduire l'*accès* des pauvres aux services.

Redevances

En théorie, le paiement des services devrait contribuer à mieux financer l'enseignement et les soins de santé. En pratique toutefois, ces recettes sont en général peu élevées. Dans les services de santé des pays en développement, le recouvrement moyen des coûts par l'imposition d'une redevance ne représente que 5 % des dépenses de fonctionnement (tableaux 4.1 et 4.2). Seuls quelques pays sont parvenus à un taux de recouvrement raisonnable.

Dans l'enseignement primaire, les taux sont plus faibles encore et ce n'est qu'aux niveaux secondaire et supérieur qu'ils dépassent les 10 %, l'Asie comptant des taux élevés (tableau 4.3).

Aucun de ces chiffres ne prend en compte le coût de la perception des redevances, de sorte que les recettes nettes sont encore inférieures. Mais il pourrait y avoir là un grand *potentiel*. L'expérience de certains pays indique que les gens sont prêts à payer en échange d'une meilleure qualité. Au Ghana, 15 % du budget ordinaire de la santé est recouvré grâce aux redevances. En Bolivie, ce taux s'élève à 22 %.

Tableau 4.2
Soins de santé payants en Afrique
Redevances perçues sur les soins, en pourcentage du budget (début des années 80)

Ghana	15,0
Ethiopie	12,0
Mauritanie	12,0
Mozambique	8,0
Rwanda	7,0
Lesotho	5,7
Burundi	4,0
Malawi	3,3
Côte d'Ivoire	3,1
Zimbabwe	2,2
Swaziland	2,1
Kenya	2,0
Burkina Faso	0,5

Efficacité

Le mécanisme des prix devrait décourager tout recours inutile ou excessif aux services publics. Il pourrait s'avérer plus efficace que le rationnement, dont la mise en place coûte cher et qui prête le flanc aux détournements. Cela étant, *toute* forme de redevance imposée aux utilisateurs suppose des frais administratifs.

Dans l'état actuel des choses, il n'est pas sûr que les services payants suscitent les réactions voulues chez les utilisateurs. Au Sénégal, on a décidé de faire payer les soins de santé primaires plutôt que les frais d'hôpitaux, de sorte que les patients ont été dissuadés de prendre des mesures préventives ou de suivre des traitements peu coûteux. Il en est donc résulté un gonflement du montant total des dépenses de santé. L'expérience sénégalaise montre qu'il faut commencer par faire payer les services de santé qui se situent en haut de l'échelle.

Equité

Les pouvoirs publics sont responsables des services de base et tiennent sans doute à protéger la santé aussi bien des pauvres que des riches et à assurer à tous un bon niveau d'instruction. Néanmoins, la gratuité de tous les services risque de profiter davantage aux riches. Soit qu'ils soient mieux informés, soit qu'ilsaient plus d'influence, soit du fait de la corruption, les riches peuvent s'approprier une part excessive de ces services, qui reviennent cher et sont fortement subventionnés.

Pour que les pauvres ne pâtissent pas indûment d'une telle situation, l'on pourrait tarifer les services en fonction du revenu, en exemptant éventuellement les plus pauvres de toute redevance. Cependant, tout système de paiement différencié en fonction du revenu (qu'il s'agisse du paiement de services ou d'autre chose) est extrêmement difficile à administrer, en particulier dans les pays en développement. Le ciblage risque d'être problématique, de sorte que certains pauvres seraient amenés à payer des services que certains riches recevraient gratuitement. Il conviendrait mieux de se fonder sur le *type* de service; ainsi, l'enseignement supérieur deviendrait payant, mais le primaire resterait gratuit.

Tableau 4.3
Enseignement payant en Asie
Redevances perçues, en pourcentage des coûts de fonctionnement unitaires (milieu des années 80)

	Primaire	Secondaire	Supérieur
République de Corée	0,0	34,2	45,9
Indonésie	7,1	27,4	18,9
Népal	0,0	40,7	10,4
Papouasie-Nouvelle-Guinée	8,7	39,8	0,0
Philippines	0,0	9,3[a]	15,3
Thaïlande	0,1	18,3	5,0
Inde	"	11,6	4,9
Malaisie	3,7	4,0	5,8
Bangladesh	7,4	4,0	0,1
Sri Lanka	3,1	3,1	3,4
Chine	4,8	3,2	0,3

a. Les redevances ont été supprimées en 1988.

Accès

Si l'on encourage ceux qui fournissent les services à faire leur travail comme il convient, les services deviendront plus largement accessibles et seront mieux adaptés aux besoins des utilisateurs.

L'introduction de redevances découragerait-elle les pauvres? Même des services gratuits peuvent être difficiles à utiliser. L'hôpital peut être loin et les transports trop chers. Envoyer un enfant à l'école suppose habituellement l'achat d'un uniforme et de livres, ainsi que la perte de revenu que constitue le travail de l'enfant. Au Sri Lanka et ailleurs, les taux d'absentéisme scolaire les plus élevés sont enregistrés dans les familles les plus pauvres.

Plusieurs études confirment que la mise en place d'un système de redevances restreint l'accès des pauvres aux services. Quand le Ghana a décidé au milieu des années 80 de faire payer les soins, le taux d'utilisation des services de santé a diminué (encadré 4.3). Par la suite, il est remonté à son niveau antérieur dans les zones urbaines, mais pas en milieu rural. Les services s'étaient améliorés, mais pas assez cependant pour faire revenir ceux qui y avaient renoncé du fait de l'augmentation des redevances. De même, au Lesotho, la fréquentation est revenue à son niveau d'avant la hausse dans les plaines, mais pas dans les zones montagneuses. Au Zaïre, une hausse brutale du prix des soins de santé a fait chuter le taux global d'utilisation de 37 à 31 %. Les consultations prénatales et les visites d'enfants de moins de cinq ans ont fortement régressé.

Ainsi l'expérience accumulée jusqu'ici permet de tirer quelques conclusions générales concernant les services payants.

Enseignement

• *Primaire* - L'enseignement primaire est un droit élémentaire et doit être gratuit. Une subvention pour les livres, uniformes et autres frais réels devrait être accordée aux familles les plus pauvres, en particulier celles qui subissent une perte de revenu du fait que les enfants étudient au lieu de travailler.

• *Secondaire* - Il existe des arguments solides en faveur de la gratuité de ce service social d'une importance capitale: non seulement par souci d'équité, mais aussi en raison des avantages qui en résultent en termes de productivité. Là où cet enseignement est payant, il faudrait exonérer de toutes charges réelles ceux pour lesquels il revient trop cher.

• *Supérieur* - L'enseignement supérieur ne couvre qu'une faible proportion de la population, appartenant en général aux couches les plus aisées; son coût est très grand. La raison plaide ici en faveur d'un système payant combiné à des programmes de bourses pour les étudiants pauvres.

ENCADRE 4.3

Au Ghana, les redevances imposées aux utilisateurs rapportent de l'argent, mais découragent les patients en milieu rural

Au milieu de l'année 1985, les redevances imposées aux utilisateurs des dispensaires ghanéens ont considérablement augmenté. En 1987, l'objectif - couvrir 15 % des coûts - était atteint, mais moins de gens se rendaient aux consultations.

Dans le district d'Ashanti-Akim, la non-gratuité des services a d'abord provoqué une baisse de la fréquentation de tous les centres de soins. La fréquentation est revenue ensuite à la normale en ville, mais pas à la campagne.

Certains des malades les plus pauvres n'ont plus eu les moyens de payer les consultations aussi fréquemment qu'auparavant et ont commencé à reporter tout traitement jusqu'à ce que leur situation s'aggrave. Le nombre de femmes utilisant ces services a notablement diminué, bien que la proportion d'enfants de moins de cinq ans ait augmenté.

Des exemptions ont été accordées pour certaines maladies, telles que la tuberculose ou la lèpre; le traitement de certaines autres maladies est devenu gratuit, les patients devant néanmoins payer les médicaments. En outre, les responsables des centres ont été autorisés à exempter de paiement les personnes à faible revenu. Toutefois, le personnel médical éprouvant des difficultés à mettre cette politique en pratique et craignant un nombre élevé de demandes, les exemptions ont rarement été accordées.

Les familles doivent dès lors consacrer aux soins de santé des sommes initialement destinées à satisfaire d'autres besoins élémentaires (alimentation ou enseignement).

L'imposition de redevances a eu pour autre effet de détourner la demande vers le secteur privé: guérisseurs traditonnels et pharmacies privées. Les patients trouvent souvent les médicaments à meilleur prix dans les pharmacies privées, et préfèrent consulter le pharmacien plutôt que le médecin, alors qu'une visite médicale peut être nécessaire. On constate aussi le danger que, dans les pharmacies, des vendeurs non qualifiés délivrent des médicaments inappropriés à des dosages incorrects. Certains patients s'approvisionnent même auprès de vendeurs non autorisés, ce qui aggrave les risques.

Les redevances perçues ont été partagées entre trois institutions. Le Trésor en a reçu la moitié, le Ministère de la santé un quart et le reste est allé au réseau hospitalier. Cela a permis de rehausser la qualité des soins fournis, mais pas assez pour que les patients dissuadés par le prix des services reviennent.

Etant donné que les patients perdus sont en majorité des ruraux et que les centre de soins ont moins souvent l'occasion de les sensibiliser aux bienfaits de la prévention, l'action a davantage porté sur les soins curatifs en milieu urbain.

Santé

- *Soins de santé primaires* - L'accès à ces soins devrait être universel et gratuit, non seulement pour des raisons d'équité, mais aussi parce que la société et l'économie ont tout à gagner d'une population en bonne santé.
- *Médicaments* - Faire payer les médicaments contribuerait sans doute à en rationnaliser la consommation. Cela étant, les économies seraient beaucoup plus fortes si les pouvoirs publics centraient leur action sur l'achat de médicaments essentiels par appels d'offres et en assuraient la bonne distribution.
- *Soins hospitaliers* - Le paiement des soins hospitaliers encouragerait les patients à fréquenter d'abord les centres locaux, qui offrent des consultations gratuites; ils ne seraient alors dirigés sur l'hôpital qu'en cas de besoin. Un tel système garantirait l'efficacité de l'ensemble des soins de santé. Les ménages à faible revenu et les enfants de moins de cinq ans continueraient toutefois de bénéficier de la gratuité des soins.

Eau et assainissement

Il faudra que les dépenses publiques et l'aide extérieure s'accroissent notablement pour que tous puissent, dans les pays en développement, bénéficier des services de distribution d'eau et d'assainissement. Le paiement des services n'aura pas grande influence sur ces dépenses, qui sont en fait des dépenses d'investissement; les redevances ne peuvent tout au plus qu'alléger les frais d'entretien et de fonctionnement.

Tous les utilisateurs devraient participer pleinement aux décisions d'investissement initiales, concernant par exemple les techniques à utiliser, la qualité des services et l'emplacement. Il est apparu qu'en consultant les consommateurs (en particulier les femmes), on augmente les chances de recouvrement des coûts et de durabilité.

Utilisation des redevances perçues

Dans certains cas, le pouvoir central peut utiliser les redevances perçues pour transférer des fonds d'un poste budgétaire à un autre. Ainsi, il se pourrait que le ministère de l'éducation transfère aux niveaux primaire et secondaire des fonds affectés initialement à l'enseignement supérieur.

Dans d'autres cas, surtout si les services de base sont payants, il est utile de laisser à l'institution ou à la collectivité la jouissance d'une bonne part des redevances. Les gens acceptent plus volontiers de payer les services s'ils constatent que les redevances ainsi dégagées sont réinvesties localement et contribuent directement à en améliorer la qualité.

Toutefois, il faut veiller à ce que la décision de faire payer les services permette d'engendrer des recettes et favorise la participation. Il importe aussi de veiller avec un soin particulier à ne pas exclure les ménages pauvres au détriment de leurs enfants et de la société dans son ensemble.

Au-delà des statistiques

En matière de dépenses publiques, il importe certes de savoir gérer les fonds. Mais encore faut-il que les principaux intéressés utilisent les ressources dont ils disposent avec sagesse.

Les données relatives aux dépenses publiques et privées ne font apparaître qu'en partie comment l'Etat et le secteur privé peuvent influer sur le développement humain.

Nombre des composantes essentielles du développement humain n'ont cependant rien de monétaire. Le temps que les femmes consacrent à leur foyer et à l'éducation de leurs enfants ne figure jamais dans les registres comptables des ministères des finances. Or c'est là un aspect crucial de la bonne santé et de la nutrition de la famille entière.

Pour les familles les plus pauvres, le temps que les enfants passent à l'école peut représenter en termes de revenu un sacrifice énorme, à prendre en compte au même titre que le budget de l'enseignement.

De même, en milieu rural, les familles risquent d'avoir à franchir de longues distances avant d'atteindre le centre de consultation où leur enfant sera soigné. Dans les villes aussi, les mères devront parfois faire la queue dès l'aube devant les portes du dispensaire pour finalement repartir sans avoir été reçues. Les économies sur le budget de l'Etat réalisées dans un secteur risquent de coûter cher à un autre niveau.

Même les dépenses publiques ne peuvent être considérées isolément. Leurs incidences dépendent non seulement des montants investis, mais aussi des modalités et du cadre des engagements. Sans argent, les pouvoirs publics ne peuvent pas faire grand-chose; cela étant, même des sommes importantes ne débouchent parfois que sur des résultats bien maigres.

Outre la pertinence de l'action gouvernementale, beaucoup dépend des *institutions* qui engagent les dépenses, des *compétences* des responsables, et de l'*attitude* et de la *santé* de tous les intéressés. Si tous ces facteurs se conjuguent de façon positive, les fonds seront dépensés à bon escient.

Les institutions doivent mobiliser l'énergie, le dévouement et l'enthousiasme à la fois des responsables et des bénéficiaires des services. Si les décisions sont trop centralisées, elles risquent d'être très chères ou de manquer carrément leur but. Par ailleurs, en s'appuyant trop sur les initiatives venues du bas, on risque de ralentir l'action au point de la stopper ou de voir les programmes détournés par les élites locales. Il importe de choisir avec beaucoup de soin l'option garantissant les meilleurs résultats.

Les capacités et aptitudes des enseignants, des responsables villageois et du personnel de santé sont cruciales pour la prestation des services. C'est pourquoi la formation et le recyclage revêtent la plus haute importance.

Ce n'est pas parce qu'il est difficile de mesurer les attitudes qu'elles sont dénuées d'importance. Elles sont liées à la discipline personnelle, à la satisfaction du travail accompli, à la volonté de coopérer. Le développement humain, ce n'est pas seulement savoir lire ou compter; c'est aussi savoir prendre des décisions et des initiatives, résoudre un conflit et concilier les vues de différentes personnes.

La santé et les conditions générales de vie déterminent le plus souvent l'efficacité avec laquelle une tâche est exécutée. Ceux qui sont bien nourris et en bonne santé auront sans doute davantage à cœur de contribuer à la bonne marche des services de santé ou d'enseignement.

Tous ces facteurs (qui s'influencent d'ailleurs mutuellement) peuvent contribuer favorablement ou défavorablement au développement humain. Les institutions stimulantes encourageront chacun à déployer enthousiasme et énergie. D'autres susciteront la méfiance. Si les gens ont une attitude positive, ils sauront faire preuve d'esprit de coopération et d'indépendance. Dans le cas contraire, ils rechigneront à agir ou se contenteront d'attendre que d'autres le fassent à leur place.

Ces facteurs dépendent aussi du niveau de développement humain. Une société dotée d'un niveau élevé de nutrition, de santé et d'éducation tend toujours à avoir les institutions, les capacités et les attitudes propices au développement humain. Par certains côtés, voilà une conclusion troublante, puisqu'il apparaît que le développement humain est tributaire... du développement humain. On comprend pourquoi il est souvent difficile de faire démarrer ce genre d'activités, mais on y trouve aussi un message d'espoir. Une fois le processus de développement humain lancé, il peut s'autoalimenter, avoir un effet cumulatif et donner la preuve de son dynamisme.

CHAPITRE 5

Concevoir les réformes

Les dispositions politiques actuelles servent les intérêts des dirigeants et de ceux qui usent de leur influence pour les soutenir

Les gouvernements peuvent transférer des ressources importantes au secteur social, en attribuant à la santé certains crédits de défense, ou en éliminant les subventions aux entreprises publiques peu rentables, pour investir ces moyens dans la construction de systèmes d'approvisionnement en eau. A l'intérieur même du secteur social les ressources peuvent être utilisées plus efficacement.

Pourquoi ces changements ne sont-ils pas encore intervenus? Beaucoup diront que les dispositions actuelles servent les intérêts des dirigeants et de ceux qui usent de leur influence pour les soutenir. Voilà pourquoi on construit des universités pour les enfants de riches au lieu de permettre aux enfants d'agriculteurs de fréquenter l'école primaire. Voilà pourquoi on construit des appartements luxueux au lieu de construire des logements à loyers modérés pour les citadins pauvres, et pourquoi les fonctionnaires urbains et les militaires ont accès à des denrées alimentaires subventionnées, alors que l'on ne fait pas grand chose pour encourager la production des paysans pauvres.

L'école de l'intérêt personnel ou du « choix public » en économie politique enseigne que tous les acteurs, de l'homme de la rue à l'homme politique, en passant par les bureaucrates, cherchent à influencer la politique du gouvernement de façon à en tirer des avantages. L'homme de la rue use de son influence politique pour avoir accès aux services publics. L'homme politique s'assure que les ressources publiques iront à ses partisans. Et les fonctionnaires du gouvernement se servent de leur poste pour servir leurs intérêts personnels.

La priorité accordée par tous ces agents à leurs motivations personnelles s'oppose de manière frappante à la conception première de l'Etat. Selon la théorie « platonicienne », le gouvernement devait être avant tout le gardien bienveillant des intérêts publics et agir de façon désintéressée.

Des perceptions aussi différentes du gouvernement font que le rôle que l'Etat devrait jouer dans la vie des citoyens est appréhendé de manières très différentes. Le point de vue le plus fréquemment partagé veut que l'Etat, du fait de ses limitations, intervienne le moins possible. Dans le domaine économique notamment, la plupart des décisions devraient être laissées à « la main invisible » qui dirige le marché. La raison en est que, lorsque les groupes de pression politique interviennent, il leur arrive d'être « le pied invisible » qui vient piétiner le travail délicatement façonné par la main.

Les partisans du point de vue platonicien estiment au contraire que les décisions du marché laissent beaucoup à désirer et que le rôle du gouvernement est d'intervenir pour combler les déficiences du marché.

Lequel de ces deux points de vue est le plus réaliste? Les deux ont du bon. Ils ont donc tous les deux contribué à élaborer la théorie sur le rôle de l'Etat la plus couramment acceptée de nos jours, à savoir que l'état devrait favoriser le développement plutôt que de tenter lui-même d'assurer le développement par le biais des entreprises du secteur public ou la fourniture directe de services sociaux. La fonction de l'Etat est de jouer le rôle d'arbitre entre forces qui s'opposent d'intermédiaire entre les intérêts rivaux, entre l'efficacité économique et la responsabilité sociale, entre les groupes qui ont le pouvoir de faire entendre leur voix et les segments de la société moins puissants et moins bien organisés.

Ainsi qu'il en est fait état aux chapitres 1 et 2, un large mouvement est né en faveur d'une plus grande liberté partout dans le monde. Les régimes à parti unique et les dictatures militaires cèdent le pas à des formes de gouvernement plus démocratiques. De plus en plus, les individus ont la possibilité d'exercer un choix politique - le droit de vote, le droit de choisir entre différents partis politiques, le droit de se réunir ainsi que le droit de s'exprimer et de faire connaître leurs intérêts. Ils peuvent également de plus en plus souvent demander des comptes à leurs représentants politiques.

Pour des raisons d'économie politique, si ce n'est aussi pour respecter un engagement politique visant à réduire la pauvreté, à favoriser une plus grande égalité ou à améliorer le bien-être des populations, de nos jours la plupart des gouvernements réagissent, dans une certaine mesure au moins, aux pressions de l'opinion publique et notamment aux pressions exercées par les segments les moins privilégiés de la société ou par ceux qui les soutiennent.

La politique économique n'est pas facile à gérer. Les droits acquis peuvent empêcher le gouvernement de choisir la voie "optimale" Mais les problèmes ne sont pas insolubles. Il ne faut toutefois pas les ignorer sous prétexte qu'ils ne font pas partie de l'objectif de développement. L'expérience pratique montre comment les gouvernements peuvent équilibrer des forces opposées et des intérêts conflictuels. Cette expérience englobe également les réformes politiques qui favorisent le développement humain (déjà évoquées dans les chapitres 3 et 4).

Le conseil politique est clair. Les individus sont généralement les meilleurs défenseurs de leurs propres intérêts, *si* toutefois on leur permet d'exercer ce rôle. En assurant à la collectivité et donc à la nation une pleine participation, les gouvernements désireux d'appliquer des réformes choisissent souvent la meilleure voie. Favoriser la participation des populations ne signifie toutefois pas les laisser seuls responsables de leur sort. Cela nécessite un soutien actif et habilitant de la part du gouvernement, ainsi qu'une décentralisation des prises de décision en matière de développement.

La participation et la décentralisation sont généralement liées. Toutefois le fait pour le gouvernement central de déléguer son pouvoir peut également signifier qu'il tombe dans les mains d'élus locaux moins sensibles encore aux intérêts des nécessiteux que les fonctionnaires du gouvernement central. Ainsi, au Népal, les élus locaux ont détourné à leur profit le système institué par le Décret de 1982 sur la décentralisation.

En ce qui concerne la participation, la meilleure solution est de donner ce pouvoir aux pauvres, parfois avec le soutien du gouvernement central. Quant à la décentralisation, la solution repose sur l'éducation, l'obligation de présenter des comptes et la création de structures et de mécanismes de prises de décisions appropriés.

La décentralisation peut toutefois favoriser la corruption puisque la surveillance du pouvoir central se relâche. Dans les sociétés fortement stratifiées, où la distribution de la terre, des revenus et l'accès à l'éducation sont très inégaux et où les relations sont du type patron-client, les élections locales favorisent souvent les riches et les puissants.

A long terme, cependant, si les pauvres peuvent apprendre à lire et à écrire, et prendre davantage conscience du fait que le gouvernement local peut les aider à satisfaire leurs besoins, ils seront en mesure d'exercer leurs droits démocratiques de manière plus indépendante et de tenir les fonctionnaires locaux pour responsables de leurs actes.

Le Décret Panchayat promulgué en 1985 dans l'état indien de Karnataka a eu pour effet de transférer au district la majeure partie des fonds nécessaires à son développement. La participation des populations locales a été renforcée en ce qui concerne la planification et la mise en œuvre des activités de développement. Le *gram sabba*, ou assemblée de tous les électeurs du village, est l'unité de base qui leur confère ce pouvoir. Ce système a l'avantage d'accroître les responsabilités au niveau local. On estime, par exemple, que la participation des enseignants s'est renforcée maintenant qu'ils ont acquis une responsabilité dans les organes du district.

En ce qui concerne la participation, la meilleure solution est de donner ce pouvoir aux pauvres

Equilibrage des pressions politiques

L'équilibrage des pressions politiques est un sujet délicat. Le succès de l'opération dépend en grande partie des circonstances particulières, des personnalités impliquées et du problème à résoudre. Mais on a découvert que certaines actions avaient toujours des résultats positifs lorsqu'il s'agit d'adopter une politique de réformes favorables au développement humain.

Il est possible d'intéresser les groupes d'intérêt professionnels à la réforme

• *Faire en sorte que les mesures et les projets répondent mieux aux besoins des populations.* Un aspect essentiel de tout processus politique destiné à améliorer le sort des pauvres consiste à favoriser un haut degré de participation. Encourager les individus à acquérir leur autonomie représente véritablement une fin en soi. De plus, la participation est un moyen d'assurer un accès efficace et plus équitable à la distribution des biens et des services. Lorsque les individus participent aux prises de décisions, les politiques et les projets sont généralement plus réalistes, plus pragmatiques et plus durables. Lorsque les individus ont le sens de la propriété, ils éprouvent davantage le désir d'apporter leur contribution. La participation peut faire baisser le prix de la construction, de la livraison et de l'entretien.

Le Malawi, par exemple, exécute avec succès un programme communautaire d'approvisionnement en eau qui se fonde sur les efforts individuels et sur une coopération vigoureuse entre le gouvernement et la communauté. Ce programme a débuté en 1969 dans deux villages avec l'aide de 3000 participants et actuellement plus d'un million de personnes en bénéficient. Les comités de développement de district, qui se composent de dirigeants locaux et de personnel technique, regroupent toutes les demandes de construction de conduites d'eau et participent à l'élaboration des plans. Le gouvernement fournit le matériel et la formation nécessaires, et la communauté travaille bénévolement à la construction et se charge de l'entretien des installations.

Un degré élevé de participation de la part des bénéficiaires n'est pas une garantie de succès, mais améliore toutefois les chances d'obtenir des résultats positifs (encadré 5.1). Une étude réalisée par la Banque mondiale a révélé que sur 25 projets réalisés dans le domaine de l'agriculture, 12 seulement s'étaient révélés payants à long terme. Ce sont ceux qui ont renforcé la capacité de gestion des bénéficiaires, et qui leur ont également permis de participer à la planification et à la mise en œuvre de ces projets.

Le mouvement en faveur des droits civils qui s'est créé aux Etats-Unis nous fournit un autre exemple intéressant de participation et du rôle complémentaire que les gouvernements nationaux peuvent assumer. Ce mouvement populaire a réussi, en faisant pression sur le gouvernement fédéral et sur la Cour suprême, à faire adopter des lois en faveur des droits civils. Personne, parmi ceux qui se préoccupent du sort des Noirs, ne pouvait désirer que le pouvoir relatif aux droits civils soit décentralisé vers l'Etat du Mississippi. Mais la mobilisation des Noirs eux-mêmes, et le soutien des organes législatifs centraux, ont fait avancer leur cause.

• *Plaider en faveur d'un intérêt commun.* Le cas le plus simple se présente lorsque l'on peut prouver que les mesures les plus favorables en matière de développement humain servent également l'intérêt général. La santé publique entre clairement dans cette catégorie. Tout le monde tire des avantages de l'immunisation et de la vaccination contre les maladies infectieuses, ainsi que de l'épandage contre les vecteurs qui propagent certaines maladies. Ces mesures sont souvent peu coûteuses : la vaccination contre les principales maladies infantiles les plus meurtrières ne revient, dans les pays en développement, qu'à 0,50 dollar par enfant. De telles mesures offrent clairement la possibilité d'acquérir une popularité sur le plan politique.

• *Utiliser les alliances entre riches et pauvres.* Sur de nombreuses questions, les alliances entre certaines catégories de riches et de pauvres sont possibles. L'une des mieux connues est celle qui unit les agriculteurs riches aux agriculteurs pauvres. Les deux groupes ont intérêt à ce que les prix alimentaires augmentent, s'ils sont producteurs des mêmes cultures vivrières. Et tous deux auraient intérêt à ce que les infrastructures rurales se développent si les fruits d'un tel investissement étaient répartis équitablement. Faire pression pour l'installation d'un système d'irrigation dans un district donné peut accroître laproductivité des agriculteurs riches et des pauvres. De même au Brésil, un apport supplémentaire de ressources vers le Nord-Est serait favorable d'une part aux propriétaires terriens et d'autre part, en améliorant l'emploi, aux paysans sans terres. En réalité, ceux qui sont à la limite de la pauvreté auront toujours tendance à s'allier avec les groupes plus riches plutôt qu'avec les plus pauvres qu'eux.

• *Rechercher le soutien des groupes d'influence.* Lorsque les gouvernements, même par convictions altruistes, favorisent les soins de santé primaires, il se heurtent souvent à l'opposition de la pro-

ENCADRE 5.1

Participer au succès

La plupart des programmes remportent davantage de succès s'ils contribuent à soutenir les initiatives locales ou s'ils sont au moins planifiés et exécutés dès le début avec la participation des bénéficiaires. Mais le niveau de prise de décision, le genre d'organisation et la méthode de financement les plus appropriés varient d'un cas à l'autre. Nous nous contenterons ici de donner trois exemples de programmes exécutés avec un niveau élevé de participation, et qui ont été couronnés de succès.

- *Colombie - participer au succès*

La Fondation Carvajal, ONG colombienne, déploie ses activités à Aguablanca qui, avec ses 300 000 habitants, était considéré comme le plus grand quartier de taudis de Cali.

La fondation reconnaît la valeur de l'apprentissage pour aider les pauvres. L'apprentissage, qui s'appuie sur la participation, vise à satisfaire les besoins quotidiens des déshérités, tels que la santé, le logement, le crédit, l'éducation et l'acquisition des compétences élémentaires nécessaires pour diriger un petit commerce.

La méthode employée cherche à établir un dialogue entre les enseignants, les techniciens et les bénéficiaires. Sur la base de ce dialogue, on élabore des manuels écrits et illustrés adaptés au quotidien des déshérités, car prenant en considération leur expérience et leurs besoins.

Lorsque la Fondation a entrepris ses activités il y a 13 ans, Aguablanca était le quartier de Cali où la criminalité était la plus élevée. Les résultats de son programme d'enseignement, fondé sur une interaction entre enseignants et apprentis, a transformé ces populations, qui avaient migré vers la ville sans espoir et sans ressources, en individus confiants et alertes capables de diriger des microentreprises. Ils n'ont droit au crédit que lorsqu'ils ont appris à tenir des livres et à effectuer une comptabilité analytique d'exploitation simple, mais bien souvent ce qu'ils apprennent contribue au succès de l'entreprise, ce qui rend l'emprunt inutile.

La fondation prouve ainsi que les formes d'éducation qui font appel à la participation peuvent être couronnées de succès et que le crédit ne doit pas nécessairement précéder l'éducation.

- *Bangladesh - la Banque Grameen*

La Banque Grameen est devenue célèbre dans le monde entier grâce à sa nouvelle manière d'envisager le crédit destiné à ceux qui ne possèdent pas de terres ou qui en possèdent très peu, ainsi qu'aux femmes. Bien que les prêts soient individuels, de petits groupes sont responsables de vérifier que chaque membre rembourse le prêt qui lui a été accordé; la pression du groupe est donc considérable et les remboursements s'élèvent à 98 %.

Ces activités ont débuté en 1976 sous forme d'organisation privée bénévole et en deux ans, 300 000 personnes dans le besoin avaient vu leur revenu augmenter de 30 % en moyenne. La clé du succès a été de réaliser les opérations bancaires dans les villages, plutôt que de faire venir les villageois à la banque.

D'autres pays, notamment le Ghana, le Cameroun, la Malaisie et les Philippines ont adopté des approches similaires.

- *Afrique de l'Ouest - le mouvement des Six-S*

Au Burkina Faso, il existe une longue tradition de coopération mutuelle et de travail communautaire entre les divers groupements de jeunes de la population Mossi. Prenant pour base cet esprit collectif et avec l'aide de quelques organisateurs européens, certains de ces groupes ont formé, en 1976, un mouvement appelé *Se servir de la saison sèche en savane et au Sahel* (Six-S). La principale préoccupation de ce mouvement visait à résoudre le problème du chômage, qui était très élevé pendant la saison sèche.

Ces groupes communautaires forment le mouvement populaire le plus important d'Afrique en faveur d'un développement autonome; il regroupe actuellement 2000 groupes composés en moyenne de 50 participants chacun. Le mouvement s'est étendu au Sénégal, au Mali et à la Mauritanie ; le Niger et le Tchad sont en train de prendre des initiatives semblables.

Le mouvement des Six-S favorise un certain nombre d'efforts, notamment les activités génératrices de revenu, telles que la création de potagers, et les activités dont bénéficie l'ensemble de la collectivité, telles que la construction de barrages, le reboisement, les soins de santé primaires et l'enseignement. Il fournit le crédit nécessaire pour soutenir en partie ces activités et en retour, il reçoit des fonds sous forme de contributions versées par ses membres et par des sources extérieures.

fession médicale. Les médecins peuvent contrecarrer cet objectif en évoquant la nécessité de garantir des soins et des centres médicaux de haut niveau. Et lorsque des personnes qualifiées expriment leur opinion, elles ont souvent gain de cause.

Le projet de santé rurale Mandwa exécuté en Inde, a remporté de grands succès. Quelques villageoises ayant reçu des rudiments d'alphabétisation ont été sélectionnées par les dirigeants locaux pour travailler comme agents sanitaires à temps partiel. Cette opération a remporté des succès étonnants. Les taux de natalité, de décès et de mortalité infantile ont baissé de plusieurs points, alors que la couverture vaccinale faisait un bond en avant. Mais les riches et certains dirigeants locaux influents se sont alliés aux services de santé publics pour exiger que ce projet soit abandonné.

D'autres groupes d'intérêt peuvent toutefois être ralliés à la cause de la réforme, notamment les infirmières et les éducateurs sanitaires, qui tirent généralement des bénéfices de l'expansion des services primaires.

Il en est de même pour l'éducation. Les enseignants au niveau primaire sont souvent mieux organisés et savent mieux se faire entendre que ceux qu'ils desservent. Au Kenya et à Sri Lanka, les syndicats d'enseignants sont puissants, et ceci résulte et provient du fait que des ressources considérables sont consacrées à l'éducation primaire dans ces deux pays. Au Pérou, le renforcement de l'éducation primaire résulte en grand partie des efforts déployés par les partis politiques pour rallier les voix des enseignants.

Au Costa Rica, l'influence politique des employés du secteur public a permis de renforcer les services sociaux, tout comme les mesures décidées dans le domaine social ont renforcé la position de ces groupes. Cette influence n'est pas sans danger et certains estiment que le secteur public est trop étendu. Il est vrai que lors des dernières élections, le président, lorsqu'il a promis de donner aux pauvres de la nourriture et des logements gratuits, a aussi ressenti le besoin de créer une nouvelle forme de bureaucratie, un ministère pour la Réforme de l'Etat, ayant pour tâche de réduire la bureaucratie.

De même, dans de nombreux pays les fonctionnaires ont résisté aux pressions en faveur de la privatisation de l'industrie, du système bancaire et des assurances, en dépit du consensus de plus en plus large visant à reconnaître que la propriété et la gestionde ces services par l'Etat, prônées dans le passé, avaient échoué.

- *Donner des compensations aux opposants politiques*. Lors de la mise en œuvre de toute restructuration, il peut y avoir des perdants. Il est certainement possible de leur demander (ou de les forcer) à accepter les changements qui profitent à l'ensemble du pays. Toutefois, en prenant les choses sous un angle plus réaliste, il faudra peut-être les persuader de le faire, et l'un des moyens d'y parvenir est de les rembourser pour les pertes qu'ils pourraient subir. Ces allocations de compensation (généralement versées pendant une courte période), peuvent se révéler particulièrement importantes dans les périodes de transition, car elles permettent de se concilier les opposants, de conserver les coalitions et d'apaiser l'hostilité des antagonistes.

Lors de l'application des programmes d'ajustement structurel, par exemple, les salariés des zones urbaines enregistrent souvent des pertes dues à l'augmentation du prix des denrées alimentaires. Comme il s'agit-là d'un groupe puissant et qui sait se faire entendre, il peut s'avérer nécessaire de leur offrir des augmentations de salaires.

Lorsque les bureaucraties doivent réduire leurs effectifs en personnel, certains fonctionnaires courent le risque d'être licenciés. Certains ont d'autres sources de revenus et d'autres peuvent retourner à l'agriculture. Toutefois, pour des raisons politiques il sera parfois nécessaire de leur offrir des compensations, qui peuvent se présenter sous forme d'allocations de compensation, de plans de formation continue ou de primes de reconversion.

- *Encourager l'information publique*. La résistance à certaines réformes peut provenir, non pas de l'opposition politique ou professionnelle, mais de la difficulté pour la société d'absorber les idées nouvelles. Le parti pris contre les services sanitaires et en faveur des hôpitaux est dû en partie à la perception des populations, qui favorisent la médecine curative par rapport à la médecine préventive. Une maladie qui doit être traitée est visible, alors qu'une maladie à éviter n'a qu'une valeur statistique peu claire.

Surmonter ces obstacles relève de l'information et de l'éducation publiques. Et la plupart des mouvements réformateurs en matière sanitaire ont besoin du soutien des médias. Au Bangladesh, les campagnes d'information ont joué un rôle prédominant pour le succès des programmes de planning familial et de vaccination infantile.

• *S'appuyer sur les valeurs locales*. Toute réforme devrait prendre en considération les valeurs culturelles. Dans de nombreux pays en développement, notamment en Afrique, les soins de santé traditionnels occupent le premier rang dans le secteur sanitaire. Cela peut représenter un avantage pour les politiques du gouvernement. Au Lesotho, un projet sanitaire exécuté par le secteur public tentait, sans grand succès, de faire accepter l'idée d'une médecine préventive. Les populations préféraient toujours avoir recours aux guérisseurs traditionnels. Mais en fait, les agents sanitaires se contentaient de donner des cours de médecine préventive, alors que les guérisseurs traditionnels offraient des soins. La solution à ce problème a consisté à intégrer les guérisseurs traditionnels au système sanitaire conventionnel et à permettre aux agents sanitaires du gouvernement de fournir des médicaments aux malades.

• *Protéger les populations vulnérables*. Les autres raisons que l'on peut évoquer pour envisager d'offrir des compensations, plus altruistes celles-là, reposent sur le sentiment qu'il faut protéger les groupes les plus vulnérables, quel que soit le pouvoir politique en place.

Le genre de programmes compensatoires le plus fréquemment utilisés pour soulager les populations vulnérables consiste à leur allouer des subventions alimentaires et à élaborer des programmes d'emploi. Au Costa Rica, au cours de la période de stabilisation de 1982-1983, le gouvernement a appliqué un programme temporaire d'aide alimentaire qui a permis de distribuer de la nourriture à 40 000 familles, soit un ménage sur 12, reconnues comme étant dans le besoin par les comités locaux. Au Chili, les programmes relatifs à l'emploi ont été étendus en 1983, au cours de la période de dépression, ce qui a permis de donner un emploi à 13 % de la population active, et les programmes de subventions alimentaires et sanitaires destinés aux enfants et aux mères pauvres ont été renforcés. Au Ghana, vers la fin des années 80, l'ajustement a été accompagné de diverses mesures compensatoires, grâce à l'adoption de mesures gouvernementales et à l'élaboration de programmes sanitaires et alimentaires, avec la participation active des collectivités et des organisations non gouvernementales.

Ces palliatifs, bien qu'empreints d'altruisme, apportent également des avantages sur le plan politique, et ceux-ci peuvent être envisagés sous deux angles. On peut les considérer comme mesures temporisatrices accordées aux pauvres pour éviter l'agitation et pour ne pas avoir à adopter les mesures fondamentales qui permettraient d'améliorer leur sort de manière permanente. Ils peuvent également être considérés comme étant un aspect important, même s'il est de peu d'envergure, du processus de changement fondamental.

Il n'est pas sage de tenter de franchir un abîme en deux fois

Les mesures de compensations créent également des courants d'opinion qui pourront mener par la suite au remplacement de l'ordre traditionnel par l'ordre nouveau. Elles ont de plus grandes chances de réaliser cet objectif si elles font partie, dès le début, des programmes visant à apporter des modifications, au lieu de leur être ajoutées par la suite.

• *Canaliser les mesures altruistes*. Dans une démocratie, si tous les électeurs votaient exclusivement pour défendre leurs propres intérêts, les 49 % d'électeurs les plus pauvres seraient toujours perdants. Ils suffirait pour cela que les 49 % les plus riches corrompent les 2 % du milieu de la courbe pour obtenir la majorité. Aucun groupe n'est intéressé à ce point, mais les démocraties manifestent une certaine tendance à redistribuer leurs bénéfices aux groupes de population à revenu moyen plutôt qu'aux pauvres.

Les individus n'agissent cependant pas tous uniquement pour préserver leur propre intérêt. De nombreux groupes et individus,qu'ils soient membres d'organismes professionnels ou d'organisations bénévoles, peuvent agir de manière plus désintéressée. On peut les recruter pour remplir deux fonctions importantes. Ils peuvent en premier lieu se porter garants de la rationalité en usant de leur influence sur la politique du gouvernement, en plaidant en faveur des intérêts à long terme du pays et en s'opposant aux pressions opportunistes. Ils peuvent également défendre les moins privilégiés en représentant les pauvres pour défendre leurs intérêts et s'assurer que les ressources ne sont pas dirigées vers d'autres groupes.

L'effort de développement fondé sur la participation déployé dans l'état indien de Kerala nous fournit un exemple contemporain intéressant de comportement altruiste. Une campagne d'alphabétisation massive, à laquelle ont participé des milliers de volontaires de tous partis, castes ou religions, sans aucune compensation d'ordre matériel, a remporté des succès significatifs. Dans l'un des districts, l'objectif d'alphabétisation universelle a été atteint.

Les groupes disposant de revenus moyens risquent de souffrir à court terme des diverses mesures de restructuration. Les fonctionnaires, les officiers de l'armée et certains groupes professionnels tels que les enseignants, les ingénieurs et les avocats verront probablement diminuer leur accès aux services sociaux, ainsi que leurs revenus et leurs privilèges. Mais s'ils ont la conviction que les charges sont partagées équitablement, ces groupes peuvent se montrer plus accessibles aux appels à la solidarité.

On peut affirmer que la gestion de la transition politique et économique est un art plutôt qu'une science

- *Appliquer la transition graduellement.* Lorsque des modifications profondes sont proposées dans le domaine des allocations budgétaires et de l'attribution des dépenses, il faut faire un choix concernant le rythme d'introduction de ces modifications. La transition doit-elle être immédiate ou appliquée graduellement?

Certains affirment qu'il n'est pas sage de tenter de franchir un abîme en deux fois. Une action rapide peut avoir des avantages politiques en rendant crédible la faculté du gouvernement de résoudre les problèmes et en réduisant la durée pendant laquelle l'opposition peut s'organiser. Les thérapies de choc ont été recommandées pour traiter les problèmes de l'Europe de l'Est lors de la transition des économies planifiées vers une économie de marché.

Les pays en développement doivent décider à quel rythme d'application les réformes seront acceptables sur le plan politique. Puisque les résultats des politiques adoptées par les gouvernements ne sont jamais certains, et qu'une application progressive peut les faire dévier de leur but initial, les thérapies de choc peuvent avoir des avantages dans certains cas. Dans les autres cas, notamment lorsque les économies sont faibles comme c'est le cas en Afrique, l'application d'un traitement brutal peut se révéler néfaste. La restructuration des dépenses publiques peut nuire à ceux qui bénéficiant de ces dépenses, notamment les employés des entreprises publiques, les membres des forces armées et les étudiants qui fréquentent les universités sans payer de taxes. Dans les cas de ce genre, un changement progressif sera moins douloureux et soulèvera moins d'opposition.

En conclusion, on peut affirmer que la gestion de la transition politique et économique est un art plutôt qu'une science. Une stratégie réussie doit être pragmatique et non pas reposer sur une idéologie.

Les politiques de soutien

Les politiques intérieures peuvent reposer sur l'intérêt personnel et la cupidité ou au contraire sur l'idéalisme et la solidarité humaine, ou encore sur une combinaison des deux. Il en va de même de l'aide extérieure. L'apport d'une aide internationale peut être guidée par des considérations de sécurité militaire ou la possibilité de créer certains marchés d'exportation, ou tout bonnement par le sentiment généreux que les pays plus riches ont la responsabilité morale d'aider les pauvres.

L'intérêt national, qu'il soit militaire, politique ou commercial, semble parfois être une considération inévitable pour les pays donateurs. On affirme souvent que cette assistance est avant tout un instrument permettant d'atteindre certains objectifs de politique étrangère. Mais si cette opinion est vraie pour certains pays, elle l'est moins pour d'autres. Comme nous l'avons démontré précédemment, les Etats-Unis et le Royaume-Uni accordent une priorité moins élevée à l'assistance que les Pays-Bas, le Danemark, la Suède et la Norvège.

Lorsque les considérations commerciales sont essentielles, elles peuvent représenter un obstacle de taille à la restructuration des budgets destinés à l'aide extérieure. L'éducation primaire, les soins de santé primaires et les systèmes d'approvisionnement en eau au moyen de techniques simples offrent peu de possibilités, pour les milieux d'affaires, d'exporter des techniques à haut coefficient de capital. Pour éviter d'être soumis à de telles pressions, le Danemark et la Suède ont « acheté » les groupes de pression commerciaux en leur distribuant un pourcentage fixe du programme d'aide au développement, afin de satisfaire leurs intérêts.

Les ministères responsables de l'aide au développement peuvent également s'opposer à l'augmentation de l'aide aux programmes de développement humain. L'éducation primaire ou la planification familiale, par exemple, exigent une proportion élevée de dépenses recurrentes, ce qui signifie parfois que le donateur doit s'engager à alimenter à l'infini un puits sans fond. Pour résoudre ce problème, il faut créer des programmes prévoyant que le pays bénéficiaire augmente régulièrement sa contribution. Ceci peut également s'accompagner d'une contribution des utilisateurs des services ou, si cette mesure ne peut être appliquée, on peut tenter de trouver d'autres sources de revenus grâce à la création de nouveaux impôts.

Si certains groupes influents ne sont pas favorables à l'attribution d'une aide plus large au développement humain, fort-heureusement d'autres groupes tout aussi influents (bien que moins puissants financièrement) appuient une stratégie plus positive.

Les organisations non gouvernementales (ONG) se démènent fréquemment pour obtenir davantage d'assistance et une meilleure répartition de l'aide. Elles affirment également que cette assistance est précisément identique à celle qu'elles ont administré pendant des années. Par conséquent de nombreux gouvernements ont utilisé le canal des ONG pour dispenser une certaine partie de l'aide au développement (encadré 5.2). Cela a toutefois fait naître la préoccupation de voir certaines ONG devenir trop dépendantes des fonds accordés par les gouvernements et des objectifs qu'ils poursuivent.

Les sociétés riches peuvent être persuadées d'aider davantage les pauvres de la planète, lorsqu'elles apportent déjà un soutien suffisant aux pauvres vivant dans leur propre pays. L'un des moyens qui permettrait de les encourager à apporter des améliorations sur ces deux fronts consisterait à créer des comités responsables du développement humain dans chaque pays, dont le noyau serait composé de dirigeants parlementaires importants, et en recrutant d'autres personnalités influentes. Ces comités seraient chargés de défendre la cause du développement humain dans leur propre société et dans le monde, et également d'aider à influencer les politiques en matière de relations internationales, notamment dans les domaines du commerce et de l'aide au développement.

Hisser le développement humain en tête des priorités

L'augmentation de l'aide au développement a de plus en plus été soumise à la condition que les bénéficiaires révisent leur politique intérieure pour l'adapter aux vues des donateurs. Si le développement humain doit devenir prioritaire, les donateurs doivent-ils continuer à exiger que les pays bénéficiaires adoptent de telles politiques pour pouvoir recevoir l'aide nécessaire?

Combiner l'aide au développement et la réforme politique, notamment en ce qui concerne les objectifs sociaux et la liberté politique, est devenu très populaire parmi les donateurs bilatéraux et multilatéraux. Mais cette question est controversée. Certains se plaignent que les conditions imposées de l'étranger (outre celles concernant le remboursement de leurs emprunts) représentent une ingérence dans leurs affaires intérieures et sont incompatibles avec la souveraineté nationale. D'autres font remarquer que ces conditions risquent de manquer d'efficacité, soit parce qu'il est facile de les contourner, soit parce qu'elles peuvent

ENCADRE 5.2

ONG internationales

Les organisations non gouvernementales (ONG) des pays industriels ont acquis de l'importance dans le domaine de l'assistance au développement international. Il existe plus de 2200 ONG dont l'aide dans les années 80 a représenté 8 % de l'aide publique au développement (APD).

Les tendances concernant l'aide apportée par les ONG varient beaucoup d'un pays à l'autre. Dans certains pays, notamment au Royaume-Uni et aux Pays-Bas, cette assistance a augmenté de façon marquée dans les années 80, si on la compare au total de l'APD.

Les trois quarts des fonds déboursés par les ONG proviennent de leurs appels de fonds, et se composent de contributions volontaires privées et d'activités commerciales. Elles reçoivent également des sommes considérables des gouvernements, qui ont la conviction que les ONG sauront mieux atteindre les déshérités. Et la plus grande partie de l'aide des ONG est, de fait, dirigée vers les priorités sociales.

En 1988, 5,4 % en moyenne de l'APD provenant des pays membres de l'OCDE ont été distribués avec l'aide des organisations non gouvernementales. De nouveau, les chiffres varient selon les donateurs, allant de 12 % aux Etats-Unis et près de 14 % en Suisse, à moins de 1 % au Royaume-Uni et en Australie.

Outre leur rôle financier, les ONG s'efforcent également de mobiliser le soutien des gouvernements en faveur de la coopération internationale et du développement.

ENCADRE 5.3

Assistance à l'ajustement humain

Il n'est pas facile de réorienter les priorités existantes au bénéfice du développement humain, notamment pour les gouvernements qui l'ont négligé jusque-là. Ils sont confrontés à une période de transition difficile.

Mais ces pays devraient pouvoir compter sur un vaste soutien international. Une stratégie de développement humain bien conçue, qui favorise la santé de base et l'enseignement, devrait rassembler un consensus international puissant.

Les difficultés rencontrées seront probablement d'ordre économique, social et politique. Redistribuer les dépenses publiques en accordant la priorité au développement humain risque d'avoir pour conséquence, par exemple, d'imposer un fardeau supplémentaire au budget et à l'administration.

L'inflation représente également un danger. Si le revenu est redistribué aux pauvres, ils le dépenseront probablement pour acheter des produits de base, notamment de la nourriture. Mais il pourrait se révéler difficile d'augmenter la production assez rapidement pour satisfaire cette demande croissante.

L'accroissement de la demande peut mener à un déséquilibre de la balance des paiements, à mesure que les importations de nourriture et des autres produits de base augmentent. Et la fuite des capitaux peut aggraver les choses si le secteur privé perd confiance et commence à exporter ses capitaux.

Les problèmes politiques peuvent être sérieux. Ceux qui ne sont pas d'accord avec les réformes, tels que les responsables de la défense, quelques fonctionnaires et autres qui bénéficient de droits acquis, peuvent tenter de contrecarrer ces mesures. Les groupes lésés peuvent organiser des grèves, faire du sabotage ou même tenter un coup d'Etat. Tous ces problèmes sont bien connus des gouvernements qui tentent de modifier leur politique pour en faire bénéficier les déshérités.

Dans des situations difficiles de ce genre, la communauté internationale peut aider à rendre la transition moins douloureuse et moins difficile, et améliorer ainsi les chances de succès. Tout comme les prêts d'ajustement structurel étaient destinés à aider les pays pendant les périodes de restructuration économique, l'*assistance au développement humain* devrait être envisagée pour les pays qui adoptent des mesures positives en faveur du développement humain. Cette assistance devrait servir un double objectif : favoriser le bien-être humain, en améliorant la santé et l'éducation des populations, et encourager la croissance économique en améliorant les compétences, la productivité et l'emploi.

On pourrait par exemple l'utiliser pour investir dans les infrastructures sociales, telles que les cliniques et les écoles. Elle pourrait aider à couvrir les dépenses de fonctionnement, notamment les salaires des guérisseurs, médecins, infirmières et agents sanitaires, ou servir à l'achat de fournitures médicales ou scolaires, ou encore payer les équipements nécessaires aux programmes de nutrition.

Cette assistance pourrait également être dirigée vers les activités créatrices d'emploi, notamment les programmes de formation permettant l'acquisition de compétences et les programmes de perfectionnement, ainsi que les opérations de crédits.

Tout comme les prêts d'ajustement structurel, l'assistance à l'ajustement humain devrait se fonder sur des stratégies claires et bien définies. Les progrès devraient être surveillés avec soin afin de savoir où va l'argent et à quoi il sert.

L'assistance à l'ajustement humain ne devrait pas se contenter d'aider les populations à supporter des conditions économiques difficiles, mais devrait être un investissement positif dans l'avenir, dont l'objectif serait l'éradication de la pauvreté et un développement qui s'attache en priorité à la personne humaine, favorise son bien-être et réalise une croissance économique durable.

discréditer certains groupes locaux favorables à de telles réformes, et dans ce cas avoir des effets opposés à ceux recherchés.

On a également dit que les objectifs de développement humain ne pouvaient être réalisés que dans les pays qui ont déjà pris l'engagement politique d'atteindre de tels objectifs. Certains donateurs avancent l'argument que la méthode la plus réaliste et la plus efficace consisterait à accorder une aide sociale prioritaire essentiellement aux pays qui prônent le développement humain, montrant ainsi discrètement aux Etats quelles sont les conditions à remplir pour revoir de l'aide.

L'une des formes utiles que pourrait prendre cette catégorie "silencieuse" d'aide au développement serait ce que l'on peut appeler « une assistance à l'ajustement humain » (encadré 5.3) Tout comme les prêts d'ajustement structurel ont pour but d'aider les gouvernements à s'adapter à des politiques économiques plus libérales, de même l'assistance à l'ajustement humain pourrait rendre plus facile la transition vers une priorité plus élevée accordée aux préoccupations humaines. Mais l'aide ne doit pas se contenter de faciliter la transition. Les contributions internationales peuvent également appuyer les efforts positifs déployés à moyen et à long terme par les pays. Un tel soutien serait une expression de la solidarité internationale. Il servirait également l'intérêt éclairé de chacun.

CHAPITRE 6

Un nouvel ordre humain

La tâche, pour les années 90, consiste à mettre en pratique les stratégies relatives au développement humain. Les concepts généraux doivent se traduire en plans concrets et les paroles en actions concrètes, tant au niveau national qu'international.

Stratégies nationales en faveur du développement humain

Les pays en développement devront entreprendre des efforts durables au niveau national, fondés sur des stratégies, générales, réalistes et bien définies. Dans la plupart des pays, cette stratégie devrait comprendre au moins quatre éléments essentiels : réaliser un "état des lieux" du développement humain, fixer des objectifs de développement humain, préparer un plan de restructuration des budgets et formuler une stratégie viable sur le plan politique.

Un "état des lieux " du développement humain

Les questions relatives au développement humain peuvent être mises explicitement au centre du débat sur le développement en élaborant un « état des lieux du développement humain » pour chaque pays, qui mette en lumière les succès obtenus dans le passé, les manques et les disparités qui continuent toujours d'exister, et les buts et objectifs visés. Cet état des lieux porterait sur un large éventail de préoccupations nationales, allant de la mortalité infantile à la malnutrition infantile, de la mortalité maternelle à l'alphabétisation des femmes, du problème des sans-abri à la dégradation de l'environnement. Il refléterait également les importantes disparités existant entre les différents groupes de la population - les gens des villes et les gens de la campagne, les femmes et les hommes, les riches et les pauvres - ainsi que les différences ethniques et régionales.

Les concepts généraux doivent se traduire en plans et les paroles en actes concrets

L'état des lieux du développement humain établi pour chaque pays pourrait également comporter des comparaisons entre pays d'une même région et montrer quels sont les changements survenus au cours d'une époque donnée. A titre d'exemple, un état des lieux du Pakistan, bien qu'incomplet, est joint en annexe à ce chapitre.

L'un des problèmes auquel se heurteront de nombreux pays lors de la préparation de ces états des lieux proviendront du fait que leurs données relatives au développement humain sont partielles, inadéquates et pas assez récentes, et par conséquent difficilement utilisables dans la plupart des cas pour mener à bien une action publique systématique et constructive. Cette situation pourrait changer si les pays en développement s'efforçaient d'investir et de consacrer au moins autant d'énergie sur le plan administratif pour améliorer les statistiques sociales qu'ils en consacrent à l'élaboration des comptes permettant de calculer le revenu national. Les avantages obtenus grâce à l'amélioration des politiques et à l'établissement de systèmes de contrôle plus efficaces seraient énormes.

Des objectifs de développement humain

Une amélioration des données concernant la situation du développement humain permettrait de définir plus clairement les buts à atteindre à long terme (disons au cours des dix prochaines années) dans les domaines hautement prioritaires, notamment l'enseignement, la santé, la nutrition, le logement, l'eau,

La question à poser concernant toute activité de développement doit être : quelles conséquences va-t-elle avoir sur le niveau de vie des populations?

l'assainissement et autres services de base, ainsi que certains objectifs importants sur le plan économique, tels que ceux qui permettront la création d'emplois productifs.

Pour chaque but à atteindre, il faudrait ensuite fixer un objectif réaliste et évaluer le coût de l'opération, et également établir une liste des différentes possibilités de mise en œuvre. Les priorités en matière d'investissement et de budget devraient ensuite être étudiées afin d'incorporer les objectifs fixés dans ce domaine du développement humain aux politiques adoptées à tous les niveaux. De même les objectifs en matière de croissance du PIB devraient être établis de façon à ce que les objectifs de développement humain fassent partie de la stratégie nationale générale.

Le développement humain est une approche qui touche tous les secteurs ; c'est une manière de concevoir le développement. Si l'on veut s'assurer que la croissance économique débouche sur une amélioration de la qualité de la vie et augmente les choix offerts aux populations en matière de développement, le développement humain doit faire partie intégrante de la planification globale du développement. Il doit être incorporé dès le départ à tous les programmes et à tous les projets, et non pas être ajouté après coup. Les techniques d'évaluation devraient aller plus loin que les considérations concernant la viabilité sur les plans technique et financier et répondre à d'autres critères plus pertinents : Qui va réellement bénéficier de ces projets? Cet effort aura-t-il pour conséquence de réduire ou bien d'élargir les différences socio-économiques et les disparités entre les sexes? Quelles seront les conséquences pour l'environnement?

Lors de l'évaluation et du suivi des activités de développement, l'effort ne devrait pas porter uniquement sur ce qui est produit et ce qu'il en coûte. En fait, une question essentielle à poser concernant toute activité de développement devrait être : quelles en sont les conséquences sur le niveau de vie des populations?

Par exemple, l'objectif ne doit pas être simplement d'améliorer la santé. Il doit être plus spécifique et doit viser à améliorer la santé pour *tous*, ou la santé *des enfants*, ou encore les soins de santé dans *les zones rurales*. Il n'est pas non plus suffisant de chercher à améliorer les conditions de logement. Il faut spécifier qu'il s'agit des conditions de logement des *pauvres*. De même, tenter d'améliorer le crédit pourrait ne pas être un objectif défini avec suffisamment de précision. Il faudrait spécifier qu'il s'agit du crédit destiné aux *petites entreprises* ou du crédit destiné aux *femmes*.

Le développement humain a besoin d'objectifs spécifiques tels que l'alphabétisation ou l'éducation fondamentale pour tous. Et il doit être un objectif global, en tant qu'axe principal du développement.

Une stratégie viable sur le plan politique

Chaque pays fixera bien évidemment ses propres objectifs en matière de développement humain et devra formuler sa propre stratégie nationale permettant de les atteindre. Dans chaque pays, l'adoption d'une stratégie de développement devrait constituer une priorité dans les années 90.

L'une des questions essentielles à résoudre lors de l'élaboration de cette stratégie est le rôle du marché. Les gouvernements reconnaissent de plus en plus qu'un certain nombre d'activités devraient être laissées au secteur privé et qu'ils devraient s'en retirer. Ils doivent se limiter à assurer une infrastructure suffisante, à vérifier les coûts, les mécanismes de prix, veiller à ce que les incitations en matière de profits jouent leur rôle, et que la concurrence prévaut. En même temps, les gouvernements doivent toutefois assumer leur part de responsabilité, notamment en ce qui concerne le financement des services sociaux pour les plus nécessiteux. Les stratégies de développement humain adoptées par les pays doivent être mises en œuvre tant par le secteur privé (en particulier les ONG et les collectivités) que par le secteur public.

Plans de restructuration budgétaire

Une fois la stratégie définie, elle aura besoin d'un soutien tant financier que politique. La première priorité du gouvernement sera de procéder à une restructuration budgétaire selon l'approche que nous avons déjà suggérée dans ce Rapport. Pour que cette opération soit couronnée de succès, il faudra arriver à un consensus viable sur le plan politique, et suffisamment large pour engager la nation dans des réformes nécessaires sur les plans économique, social et politique.

La conjugaison d'une restructuration budgétaire et d'un engagement ferme au niveau politique,conduira à ce que l'on peut appeler « un nouvel accord national en faveur du développement humain ».

Un nouveau calendrier mondial pour le développement humain

La stratégie préparée par chaque pays pourrait ne pas être uniquement la base permettant la planification et la programmation du développement national. Elle pourrait également fournir un cadre aux futurs dialogues sur l'aide internationale au développement.

Mais avant de chercher à mobiliser l'aide internationale, il faudrait étudier honnêtement les causes de l'échec du dialogue Nord-Sud. Le débat portant sur un nouvel ordre économique s'est révélé le plus souvent stérile et non productif. Cela ne veut pas dire que des changements fondamentaux dans les relations économiques sont inutiles, ils sont au contraire vitaux. Mais ils devront être obtenus par des moyens autres que la confrontation.

Ni les pays en développement, ni les pays industrialisés n'ont défini clairement leurs responsabilités concernant les réformes à adopter tant au niveau national que mondial. Ils ont souvent exécuté des programmes généraux en matière de finance et de commerce. Mais les conséquences de ces programmes pour le simple citoyen n'ont jamais été définies explicitement.

Il est donc indispensable, dans les années 90, de déterminer un nouvel ordre humain. Son point de départ sera les populations de chaque pays et il visera à améliorer leurs conditions de vie, en particulier le sort des déshérités. La mobilisation de l'aide internationale sur une telle base éviterait que la coopération internationale ne prenne aux pauvres des pays riches pour donner aux riches des pays pauvres.

Ce nouvel ordre international reconnaîtrait que nous appartenons tous à une même communauté vivant sur une planète de plus en plus peuplée. Cette interdépendance implique plus que des liens économiques. Les dangers qui menacent notre environnement ne respectent pas les frontières nationales, et la pauvreté est la force motrice qui se cache derrière la plupart de ces dangers. De même, le processus international de paix ne peut se limiter aux relations Est-Ouest, car la violence peut éclater partout dans le monde et affecter chacun d'entre nous. Et comment peut-on refuser à 80 % de la population mondiale les ressources qui lui sont nécessaires, sans créer une migration internationale sans précédent?

Pour que soit créé un nouvel ordre international, tous les partenaires doivent reconnaître leurs obligations. Les pays en développement doivent reconnaître qu'une grande part de responsabilité en la matière leur incombe. Ils peuvent espérer recevoir de l'aide internationale, mais ils n'ont d'autre alternative que d'opérer une restructuration sérieuse de leurs priorités.

Les pays industrialisés doivent aussi reconnaître qu'ils ont des problèmes urgents de pauvreté à régler. Mais ils doivent également considérer que l'amélioration de la condition humaine sur la planète sert leurs propres intérêts. Ils ont pour tâche d'aider à stimuler le commerce mondial et la croissance économique, à assurer la paix et la stabilité dans le monde et à protéger l'environnement - ce qui contribuera à éviter la migration des populations à la recherche d'une meilleure situation économique.

Lorsque les individus sont au centre du développement, l'analyse des problèmes familiers acquiert une nouvelle dimension. Au lieu de considérer chaque problème séparément - les flux de ressources, l'endettement, le commerce et l'investissement étranger - il faudrait voir quelles sont les possibilités économiques créées chaque année dans le monde, voir qui en profite et voir ensuite comment elles pourraient être mieux distribuées. Ces problèmes que nous connaissons bien seront alors un moyen de s'acheminer vers l'objectif commun qui consiste à améliorer les chances de chacun.

Cette approche donnera davantage de sens à nos préoccupations écologiques. La pauvreté est responsable en grande partie du déboisement, de la désertification et de la salination ainsi que de la pollution et de l'insalubrité de l'eau dans de nombreuses régions du tiers monde. Et cette même destruction de l'environnement contribue à son tour à appauvrir encore les populations. Donc, tout plan en faveur de la protection de l'environnement doit également viser à réduire la pauvreté. Cette approche est non seulement

ENCADRE 6.1

Un développement durable

Chaque génération doit satisfaire ses besoins quotidiens sans contracter de dettes qu'elle ne pourra rembourser et sans compromettre la vie des générations futures. Une société peut accumuler des dettes que l'on peut classer en quatre catégories.

- *Financières* - en faisant des emprunts importants , à l'extérieur ou dans le pays, sur une longue période.
- *Sociales* - en négligeant d'investir dans le développement humain.
- *Démographiques* - en autorisant une croissance démographique incontrôlée.
- *Ecologiques* - en épuisant les ressources naturelles ou en polluant le sol, l'eau ou l'atmosphère.

En contractant de telles dettes, nous volons les biens de nos enfants. Le développement humain doit permettre à chaque génération d'équilibrer son propre budget dans chacune de ces quatre domaines.

L'équilibre écologique est de plus en plus précaire. Mais le problème de l'environnement ne devrait pas être traité séparément. En fin de compte, ce sont les choix qui s'offriront aux personnes, et non les arbres, qu'il faut protéger. Car si les populations ne sont pas protégées, les arbres auront peu de chance de survivre.

En effet, la pauvreté et la dégradation de l'environnement sont intimement liées. C'est la pauvreté qui est responsable des égoûts en plein air, de la pollution de l'eau, des bidonvilles et du déboisement. Des millions de personnes se heurtent au problème de leur survie quotidienne, et cela entraîne la destruction de l'environnement.

Les priorités écologiques du Tiers-Monde peuvent être différentes de celles des pays industrialisés. Les collectivités plus pauvres voudront protéger leurs sources d'eau (dont la pollution, ou la disparition, représente un danger pour la vie humaine) et la terre (car sa dégradation privera les agriculteurs du monde entier de leur moyen d'existence).

Ces approches différentes ont deux conséquences pour la communauté internationale. Elle doit d'abord reconnaître que pour sauver l'environnement il faut s'attaquer à la pauvreté. Les pays en développement n'ont pas à être chapitrés sur les problèmes de la planète. Ils ont besoin de ressources pour financer un développement écologiquement sain.

Elle doit ensuite reconnaître que la qualité de l'environnement dépend du niveau actuel du développement. De nombreux pays en développement se préoccupent de la pureté de l'eau et de la terre, mais sont moins préoccupés par la pollution atmosphérique, qui inquiète davantage les pays industrialisés. Et lorsqu'on met à l'étude de nouveaux projets, que ce soit l'implantation d'une centrale électrique ou la construction d'une usine, les normes écologiques adoptées peuvent parfois s'écarter de celles appliquées dans les pays plus riches. Ces normes doivent être aussi strictes que possible, afin de protéger l'environnement de tous, mais pas au point de détourner les ressources qui auraient pu éviter à des enfants de mourir de malnutrition. Les normes adoptées en Australie peuvent se révéler inapplicables au Paraguay ou au Nigéria.

L'essentiel des ressources nécessaires pour s'attaquer aux problèmes écologiques devrait provenir des pays industrialisés, en partie parce qu'ils ont davantage de moyens, mais surtout parce qu'ils sont responsables de la plupart de ces problèmes. La Conférence des Nations Unies sur l'environnement et le développement, qui se tiendra en 1992, devrait permettre de créer les mécanismes nécessaires pour assurer la disponibilité de ces ressources. Les préoccupations écologiques pourraient également mener à la création du premier impôt international, un impôt sur la pollution et sur la consommation de carburant.

---

meilleure, mais c'est la seule qui a des chances de réussir (encadré 6.1).

Les migrations internationales sont également un problème qui ne peut être résolu qu'en s'attaquant à la pauvreté et en améliorant l'emploi productif. Si les nouvelles générations du monde en développement, qui sont mieux éduquées que par le passé, ne peuvent améliorer leurs conditions de vie en accédant librement au commerce international, aux marchés financiers à l'étranger et à l'aide internationale, rien ne pourra les empêcher de migrer (encadré 6.2).

Pour la même raison, il est urgent de trouver une solution durable à la crise de l'endettement des pays en développement (encadré 6.3). La solution doit être trouvée rapidement, car le fardeau de la dette continue à être très lourd (1300 milliards de dollars en 1989) et le remboursement du service de la dette représente un prélèvement sur les ressources financières (170 milliards de dollars) dont les pays ont grand besoin pour investir et améliorer leur croissance économique. La solution à la crise de l'endettement des pays en développement passe par la croissance. Elle doit également être liée à l'amélioration des relations commerciales internationales, car la baisse des prix des produits de base et des termes de l'échange dans les années 80 ont prélevé un lourd tribut sur les ressources financières des pays en développement. En Afrique, les pertes dues à la détérioration des termes de l'échange au cours des dernières années se sont élevées à environ 10 % du PIB. Le problème qui consiste à compenser les pertes de revenus qui en ont découlé et à mobiliser des ressources pour les transférer à l'étranger dans le cadre du service de la dette s'est posé essentiellement aux finances publiques puisque les gouvernements détiennent la plus large part de la dette extérieure. Le remboursement de la dette, comme nous l'avons vu, est l'élément qui est entré le plus violemment en compétition avec les dépenses destinées au développement humain, notamment celles destinées à satisfaire les besoins fondamentaux des groupes les moins privilégiés, les moins capables de s'exprimer, les moins organisés et les moins puissants.

Est-ce que des problèmes tels que celui de l'endettement *et* du développement humain, du commerce *et* du développement humain ou de l'environnement *et* du développement humain sont vraiment prioritaires sur le plan international? C'est parfois le cas. Le Sommet mondial pour les enfants, tenu en 1990, en est un exemple. Mais beaucoup reste à faire dans ce domaine. La Conférence des Nations Unies sur l'environnement et le développement, qui doit se tenir en 1992, est une bonne occasion d'agir. Le développement humain doit, en outre, être mis en relief lors du débat sur le désarmement et sur les dividendes de la paix.

Les dividendes de la paix

La crise du Golfe prouve qu'il est urgent, aujourd'hui plus que jamais auparavant, de profiter des dividendes de la paix (diagramme 6.1).

- Des accords sur l'armement, notamment des traités sur le désarmement et sur la limitation des armements ont été conclus entre l'OTAN et les pays membres du Pacte de Varsovie.
- Les dépenses militaires de la planète ont baissé, passant de 1016 milliards de dollars en 1987 à 950 milliards en 1989, soit une réduction de 6 % en deux ans.
- Les dépenses militaires du tiers monde sont passées de 173milliards de dollars en 1987 à 146 milliards en 1989, soit une réduction de 16 % en deux ans. Cette baisse est due en partie à la fin de la guerre entre l'Iran et l'Iraq, mais des réductions ont été enregistrées dans d'autres pays également.
- La vente d'armes a cessé d'augmenter dans les années 80, après la forte croissance enregistrée dans les années 70. Les pays du tiers monde importent moins d'armes actuellement qu'en 1987.
- Quant aux conflits armés, leur nombre est passé de 36 en 1986 à 32 en 1989.

Les mesures remarquables prises à la fin des années 80 nous permettent d'espérer que les tendances à la baisse des dépenses militaires se poursuivront dans les années 90.

La fin de la guerre froide, et l'amélioration de la coopération entre l'Est et l'Ouest, nous laissent entrevoir un avenir plus pacifique. Mais les Etats-Unis et l'URSS subissent des pressions financières. Ces deux pays ont d'urgents problèmes sociaux à régler, qui vont occasionner des dépenses. Ces problèmes, qui viennent s'ajouter à des budgets déficitaires, exigeront une diminution des dépenses militaires. En même temps, le maintien de la présence des Etats-Unis et de ses alliés dans le Golfe imposera à ces pays un lourd fardeau financier. La tension croissante qui règne entre le monde islamique et les pays non islamiques, aggravée par de profondes inégalités de revenus, menace de remplacer les tensions de la guerre froide, tant entre les différents pays qu'à l'intérieur des pays. Si l'Union soviétique décidait de renforcer sa puissance militaire, cela ferait reculer d'autant les espoirs de paix. Dans une situation aussi instable que celle que nous vivons aujourd'hui, il faut protéger ses arrières. De nombreux pays industrialisés ont déjà réduit leurs dépenses militaires, comme le montre la réduction intervenue entre 1987 et 1989. En URSS, les dépenses ont baissé de 303 milliards de

ENCADRE 6.2

Migration internationale - la pauvreté en marche

Les pressions qui poussent les populations à émigrer vers d'autres pays sont de plus en plus fortes et, au cours des quelques prochaines décennies, il n'est pas impossible que les mouvements de populations atteignent un niveau inégalé, supérieur à celui des migrations d'Européens vers les Etats-Unis, le Canada et l'Australie. Ces pressions ont plusieurs origines.

- *La croissance démographique* - L'équilibre démographique de la planète se modifie rapidement. Le pourcentage de la population mondiale vivant dans le Sud devrait atteindre 84 % en 2025, alors qu'il n'était que de 68 % en 1960. Parmi les bébés nés l'an dernier, 93 % sont nés dans le Tiers-Monde.
- *L'amélioration des compétences* - Les populations du Sud sont mieux éduquées et ont acquis de nouvelles compétences; il leur est également plus facile de voyager dans un monde où les distances sont raccourcies grâce à la révolution intervenue dans le domaine des communications et des transports.
- *Les possibilités professionnelles sont insuffisantes* - Ce nombre accru de personnes compétentes ne voient pas d'amélioration correspondante dans la création d'emplois et les conditions économiques. Le Sud compte 77 % de la population mondiale, mais ne dispose que de 15 % du revenu de la planète.
- *La migration de l'argent* - Les courants monétaires vont maintenant du Sud vers le Nord. Les transferts nets atteignaient 50 à 60 milliards de dollars en 1989, alors qu'en 1981, ces transferts, qui allaient dans la direction opposée, s'élevaient à 43 milliards de dollars.
- *Les barrières commerciales* - Selon les estimations, le protectionnisme fait perdre aux pays en développement un revenu égal à 100 milliards de dollars par an sur les produits agricoles, auxquels il faut ajouter 50 milliards supplémentaires sur les textiles.

Si les ressources financières et les possibilités économiques ne vont pas vers les populations, ce sont les populations qui partiront à leur recherche. Les pays industrialisés comptent déjà 14 millions de réfugiés économiques venant des pays en développement, et leurs rangs augmentent.

Il faut aussi compter avec le désespoir des laissés pour compte, désespoir qui lui aussi peut passer les frontières : tout comme la guerre, le terrorisme, le trafic des stupéfiants et la destruction de l'environnement.

La solution est de créer dans les pays en développement davantage d'ouvertures sur le plan économique; cette question sera examinée en profondeur dans le Rapport mondial sur le développement humain 1992.

ENCADRE 6.3

De l'endettement à l'investissement social

L'un des moyens de transférer directement les ressources du service de la dette pour les attribuer aux priorités sociales est d'échanger la dette contre l'investissement humain. Les créanciers peuvent faire don au gouvernement débiteur d'une partie ou de la totalité de leurs créances non remboursées pour que ces ressources soient utilisées directement pour améliorer le bien-être des déshérités.

Les banques commerciales et les gouvernements peuvent efficacement faire don d'une partie ou de la totalité de la dette, afin que cette somme soit investie dans le secteur social. Le gouvernement peut, par exemple, ouvrir un compte spécial ou créer un fonds donateur, dont l'argent ne pourra être utilisé que pour financer des dépenses sociales prioritaires. Le gouvernement débiteur « rembourse » effectivement une partie ou la totalité de la dette en monnaie locale versée sur ce compte, finançant ainsi les dépenses prioritaires. En agissant ainsi, les créanciers évitent de payer des frais administratifs élevés liés au rééchelonnement et se font une publicité avantageuse. Les banques commerciales bénéficient également d'abattements fiscaux considérables.

Les gouvernements ou organismes donateurs peuvent également procurer au gouvernement débiteur les ressources nécessaires pour racheter leur dette sur le marché secondaire à un taux d'escompte intéressant. Toutefois, ce don se fait à la condition que le gouvernement débiteur consacre une certaine somme, décidée d'avance, aux programmes sociaux prioritaires.

Ces méthodes présentent un double avantage : elles allègent d'une part le fardeau du remboursement de la dette, et d'autre part, elles favorisent les dépenses sociales prioritaires. L'UNICEF et la Banque interaméricaine de développement (BID) ont tous deux adopté des initiatives semblables : « La dette pour le développement de l'enfant » et « Le fonds d'investissement social ». En 1988 le Midland Group (Royaume-Uni) a été la première banque a participer à une initiative de ce genre en faisant don à l'UNICEF de la totalité du prêt accordé au Soudan.

DIAGRAMME 6.1
Les dividendes de la paix

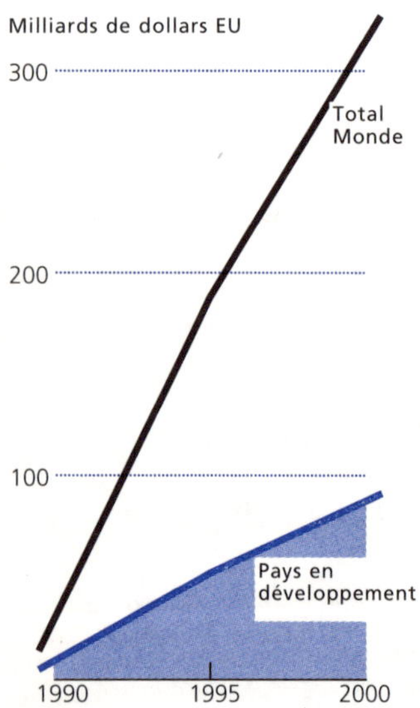

dollars à 285 milliards de dollars, en Europe de l'Est, de 364 milliards à 306 milliards et aux Etats-Unis de 296 milliards à 289 milliards. Toutefois, les autres pays membres de l'OCDE ont enregistré une légère hausse de leurs dépenses, passant de 495 milliards de dollars à 504 milliards de dollars.

Le diminution des dépenses militaires à l'avenir dépendra de l'évolution de la situation en Europe et dans la région du Golfe. En Europe, l'héritage de la confrontation lui a fait dépenser 600 milliards de dollars sur un total de 950 milliards de dollars consacrés dans le monde aux dépenses militaires - 60 % des dépenses des Etats-Unis et 80 % de celles de l'Union soviétique. Ces chiffres énormes permettent de mieux comprendre la dimension des dépenses occasionnées par la guerre du Golfe.

Cette guerre nous donne des arguments en faveur de la recherche de nouvelles structures de paix, aux niveaux régional et mondial pour tous les pays, y compris le tiers monde. Elle prouve également que les véritables dividendes de la paix ne pourront être encaissés que dans un avenir plus lointain que ce que nous avions imaginé. Mais il serait imprudent de conclure que la crise du Golfe annulera tous les progrès réalisés dans le domaine du désarmement en Europe ou qu'elle occultera définitivement les chances de réduire les dépenses militaires sur la planète.

En ce qui concerne les pays industrialisés, il apparaît que les dépenses militaires pourraient être réduites de 2 à 4 % par an au cours des années 90, si l'actuelle entente entre les superpuissances porte ses fruits et si une paix durable intervient rapidement dans le Golfe. Cela représenterait une économie de 200 à 300 milliards de dollars par an d'ici à l'an 2000, ce qui reviendrait à une économie pouvant s'élever à 2000 milliards de dollars pour la décennie.

Les fonds ainsi libérés ne pourront pas tous être mis à la disposition des autres secteurs. Les réductions de dépenses profondes opérées dans les forces armées et dans l'achat de matériel auront pour conséquence d'entraîner des dépenses considérables pour la reconversion des effectifs dans d'autres secteurs et pour le paiement d'allocations de chômage. L'industrie de l'armement verra également son capital productif baisser de manière considérable et devra faire face à une baisse de la production allant de pair avec la diminution des ventes d'armes. Mais ce sont-là des coûts à court terme, qui ne diffèrent pas de ceux qu'entraîne toute forme d'ajustement.

Puisque la notion de dividendes de la paix veut que les fonds libérés par la démilitarisation soient utilisés à des fins plus productives, les dépenses occasionnées par la reconversion et la recherche de nouvelles formes d'investissement ne devraient pas être en fait déduites des économies réalisées et considérées comme étant des « coûts ». On devrait plutôt les considérer comme des sommes permettant d'atteindre les objectifs visés par ces économies.

Les deux principaux domaines qui peuvent prétendre aux dividendes de la paix sont les problèmes sociaux urgents qui frappent les pays industrialisés, qui vont du problème des sans-abri à celui de la toxicomanie, et le large éventail de besoins à satisfaire dans les pays du tiers monde en matière de développement.

Il semble toutefois, que dans la période la plus immédiate, les dividendes de la paix serviront à renflouer les caisses des gouvernements et viendront équilibrer leurs budgets en réduisant ou évitant un déficit budgétaire. Cela ne devrait pas trop nous préoccuper, car dans le cas contraire, ce serait probablement les programmes sociaux des divers pays ou les budgets d'aide internationale qui auraient subi des coupures.

Pour aller plus loin, et prendre l'engagement sérieux d'investir les dividendes de la paix de manière aussi productive que possible, il faudra prendre des mesures beaucoup plus positives. Les groupes d'influence dans les pays industrialisés devront déployer des efforts importants s'ils veulent que les sommes récupérées sur les dépenses militaires soient investies dans le domaine social, car cela ne se fera pas automatiquement. Certes, les sommes économisées sont importantes et les possibilités qui s'offrent sont grandes, mais ce qu'il faut maintenant, c'est ouvrir un dialogue animé pour que ces économies potentielles soient effectuées et utilisées à bon escient.

Si les pays industrialisés se décident à respecter leurs priorités en matière de développement humain, l'espoir est réel de les voir preter attention aux programmes mondiaux dans ce domaine. Il faut faire l'effort de persuader les pays riches de consacrer au moins 25 % des dividendes de la paix qu'ils encaisseront à améliorer le niveau actuel de l'aide extérieure.

ENCADRE 6.4

Les dividendes de la paix

Le relâchement de la tension entre les superpuissances permet de libérer certains fonds, dividendes de la paix qui pourraient être utilisés de manière constructive. Cette démarche ne pourra aboutir automatiquement et doit donc être constamment encouragée et défendue.

Les pays industriels pourraient :

- *Réduire leurs dépenses militaires*, de 3 à 4 % par an.
- *Augmenter leurs dépenses sociales*, en utilisant les économies réalisées sur les dépenses militaires pour régler leurs problèmes sociaux intérieurs.
- *Affecter des crédits à l'aide au développement*, en lui consacrant au moins 25 % des économies réalisées.

Ces mesures contribueraient, dans les années 90, à doubler le volume de l'aide extérieure, qui s'élèverait ainsi à 0,7 % du PNB des pays donateurs, et libéreraient 1000 milliards de dollars qui pourraient être utilisés sur le plan national.

Dans les pays en développement, les dividendes de la paix permettraient de :

- *Favoriser des régimes plus démocratiques*, qui ont moins besoin d'armes pour réprimer leur peuple.
- *Régler les différends régionaux*, avec l'aide des Nations Unies et d'autres partenaires, si nécessaire.
- *Geler les dépenses militaires*, plutôt que de les voir doubler d'ici à l'an 2000.
- *Augmenter les dépenses sociales*, destinées aux domaines prioritaires du développement humain.

Les économies ainsi réalisées pourraient s'élever à 15 milliards de dollars.

Mais la paix est l'affaire du monde. Les nouvelles dispositions en matière de sécurité doivent être prises par *l'ensemble* des pays, les pays en développement comme les pays industrialisés.

Les priorités en matière de négociation et de coopération sont les suivantes :

- *Le démantèlement de l'héritage de la guerre froide*, notamment des bases et de l'aide militaires.
- *La limitation des livraisons d'armes*, en provenance des pays industrialisés.
- *Le renforcement des dispositions de sécurité*, au niveau mondial et régional, essentiellement par le biais des Nations Unies.
- *Intégrer la limitation des armements dans les pourparlers sur l'aide extérieure* - les donateurs et les bénéficiaires devraient aborder la question des dépenses militaires en cours.

Les perspectives de paix dans le Tiers-Monde

La situation dans le tiers monde est beaucoup moins bonne. Les dividendes de la paix sont plus difficiles à récolter car la paix semble plus lointaine.

Le tiers monde n'a pas participé aux récentes négociations Est-Ouest, ni aux pourparlers sur le désarmement, ni même à l'élaboration d'un nouveau cadre de paix mondiale. Le tiers monde ne possède pas non plus de tribune institutionnalisée pour un débat sur les dépenses militaires.

Cette exclusion est tragique. Les récents événements du Golfe ont révélé qu'il n'y aurait pas de paix pour les pays industrialisés tant que des conflits pourront surgir parmi les 80 % d'individus qui peuplent le reste du monde.

Le tiers monde a vécu plus de 120 conflits depuis 1945, faisant 20 millions de morts, soit plus que pendant la deuxième guerre mondiale. Dans bien des cas, de la Corée à l'Afghanistan, ces conflits de la guerre froide ont opposé les superpuissances, qui se sont affrontées par procuration sur le sol du tiers monde. Or, les préoccupations du tiers monde sont à peine mentionnées lors des négociations de Genève sur le désarmement ou lors des sommets qui ont réuni les superpuissances.

Peu de monde semble avoir remarqué la vitesse à laquelle les dépenses militaires ont augmenté dans les pays en développement, soit trois fois plus vite que dans les pays industrialisés au cours des trois dernières décennies. Entre 1960 et 1987, elles sont passées de 24 milliards de dol-

DIAGRAMME 6.2

Modification des objectifs militaires sur le PNB

1960 base=1,0

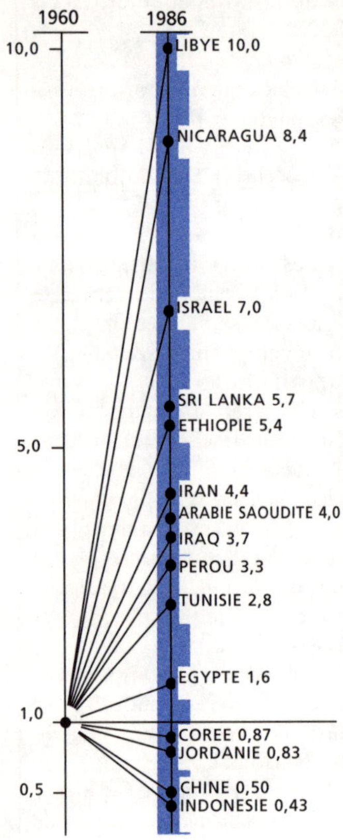

lars à 173 milliards de dollars, ce qui représente une hausse de 7,5 % par an. De nombreux pays pauvres d'Asie du Sud ou d'Afrique subsaharienne dépensent actuellement deux à trois fois plus pour s'armer que pour l'éducation ou la santé (diagramme 6.2). Ces dépenses sont souvent effectuées par des régimes peu représentatifs qui évoquent de prétendues menaces contre la sécurité nationale pour justifier leurs achats. Généralement, ces régimes cherchent plutôt à utiliser ces armes contre leur propre population.

Mais ces dépenses sont souvent le résultat de pressions commerciales extérieures. La somme des PIB du Sud ne représente que 15 % de ceux du Nord. Or le Sud achète 75 % des armes vendues tous les ans.

Si les dépenses militaires du tiers monde étaient simplement gelées pendant les quelques prochaines années, au lieu d'augmenter de 7,5 % par an, cela permettrait de libérer de 10 à 15 milliards de dollars par an, somme qui pourrait être consacrée au développement humain; ces dividendes de la paix suffiraient à financer une grande partie des points qui figurent au programme du développement humain pour les années 90 (encadré 6.4).

Le processus de paix dans le tiers monde doit bénéficier d'une priorité élevée dans l'ordre du jour mondial. Les trois directives qui suivent doivent être envisagées avec attention.

Limitation de l'envoi de matériel militaire par le Nord

La militarisation du tiers monde provient en grande partie de la pression exercée par les pays industrialisés. Des propositions concrètes doivent être faites, visant à éliminer peu à peu les bases militaires dans le tiers monde, à convertir l'aide militaire en aide économique, et à limiter collectivement l'envoi d'armements sophistiqués aux pays en développement.

On devrait également prendre des mesures systématiques visant à délivrer le Sud des conséquences de la guerre froide, et cela le plus rapidement possible, car les fabricants d'armes vont être tentés d'exporter encore davantage de matériel vers le tiers monde, à mesure que le marché se rétrécira dans les pays industrialisés.

Mise au point de nouvelles méthodes de résolution des conflits

La tragédie du Golfe prouve la nécessité d'avoir recours à des méthodes plus efficaces de résolution des conflits dans le tiers monde. Les mécanismes des Nations Unies devront être renforcés à cette fin, et ceux de maintien de la paix, qui ont déjà été mis en œuvre dans certaines régions, doivent être développés; une meilleure coopération entre les superpuissances faciliterait beaucoup ce processus.

Intégrer la réduction des armements dans les pourparlers sur l'aide internationale

Un gouvernement qui choisit de dépenser davantage pour son armée que pour sa population ne peut pas être considéré comme étant acquis à la cause du développement humain, et cette préférence devrait certainement être retenue contre lui lors des négociations sur l'aide extérieure. Des dépenses militaires trop élevées devraient certainement faire l'objet d'un dialogue dans toutes les tribunes où l'on parle de coopération en matière de développement.

La Banque mondiale et le Fonds monétaire international devraient également s'assurer que leurs programmes d'ajustement suivent le même principe. Si un budget a besoin d'être équilibré, il faudrait le faire en limitant les dépenses militaires *plutôt que* les dépenses sociales. L'expérience des années 80 prouve que c'est faire preuve de myopie que d'équilibrer des budgets en prenant des mesures qui déséquilibrent la vie des populations pauvres.

La somme que représentera les dividendes de la paix dans le tiers monde est avant tout affaire de conjecture. Il serait optimiste de tabler sur un déclin absolu des dépenses militaires. Mais si elles étaient gelées à leur niveau actuel, les économies pourraient s'élever à un total de 150 milliards de dollars d'ici à l'an 2000.

Actuellement, il n'y a pas de courant favorable à une réduction importante des dépenses militaires dans les pays en développement. Mais la création d'un mécanisme de paix et l'encouragement de négociations de paix plus actives pourraient donner l'élan nécessaire. La paix et le développement humain vont de pair (diagramme 6.3). La restructuration des budgets pour en faire bénéficier le développement humain, telle qu'elle est recommandée dans ce Rapport, permettrait d'obtenir ces dividendes de la paix et d'en faire bénéficier ceux qui en ont besoin. De plus, le renforcement du développement humain favorise la paix.

Un accord mondial en faveur du développement humain

Les années 90 pourraient être la décennie pendant laquelle seront récoltés les dividendes de la paix, dans le monde industrialisé probablement, et peut-être aussi dans le tiers monde. Cette possibilité doit être exploitée le mieux possible, non seulement pour amener le monde sur le chemin de la paix, mais également pour ouvrir la voie à un développement humain plus large.

Ayant de telles ressources à sa disposition, la communauté mondiale pourrait conclure un nouvel accord mondial en faveur du développement humain, se fondant sur une stratégie composée de quatre éléments :

La poursuite d'objectifs communs pour l'an 2000

Ces objectifs pourraient être repris des stratégies nationales de développement humain suggérées précédemment. Les buts à atteindre devraient comprendre l'éducation primaire universelle et les soins de santé primaires, l'accès à une source d'eau potable pour tous et l'élimination des cas sévères de malnutrition. Pour atteindre ces objectifs, il faudra dépenser de 20 à 30 milliards de dollars supplémentaires par an. Il faudrait également tenter d'améliorer les possibilités d'emploi, objectif dont le coût ne peut être évalué d'une manière réaliste que pays par pays.

La paix et le développement humain vont de pair

DIAGRAMME 6.3
Dépenses militaires et succès obtenus dans le domaine du développement humain

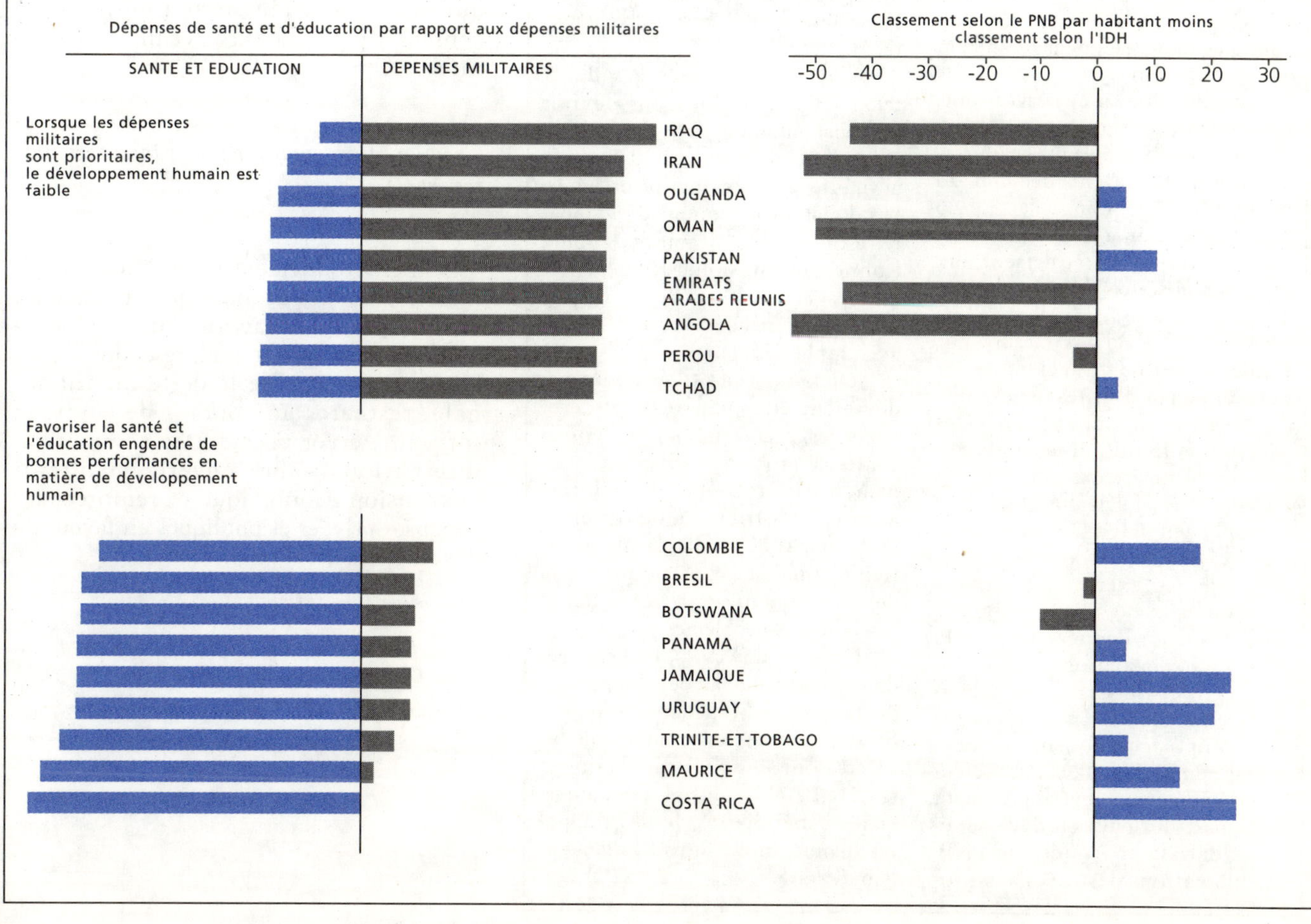

Le partage des coûts

Les dividendes de la paix pourraient fournir une grande partie des ressources nécessaires. Des fonds supplémentaires pourraient être trouvés en restructurant les priorités budgétaires existantes. Mais d'autres ressources devront encore être mobilisées. Les pays en développement et les pays industrialisés pourraient s'entendre sur un partage virtuel des coûts supplémentaires, dans un rapport de, disons, deux tiers pour un tiers.

L'engagement mutuel à l'entraide

De nouveaux accords devraient être conclus sur l'utilisation de l'aide internationale pour le développement humain (encadré 6.5). Pour les pays donateurs, cela impliquera une réévaluation de leurs priorités en matière d'aide extérieure - un renforcement de l'engagement à améliorer le niveau de vie de tous les peuples. Et pour les bénéficiaires, les demandes d'aide devraient être accompagnées d'accords nationaux sur le développement humain et de programmes budgétaires, visant notamment à effectuer des coupes dans les dépenses militaires et les autres dépenses non productives pour augmenter les ressources disponibles pour les priorités sociales. L'aide au développement humain serait alors une préoccupation conjointe, un engagement mutuel.

Un accord mondial sur les mêmes bases est le complément nécessaire aux accords nationaux relatifs au développement humain, et est indispensable pour mettre en œuvre l'approche en termes de développement humain au cours de la prochaine décennie. La notion d'accord national et mondial n'est qu'une idée à creuser pour l'instant, une déclaration de principe. Mais une telle idée peut stimuler la formation de nouvelles coalitions et l'adoption de nouveaux engagements, et qui sait, mener plus tard à un nouveau consensus politique sur l'avenir de l'humanité.

Création d'un environnement international favorable

Un environnement international favorable sur le plan économique et financier est essentiel pour favoriser le développement humain dans le Sud, résoudre le problème de la crise de la dette internationale, restaurer un courant de capitaux suffisant, créer un système commercial international plus ouvert, maintenir l'expansion économique et renforcer les dépenses privées et publiques en faveur du développement humain.

ENCADRE 6.5

Aide extérieure - un engagement mutuel

Si les pays bénéficiaires décident de donner la priorité au développement humain et si les donateurs s'engagent à fournir l'aide extérieure nécessaire, l'aide publique au développement entrera dans une ère nouvelle.

Les domaines à envisager sont, notamment, les suivants :

Allocation de l'aide par pays - Les donateurs devraient décider du volume de l'aide, non seulement eu égard au revenu, à la population et à la pauvreté, mais également aux progrès réalisés par les pays dans le domaine du développement humain, tel qu'il est mesuré par l'indicateur de développement humain ou par d'autres indicateurs.

Dépenses militaires - Pour les dépenses militaires, il faudrait fixer une limite supérieure, un pourcentage du PNB au delà duquel un pays n'est plus éligible pour recevoir de l'aide extérieure, ou bien si un pays consacre, par exemple, davantage de fonds aux dépenses militaires que, disons, à l'éducation et à la santé de sa population.

Dépenses sociales - Les pays donateurs et les bénéficiaires devraient s'accorder sur un pourcentage du PNB à allouer au secteur social, qui devrait représenter, pour la plupart des pays en développement, entre 5 et 7 % de leur PNB. Les allocations destinées aux problèmes humains prioritaires (le pourcentage accordé aux dépenses liées au développement humain) devraient être protégées lors de l'équilibrage de l'exercice budgétaire.

Allocations sociales des donateurs - Chaque donateur devrait attribuer au moins 20 % de l'aide au secteur social, et sur ces 20 %, 40 % au moins aux secteurs prioritaires. Les donateurs devraient être préparés à financer les dépenses de fonctionnement ainsi que les dépenses d'investissement, qu'ils pourraient peut-être partager équitablement avec les bénéficiaires.

Réforme sociale - Les donateurs devraient être préparés à discuter avec les gouvernements bénéficiaires de problèmes structurels fondamentaux tels que la réforme agraire, la distribution des revenus, les systèmes de crédit, la planification familiale et la participation au développement et à les aider à résoudre ces problèmes.

Dans les années 90, les échanges de vues sur l'aide au développement devraient être beaucoup plus francs. Si, dans toutes les tribunes où ces sujets sont évoqués, un dialogue sincère s'établit entre les donateurs et les bénéficiaires, le développement humain en sortira largement bénéficiaire.

ANNEXE AU CHAPITRE 6

Exemple : définition d'un profil de développement humain au Pakistan

PAKISTAN

Population	122,6 millions
Superficie	77 millions ha.
PIB $ EU	34,1 milliards
Classement selon l'IDH (sur 160 pays)	120
Valeur de l'IDH (sur une échelle de zéro à un)	0,311
Développement humain	faible
Revenu	faible
Région	Asie du Sud

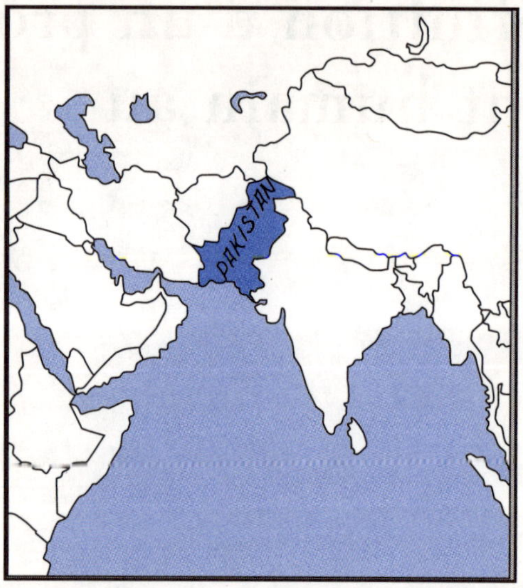

DÉVELOPPEMENT HUMAIN

Espérance de vie (années)	1990	57,7
Accès aux services de santé (%)	1986	55
Accès à une source d'eau potable (%)	1987	45
Accès à l'assainissement (%)	1987	20
Apport journalier de calories (en % des besoins)	1985	97
Alphabétisation des adultes (%15+)	1985	31
Taux de scolarisation prim. et sec (%)	1987	29
PNB par habitant ($ EU)	1988	350
PIB réel par habitant ($ ajusté)	1988	1 790

ESPÉRANCE DE VIE ET SANTÉ

		année précédentes	dernière année
Espérance de vie (années)	1960/1990	43,1	57,7
Taux de fécondité	1990		6,2
Taux brut de natalité	1960/1990	48,6	44,4
Taux brut de mortalité	1960/1990	22,1	11,6
Population totale (millions)	1960/1990	50,0	122,6
Taux de croissance annuel	1960-90		3,0
Population urbaine (%)	1960/1990	22,1	32,0
Taux de croissance annuel	1960-90		4,3
Coefficient de dépendance	1990		94
Taux de recours à la contraception	1985-87		11,0
Taux de mortalité infantile	1960/1989	163	106
Taux de mortalité maternelle	1980-87		500
Taux de mortalité des moins de cinq ans	1960/1989	276	162
Enfants d'un an vaccinés (%)	1981/1989	5	72
Accès aux services de santé (%)	1985-87		55
Accès à l'eau potable (%)	1975-80/1985-88	25	45
Accès à l'assainissement (%)	1985-88		20
Naissances suivies par du personnel soignant (%)	1983-88		24
Population par médecin	1984		2,910
Population par infirmière	1984		4,900
Enfants souffrant d'insuffisance pondérale (%)	1988		25
Enfants souffrant de malnutrition (%)	1980-88		52
Apport journalier de calories (en % des besoins)	1965/1985	76	97
Coefficient de dépendance alimentaire (importations)	1970/1987	3,6	13,7

ENSEIGNEMENT ET COMMUNICATIONS

Alphabétisation des adultes (% 15+)	1970/1988	21	31
Taux moyen de scolarisation (25+)	1980		1,7
Chercheurs/techniciens (pour 1000)	1980-88		..
Taux de scolarisation primaire	1986-88		40
Taux d'abandons de l'école primaire (%)	1985-87		51
Taux de scolarisation secondaire	1986-88		19
Taux consolidé de scolarisation primaire et secondaire	1970/1986-88	26	29
Taux d'inscription dans l'enseignement technique secondaire (%)	1986-88		1,6
Taux d'inscription dans l'enseignement supérieur	1986-88		5
Appareils de radios (pour 1000)	1986-88		86
Appareils de télévision (pour 1000)	1986-88		14

PROBLEMES HUMAINS

	1990 (millions)
Population n'ayant pas accès aux services de santé	54,6
Population n'ayant pas accès à l'eau potable	67,5
Population n'ayant pas accès à l'assainissement	97,6
Décès d'enfants de moins de cinq ans	0,9
Nombre d'enfants de moins de cinq ans mal nourris	12,0
Nombre d'adultes analphabètes	46,0
Nombre d'enfants non scolarisés	25,7
Nombre de filles non scolarisées	14,5
Population en dessous du seuil de pauvreté	36,8
Population rurale en dessous du seuil de pauvreté	24,2

Comparaisons au niveau international, dernière année disponible

	Pakistan	Asie du Sud	Pays en développement	Pays industriels
Espérance de vie (années)	57,7	58,4	62,8	74,5
Alphabétisation des adultes (% 15+)	31,0	42,0	60,0	99,0
Nombre d'années de scolarisation (25+)	1,7	2,2	3,5	9,1
Taux consolidé de scolarisation primaire et secondaire	29	60	70	97
Mortalité des moins de cinq ans (pour 1000)	162	151	116	18
PNB par habitant ($ EU)	350	388	706	12 508
PIB réel par habitant ($ ajusté)	1 790	1 086	2 167	14 345
% du PIB consacré à l'éducation	2,2	3,4	3,74	5,2
% du PIB consacré à la santé	0,2	1,0	1,4	4,7
% du PIB consacré aux dépenses militaires	6,7	7,2	5,5	5,4
Rapport dépenses militaires/santé & éducation	279	164	109	38

REVENU

		Années précédentes	Dernière année
Population active (%)	1988-89		28,8
Population active dans l'agriculture (%)	1965/1985-88	60	41
Population active dans l'industrie (%)	1965/1985-88	18	10
Population active dans les services (%)	1965/1985-88	22	49
Population en dessous du seuil de pauvreté (%)	1988		30
Part des revenus (%) des 40 % des ménages les plus pauvres	1980-88		19,0
Part des revenus (%) des 20 % des ménages les plus pauvres	1980-88		7,8
Rapport des 20 % les plus riches/ 20 % les plus pauvres	1980-88		5,8
PIB réel par habitant ($ ajusté)	1960/1988	560	1,790
PNB par habitant ($ EU)	1976/1988	170	350
Taux de croissance annuel	1965-80/1980-88	1,8	3,0
Taux annuel d'inflation	1980-88		6,5
Total de l'APD (millions de dollars EU)	1989		1,119
% de l'APD par rapport au PNB	1989		3
% de l'APD consacré à l'investissement social	1989		9,0
% de l'endettement total par rapport au PNB	1988		37
Service de la dette en % des exportations	1988		23,5
Indice des termes de l'échange (1980 = 100)	1988		106
Equilibre des comptes courants (millions $ EU)	1988		-1,685
% du PNB consacré à l'éducation	1960/1986	1,1	2,2
% du PNB consacré à la santé	1960/1986	0,3	0,2
% du PNB consacré aux dépenses militaires	1960/1986	5,5	6,7
Rapport dépenses militaires/ santé et éducation	1960/1986	393	279

IDH

L'indicateur de développement humain (IDH) est un indicateur composite qui comprend trois variables : l'espérance de vie, l'éducation et le revenu. Ces trois composantes ont la même pondération. L'IDH classe 160 pays (industrialisés et en développement) sur une échelle allant de 0,000 à 1,000. Les variables de l'IDH du Pakistan sont représentées par le diagramme ci-dessous.

Les composants de l'IDH du Pakistan

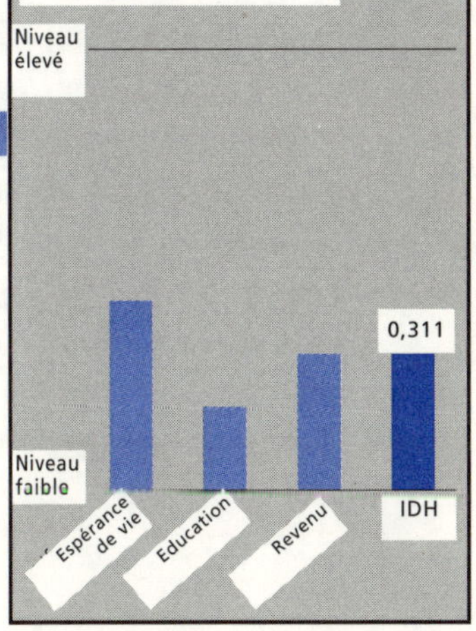

DISPARITÉS (100 = PARITÉ)

Femmes - hommes			(F/H)
Espérance de vie	1990	100	(57,7/57,7)
Alphabétisation	1985	41	(18/43)
Nombre d'années de scolarisation	1980	25	(0,7/2,7)
Scolarisation primaire	1987	55	(28/51)
Scolarisation secondaire	1987	42	(11/26)
Inscriptions dans l'enseignement supérieur	1987	46	(3,1/6,8)
Population active	1989	7	(6,8/93,2)
Représentation au Parlement	1988	10	
Rural/Urbain			(R/U)
Accès aus services de santé	1986	35	(35/99)
Accès à l'eau potable	1987	33	(27/83)
Accès à l'assainissement	1987	12	(6/51)

Notes techniques

1. L'indicateur de développement humain—composants clés et validité

Le *Rapport mondial sur le développement humain* de 1990 a défini le développement humain comme le processus d'élargissement des possibilités qui s'offrent aux individus. Le rapport insistait sur les choix essentiels : possibilité de mener une longue vie en bonne santé, d'acquérir des connaissances et d'accéder aux biens, à l'emploi et au revenu nécessaires pour bénéficier d'un niveau de vie décent.

Ainsi défini, le développement ne se mesure pas au seul revenu. Le rapport de 1990 a donc proposé une nouvelle mesure du développement, l'indicateur composite de développement humain (IDH), regroupant trois indicateurs : l'espérance de vie, l'éducation et le revenu.

Pour chacune de ces trois composantes, le rapport de 1990 a défini des niveaux minimum à l'échelle mondiale : espérance de vie minimum, niveau d'alphabétisation des adultes minimum et niveau de revenu par habitant minimum. Il a également établi des maxima ou des niveaux adéquats qu'il est souhaitable d'atteindre.

L'IDH est obtenu en trois étapes. La première consiste à définir une mesure du manque dont un pays souffre dans chacune des trois variables de base — l'espérance de vie (X_1), le taux d'alphabétisation (X_2) et le (logarithme du) PIB par habitant (X_3). Des valeurs maximale et minimale sont déterminées pour chacune des trois variables, compte tenu des valeurs observées, définissant une échelle comprise entre 0 (correspondant à la valeur minimale déterminée pour la variable concernée) et 1 (correspondant à la valeur maximale). La mesure du manque observé par rapport au maximum fournit la position du pays sur cette échelle, Ainsi, I_{ij} est l'indicateur de manque pour le pays j relativement à la variable i et se définit selon la formule :

$$I_{ij} = \frac{\left(\max_j X_{ij} - X_{ij}\right)}{\left(\max_j X_{ij} - \min_j X_{ij}\right)}$$

La deuxième étape consiste à définir un indicateur moyen de manque (I_j), en prenant la simple moyenne arithmétique des trois indicateurs.

$$I_j = \frac{1}{3}\sum_{i=1}^{3} I_{ij}$$

La troisième étape consiste à calculer l'indicateur de développement humain (IDH) comme 1 moins l'indicateur moyen de manque :

$$(IDH)_j = (1 - I_j)$$

L'IDH a suscité un grand intérêt parmi les décideurs politiques, les praticiens du développement, les universitaires, dans les médias et auprès du public. Il a donné lieu à un grand nombre de questions, en particulier sur l'élaboration et la valeur de l'indicateur, questions auxquelles les considérations ci-après tentent d'apporter une réponse.

Pourquoi une somme non pondérée de trois variables ?

Il ne saurait y avoir de développement humain en l'absence de vie humaine et de santé ; être en vie ne suffit pas aux êtres humains : ils veulent également savoir où ils vont dans la vie, acquérir des connaissances et être en mesure de mener une vie décente, exempte de pauvreté extrême où tous leurs efforts seraient consacrés à la seule survie physique. Les trois composantes de l'IDH sont donc d'une égale importance et c'est pourquoi l'IDH propose une mesure moyenne non pondérée pour classer les pays selon leur développement sur la base de l'espérance de vie, de l'alphabétisation et du revenu.

D'autres méthodes de calcul de l'IDH ont été appliquées et le classement des pays ainsi obtenu a été comparé au classement selon l'IDH tel que défini initialement. On a eu recours ensuite à une méthode standard permettant de déterminer la portée des différences de classement obtenues, la méthode du coefficient de corrélation de rangs de Spearman. La valeur du coefficient varie de 0 à 1, et plus elle est proche de 1, moins il y a de contradiction entre les méthodes utilisées pour classer les données.

Une autre possibilité consiste à ne pas combiner les trois variables, mais à additionner le rang auquel se classe le pays pour chacune d'entre elle. Il s'agit là de la règle de BORDA.

Le classement des pays selon la règle de Borda correspond plus ou moins au classement selon l'IDH. Le coefficient de corrélation de Spearman, R, est de 0,996. L'écart maximum absolu entre les deux ensembles de classement s'observe pour l'Australie (8,3). Seuls 21 des 130 pays considérés dans le rapport de 1990 ont des différences absolues de 5 places ou plus. La règle de Borda ne vient donc pas infirmer le classement selon l'IDH.

Une autre façon de vérifier la validité de l'indicateur est d'appliquer une pondération différente. Si nous multiplions les trois variables et calculons la racine cubique du produit, nous obtenons une moyenne géométrique et non plus arithmétique. Cela équivaut à calculer la somme à pondération égale des logarithmes des trois variables. En combinant le logarithme de l'espérance de vie, le logarithme du taux d'alphabétisation et le logarithme du revenu (comme précédemment), ont obtient un nouvel indicateur qui présente lui aussi une forte corrélation de classement avec l'IDH original : R = 0,998. L'écart maximum absolu est de 8 (pour les Emirats arabes unis), mais seuls cinq pays ont des écarts absolus de rang de plus de 5.

Pourquoi traiter le revenu différemment des autres variables ?

En prenant le logarithme du revenu et en imposant un plafond au seuil de pauvreté en tant que maximum, l'IDH pose l'hypothèse d'une contribution marginale du revenu au développement humain, diminuant rapidement. On considère également que tout revenu au-dessus du seuil de pauvreté doit avoir une pondération de zéro. Les modifications de ces hypothèses produisent les résultats suivants :

Elimination du logarithme — Si nous éliminons le logarithme du revenu en conservant le plafond au seuil de pauvreté, la corrélation de classement reste très forte : R = 0,994. L'écart maximum absolu est considérablement plus grand que précédemment. Il est de 15 (Afrique du Sud et Arabie saoudite) et 13 pays ont des écarts absolus de rang de plus de 5.

Elimination du plafond — En conservant le logarithme du revenu, nous obtenons de nouveau une très forte corrélation de rang : R = 0,997. L'écart maximum absolu est de 13 (Etats-Unis et Koweït), mais seuls quatre pays ont des écarts de rang supérieurs à 5.

Elimination du logarithme et du plafond — Cette variation, la plus intéressante, implique que nous éliminons l'hypothèse des rendements décroissants du revenu et que nous faisons intervenir la valeur du PIB réel par habitant sans ajustement. Il y a 36 pays dont le revenu se situe au-dessus du seuil de pauvreté et leur classement subit des variations importantes. Les Emirats arabes unis progressent de 25 places (écart maximum), le Koweït de 19, les Etats-Unis et le Zaïre de 18, Singapour de 16 et la Tanzanie de 10. Les Etats-Unis se classent en première place. La corrélation de classement reste cependant très forte (R = 0,994) de sorte que la présentation globale ne change pas. Au total, 24 pays voient leur rang subir un changement positif ou négatif de plus de 5.

Pondération différente pour le revenu au-dessus et en-dessous du seuil de pauvreté

Dans l'IDH, le revenu jusqu'au seuil de pauvreté (y^*) est pleinement pondéré et le revenu au-dessus du seuil de pauvreté a une pondération nulle. Dans les variations examinées ci-dessus, tout le revenu a la même pondération. Pour envisager des positions intermédiaires entre ces deux extrêmes, nous avons pensé à utiliser une pondération totale jusqu'au seuil de pauvreté et une pondération fractionnaire au-dessus du seuil. La nouvelle variable (W) est ainsi :

$$W = y \text{ pour } y \leq y^* \qquad (1a)$$

$$W = y + 2(y - y^*)^{\frac{1}{2}} \text{ pour } y > y^* \qquad (1b)$$

La pondération fractionnaire assignée au revenu au-dessus du seuil de pauvreté est calculée par la formule générale ;

$$W(y) = \frac{1}{1-\epsilon} \times y^{1-\epsilon}$$

Dans cette équation, $\varepsilon = 0$ accorde une pleine pondération au revenu, sans rendement décroissant. Lorsque ε se rapproche de 1, W(y) devient log y. Dans les équations (1a) et (1b), $\varepsilon = 0$ pour $y < y^*$ et $\varepsilon = 1/2$ pour $y > y^*$.

Ici encore, la corrélation est forte : 0,994. Par rapport à la variante précédente, cette variante se rapproche davantage de l'IDH. L'Arabie saoudite a l'écart absolu maximum, qui est de 16, l'Afrique du Sud et la Libye 15, le Zaïre 13 et les Emirats arabes unis 12. Au total, 13 pays voient leur rang subir un changement de plus de 5.

Ce sont donc les modifications intéressant le revenu qui provoquent les plus grandes variations de classement par rapport à l'IDH, mais la corrélation reste en général très forte avec le classement original. Les changements de rang des divers pays sont intéressants. C'est ainsi que les Etats-Unis se classent au 19e rang selon l'IDH, au 9e selon la règle de Borda, au 6e si l'on élimine le plafond et au 1er rang si l'on élimine le plafond et le logarithme du revenu. Lorsque l'on commence à appliquer une pondération fractionnaire au revenu au-dessus du seuil de pauvreté, les variations de rang des Etats-Unis s'atténuent ; la variation n'est que de trois places dans la pondération fractionnaire envisagée ci-dessus.

Quel est l'effet des modifications de pondération entre les variables et à l'intérieur de la variable de revenu ?

Elimination du plafond et logarithme de toutes les variables — Il s'agit ici d'une multiplication (addition logarithmique) au lieu d'une addition, qui élimine également l'hypothèse des rendements décroissants. La corrélation des classements ne change guère et se situe à 0,994. La variation maximum est de 20, pour les Emirats arabes unis ; il est également élevé pour le Koweït (19), les Etats-Unis (14), Singapour (13) et l'Arabie saoudite (12). Au total, 8 pays changent de plus de 5 places.

Pondération fractionnaire pour le revenu au-dessus du seuil de pauvreté et logarithme de toutes les variables — La corrélation des classements est forte ici encore : 0,998. Les Emirats arabes unis progressent de 10 points, ce qui est l'écart maximal. Au total, 12 pays se déplacent de 5 points ou plus.

Ces expériences montrent que les différents systèmes de pondération appliqués et les diverses hypothèses adoptées quant à l'effet du revenu sur le développement humain introduisent certaines différences, mais que ces différences sont faibles. L'IDH, dans toute sa simplicité, constitue un indicateur robuste qui permet de procéder aux comparaisons entre les pays.

2. Améliorations de l'IDH de base

L'IDH tel qu'il a été calculé est un indicateur robuste comme nous venons de le voir d'après les calculs exposés dans la note technique 1. Mais cela ne signifie pas qu'il ne peut pas, ou ne doit pas, être amélioré.

La variable mesurant la longévité

L'IDH initial rassemblait trois composantes clés : la longévité, les connaissances et le revenu. La longévité se mesure d'après l'espérance de vie, mesure imparfaite mais qui est la mesure acceptée et la plus aisément accessible. Jusqu'à ce que l'on dispose d'un moyen simple d'affiner la mesure de l'espérance de vie, ce sont les données actuelles qui doivent être utilisées.

La variable mesurant les connaissances

C'est l'alphabétisation des adultes qui donne la mesure du niveau de connaissances le plus élémentaire. Si l'alphabétisation est incontestablement nécessaire pour pouvoir se procurer des informations et les utiliser, les connaissances et la communication dépassent largement le cadre étroit de l'alphabétisation. Ceci doit être reflété dans l'IDH.

Dans le rapport de cette année, la variable de connaissances regroupe deux éléments : *l'alphabétisation des adultes* et *la durée moyenne de la scolarité, en années*. Sur ce dernier point, les données sont celles de 1980 et ne rendent donc pas compte des changements récents. Ce fait est à noter et doit être interprété comme encourageant, en ce qu'il indique le besoin d'une action immédiate en vue d'améliorer les statistiques sociales (question abordée en détail dans la note technique 8).

Les deux éléments de la variable de connaissances — alphabétisation des adultes et durée moyenne de scolarité — ont été combinés et pondérés pour établir une mesure synthétique des réalisations dans le domaine de l'enseignement :

E = a_1 ALPHABETISATION + a_2 ANNEES DE SCOLARITE

Dans l'IDH initial, nous avions a_1 = 1 et a_2 = 0.

Dans l'IDH de cette année, nous avons a_1 = 2/3 et a_2 = 1/3.

La variable mesurant le revenu

L'autre affinement apporté à l'IDH de cette année concerne le traitement du revenu.

Le calcul de l'IDH initial se fondait sur le principe que le revenu a un effet progressivement décroissant sur le développement humain (ou le bien-être humain). Ceci était reflété l'an dernier en utilisant le logarithme du revenu et en affectant un coefficient de pondération nul au revenu au-dessus du seuil de pauvreté. On peut utiliser une formule plus explicite pour rendre compte des rendements décroissants ; la formule d'Atkinson, ci-dessous, est fréquemment utilisée à cet effet :

$$W(y) = \frac{1}{1-\epsilon} \times y^{1-\epsilon}$$

W (y) est ici l'utilité ou le bien-être dérivé du revenu et le paramètre mesure le degré de rendement décroissant. C'est l'élasticité de l'utilité marginale du revenu. Si $\varepsilon = 0$, il n'y a pas de rendement décroissant. Lorsque ε s'approche de 1, l'équation devient :

$$W(y) = \log y$$

La modification adoptée dans le calcul de l'IDH de cette année consiste à faire augmenter progressivement la valeur de ε à mesure que le revenu augmente, la gamme des revenus étant divisée en multiples du seuil de pauvreté y*. La plupart des pays se situent entre 0 et y*, certains entre y* et 2 y*, certains moins nombreux entre 2 y* et 3 y*, et ainsi de suite. Pour tous les pays où y < y*, c'est-à-dire pour les pays pauvres, la valeur de ε est fixée à 0. Il n'y a pas de rendements décroissants. Lorsque le revenu est compris entre y* et 2 y*, ε est égal à 1/2 et lorsque le revenu est compris entre 2 y* et 3 y*, ε est égal à 2/3. En général, si $\alpha y^* \leq y \leq (\alpha + 1) y^*$, $\varepsilon = \alpha / (\alpha + 1)$. Ce qui donne :

$$\begin{aligned} W(y) &= y \text{ pour } 0 < t \leq y^* \\ &= y^* + 2(y - y^*)^{\frac{1}{2}} \text{ pour } y^* \leq y \leq 2y^* \\ &= y^* + 2(y^*)^{\frac{1}{2}} + 3(y - 2y^*)^{\frac{1}{3}} \text{ pour } 2y^* \leq y \leq 3y^* \end{aligned}$$

et ainsi de suite.

De la sorte, plus le revenu est élevé par rapport au seuil de pauvreté, plus les rendements décroissants se répercutent sur l'apport du revenu au développement humain. Le revenu supérieur au seuil de pauvreté a ainsi un effet marginal et non pas un plein effet où un dollar correspondrait à un dollar. Cet effet marginal n'est cependant pas suffisant pour discriminer de façon significative entre les pays industrialisés. La formule de l'IDH initial, par comparaison, était la suivante :

$$\begin{aligned} W(y) &= \log y \text{ pour } 0 < y \leq y^* \\ W(y) &= \log y^* \text{ pour } y > y^* \end{aligned}$$

Dans la formule révisée, ε n'est pas égal à 1 mais varie de 0 à 1, comme l'illustre l'exemple ci-dessous.

Les Bahamas ont un PIB réel par habitant de 10 590 $. Le seuil de pauvreté se situant à 4 829 $, l'équation permettant de déterminer le bien-être du pays comporte trois termes :

$$W(y) = y^* + 2(y^*)^{\frac{1}{2}} + 3(y - 2y^*)^{\frac{1}{3}}$$
$$= 4,829 + 2(4,829)^{\frac{1}{2}} + 3(10,590 - 9,658)^{\frac{1}{3}}$$
$$= 4,829 + 139 + 29 = \$4,997$$

Dans le calcul de l'IDH des Bahamas en utilisant les nouvelles variables et selon le processus décrit au début de la note technique 1, les opérations suivantes ont été effectuées :

Espérance de vie maximum	=	78,6
Espérance de vie minimum	=	42,0
Niveau d'éducation maximum	=	70,1
Niveau d'éducation minimum	=	9,1
PIB réel maximum par habitant (ajusté)	=	5070
PIB réel minimum par habitant (ajusté)	=	350
Espérance de vie des Bahamas	=	71,5
Niveau d'éducation des Bahamas	=	68,1
PIB réel par habitant (ajusté) des Bahamas	=	4997

Manque en matière d'espérance de vie aux Bahamas
= (78,6-71,5) (78,6-42,0) = 0,193

Manque en matière de niveau d'éducation aux Bahamas
= (70,1-68,1) (70,1-9,1) = 0,032

Manque en matière de PIB aux Bahamas
= (5 070-4 997) (5 070-350) = 0,015

Manque moyen aux Bahamas
= (0,193 + 0,032 + 0,015) / 3 = 0,080

Indicateur composite de développement humain (IDH) des Bahamas
= 1-0,080 = 0,920

3. Réviser l'IDH en fonction des inégalités entre les sexes

De toutes les inégalités du développement humain, la plus frappante est celle qui concerne les sexes. Les femmes vivent traditionnellement plus longtemps que les hommes une fois franchie la période initiale pendant laquelle la différence de traitement à l'égard des garçons et des filles a pour tendance de raccourcir la durée de vie des jeunes filles. Elles reçoivent souvent une éducation insuffisante. Elles travaillent dur - plus durement et plus longtemps que les hommes - mais elles accomplissent souvent des tâches non rémunérées ou mal payées. Les femmes cuisinent, s'occupent des enfants, soignent les vieillards et les malades, s'occupent de leur foyer et travaillent à la ferme ou dans le magasin. Pourtant un faible pourcentage de femmes seulement constatent que leur travail est rémunéré et comptabilisé dans le cadre des activités économiques entreprises par l'ensemble de la main-d'œuvre. Il en découle que leur contribution est sous-estimée de manière scandaleuse, à la fois pour des raisons de définition et de mesure, même dans les domaines où leur apport est prépondérant (la production de matières primaires). L'évaluation de leur contribution ignore totalement leurs activités au foyer.

Il en résulte que toute tentative d'évaluation des inégalités entre les sexes dans le développement humain sera faussée, car elle ne reflètera pas fidèlement les véritables écarts entre les sexes. Même en tenant compte de cette donnée, les inégalités demeurent tout de même frappantes. Une tentative est faite ici pour calculer le rapport entre les revenus des hommes et des femmes. Nous n'avons pas d'éléments sur le revenu ; en revanche, nous disposons de données relatives aux différences de salaires entre les sexes et à leur participation à l'ensemble des activités économiques dans une trentaine de pays. Ces données indiquent une nette tendance à la discrimination. Les différences de salaires entre hommes et femmes sont les moins prononcées au Japon (51,8 %) et les plus marquées au Paraguay (96,6 %).

Pour ce qui est du taux de participation des femmes aux activités économiques, il est le plus faible au Paraguay (26 %), et le plus élevé en Tchécoslovaquie (87 %). C'est en multipliant les deux coefficients susmentionnés qu'il sera possible d'arriver au rapport salaire-revenu entre les hommes et les femmes.

Le rapport salaire-revenu réunit deux éléments identifiables de la discrimination basée sur le sexe; non seulement le salaire des hommes est plus élevé que celui des femmes, mais leur taux de participation aux activités économiques est nettement supérieur. Cela entraîne d'importantes conséquences dans le calcul des revenus d'ensemble des deux sexes. (Pour y parvenir, il nous faut présumer que le rapport des revenus salariaux aux autres types de revenus est le même pour les hommes et pour les femmes - présomption hautement improbable qui a pour conséquence de sous-estimer les inégalités entre les sexes).

En termes de PIB réel ajusté par habitant, le coefficient des revenus des femmes par rapport aux revenus des hommes est le plus faible au Costa Rica (19 %) et le plus élevé au Danemark et en Finlande (67 %). Toutefois, sur la trentaine de pays pour lesquels nous disposons de données analogues, neuf seulement bénéficient d'un coefficient supérieur à 50 % ou plus, cependant que huit se situent en-dessous de 30 %. Il en découle que même les statistiques qui ont tendance à minimiser les inégalités révèlent des différences appréciables entre les sexes.

L'IDH des femmes bénéficie d'un taux d'espérance de vie égal ou supérieur à celui des hommes, mais souffre du statut inférieur des femmes en matière d'accès à l'éducation. Dans ce domaine, la différence entre les sexes est pratiquement inexistante dans les pays industrialisés, bien que le niveau d'études des femmes, par rapport aux hommes, se situe habituellement en-dessous de la barre des 100 %. En revanche, dans les pays plus pauvres, ces différences demeurent importantes. C'est ainsi qu'au Kenya, le taux du niveau d'instruction des femmes n'atteint que 69 %, et au Myanmar, 78 %. En revanche, au Costa Rica, ce taux se situe à plus de 100 %.

L'IDH global calculé en fonction des sexes reflète cette tendance (voir tableau des notes techniques 1). Il faut noter que la plupart des données qui y figurent, et qui portent sur 20 des 30 pays, ne se réfèrent qu'aux pays industrialisés; le tableau ne traduit donc pas toute l'ampleur des inégalités entre les sexes. Même ainsi, l'IDH des femmes par rapport à celui des hommes n'est que de 52 % au Kenya, de 65 % au Singapour et de 66 % à Myanmar. Cet indicateur est inférieur à 75 % dans neuf des 30 pays examinés et quatre pays seulement - la Finlande, la Suède, le Danemark et la Tchécoslovaquie - ont un IDH pour femmes égal ou supérieur à 90 % à celui pour hommes. Aucun pays ne peut se targuer d'être parvenu à l'égalité parfaite des sexes, même selon ces calculs biaisés, encore que la Finlande s'en rapproche le plus avec un IDH pour femmes de 94 % par rapport à celui pour hommes.

Comment ces inégalités devraient-elles se refléter dans l'IDH pour un pays donné ? Une façon simple est de multiplier l'IDH global d'un pays donné par le coefficient femmes-hommes de ce même indicateur. En cas d'égalité parfaite dans un pays, l'IDH n'est pas affecté. Bien que le Japon bénéficie de l'IDH global le plus élevé (0,993), ce pays n'est que 17ème sur 30 avec un taux révisé en fonction du sexe de 0,764. La Finlande, en revanche, a un IDH révisé en fonction du sexe de 90 % et gagne une place, de la troisième à la deuxième dans le classement global, ce qui indique une faible inégalité entre les sexes. Dans les 10 pays les moins développés, on constate à la fois un faible IDH global et un haut niveau de discrimination contre les femmes, comme le montre le faible niveau d'IDH révisé.

Ces conclusions confirment les observations qui figurent dans le *Rapport sur le développement humain 1990*; bien que la discrimination femmes-hommes soit un problème mondial, ses effets sont particulièrement graves dans les pays les plus pauvres. Pour citer le Rapport 1990: « Ce sont les femmes pauvres des zones rurales des pays en développement qui vivent dans le plus grand dénuement ».(p.33).

Notes techniques — Tableau 1

IDH révisé en fonction des sexes

	Pourcentage femmes-hommes							
	Espérance de vie [a]	Niveau d'instruction	PIB réel révisé	Indicateur de développement humain	IDHG pour femmes	IDH pour hommes	IDH révisé en fonction des sexes	Ecart entre l'IDH et l'IDH en fonction des sexes
Finlande	103,8	99,7	67,0	93,7	0,789	0,842	0,902	-6,3
Suède	101,1	99,7	64,7	90,2	0,802	0,889	0,886	-9,8
Danemark	101,2	99,4	67,3	90,8	0,783	0,863	0,878	-9,1
France	104,2	99,7	49,5	87,5	0,774	0,885	0,849	-12,5
Norvège	102,1	99,5	51,9	86,4	0,779	0,902	0,845	-13,6
Australie	102,3	99,0	53,3	86,6	0,773	0,892	0,843	-13,6
Autriche	103,1	99,3	52,3	86,9	0,750	0,863	0,832	-13,1
Tchécoslovaquie	103,9	99,3	59,6	90,2	0,721	0,800	0,830	-9,9
Canada	102,5	100,0	41,7	82,7	0,765	0,925	0,813	-17,3
USA	103,0	99,9	41,8	82,8	0,754	0,910	0,809	-17,2
Suisse	101,9	99,8	39,3	81,0	0,753	0,930	0,794	-19,0
Allemagne, Rép. Féd. [b]	102,1	99,6	43,9	82,6	0,737	0,892	0,792	-17,5
Royaume-Uni	101,2	99,9	41,6	81,0	0,737	0,910	0,783	-19,1
Nouvelle-Zélande	101,6	99,8	41,0	80,9	0,726	0,898	0,776	-19,1
Pays-Bas	102,1	99,7	34,5	78,9	0,738	0,935	0,770	-21,1
Belgique	102,3	99,8	38,0	80,2	0,721	0,899	0,768	-19,8
Japon	100,9	99,7	31,6	77,0	0,748	0,972	0,764	-23,0
Italie	102,1	97,6	37,4	78,5	0,709	0,903	0,750	-21,5
Irlande	100,9	99,9	25,6	72,8	0,673	0,923	0,688	-27,2
Portugal	102,8	90,6	43,8	76,6	0,612	0,800	0,673	-23,5
Hong-Kong	100,6	84,6	37,2	70,0	0,643	0,918	0,654	-30,0
Costa Rica	99,8	100,4	19,1	69,8	0,603	0,864	0,612	-30,2
Corée, Rép. de	102,4	91,5	27,0	67,9	0,574	0,845	0,600	-32,1
Singapour	101,1	84,5	29,7	64,6	0,551	0,854	0,568	-35,4
Paraguay	100,0	94,2	25,3	72,9	0,449	0,616	0,486	-27,1
Sri Lanka	99,5	87,3	27,6	72,8	0,470	0,646	0,484	-27,2
Philippines	99,5	98,8	27,8	77,5	0,417	0,539	0,475	-22,5
El Salvador	104,1	90,1	28,3	75,4	0,315	0,417	0,395	-24,6
Myanmar	99,3	78,1	51,5	66,1	0,249	0,377	0,289	-33,8
Kenya	100,2	68,5	54,0	51,5	0,163	0,317	0,205	-48,5

a. Corrigé en fonction de l'espérance de vie biologique naturelle des femmes

b. Ne comprend pas les données pour l'ancienne République démocratique allemande.

4. Réviser l'IDH en fonction de la répartition des revenus

L'IDH est une moyenne nationale, au même titre que le revenu par habitant, l'un de ses éléments. L'utilisation d'une telle moyenne globale dissimule des écarts considérables dans la répartition des indicateurs de base, en fonction du sexe, de la race, de la région, de l'ethnie ou simplement des individus. Il est donc indispensable de réviser l'IDH en fonction de ces données.

Bien que l'élément répartition soit important, l'IDH présente l'avantage que deux des trois variables de base qui le composent - l'espérance de vie et le niveau d'instruction - sont naturellement réparties d'une manière bien moins inégale que le revenu, qui constitue la troisième variable. C'est ainsi qu'il est peu vraisemblable que l'espérance de vie à l'intérieur d'une population donnée soit répartie plus inégalement que trois contre un, par exemple. Une personne riche ne peut pas vivre 1000 fois plus longtemps qu'une personne pauvre, même si leurs écarts de revenus suivent ces ordres de grandeur. Dans l'ensemble des pays du monde, la fourchette de l'espérance de vie se situe entre 42 à 79 ans, soit moins de deux contre un.

Cela est également vrai pour le niveau d'instruction. Le pourcentage des adultes alphabétisés dans le monde varie de 13 à 99 % - une fourchette inférieure à huit contre un. La durée de scolarité moyenne indique une variation de 0,1 à 12,2 - éventail plus inégal que l'espérance de vie - et dissimule des fluctuations encore plus prononcées au niveau de la répartition nationale.

Outre le revenu par habitant, toutes les autres variables permettant de calculer l'IDH connaissent évidemment des plafonds. L'espérance de vie dépassera rarement les 100 ans, le taux d'alphabétisation ne franchira jamais les 100 %, et la durée de scolarité moyenne n'ira pas au-delà de 15 ans. Par contre, le niveau des revenus ne connaît pas de limite: le PIB par habitant dans différents pays varie de 100 à 27.500 dollars, soit un ordre de grandeur de 275 contre un. Quant au PIB réel par habitant, il varie de 350 à 19 850 dollars, soit un éventail de 57 contre un. Les inégalités de revenus sont encore plus accentuées à l'intérieur de chaque pays.

Il n'est donc possible de parvenir à une haute valeur moyenne pour l'espérance de vie ou le niveau de scolarité que par une répartition relativement équitable entre individus, conséquence de l'existence d'un plafond fixe. Bien qu'il soit très intéressant de connaître les répartitions de ces variables, une moyenne constitue un point de référence plus utile pour ces variables que pour le revenu, où il peut être très trompeur.

Comme l'indique le Rapport de l'année dernière, le classement des pays par revenu individuel pourrait être renversé si le revenu par habitant était multiplié par un facteur indiquant l'inégalité de la répartition : — le coefficient de Gini. Cette méthode peut s'appliquer à tous les pays disposant de statistiques sur l'inégalité de la répartition. Quelque 45 pays disposent de données sur la part de revenu détenue par les 20 % de la population possédant respectivement les revenus les plus élevés et les plus faibles. Sur ces pays, 17 disposent également de données sur le coefficient de Gini. On a trouvé une forte corrélation entre ces deux éléments, le logarithme du rapport entre les revenus les plus élevés et les revenus les plus faibles préjugeant correctement du coefficient de Gini. Ce résultat par régression a été utilisé pour interpoler le coefficient de Gini dans les autres 28 pays. Certains ne disposaient d'éléments que pour le coefficient de Gini. Au total, on a disposé de 53 pays avec un coefficient de Gini calculé directement ou interpolé qui ont été revus.

Une mise en garde s'impose toutefois. Les coefficients de Gini portent sur différentes années de 1967 à 1985; les coefficients de répartition des revenus pour les 20 % de la population les plus riches et les plus pauvres concernant les années 1975 à 1986. Cela ne constitue toutefois pas un problème majeur car ces coefficients ne risquent pas de changer rapidement.

Toutefois le coefficient de Gini n'est pas toujours véritablement représentatif de la totalité d'un pays. Il ne s'applique parfois que pour un segment de la population, comme la population urbaine. Ces inconvénients doivent être présents à l'esprit avant de procéder à l'interprétation des résultats.

Le revenu ajusté (voir la note technique 2) a été multiplié par (1-G) - G constituant le coefficient de Gini - afin de modifier davantage le revenu. Compte tenu du fait que cette opération a été faite pour le revenu ajusté, W(y), plutôt que pour le revenu réel, l'incidence des rendements décroissants pourra être incorporée avant que les corrections dues à la répartition ne modifient davantage les revenus. Ce revenu modifié W(y)(1-G) est utilisé comme la troisième variable, outre l'espérance de vie et le niveau d'instruction, pour évaluer l'IDH ajusté de répartition (voir notes techniques tableau 2).

Pour tous les pays à l'exception de deux, l'IDH calculé en fonction de la répartition des revenus est en diminution par rapport à l'IDH initial. Dans plus d'un tiers d'entre eux, il est réduit de 5 % ou plus. Cette diminution est particulièrement prononcée en Afrique, pour tous les pays sauf quatre. Dans les Amériques, trois-quarts des pays sont dans le même cas. Il faudrait disposer de meilleures données pour approfondir la question de la répartition. L'expérience indique qu'il faut rester prudent dans l'interprétation de la valeur des IDH nationaux comme critère de mesure du bien-être de l'ensemble des populations.

Notes techniques — tableau 2

IDH en fonction de la répartition des revenus

	Valeur IDH	Valeur IDH en fonction de la répartition	Différence % entre l'IDH et l'IDH en fonction de la répartition
Japon	0,993	0,990	-0,3
Pays-Bas	0,976	0,972	-0,3
Suède	0,982	0,963	-1,9
Suisse	0,981	0,961	-2,0
Norvège	0,978	0,956	-2,3
Belgique	0,958	0,951	-0,7
Canada	0,983	0,948	-3,5
Royaume-Uni	0,967	0,948	-2,0
Etats-Unis	0,976	0,944	-3,3
Finlande	0,963	0,941	-2,3
France	0,971	0,938	-3,4
Danemark	0,967	0,936	-3,1
Australie	0,973	0,935	-3,9
Espagne	0,951	0,928	-2,4
Irlande	0,945	0,928	-1,8
Italie	0,955	0,923	-3,4
Israël	0,950	0,923	-2,8
Nouvelle-Zélande	0,959	0,921	-4,0
Corée, Rép. de	0,884	0,897	+1,5
Hongrie	0,911	0,896	-1,7
Hong-Kong	0,934	0,891	-4,6
Yougoslavie	0,893	0,868	-2,8
Singapour	0,879	0,865	-1,5
Costa Rica	0,876	0,852	-2,7
Chili	0,878	0,831	-5,3
Portugal	0,879	0,827	-5,9
Argentine	0,854	0,812	-4,9
Venezuela	0,848	0,793	-6,5
Maurice	0,831	0,779	-6,2
Mexique	0,838	0,767	-8,4
Malaisie	0,802	0,743	-7,4
Colombie	0,757	0,720	-4,8
Panama	0,796	0,705	-11,4
Thaïlande	0,713	0,670	-6,0
Jamaïque	0,761	0,665	-12,6
Brésil	0,759	0,652	-14,1
Sri Lanka	0,665	0,636	-4,3
Rép. arabe syrienne	0,681	0,631	-7,3
Turquie	0,694	0,629	-9,4
Philippines	0,613	0,584	-4,7
Tunisie	0,588	0,572	-2,7
Iran, Rép. islamique d'	0,577	0,538	-6,9
El Salvador	0,524	0,508	-3,1
Indonésie	0,499	0,503	+0,8
Honduras	0,492	0,436	-11,4
Egypte	0,394	0,383	-2,9
Kenya	0,399	0,372	-6,8
Zambie	0,351	0,325	-7,2
Pakistan	0,311	0,304	-2,5
Inde	0,308	0,288	-6,2
Côte d'Ivoire	0,311	0,268	-13,8
Bangladesh	0,186	0,170	-9,0
Népal	0,158	0,128	-18,8

5. Mesurer le progrès dans le développement humain

L'indicateur composé de développement humain (IDH) classe les pays les uns par rapport aux autres sur une période donnée. Les valeurs les plus élevées et les plus basses de l'échantillon de pays étudiés qui mesurent la plus grande distance à parcourir pour chaque variable s'appliquent à une année donnée. Sur une durée plus longue, les valeurs réelles pour l'espérance de vie, le niveau d'instruction et de revenu subissent des modifications; il en est de même pour les valeurs-plancher et plafond de ces variables dans tous les pays.

A titre d'exemple, supposons que l'espérance de vie pour la Ruritanie en l'an 1 soit de 40 ans, à mi-chemin entre le niveau le plus bas de 20 ans et le plafond de 60 ans. En l'an 10, la Ruritanie pourra bien avoir amélioré l'espérance de vie de ses habitants, mais, entretemps, le niveau le plus bas de cette variable sera passé à 30 ans et le niveau le plus haut à 80 ans. Dans ce cas, la valeur numérique de l'indicateur de l'espérance de vie en Ruritanie aura en fait décliné dans les calculs de 0,5[=(40-20)/(60-20)] à 0,4[=(50-30)/(80-30)], malgré une progression de 25 % dans l'espérance de vie de ce pays.

Cet exemple montre bien que même si les éléments de développement humain d'un pays sur une période donnée connaissent une certaine progression, la valeur de l'IDH pourra toutefois baisser si la position relative du pays s'est dégradée entretemps. Pour arriver à évaluer une période de progression dans le temps, tout en se livrant à des comparaisons entre différents pays à un moment donné, il faudra donc modifier l'IDH.

Pour s'attaquer à ce problème, sans changer la logique de l'IDH, il faut considérer que le niveau minimun et le niveau maximun des variables devront être définis, non pas à un moment donné, mais pour une période de temps. C'est ainsi que si l'on tente de mesurer une progression entre 1960 et 1990, le niveau-plancher sera le même, disons, pour l'espérance de vie dans tous les pays pendant 30 ans. Il en est de même pour le niveau-plafond. La distance à parcourir sera donc étendue sur la période maximale de 30 ans.

Dans le cas de la Ruritanie, le niveau-plancher restera 20 ans, mais le niveau-plafond passera à 80 ans. En l'an 1, la variable de l'espérance de vie est de $0{,}33\left(\frac{40-20}{80-20}\right)$; l'an 10 elle est de $0{,}5\left(\frac{50-20}{80-20}\right)$.

Ainsi corrigé, l'indicateur composé de développement humain devient comparable dans le temps et pour tous les pays. La variation de la valeur de l'indicateur de développement humain dans le temps deviendra donc la somme pondérée des taux d'accroissement des trois variables: les pondérations se calculent par le coefficient de la valeur initiale d'une variable par rapport à la période la plus longue.

En termes algébriques, X_1 étant l'espérance de vie, X_2 le niveau d'instruction et X_3 le revenu, la contribution de chaque variable à l'IDH pourra être écrite comme Z_1. Dans ce cas:

$$Z_{ijt} = \frac{\left[X_{ijt} - \min_{j,t} X_{ijt}\right]}{\left[\max_{j,t} X_{ijt} - \min_{j,t} X_{ijt}\right]}$$

Dans cette formule, *j* représente le pays, *t* la période de temps. Il faut noter que le dénominateur restera inchangé pour toutes les périodes et pour tous les pays.

$$IDHM_{jt} = \frac{1}{3}\sum Z_{ijt}$$

IDHM désigne l'indicateur composé de développement humain modifié, puisque nous disposons d'une nouvelle définition du maximum et du minimum.Dans le tableau 3 des notes techniques, les pays sont classés selon l'écart des valeurs *de l'IDH* entre 1970 et 1985. Ces écarts varient de 0,343 pour l'Arabie saoudite à -0,022 pour la Jamaïque. La Jamaïque est toutefois un pays où l'IDH en 1970 était déjà d'un niveau élevé 0,797; dans ce cas, l'absence de changement ne traduit pas une dégradation d'ensemble.

Ci-dessous figure le résumé des écarts des valeurs de l'IDH entre 1970 et 1985:

Ecart IDH	Nombre de pays
> 0,300	1
0,200 à 0,299	12
0,100 à 0,199	69
0,000 à 0,099	27
< 0,000	1
Total	110

En bas du tableau, au-dessus de la Jamaïque, on trouve 27 pays où l'écart a fluctué entre 0 et 0,099. 17 de ces pays sont en Afrique subsaharienne, quatre en Amérique latine, cinq en Asie, et un fait partie du groupe des pays arabes. Parmi les pays du bas de la liste on n'en trouve que deux - les Philippines (0,542) et le Pérou (0,595) - où la valeur initiale de l'indicateur était élevée. Les autres pays appartenant à ce groupe étaient pauvres au départ, 18 d'entre eux demeurant en dessous de 0,300 en 1985. Le PIB réel par habitant de ces pays n'avait progressé que très faiblement pendant cette période, ou avait même connu une croissance négative. Si l'augmentation des revenus ne suffit donc pas pour atteindre un niveau élevé, elle ne peut tout de même pas être ignorée.

Soixante-neuf pays font preuve d'une progression légère, entre 0,1 et 0,2. Compte tenu du fait que la plus grande distance à parcourir est de 1,0, ce chiffre indique que, bien qu'ayant démarré à des niveaux différents, environ 2/3 des pays ont couvert de 10 à 20 % de la totalité du parcours. C'est le cas de presque tous les pays ayant un IDH élevé en 1985. Ils ont continué à progresser malgré les hauts standards qu'ils avaient déjà atteints dans ce domaine dans les années 1970.

Notes techniques — Tableau 3

Evolution de l'IDH au cours du temps

	IDH 1970	IDH 1985	Ecart
Arabie saoudite	0,386	0,729	0,343
Malaisie	0,538	0,828	0,290
Corée, Rép. de	0,589	0,874	0,285
Tunisie	0,335	0,610	0,275
Rép. arabe de Syrie	0,432	0,698	0,265
Botswana	0,319	0,569	0,250
Jordanie	0,428	0,677	0,249
Brésil	0,569	0,807	0,237
Gabon	0,370	0,604	0,235
Iran, Rép. islamique de	0,464	0,695	0,231
Turquie	0,492	0,712	0,220
Indonésie	0,316	0,531	0,215
Algérie	0,358	0,572	0,214
Rép. arabe du Yémen	0,093	0,292	0,199
Equateur	0,542	0,737	0,195
Portugal	0,710	0,900	0,189
Mexique	0,675	0,864	0,189
Hong-Kong	0,762	0,947	0,185
Singapour	0,730	0,914	0,184
Maurice	0,525	0,707	0,182
Kenya	0,253	0,432	0,179
Chili	0,736	0,912	0,176
Iraq	0,489	0,661	0,172
Thaïlande	0,535	0,706	0,170
Colombie	0,617	0,786	0,169
Maroc	0,268	0,432	0,164
Yougoslavie	0,757	0,917	0,161
Venezuela	0,715	0,874	0,159
Grèce	0,793	0,949	0,156
Israël	0,806	0,958	0,152
Côte d'Ivoire	0,212	0,363	0,151
Panama	0,703	0,853	0,150
Rép. dominicaine	0,513	0,663	0,150
Cameroun	0,228	0,378	0,150
Espagne	0,819	0,968	0,149
Haïti	0,200	0,349	0,149
Trinité-et-Tobago	0,784	0,928	0,144
Japon	0,853	0,997	0,144
Congo	0,278	0,419	0,141
Lesotho	0,317	0,457	0,140
Egypte	0,286	0,426	0,140
Italie	0,830	0,969	0,139
Finlande	0,838	0,973	0,135
Madagascar	0,292	0,426	0,134
Honduras	0,385	0,518	0,133
Australie	0,849	0,982	0,133
Etats-Unis	0,848	0,980	0,132
Canada	0,860	0,990	0,130
Pakistan	0,226	0,355	0,130
Luxembourg	0,841	0,970	0,129
Suisse	0,863	0,992	0,129
Autriche	0,838	0,967	0,129
Argentine	0,784	0,912	0,128
France	0,854	0,981	0,127
Islande	0,866	0,993	0,127

	IDH 1970	IDH 1985	Ecart
Sri Lanka	0,573	0,699	0,125
Belgique	0,846	0,971	0,125
Sénégal	0,124	0,249	0,125
Uruguay	0,799	0,924	0,124
Royaume-Uni	0,850	0,974	0,124
Paraguay	0,607	0,729	0,122
Nouvelle-Zélande	0,848	0,970	0,122
Pays-Bas	0,866	0,988	0,122
Norvège	0,870	0,991	0,120
Roumanie	0,798	0,918	0,120
Irlande	0,840	0,959	0,119
Suède	0,873	0,991	0,118
Zaïre	0,232	0,347	0,116
Danemark	0,864	0,979	0,114
Togo	0,170	0,284	0,114
Inde	0,258	0,370	0,112
Nicaragua	0,549	0,660	0,111
Burundi	0,135	0,244	0,108
Bulgarie	0,815	0,923	0,108
Tchécoslovaquie	0,836	0,944	0,107
Pologne	0,829	0,936	0,107
Costa Rica	0,759	0,865	0,106
Nigéria	0,189	0,293	0,104
Niger	0,054	0,158	0,104
URSS	0,821	0,925	0,104
Hongrie	0,831	0,932	0,101
Myanmar	0,384	0,484	0,100
Guatemala	0,416	0,515	0,099
Mali	0,054	0,151	0,097
Malawi	0,149	0,243	0,094
Philippines	0,542	0,634	0,092
Zimbabwe	0,365	0,457	0,092
Népal	0,126	0,217	0,092
Bangladesh	0,174	0,265	0,091
Rép. centrafricaine	0,138	0,224	0,086
Ghana	0,246	0,331	0,086
Bolivie	0,383	0,468	0,085
Afghanistan	0,083	0,166	0,083
Zambie	0,320	0,402	0,081
Rwanda	0,184	0,263	0,078
Angola	0,147	0,224	0,077
Somalie	0,061	0,138	0,077
Burkina Faso	0,073	0,149	0,076
Liberia	0,194	0,269	0,075
Papouasie-Nouvelle-Guinée	0,342	0,415	0,073
Pérou	0,595	0,668	0,072
Tchad	0,083	0,151	0,068
Soudan	0,155	0,220	0,065
Guinée	0,074	0,128	0,055
Bénin	0,117	0,169	0,053
Sierra Leone	0,060	0,104	0,044
El Salvador	0,483	0,524	0,041
Ouganda	0,241	0,273	0,033
Mozambique	0,205	0,205	0,000

6. Estimation et mesure de l'indicateur de liberté humaine

Un grand nombre de personnes, de pays, d'organismes nationaux et internationaux, d'organisations gouvernementales et non gouvernementales attachent une importance considérable aux droits de l'Homme et aux libertés politiques. Il est donc surprenant qu'il soit aussi difficile de trouver des données à cet égard, et qu'aussi peu d'études aient été consacrées à la recherche d'une mesure systématique des droits de l'Homme et des libertés politiques.

Des publications telles que le *Human Rights Quarterly* (1986) et *Studies in Comparative International Development* (1990) ont examiné la question. Leurs démarches se distinguent par leur philosophie, leurs définitions, leur couverture et les périodes étudiées, ainsi que par les notions et les indicateurs utilisés. Aucune de ces tentatives n'a réuni l'unanimité ni même reçu une approbation générale.

Les principaux indicateurs élaborés sont les suivants :

1. Freedom House, de New York, réalise un sondage annuel de la liberté dans le monde intitulé *Freedom in the World*, basé sur deux barèmes de classement sur sept points ayant trait aux libertés civiles et politiques.

2. *The World Handbook of Economic and Social Indicators*, de Charles Taylor et David Jodice, comporte une étude périodique sur les sanctions gouvernementales envers la dissidence politique et une autre sur les pratiques coercitives de l'Etat.

3. David Cingranelli et Thomas Pasquerello ont élaboré un indicateur des pratiques en matière de droits de l'Homme sur la base d'une analyse du contenu de rapports du Département d'Etat des Etats-Unis intitulés *Country Reports on Rights Practices*. Les types de violations sur lesquels porte l'analyse ont été choisis selon les techniques du composant principal. Mais il ne s'agit que de l'Amérique latine et des seules années 1979 et 1980.

4. Le *World Guide to Human Rights*, de Charles Humana, évalue les pratiques de 88 pays selon 40 indicateurs ayant pour base des documents internationaux traitant des droits humains, tels que la Déclaration des droits de l'Homme et les deux pactes internationaux qui s'y rattachent — le Pacte international relatif aux droits économiques, sociaux et culturels et le Pacte international relatif aux droits civils et politiques.

C'est sur cet indicateur composite d'Humana, que se fonde l'indicateur de liberté humaine (ILH).

Les indicateurs qui constituent l'indicateur d'Humana sont répartis en cinq groupes de droits et de libertés : 1) six questions portent sur les droits « de faire » ; 2) 12 questions sur l'absence de contraintes ; 3) dix questions sur les libertés ; 4) sept questions sur les droits reconnus par la loi ; et 5) cinq questions sur les droits individuels. Les résultats de chaque pays sont évalués selon un système de notation allant de zéro (pas de droits) à trois (droits garantis) et les notes sont ensuite agrégées. L'interprétation est toutefois celle de l'auteur.

Sept droits ayant trait au respect de l'intégrité physique de la personne ont un coefficient de pondération triple des autres. La note maximum qu'un pays peut obtenir est ainsi de 162 — (33 x 3) + (7 x 3 x 3). La note finale sur 162 est convertie en pourcentage pour établir le classement final.

L'indicateur d'Humana comme point de départ

L'indicateur d'Humana présente trois grands avantages. Chaque question porte sur un droit humain internationalement reconnu. Il applique des procédés de calcul clairs et reproductibles. Le classement final offre une discrimination satisfaisante. Les pays se répartissent de façon régulière sur toute l'échelle, de 0 à 100 %, et ne sont pas simplement groupés en deux agrégats, l'un « bon », l'autre « mauvais», aux deux extrémités de l'échelle.

Les inconvénients de cet indicateur résident dans sa subjectivité et dans la signification qualitative des données. Tout barème de classement, celui d'Humana inclus, est inévitablement subjectif. Même si le traitement des données est clair et reproductible, leur interprétation soulève des questions ; à quel point, par exemple, passe-t-on de «certaines violations et atteintes» à une «oppression substantielle» ? De plus, un indicateur comportant 40 questions et quatre barèmes exige une quantité de données considérable, données qu'il est très difficile de réunir de manière cohérente pour les 160 pays couverts par le *Rapport mondial sur le développement humain*. Le *World Guide* d'Humana ne porte que sur 88 pays plus la province de Taïwan.

La pondération des sept premiers droits établit une différenciation plus précise entre les pays, mais pas nécessairement plus juste. La décision de pondérer des éléments soulève un certain nombre de questions. En premier lieu, les coefficients de pondération ne sont-ils pas arbitraires par la force des choses, même si une modification des coefficients ne modifie pas radicalement le classement final ? En second lieu, pourquoi adopter un coefficient différent pour sept questions seulement ? Pourquoi ne pas retenir un coefficient différent pour chaque question ? Par ailleurs, si la pondération n'affecte pas sensiblement le classement, pourquoi ne pourrait-on pas s'en dispenser ?

L'ajustement de l'indicateur d'Humana

Le chapitre 1 du présent rapport propose un indicateur de liberté humaine révisé, basé sur l'indicateur d'Humana mais en éliminant la pondération de certaines questions et en adoptant une notation binaire consistant en un simple «oui» (note = 1) ou «non» (note = 0). Le classement des 88 pays couverts par l'indicateur d'Humana selon ce système figure au tableau 1.5 du chapitre 1. C'est donc un classement révisé des pays pour 1985.

Au cours des cinq dernières années, toutefois, la situation des droits de l'Homme et de la liberté politique a évolué dans un grand nombre de pays et une actualisation de l'indicateur de 1985 s'impose de toute évidence. Mais le manque de données ne permet pas d'y procéder actuellement et les différentes sources d'information peuvent présenter des divergences marquées.

Compte tenu de cette situation, il a été estimé qu'il était préférable, dans l'état actuel des choses, de ne pas donner artificiellement une apparence de précision quand la précision ne peut exister et lorsque les jugements qualitatifs eux-même sont viciés par le manque d'information. Par conséquent l'indicateur de liberté humaine de 1985 a été actualisé avec prudence : sur la base des informations contenues dans divers rapports de pays, un triangle a été placé en regard des pays où des élections pluripartites ont eu lieu depuis 1985, et qui continuent à être régis par un système de gouvernement démocratique.

Il est très évidemment un besoin urgent d'effectuer des travaux systématiques sur la liberté humaine : la question de la disponibilité des données doit être résolue ; la notion de liberté humaine doit être élucidée, plus particulièrement ses traditions et ses implications historiques et socio-culturelles ; des méthodes de mesure des diverses libertés humaines doivent être élaborées. Nous n'en sommes encore qu'au tout début de l'analyse et de l'examen systématiques de la liberté humaine.

7. L'élaboration des taux de dépenses

En présentant pour la première fois dans le présent rapport des taux de dépenses publiques, nous avons pour objectif de fournir une méthode d'examen des structures actuelles des dépenses publiques consacrées aux priorités du développement humain. Cette analyse s'applique logiquement aux dépenses publiques des gouvernements pour la population de leur propre pays et aux dépenses des pays donateurs destinées à la population des pays bénéficiaires.

Ce genre de démarche en terrain nouveau se heurte inévitablement à des difficultés. Notre principal souci a été d'élaborer une méthodologie utile et, dans la mesure où les informations nécessaires n'étaient pas disponibles, les chiffres calculés doivent être considérés en tant qu'illustration et non en tant que mesure réelle. On trouvera dans la présente note une description des obstacles auxquels se heurte l'élaboration des taux de dépenses.

Dans le contexte national, il convient de tenir compte des considérations suivantes :

- Les chiffres des dépenses publiques totales ne sont parfois disponibles que pour le gouvernement central. L'omission des dépenses provinciales et locales conduit à sous-estimer les taux réels pour les Etats fédéraux (tels que l'Inde) ou pour ceux où les dépenses sont décentralisées dans une large mesure (tels que l'Indonésie).
- Toujours pour des raisons de disponibilité des données, les domaines prioritaires considérés se limitent à l'enseignement de base et aux soins de santé primaires. Ceci a pour effet d'exclure certaines dépenses que l'on pourrait considérer comme prioritaires, telles que les dépenses de planning familial, de subventions alimentaires pour les économiquement faibles et d'approvisionnement en eau et d'assainissement en zone rurale.
- L'utilisation d'une définition standard des priorités ignore le fait important que les besoins prioritaires varient selon le niveau de développement et les résultats déjà obtenus en matière de développement humain. C'est ainsi que pour de nombreux pays d'Amérique latine et les Philippines, les taux d'alphabétisation élevés justifient que soient inclus au rang des dépenses prioritaires les dépenses d'enseignement supérieur.

Dans l'analyse des affectations de l'aide, les problèmes de données sont autres :

- Le taux des dépenses d'aide comprend le total des engagements des donateurs en assistance extérieure pour le développement et ne distingue pas entre l'aide multilatérale ou bilatérale.
- Grâce à la base de données de l'OCDE, il a été possible d'inclure d'autres données dans le taux d'aide prioritaire, à savoir l'aide destinée au planning familial, à l'approvisionnement en eau et à l'assainissement en milieu rural.
- Seuls les pays pour lesquels une ventilation suffisante était disponible auprès de l'OCDE ont été inclus. Le Japon et la Norvège ont dû être éliminés.

Les limites de la seule source de données disponible — le système de notification des crédits de l'OCDE — ont également exigé l'adoption de deux hypothèses dans l'élaboration des taux d'aide présentés au diagramme 3.4 et au tableau 3.13.

1. Faute d'informations détaillées, il a été supposé que les allocations multilatérales se répartissent par priorités de la même façon que l'assistance bilatérale. Il semblerait que cette hypothèse puisse surestimer des allocations prioritaires des sources d'aide multilatérales.

2. La ventilation détaillée de la répartition de l'aide n'est disponible que pour les prêts et non pour les subventions. Ces chiffres induiraient d'importantes distortions dans la mesure où les dons sont probablement plus importants dans les domaines considérés comme prioritaires. Dans un but de rectification, il a donc été admis que l'affectation aux domaines prioritaires était deux fois plus élevée pour les dons que pour les prêts enregistrés dans le système de notification des crédits de l'OCDE.

8. Amélioration des statistiques relatives au développement humain

Le *Rapport mondial sur le développement humain* de 1990 STET a fait usage des données disponibles, et ceci a limité la portée et la profondeur de l'analyse. Un grand nombre de questions ne sont pas correctement reflétées par les statistiques existantes et la couverture des pays est souvent très insuffisante. Par ailleurs, de nombreuses données sont trop anciennes.

Le rapport de l'an dernier se prononçait aussi en faveur d'une amélioration des statistiques sociales, demandant que leur soit consacrée au moins la même attention qu'aux statistiques économiques. Faute d'une telle amélioration, la planification et la programmation du développement humain ne seront jamais aussi systématiques qu'elles le sont dans le domaine de la croissance économique, ce qui aura pour conséquence une perpétuation des difficultés qui se manifestent lorsque l'on tente d'intégrer véritablement les questions économiques et sociales dans la conception, le suivi et l'évaluation des efforts, des politiques et des programmes de développement.

Le renforcement des capacités nationales dans le domaine de la statistique ne peut pas se faire en un an. Le rapport de cette année s'est donc vu obligé de résoudre nombreuses difficultés identiques à celles de l'an dernier. Ceci est particulièrement vrai pour ce qui a trait au thème principal de cette année, le financement du développement humain. Il existe très peu de données d'ensemble sur les dépenses de développement humain. Pour remédier à cette lacune, des études de cas ont été effectuées dans plus de 30 pays aux fins de recueillir les données susceptibles de fournir l'information nécessaire.

Les autorités nationales responsables de la planification, du financement et des budgets de développement pourront trouver utile de compléter les tableaux concernant leur pays pour leur propre usage. Beaucoup de ces données ne sont pas disponibles au niveau international, mais on trouve souvent plus de données qu'on ne le supposerait au niveau national. En tout état de cause, il est possible aujourd'hui, grâce aux données actuellement disponibles, de brosser un tableau infiniment plus précis du développement humain dans son ensemble que celui que l'on en donne normalement.

Dans certains pays, on pourra juger souhaitable de réduire ou de développer la liste des tableaux fournis en annexe à la présente note. Certains gouvernements pourront décider d'inclure les dépenses consacrées aux programmes multisectoriels d'élimination de la pauvreté, celles destinées au financement des initiatives intéressant le rôle des femmes dans le développement, ou celles allouées à la création d'emplois. Ces décisions dépendront bien évidemment de la situation particulière et des priorités de développement de chaque pays concerné.

ANNEXE A LA NOTE TECHNIQUE 8

Dépenses totales en développement humain : matrice de recueil des données

Tableau 1 : Données financières de base
- PNB (en millions de $ EU)
- PNB par habitant (en $ EU)
- Recettes fiscales (en % du PNB)
- Dépenses publiques (en % du PNB)
- Excédent ou déficit budgétaire (en % du PNB)

Tableau 2 : Sommaire des données fiscales
- Impôts directs (en % du PNB)
- Impôts indirects (en % du PNB)
- Impôts sur la production intérieure (en % du PNB)
- Taxes à l'importation (en % du PNB)
- Recettes fiscales totales (en % du PNB)

Tableau 3 : Décentralisation des recettes/autonomie totale
- Recettes publiques centrales (en % du PNB)
- Recettes publiques provinciales (en % du PNB)
- Recettes publiques locales (en % du PNB)
- Dépenses publiques centrales (en % des recettes centrales)
- Dépenses publiques provinciales (en % des recettes provinciales) Dépenses publiques locales (en % des recettes locales)

Tableau 4 : Budget des subventions
- Subventions totales (en % du PNB)
- Subventions sociales (en % du PNB)
- Subventions à l'enseignement (en % des subventions sociales)
- Subventions à la santé (en % des subventions sociales)
- Subventions alimentaires (en % des subventions sociales)
- Subventions au logement (en % des subventions sociales)
- Autres subventions (en % des subventions sociales)

Tableau 5 : Dépenses publiques
- Dépenses militaires et de sécurité intérieure (en % du PNB)
- Dépenses publiques au titre de la dette (en % du PNB)
- Dépenses publiques d'administration (en % du PNB)
- Dépenses publiques dans les secteurs sociaux (en % du PNB)
- Dépenses publiques dans les secteurs économiques (en % du PNB)

Tableau 6 : Dépenses publiques dans les secteurs sociaux
- Dépenses publiques totales (en millions $ EU)
- Dépenses publiques sociales totales (en millions $ EU)
- Dépenses publiques sociales totales (en % du PNB)
- Dépenses publiques en enseignement (en % du PNB)
- Dépenses publiques en santé et nutrition (en % du PNB)
- Dépenses publiques en logement, eau, assainissement et autres aménagements (en % du PNB)
- Dépenses publiques en prestations de sécurité sociale, assurance-maladie, etc. (en % du PNB)

Tableau 7 : Dépenses sociales totales par niveau de gouvernement et par secteur
- Dépenses publiques sociales totales (en % du PNB)
- Dépenses du gouvernement central (en % du PNB)
- Dépenses des gouvernements provinciaux et locaux (en % du PNB)
- Dépenses totales du secteur public (en % du PNB)
- Dépenses totales du secteur privé (en % du PNB)

Tableau 8 : Dépenses sociales totales par principaux domaines
- Dépenses totales en enseignement (en % du PNB)
- Dépenses totales en santé et nutrition (en % du PNB)
- Dépenses totales en logement, eau, assainissement et autres aménagements (en % du PNB)
- Dépenses totales en prestations de sécurité sociale, assurance-maladie, etc. (en % du PNB)
- Dépenses sociales totales (en % du PNB)

Tableau 9 : Dépenses d'enseignement
- Dépenses d'enseignement primaire (en % des dépenses totales d'enseignement)
- Dépenses d'enseignement secondaire (en % des dépenses totales d'enseignement)
- Dépenses d'enseignement supérieur (en % des dépenses totales d'enseignement)
- Dépenses d'enseignement général (en % des dépenses totales d'enseignement)
- Dépenses d'enseignement technique (en % des dépenses totales d'enseignement)
- Dépenses d'enseignement public (en % des dépenses totales d'enseignement)
- Dépenses d'enseignement privé (en % des dépenses totales d'enseignement)

Tableau 10 : Dépenses de santé, logement et autres aménagements
- Dépenses de soins de santé primaires (en % des dépenses totales de santé)
- Dépenses de traitements curatifs et autres (en % des dépenses totales de santé)
- Dépenses de santé publique (en % des dépenses totales de santé)
- Dépenses de santé privée (en % des dépenses totales de santé)
- Dépenses de logement public (en % des dépenses totales de logement)
- Dépenses de logement privé (en % des dépenses totales de logement)
- Dépenses d'eau et d'assainissement urbain (en % des dépenses totales d'eau et d'assainissement)

Dépenses d'eau et d'assainissement rural (en % des dépenses totales d'eau et d'assainissement)

Tableau 11 : Répartition des dépenses des ménages

Pourcentage des dépenses des ménages en nourriture

Pourcentage des dépenses des ménages en loyer

Pourcentage des dépenses des ménages en santé, y compris les produits pharmaceutiques

Pourcentage des dépenses des ménages en enseignement, y compris les manuels

Pourcentage des dépenses des ménages en habillement

Pourcentage des dépenses des ménages en combustible

Pourcentage des dépenses des ménages en transport

Pourcentage des dépenses des ménages à d'autres fins

Tableau 12 : Endettement total

Endettement total (en % du PNB)

Dette intérieure (en % de la dette totale)

Dette extérieure (en % de la dette totale)

Total du service de la dette (en % du PNB)

Total du service de la dette (en % des dépenses publiques)

Service de la dette intérieure (en % du service total de la dette)

Service de la dette extérieure (en % du service total de la dette)

Tableau 13 : APD totale

APD totale reçue (en millions $ EU)

APD reçue par habitant (en $ EU)

APD reçue (en % du PNB)

Tableau 14 : APD pour les secteurs sociaux

APD pour l'enseignement (en % de l'APD totale)

APD pour la santé et la nutrition (en % de l'APD totale)

APD pour la population et la planification familiale (en % de l'APD totale)

APD pour l'enseignement (en % des dépenses totales pour l'enseignement)

APD pour la santé et la nutrition (en % des dépenses totales pour la santé et la nutrition)

APD pour la population et la planification familiale (en % des dépenses totales pour la population et la planification familiale)

APD pour le logement, l'eau, l'assainissement, etc. (en % des dépenses totales pour le logement, l'eau, l'assainissement, etc.)

Notes bibliographiques

Le **chapitre 1** est tiré de : Haq et Kirdar 1988 et 1989; Haq 1990; Humana 1986; Pronk 1990; and Nations Unies 1948, 1966a and 1966b.

Les références pour les encadrés sont les suivantes : encadré 1.1, PNUD 1990a; encadré 1.2, Humana 1986.

Le **chapitre 2** est tiré de : Aghevli, Boughton et autres 1990; Ascadi and Johnson-Ascadi 1990; Bartelmus 1990; Bruce 1989; Carlson et Wardlaw 1990; Cohen 1990; Feuerstein et Lovel 1989; GATT 1989; Goldemberg et autres 1988; Gonzales 1990; Holzman 1990; Hueting 1990; OIT 1990a and 1990b; Larson 1990; Commission pour le développement et l'environnement de l'Amérique latine et des Caraïbes 1990; Lloyd et Brandon 1990; Lowe 1990; Organisation de coopération et de développement économiques 1986, 1989, 1990a et 1990b; Over et autres 1988; Postel 1990; Scitovsky et Over 1988; Sen 1990; la Commission Sud 1990; Topping 1990; PNUD 1991; UNICEF 1990a and 1990b; Nations Unies 1989, 1990a-m et à paraître; Conférence des Nations Unies sur le commerce et le développement 1990; Commission économique des Nations Unies pour l'Afrique 1991; Organisation des Nations Unies pour le développement industriel 1990; Département du Commerce des Etats-Unis 1990; Banque mondiale 1989 et 1990a; Institut des ressources mondiales 1990; and OMS 1990b.

Les références pour les encadrés sont les suivantes : encadré 2.3, Sen 1990; encadré 2.4, Département du Commerce des Etats-Unis 1990; encadré 2.5, Bureau central de statistiques 1990, et Greve et Currie 1990; encadré 2.6, Larson 1990, et OMS 1990b.

Les références pour les diagrammes sont les suivantes : diagramme 2.4, OIT 1987; diagramme 2.5, Bureau de statistiques de la Communauté européenne 1990; diagramme 2.6, Carlson et Wardlaw 1990; diagramme 2.8, Nations Unies 1990i.

Le **chapitre 3** est tiré de : Anderson 1989; Ball 1985; Bayley 1985; Cassen et autres 1987; Cornia, Jolly et Stewart 1987; Cornia et Stewart 1990; Faber et Griffith-Jones 1990; Grimmit 1988; Gulhati 1990; Humphreys et Underwood 1989; Knight 1991; Lewis et autres 1988; Lipton et Toye 1990; MacAndrews 1986; Mesa-Lago 1983; Newbery et Stern 1987; Organisation de coopération et de développement économiques 1990c; Sivard 1989; PNUD 1990d; UNICEF 1990b; Nations Unies 1990e; Commission économique des Nations Unies pour l'Amérique latine et les Caraïbes 1990, Urrutia, Ichimura et Yukawa 1989; Vogel 1990a; Williamson 1990; Banque mondiale 1988b, 1990a, 1990b et 1990d.

Les références pour les encadrés sont les suivantes : encadré 3.1, Lessard et Williamson 1987, Pastor 1990, et Rodriguez 1987; encadré 3.2, Theobald 1990, and Nations Unies 1990e; encadré 3.4, Bobiash 1988.

Les références pour les diagrammes sont les suivantes : diagramme 3.2, PNUD 1990d.

Les références pour les tableaux sont les suivantes : tableau 3.4, Vogel 1990a; tableau 3.8, PNUD 1990d; tableau 3.9, PNUD 1990d; tableau 3.10, Tan et Mingat 1989; tableau 3.11, Vogel 1990a.

Le **chapitre 4** est tiré de : Berstecher et Carr-Hill 1990; Blakney et autres 1989; Colclough et Lewin 1990; Colclough à paraître; Cornia, Jolly et Stewart 1987; Creese 1990; Edirisinghe 1987 et 1988; Griffin 1988 et 1990; Jimenez, Paqueo et Lourdes de Vera 1988a et 1988b; Jimenez, Lockheed et Paqueo 1988; Jimenez 1987 et 1990; Karim, Majid et Levison 1980; Kumar et Stewart 1987; Lewin avec Berstecher 1989; Mateus 1983; Organisation de coopération et de développement économiques 1990a; Patel 1989; Pfeffermann et Griffin 1989; Pinstrup-Andersen 1985, 1988 et 1989; Stewart 1988; Tan et Mingat 1989; PNUD 1990b; UNICEF 1989; Vogel 1988, 1990a, 1990b and à paraître; Waddington et Enyimayew 1989; WCEFA 1990; et Winkler 1989.

Les références pour les encadrés sont les suivantes : encadré 4.1, Colclough et Lewin 1990; encadré 4.2, Edirisinghe 1987 et 1988; encadré 4.3, Waddington et Enyimayew 1989, et Creese 1990.

Les références pour les tableaux sont les suivantes : tableau 4.1, PNUD 1990d; tableau 4.2, Vogel 1990a; tableau 4.3, Tan et Mingat 1989.

Le **chapitre 5** est tiré de : Antia 1985; Bienen et autres 1990; Cernea 1985 et 1987; Chowdry 1990; Cornia, Jolly et Stewart 1987; Daremblum 1990; de Valk et Wekwete 1990; Dreze et Sen 1989; Edirisinghe 1987; Gordon

Drabek 1987; Grant 1990; Hossein 1988; Hirschman 1984 et 1991; Isaac 1991; Lewis et autres 1988; Mosley 1990; Nelson 1984 et 1989; Nelson et autres 1989; Nozick 1968; Paul 1983; Pradhan 1980; Rondenelli et autres 1983; Salmen (sans date) et 1990; Sutton 1990; Sanyal 1990; Sen 1982; Taylor, Horton et Raff 1980; Tilakaratna 1987; Uphoff 1985, 1986 et 1988; Waterbury 1989; Whitehead 1990; et Yudelman 1987.

Les références pour les encadrés sont les suivantes : encadré 5.1, Hossein 1988, Sanders 1983a et 1983b, et Tilakaratna 1987; encadré 5.3, Cernea 1988, Gordon Drabek 1987, et Organisation de coopération et de développement économiques 1990c.

Le **chapitre 6** est tiré de : Faber et Griffith-Jones 1990; Haq 1990; Humphreys et Underwood 1989; Renner 1989 et 1990; UNICEF 1990b; Nations Unies 1990l; Williamson 1990; et Wulf 1990.

Les références pour les encadrés sont les suivantes : encadré 6.3, Griffith-Jones 1990; encadré 6.4, Wulf 1990.

Les références pour les diagrammes sont les suivantes : diagramme 6.2, Sivard 1989; diagramme 6.3, Sivard 1989.

La **note technique 2** est tirée de Atkinson 1970.

La **note technique 6** est tirée de : Bollen 1986, 1989 et 1990; Cingranelli et Pasquerello 1985; Claude et Jabine 1990; Gastil 1987; Humana 1986; Lopez et Stohl 1990; Etudes de développement international comparatif 1990; Symposium: problèmes de statistiques dans le domaine des droits de l'homme 1986; Taylor et Jodice 1983; Nations Unies 1948, 1966a et 1966b; Département d'Etat des Etats-Unis 1990; Comité de juristes pour les droits de l'homme 1990; et Ines de Neufville 1986.

Sources

Aghevli, Bijan, James Boughton et.al.1990. *The Role of National Saving in the World Economy: Recent Trends and Prospects.* IMF Occasional Paper 67. Washington: Fonds monétaire international.

Akder, Halis. 1990. « Turkey: Country Profile; Human Development Indices for all Turkish Provinces. » Université technique du Moyen-Orient, Département d'économie. Ankara: PNUD. Polycopié.

Alderman, Harold. 1988. « The Twilight of Flour Rationing in Pakistan. » *Food Policy*, août: 245-56.

Amnesty International. Années diverses. *Rapport annuel d' Amnesty International.* Londres: Amnesty International Publications.

Anderson, Dennis. 1989. « Infrastructure Pricing Policies and the Public Revenue in African Countries. » *Développement mondial* 174.

Antia, N.H. 1985. « An Alternative Strategy for Health Care: The Mandwa Project. » *The Economic and Political Weekly* 20: 51-52.

Ascadi, George, et Gwendolyn Johnson-Ascadi. 1990. « Safe Motherhood in Africa: Socio-cultural and Demographic Aspects of Maternal Health. » Polycopié.

Atkinson, A.B. 1970. « On the Measurement of Inequality. » *Journal of Economic Theory* 3.

Ball, Nicole. 1985. « The Security Sector, the Budget and Development. » *IDS Bulletin* 16(4).

Banque mondiale 1986a. Poverty and Hunger: Issues and Options for Food Security in Developing Countries. A World Bank Policy Study. Washington.

—— 1986b. Financing Education in Developing Countries; An Exploration of Policy Options. Washington.

—— 1987a. Financing Health Services in Developing Countries: An Agenda for Reform. A World Bank Policy Study. Washington.

—— 1988a. Education Policies for Sub Saharan Africa: Adjustment, Revitalization, and Expansion. A World Bank Policy Study. Washington.

—— 1988b. Argentina: Social Sectors in Crisis. A World Bank Country Study. Washington.

—— 1989. Sub-Saharan Africa: From Crisis to Sustainable Growth. A Long-term Perspective Study. Washington.

—— 1990a. Rapport sur le développement dans le monde 1990. Washington: Banque mondiale.

—— 1990b. « Indonesia Poverty Assessment and Strategy Report. » Asia Regional Office, Country Department V. Washington.

—— 1990c. « China: Long-Term Issues and Options in the Health Transition. » Volume I. Asia Regional Office, Country Department III. Washington.

—— 1990d. Primary Education. A World Bank Policy Paper. Washington.

Bartelmus, Peter. 1990. « Sustainable Development; a Conceptual Framework. » Document de travail du Département des affaires économiques et sociales internationales (ONU). New York: Nations Unies. Polycopié.

Bayley, D. 1985. *Patterns of Policing.* New Brunswick: Rutgers.

Berg, Alan. 1987. *Malnutrition: What Can Be Done? Lessons from World Bank Experience.* Baltimore: Johns Hopkins University Press.

Berstecher, Dieter, et Roy Carr-Hill. 1990. *Primary Education and Economic Recession in the Developing World since 1980.* Etude spéciale réalisée pour la Conférence mondiale sur l'éducation pour tous d'ici à l'an 2000. Paris: Unesco.

Besley, Timothy, et Ravi Kanbur. 1988. « Food Subsidies and Poverty Alleviation. » *The Economic Journal* 98: 701-19.

Bienen, Henry, Devest Kapur, James Parks et Jeffrey Riedinger. 1990. « Decentralization in Nepal. » *Développement mondial* 18(1).

Blakney, Richard B., Jennie I. Litvack et Jonathan Quick. 1989. *Financing Primary Health Care: Experiences in Pharmaceutical*

Cost Recovery. Arlington, Virginia: Management Sciences for Health.

Bobiash, Donald J. 1988. « South-South Trade: West African Case Studies. » Oxford University. Thèse non publiée.

Bollen, Kenneth A. 1986. « Political Rights and Political Liberties in Nations: an Evaluation of Human Rights Measures, 1950 to 1984. » *Human Rights Quarterly* 84: 567-91.

—— 1989. *Structural Equations with Latent Variables*. Londres: John Wiley and Sons.

—— 1990. « Political Democracy: Conceptual and Measurement Traps. » *Studies in Comparative Social Development* 251:7-24.

Bruce, Judith. 1989. « Homes Divided. » *Développement mondial* 17(7).

Buhmann, Brigitte, Lee Rainwater, Guenther Schmaus et Timothy M. Smeeding. 1988. « Equivalence Scales, Well-Being, Inequality, and Poverty: Sensitivity Estimates Across Ten Countries Using the Luxembourg Income Study LIS Database. » *The Review of Income and Wealth* 34(2): 115-42.

Bureau de statistique de la Communauté européenne. 1990. « Inequality and Poverty in Europe. » Rapid Reports: Population and Social Conditions 7. Luxembourg: EUROSTAT.

Carlson, Beverley A. 1985. « The Potential of National Household Survey Programmes for Monitoring and Evaluating Primary Health Care in Developing Countries. » *Rapport trimestriel de statistiques sanitaires mondiales* 38(1).

Carlson, Beverley A., et Tessa M. Wardlaw. 1990. « A Global, Regional and Country Assessment of Child Malnutrition. » Document de travail de l'UNICEF (Staff Working Paper) 7. New York: UNICEF.

Cassen, Robert, et. al. 1987. *Does Aid Work?* New York: Oxford University Press.

Central Statistical Office. 1990. *Social Trends* 20. Londres: HMSO.

Cernea, Michael. 1987. « Farmers' Organizations and Institutions Building for Sustainable Development. » *Regional Development Dialogue* 8(2): 1-19.

—— 1988. *Nongovernmental Organizations and Local Government*. Document de travail de la Banque mondiale (Discussion Paper) 40. Washington: Banque mondiale.

—— ed. 1985. *Putting People First: Sociological Variables in Rural Development*. New York: Oxford University Press.

Chowdry, Kamla. 1990. « Poverty, Environment, Development. » In Sutton (1990).

Cingranelli, David L., et Thomas F. Pasquerello. 1985. « Human Rights Practices and the Distribution of U.S. Foreign Aid to Latin American Countries. » *American Journal of Political Science* 29: 539-63.

Claude, Richard P., et Thomas Jabine, eds. 1990. *Statistics and Human Rights*. Philadelphie: University of Pennsylvania Press.

Cohen, Desmond. 1990. « Human Development in Industrial Countries: the UK and the USA. » Etude réalisée pour le compte du PNUD. New York. Polycopié.

Colclough, Christopher. A paraître. « Who Should Learn to Pay? An Assessment of Neo-liberal Approaches to Educational Policy. » In C. Colclough et J. Manor, eds., *States or Markets? Neo-liberalism and the Development Policy Debate*. Oxford: Oxford University Press.

Colclough, Christopher, et Keith Lewin. 1990. « Educating All the Children: the Economic Challenge for the 1990s. » Jomtien, Thailande. Communication présentée à la Conférence mondiale sur l'éducation pour tous d'ici à l'an 2000.

Commission de l'Amérique latine et des Caraïbes pour le développement et l'environnement. 1990. Our Own Agenda. Banque interaméricaine de développement et Programme de développement des Nations Unies. Washington et New York.

Commission du Sud. 1990. The Challenge of the South. Rapport de la Commission du Sud. New York: Oxford University Press.

Commission économique pour l'Afrique (ONU). 1990. Charte africaine de la participation populaire au développement et à la transformation. Conférence internationale sur la participation populaire à la relance et au développement de l'Afrique. Arusha, 12-16 février 1990. E/ECA/CM.16/11. Addis- Abeba: CEA.

—— 1991. « Human Development in Africa. » Addis- Abeba: CEA. Polycopié.

Commission économique pour l'Amérique latine et les Caraïbes (ONU). 1990. Balance Preliminar de la Economia de America Latina y el Caribe. Santiago: CEPALC.

Conférence des Nations Unies sur le commerce et le développement. 1990. « Les pays les moins avancés, 1989. » Rapport préparé par le secrétariat de la CNUCED. Genève. F.90.II.D.4.

Conférence mondiale sur l'éducation pour tous d'ici à l'an 2000. 1990. Meeting Basic Learning Needs: Strategies for the 1990s. Document d'information. New York.

Cornia, G. Andrea. 1989. « Investing in Human Resources: Health, Nutrition and Development for the 1990s. » *Journal of Development Planning* 19: 159-87.

Cornia, G. Andrea, Richard Jolly et Frances Stewart, eds. 1987. *Adjustment with a Human Face*. Volume I. New York: Oxford University Press, pour le compte de l' UNICEF.

Cornia, G. Andrea, et Frances Stewart. 1990. *The Fiscal System, Adjustment and the Poor*. Queen Elizabeth House Development Studies Working Paper 29. Oxford.

Cornia, G. Andrea, Rolph van der Hoeven et Thandika Mkandawire, eds. A paraître. *Adjustment, Stagnant Economic Structures and Human Development in Sub Saharan Africa: Policy Conflicts and Alternatives*. Etude réalisée pour le compte de l' UNICEF. Londres: McMillan.

Creese, Andrew L. 1990. *User Charges for Health Care: A Review of the Recent Experience*. Strengthening Health Services Paper 1. Genève: OMS.

Daremblum, Jaime. 1990. « Costa Rica Needs Lower Taxes and a Leaner State. » *The Wall Street Journal*. Vendredi 5 octobre.

de Valk, P., et K. H. Wekwete, eds. 1990. *Decentralising for Participatory Planning*. Aldershot: Gower Publishing.

Delfs, Robert. 1990. « Pay As You Go; Improved Health Care Means Higher Costs. » *Far Eastern Economic Review*, 26, 21-23 juillet.

Dreze, Jean, et Amartya K. Sen. 1989. *Hunger and Public Action*. WIDER Studies in Development Economics. Oxford: Clarendon Press.

Edirisinghe, Neville. 1987. *The Food Stamp Programme in Sri Lanka: Costs, Benefits and Policy* Options. Institut international de recherche sur les politiques alimentaires, rapport 58. Washington: IFPRI.

——— 1988. « Food Subsidy Changes in Sri Lanka: the Short-Run Effect on the Poor. » In Pinstrup-Andersen (1988).

Faber, Mike, et Stephanie Griffith-Jones, eds. 1990. « Approaches to the Third World Debt Reduction. » *IDS Bulletin* 21(2).

Feuerstein, Marie-Terese, et Hermione Lovel. 1989. « Seeing Light at the End of the Tunnel. » *Community Development Journal* 24(3): 164-70.

Gastil, Raymond D. 1987. *Freedom in the World 1987-1988*. Freedom House. Westport, Connecticut: Greenwood Press.

GATT. 1989. *Commerce international 1988-89*. Volume I. GATT. Genève.

Gertler, Paul, et Jacques van der Gaag. 1988. *Measuring the Willingness to Pay for Social Services in Developing Countries*. Living Standards Measurement Study Working Paper 45. Washington : Banque mondiale.

Gertler, Paul, et Paul Glewwe. 1989. *The Willingness to Pay for Education in Developing Countries: Evidence from Rural Peru*. Living Standards Measurement Study Working Paper 54. Washington: Banque mondiale.

Goldemberg, José, et al. 1988. *Energy for a Sustainable World*. Wiley Eastern India.

Gonzales, Pablo. 1990. « The Relative Earnings of Women: Theory, Trends and Causes. » Document établi pour le compte de l'OIT et du PNUD. Cambridge. Polycopié.

Gordon Drabek, A. 1987. « Development Alternatives: The Challenge for NGOs-An Overview of the Issues. » *Développement mondial*, Numéro spécial (Automne).

Grant, James. 1990. « Comments on Nancy Birdsall's Essay. » In Sutton (1990).

Greve, John, et E. Currie. 1990. *Homelessness in Britain*. York: Joseph Rowntree Memorial Trust.

Griffin, Charles C. 1988. User *Charges for Health Care in Principle and Practice*. EDI Seminar Paper 37. Washington: Banque mondiale.

——— 1990. « Health Sector Financing in Asia. » Asia Regional Series Internal Discussion Paper. Washington: Banque mondiale.

Griffith-Jones, Stephanie. 1990. « Debt Relief for Child Development. » *IDS Bulletin* 21(2): 78-81.

Grimmit, Richard F. 1988. « An Overview of US Military Assistance. » Rapport du SNPC établi pour le Congrès des Etats-Unis. Washington: Congressional Research Service.

Gulhati, Ravi. 1990. *The Making of Economic Policy in Africa*. EDI Seminar Series. Washington: Banque mondiale.

Hallak, Jacques. 1990. *Investing in the Future; Setting Educational Priorities in the Developing World. Etude* réalisée pour le compte du PNUD. Paris: Institut international de planification de l'éducation (Unesco)/Pergamon Press.

Ham, Chris, Ray Robinson et Michaela Benzeval. 1990. Health Check: *Health Care Reforms in an International Context*. Londres: King's Fund Institute.

Haq, Khadija, et Uner Kirdar, eds. 1986. *Human Development: the Neglected Dimension*. Table ronde Nord-Sud et Programme d'étude des questions de développement du PNUD. Volume I. Islamabad.

——— eds. 1987. *Human Development: Adjustment and Growth*. Table ronde Nord-Sud et Programme d'étude des questions de développement du PNUD. Volume II. Islamabad.

——— eds. 1988. *Managing Human Development*. Table ronde Nord-Sud et Programme d'étude des questions de développement du PNUD. Volume III. Islamabad.

——— eds. 1989. *Development for People: Goals and Strategies for the Year 2000*. Table ronde Nord-Sud et Programme d'étude des questions de développement du PNUD. Volume IV. Islamabad.

Haq, Mahbub ul. 1988. « People in Development. » Paul G. Hoffman Lecture. New York: PNUD.

——— 1990. « Human Development: Old Myths and New Insights. » In PNUD (1990c).

Hirschman, Albert O. 1984. *Getting Ahead Collectively: Grassroots Experiences in Latin America*. New York et Oxford: Pergamon Press

——— 1991. *The Rhetoric of Reaction*. Cambridge: Belknap Press of Harvard University Press.

Holzman, Elizabeth. 1990. *Poverty and Breast Cancer in New York City*. New York: Office of the Comptroller.

Hoppers, Wim. 1989. « The Response from the Grassroots: Self-reliance in Zambian Education. » *IDS Bulletin* 20(1): 17-23.

Hossein, Mahabub. 1988. *Credit For Alleviation of Rural Poverty: The Grameen Bank in Bangladesh*. Institut international de recherche sur les politiques alimentaires, en collaboration avec le Bangladesh Institute of Development Studies. Research Report 65. Washington: IFPRI.

Hueting, Roefie. 1990. « The Brundtland Report: A Matter of Conflicting Goals. » *Ecological Economics* 2: 109-17

Humana, Charles. 1986. *The World Guide to Human Rights*. New York: Facts on File.

Humphreys, Charles, et John Underwood. 1989. « The External Debt Difficulties of Low Income Africa. » In I. Husain et I. Diwan, eds., *Dealing With the Debt Crisis*. Washington: Banque mondiale.

Ines de Neufville, Judith. 1986. « Human Rights Reporting as a Policy Tool: an Examination of the State Department Country Reports. » *Human Rights Quarterly* 84: 681-99.

Institut international de Stockholm de recherches pour la paix. 1990. World Armaments and Disarmament. SIPRI Yearbook 1990. Oxford: Oxford University Press.

Isaac, Thomas. 1991. « Kerala's Verdict. » *Frontline* 8(4): 34-38.

Jimenez, Emmanuel. 1987. *Pricing Policy in the Social Sectors: Cost Recovery for Education and Health in Developing Countries*. Baltimore: Johns Hopkins University Press.

——— 1990. « Social Sector Pricing Policy Revisited: A Survey of Some Recent Controversies. » Proceedings of the World Bank Annual Conference on Development Economics 1989. Supplement to the World Bank Economic Review and *World Bank Research Observer*. Washington: Banque mondiale.

Jimenez, Emmanuel, Marlaine Lockheed et Vicente Paqueo. 1988. « The Relative Efficiency of Public Schools in Developing Countries. » PPR Working Paper 72. Washington: Banque mondiale.

Jimenez, Emmanuel, Marlaine Lockheed et Nongnuch Wattanawaha. 1988. « The Relative Efficiency of Private and Public Schools: The Case of Thailand. » *World Bank Economic Review* 2(2): 139-64.

Jimenez, Emmanuel, Vicente Paqueo et Ma. Lourdes de Vera. 1988a. « Student Performance and School Costs in the Philippines High Schools. » PPR Working Paper 61. Washington: Banque mondiale.

——— 1988b. « Does Local Financing Make Primary Schools More Efficient? The Philippine Case. » PPR Working Paper 69. Washington: Banque mondiale.

Kanbur, Ravi. 1988. « The Principles of Targeting. » Communication présentée au colloque de la Banque mondiale sur la pauvreté et l'ajustment, 11-13 Avril. Warwick: Development Economics Research Center.

Kanda, Chiyo. 1990. « Trends in Bilateral Official Resource Flows to the Social Sectors, 1985-88. » Etude réalisée pour le compte de l' UNICEF. New York.

Kanji, Najmi. 1989. « Charging for Drugs in Africa: UNICEF's Bamako Initiative. » *Health Policy and Planning* 42: 110-20.

Karim, Rezaul, Manjur Majid et F.J. Levison. 1979. « Targeting a Consumer Food Subsidy Programme: the Bangladesh Sorghum Experiment. » Dacca: USAID. Polycopié.

——— 1980. « The Bangladesh Sorghum Experiment. » *Food Policy* 5 (février): 61-63.

Killick, Tony. 1989. *A Reaction Too Far: Economic Theory and the Role of the State in Developing Countries*. ODI Development Policy Studies. Londres: Overseas Development Institute.

Knight, John. 1991. « Parastatals in Africa. » In Stewart, Lall et Wangwe (1991).

Kumar, Gopalakrishna, et Frances Stewart. 1987. « Tackling Malnutrition: What Can Targeted Nutrition Interventions Achieve? » Working Paper 225. Center for Development Studies. Trivandrum.

Larson, Ann. 1990. « The Social Epidemiology of Africa's AIDS Epidemic. » *African Affairs* 89(354): 5-25.

Lawyers Committee for Human Rights. 1990. *Critique: Lawyers Committee for Human Rights Review of the Department of States' Country Reports on Human Rights Practices in 1989*. New York.

Lessard, Donald, et John Williamson, eds. 1987a. *Capital Flight and Third World Debt*. Washington: Institute of International Economics.

—— 1987b. « The Problem and Policy Responses. » In Lessard et Williamson (1987a).

Lewin, Keith, et Dieter Berstecher. 1989. « The Costs of Recovery: Are User Fees the Answer? » *IDS Bulletin* 20(1): 59-71.

Lewis, John P., et al. 1988. *Strengthening the Poor: What Have We Learned*. U.S. Third World Policy Perspectives 10. Overseas Development Council. New Brunswick: Transaction Books.

Lipton, Michael, et John Toye. 1990. *Does Aid Work in India?* Londres: Routledge.

Lloyd, Cynthia B., et Anastatia Brandon. 1990. « Women's Role in the Maintenance of Families, Poverty and Inequality in Ghana. » Polycopié.

Lopez, George A., et Michael Stohl. 1990. « Problems of Concept and Measurement in the Study of Human Rights. » In Claude et Jabine (1990).

Lowe, Marcia D. 1990. « Alternatives to the Automobile: Transport for Livable Cities. » Worldwatch Paper 98. Washington: Worldwatch Institute.

MacAndrews, Collin, ed. 1986. *Central Government and Local Development in Indonesia*. Oxford: Oxford University Press.

Mandl, Pierre-E. 1988. « Annotated Bibliography on Community Financing for Local Health Services. » Document de travail de l'UNICEF (Staff Working Paper) 3. New York: UNICEF.

Mateus, Abel. 1983. « Targeting Food Subsidies to the Needy: The Use of Cost-Benefit Analysis and Institutional Design. » Document de travail de la Banque mondiale (Staff Working Paper) 617. Washington: Banque mondiale.

Meerman, Jacob. 1979. *Public Expenditure in Malaysia: Who Benefits and Why*. World Bank Research Publication. New York: Oxford University Press.

Mesa-Lago, Carmelo. 1983. « Social Security and Extreme Poverty in Latin America. » *Journal of Development Studies* 12: 83-110.

Mosley, Paul. 1990. « Increased Aid Flows and Human Resource Development in Africa. » Innocenti Occasional Paper 5. Centre international pour le développement de l'enfant. Florence: UNICEF.

Nelson, Joan M. 1984. « The Political Economy of Stabilization: Commitment, Capacity and Public Response. » *Développement mondial* 12(10).

—— 1989. « The Politics of Pro-Poor Adjustment. » In Nelson et al. (1989).

Nelson, Joan, et al. 1989. *Fragile Coalitions: the Politics of Economic Adjustment*. U.S. Third World Policy Perspectives 12. Overseas Development Council. New Brunswick: Transaction Books.

Newbery, David, et Nicholas Stern, eds. 1987. *The Theory of Taxation for Developing Countries*. New York: Oxford University Press.

Nozick, Robert. 1968. *Anarchy, State and Utopia*. New York: Basic Books.

OIT. 1987. « Background Document for the High-Level Meeting on Employment and Structural Adjustment. » Genève.

—— 1990a. « Colombia in the Eighties: Growth with Equity. » Programa Regional del Empleo para America Latina y el Caribe. Programme mondial de l'emploi. Etude réalisée pour le compte du PNUD. Polycopié.

—— 1990b. Employment and Equity; the Challenge of the 1990s. Programa Regional del Empleo para America Latina y el Caribe. Santiago: Programme mondial de l'emploi.

Organisation de coopération et de développement économique. 1986. « Living Conditions in OECD Countries: A Compendium of Social Indicators. » OECD Social Policy Studies 3. Paris: OCDE.

—— 1990a. « Health Care Systems in Transition: the Search for Efficiency. » OECD Social Policy Studies 7. Paris: OCDE.

—— 1990b. « Lone-parent Families; the Economic Challenge. » In OECD Social Policy Studies 8. Paris: OCDE.

—— 1990c. « Development Co-operation; Efforts and Policies of the Members of the Development Assistance Committee DAC. » Rapport présenté par Joseph C. Wheeler, Président du CAD. Paris: OCDE.

Organisation des Nations Unies. 1948. « Déclaration universelle des droits de

l'homme. » Résolution 217 III du 10 Décembre 1948.
——— 1966a. « Pacte international relatif aux droits économiques, sociaux et culturels. »
——— 1966b. « Pacte international relatif aux droits civils et politiques. »
——— 1989. « Etude mondiale sur le rôle des femmes dans le développement, 1989. » Office des Nations Unies à Vienne, Centre pour le développement social et les affaires humanitaires. New York. F. 89, IV, 2.
——— 1990a. « Population et droits de l'homme. » Rapport sur les travaux de la réunion du Groupe d'experts en matière de population et de droits de l'homme. Genève, 3-6 avril 1989. ST/ESA/SER.R/107.
——— 1990b. « Présentation générale des activités du Haut Commissariat pour les réfugiés. » Rapport pour 1989-1990. Genève. A/AC.96/753.
——— 1990c. « Rapport du Comité sur le fonctionnement et le programme de travail des Nations Unies en matière de prévention du crime et de justice pénale. » Comité pour la prévention du crime et la lutte contre la délinquance (Conseil économique et social). Onzième session, 5-16 février 1990. New York. E/AC.57/19890/L.32.
——— 1990d. « Troisième enquête des Nations Unies sur les tendances de la criminalité, le fonctionnement des systèmes de justice pénale et les stratégies en matière de prévention du crime. » Rapport du Secrétariat. Huitième Congrès des Nations Unies pour la prévention du crime et le traitement des délinquants. La Havane, 27 août-7 Septembre 1990. New York. A/CONF.144/6.
——— 1990e. « La justice dans le contexte du développement: réalités et perspectives de la coopération internationale. Mesures concrètes de lutte contre la corruption. » Rapport du Secrétariat. Huitième Congrès des Nations Unies pour la prévention du crime et le traitement des délinquants. La Havane, 27 août-7 Septembre 1990. New York. A/CONF.144/8.
——— 1990f. « Effective National and International Action Against: a) Organized Crime; b) Terrorist Criminal Activities. » Document de travail établi par le Secrétariat. Huitième Congrès des Nations Unies pour la prévention du crime et le traitement des délinquants. La Havane, 27 août-7 Septembre 1990. New York. A/CONF.144/15.
——— 1990g. « Social and Economic Policy Issues in Female Leadership and Vulnerability. » Division de la promotion de la femme. Office des Nations Unies à Vienne. EGM/VB/1990/WP.1.
——— 1990h. « Rapport du Secrétaire général sur l'activité de l'Organisation. » New York. A/45/1.
——— 1990i. « Perspectives socio-économiques mondiales jusqu'à l'an 2000. » Départment des affaires économiques et sociales internationales. New York. F.90.II.C.2.
——— 1990j. « Mise en valeur des ressources humaines aux fins du développement. » Rapport du Secrétaire général. New York. A/45/451.
——— 1990k. « Etude sur l'économie mondiale 1990; tendances et politiques actuelles dans le monde. » Département des affaires économiques et sociales internationales. New York. F.90.II.C.1.
——— 1990l. « Transfert net de ressources des pays en développement. » Rapport du Secretaire général. New York. A/45/487.
——— 1990m. « Cérémonie de présentation de la Déclaration et du Plan d'action adoptés lors du Sommet mondial pour les enfants. » Note du Secrétaire général. New York. A/45/625.
——— A paraître. « Women and Social Trends 1970-1990. » Bureau de statistique (Départment des affaires économiques et sociales internationales) et Centre pour le développement social et les affaires humanitaires de l'Office des Nations Unies à Vienne. New York.
Organisation des Nations Unies pour le développement industriel. 1990. « Rapport mondial 1990-1991. » Vienne. ID/371.
Organisation mondiale de la santé. 1989. « Tropical Diseases; Progress in International Research, 1987-88. » Neuvième rapport sur le Programme spécial PNUD/ Banque mondiale/OMS de recherche et de formation dans le domaine des maladies tropicales. Genève.
——— 1990a. Tropical Diseases 1990. Programme spécial PNUD/ Banque mondiale/OMS de recherche et de formation dans le domaine des maladies tropicales. Genève. Division des maladies tropicales, OMS. Genève.
——— 1990b. Update: AIDS Cases Reported to Surveillance, Forecasting and Impact Assessment Unit SFI. Programme mondial de lutte contre le SIDA. Genève.
Over, Mead, et al. 1988. *The Direct and Indirect Cost of HIV Infection in Developing Countries: The Cases of Zaire and Tanzania.* Communication présentée à la quatrième

Conférence mondiale sur le SIDA. Stockholm.

Pastor, Manuel. 1990. « Capital Flight from Latin America. » *Développement mondial* 18(1).

Patel, Mahesh S. 1989. *Eliminating Social Distance Between North and South; Cost Effective Goals for the 1990s*. Document de travail de l'UNICEF (Staff Working Paper) 5. New York: UNICEF.

Paul, Samuel. 1983. *Managing Development Programs: The Lessons of Success*. Boulder: Westview Press.

Pfeffermann, Guy P., et Charles C. Griffin. 1989. *Nutrition and Health Programmes in Latin America: Targeting Social Expenditures*. Publication de la Banque mondiale en association avec l' International Center for Economic Growth. Washington et Panama.

Pinstrup-Andersen, Per. 1985. « Food Prices and the Poor in Developing Countries. » *European Review of Agricultural Economics* 12: 69-81.

——— 1989. *Approaches to Targeting Food, Nutrition and Health Programmes; Assessment of Country Experience*. Document établi pour la quinzième session ministérielle du Conseil mondial de l'alimentation. Le Caire.

——— ed. 1988. *Food Subsidies in Developing Countries: Costs, Benefits and Policy Options*. Baltimore: Johns Hopkins University Press.

PNUD. 1990a. Rapport mondial sur le développement humain 1990. Paris: Economica.

——— 1990b. Document d'information. Consultation mondiale sur l'eau salubre et l'assainissement pendant les années 90, tenue à New Delhi en septembre 1990.

——— 1990c. « Development Challenges for the 1990s. » An Anniversary Issue to Commemorate 40 Years of Multilateral Technical Co-operation for Development in the United Nations System. New York.

——— 1990d. « Human Development Country Studies in Selected Countries. » New York. Polycopié.

——— 1991. « Antalia Statement on Change: Threat or Opportunity for Human Progress? » Round Table on Global Development Challenges, 7-9 Septembre 1990. Programme d'étude des questions de développement du PNUD. New York.

PNUD et Banque mondiale. 1990. Programme d'approvisionnement en eau et d'assainissement; rapport annuel 1989-90. Washington.

Postel, Sandra. 1990. « Toward a New Economics. » *World Watch* 3(5): 20-28. Washington: Worldwatch Institute.

Pradhan, Pranchanda. 1980. *Local Institutions and People's Participation in Rural Public Works in Nepal*. New York Rural Development Committee. Ithaca: Cornell University.

Pronk, Jan. 1990. « The Management of Interdependence. » In PNUD (1990c).

Psacharopoulos, George, et Maureen Woodhall. 1985. *Education for Development: an Analysis of Investment Choices*. New York: Oxford University Press pour le compte de la Banque mondiale.

Renner, Michael. 1989. « National Security: The Economic and Environmental Dimensions. » Worldwatch Paper 89. Washington: Worldwatch Institute.

——— 1990. « Swords into Plowshares: Converting to a Peace Economy. » Worldwatch Paper 96. Washington: Worldwatch Institute.

Rodriguez, Miguel A. 1987. « Consequences of Capital Flight for Latin American Debtor Countries. » In Lessard et Williamson (1987a).

Ron, Aviva, Brian Abel-Smith et Giovanni Tamburi. 1990. *Health Insurance in Developing Countries; the Social Security Approach*. Genève: OIT.

Rondenelli, Dennis A., et al. 1983. « Decentralization in Developing Countries: a Review of Recent Experience. » Document de travail de la Banque mondiale (Staff Working Paper) 581. Washington: Banque mondiale.

——— Salmen, Lawrence F. Sans date. « Popular Participation and Development. » Washington : Banque 1990. « Institutional Dimensions of Poverty Reduction. » Policy, Research and External Affairs Working Paper 411. Washington: Banque mondiale.

Sanders, Thomas G. 1983a. « Promoting Social Development: Private Sector Initiatives in Cali, Colombia. » *University Field Staff International Inc. Reports*. 21 South America. Hanover, New Hampshire: UFSI.

——— 1983b. « Micro-business: Innovative Private Sector Development in Colombia. » *University Field Staff International Inc. Reports*. 22 South America. Hanover, New Hampshire: UFSI.

Sanyal, Bishwapriya. 1990. « Sailing Against the Wind: A Treatise in Support of Poor Countries' Governments. » Cambridge,

Massachusetts: Massachusetts Institute of Technology. Tapuscrit.

Schiefelbein, Ernesto. 1987. « Education Costs and Financing Policies in Latin America. » Document de travail (Discussion Paper). Education and Training Series 60. Washington: Banque mondiale.

Scitovsky, Anne A., et Mead Over. 1988. « AIDS: Costs of Care in the Developed and the Developing World. » AIDS 2(1): 571-81.

Sen, Amartya K. 1982. « How is India Doing? » *New York Review of Books* 29(20): 41-45.

—— 1990. « More than 100 Million Women are Missing. » *New York Review of Books* 37(20): 61-66.

Sivard, Ruth L. 1989. *World Military and Social Expenditures*. Washington: World Priorities.

Stewart, Frances. 1988. « Adjustment with a Human Face: the Role of Food Aid. » *Food Policy* 13(1): 18-26.

Stewart, Frances, Sanjaya Lall et S. Wangwe. 1991. *Alternative Development Strategies in Sub-Saharan Africa*. Londres: MacMillan.

Studies in Comparative International Development. 1990. Special Issue on Measuring Democracy. 251(Printemps).

Summers, Robert, et Alan Heston. 1988. « A New Set of International Comparisons of Real Product and Prices: Estimates for 130 Countries, 1950-1985. » *The Review of Income and Wealth* 34(1): 1-26.

—— A paraître en 1991. « Panworld Table Mark 5: An Expanded Set of International Comparisons, 1950-88. » *Quarterly Journal of Economics* (Mai).

Sutton, Francis X., ed. 1990. *A World to Make, Development in Perspective*. New Brunswick: Transaction Publishers.

—— 1986. « Symposium: Statistical Issues in the Field of Human Rights. » *Human Rights Quarterly* 84.

Tan, Jee-Peng, et Alain Mingat. 1989. « Educational Development in Asia: A Comparative Study Focussing on Cost and Financing Issues. » Asia Regional Series Internal Discussion Paper. Washington: Banque mondiale.

Taylor, Charles L., et David A. Jodice. 1983. *World Handbook of Economic and Social Indicators*. Volume II. 3e.édition. New Haven: Yale University Press.

Taylor, Lance, Susan Horton et Daniel Raff. 1980. *Food Subsidy Programs: A Survey*. Rapport établi pour la Fondation Ford. Cambridge, Massachusetts: Massachusetts Institute of Technology.

Temporary Working Group on Financial Resources Generation. 1990. *Financing Water Supply and Sanitation Services*. Document de conférence 1. Consultation mondiale sur l'eau salubre et l'assainissement. New York: PNUD.

Theobald, Robin. 1990. *Corruption, Development and Underdevelopment*. Londres: MacMillan.

Tilakaratna, S. 1987. *The Animator in Participatory Rural Development; Concept and Practice*. Rapport sur la coopération technique, Programme mondial de l'emploi. Genève: OIT.

Topping, John. 1990. « Likely Impact of Global Warming on Developing Countries. » Paper prepared for the Roundtable on Global Development Challenges. Antalia. 7-9 Septembre 1990. Programme d'étude des questions de développement du PNUD. New York. Polycopié.

UNICEF. 1989. *La situation des enfants dans le monde, 1990*. New York: UNICEF.

—— 1990a. *La situation des enfants dans le monde, 1991*. New York: UNICEF.

—— 1990b. *Children and Development in the 1990s. A UNICEF Sourcebook*. Publié à l' occasion du Sommet mondial pour les enfants. New York.

United States Department of Commerce. 1990. « Money, Income and Poverty Status in the United States, 1989. » Advance report Current *Population Reports: Consumer Income*. Series P-60 no 168. Washington: Bureau of the Census.

United States Department of State. 1990. *Country Report on Human Rights Practices for 1989*. Washington.

Uphoff, Norman. 1985. *Fitting Projects to People*. In Cernea (1985).

—— 1986. *Local Institutional Development: an Analytical Sourcebook*. West Hartford, Connecticut: Kumarian Press.

—— 1988. *Assisted Self-reliance: Working With, Rather than For the Poor*. In Lewis et al. (1988).

Urrutia, Miguel, Shinichi Ichimura et Setsuko Yukawa, eds. 1989. *The Political Economy of Fiscal Policy*. Tokyo: Université des Nations Unies.

van de Walle, Nicolas. 1989. « Privatization in Developing Countries: A Review of the Issues. » *Développement mondial* 1(5).

Vilby, Knud. 1990. « Primary Flows from the Nordic countries to the South. » Etude réalisée pour le compte de l' UNICEF. Copenhague: Center for Alternative Social Analysis.

Vogel, Ronald J. 1988. *Cost Recovery in the Health Care Sector; Selected Country Studies in West Africa*. World Bank Technical Paper 82. Washington: Banque mondiale.

——— 1990a. « Trends in Health Expenditures and Revenue Sources in Sub-Saharan Africa. » Etude réalisée dans le cadre de l'étude de la Banque mondiale sur les politiques de santé en Afrique subsaharienne. Washington: Banque mondiale.

——— 1990b. « The Costs of Health for All: an Economic Analysis. » Etude réalisée pour le compte du PNUD. Polycopié.

——— A paraître. « On the Allocation of Revenues from User Fees: The Case of Health Budgeting in Sub-Saharan Africa. » *Public Budgeting and Financial Management*.

Waddington, C.J., et K.A. Enyimayew. 1989. « A Price to Pay: the Impact of User Charges in Ashanti-Akim District, Ghana. » *International Journal of Health Planning and Management* 4: 17-47.

Walsh, Julia A. 1988. *Establishing Health Priorities in the Developing World*. Etude réalisée pour le compte du PNUD. Boston: Adams Publishing Group.

Waterbury, John. 1989. « The Political Management of Adjustment and Reform. » In Nelson et. al. (1989).

Whitehead, Laurence. 1990. « Political Explanations of Macroeconomic Management: A Survey. » 18(8).

Williamson, J. 1990. « The Debt Crisis at the Turn of the Decade. » *IDS Bulletin* 21(2): 4-6.

Winkler, Donald R. 1989. « Decentralization in Education: an Economic Perspective. » PPR Working Paper 143. Départment de la population et des ressources humaines. Washington: Banque mondiale.

World Resources Institute. 1990. *World Resources 1990-91*. En collaboration avec le Programme des Nations Unies pour l'environnement et le Programme des Nations Unies pour le développement. New York: Oxford University Press.

Wulf, Herbert. 1990. « The Peace Dividend. » Etude réalisée pour le compte du PNUD.New York. Polycopié.

Yoder, Richard A. 1989. « Are People Willing and Able to Pay for Health Services? » *Social Science and Medicine* 29(1): 35-42.

Yudelman, Sally W. 1987. « The Integration of Women Into Development Projects. » *Développement mondial* 15 (Supplément, Automne).

INDICATEURS DU DEVELOPPEMENT HUMAIN

pnud

Index des pays

157	Afghanistan
57	Afrique du Sud
49	Albanie
102	Algérie
119	Allemagne
147	Angola
46	Antigua-et-Barbuda
69	Arabie Saoudite
43	Argentine
9	Australie
17	Autriche
28	Bahamas
51	Bahreïn
136	Bangladesh
22	Barbade
16	Belgique
27	Belize
150	Bénin
144	Bhoutan
110	Bolivie
95	Botswana
60	Brésil
42	Brunei Darussalam
33	Bulgarie
154	Burkina Faso
139	Burundi
140	Cambodge
119	Cameroun
2	Canada
109	Cap-Vert
38	Chili
82	Chine
26	Chypre
61	Colombie
126	Comores
115	Congo
35	Corée, République de
82	Corée, République populaire démocratique de
40	Costa Rica
122	Côte d'Ivoire
62	Cuba
12	Danemark
153	Djibouti
53	Dominique
114	Egypte
94	El Salvador
56	Emirats arabes unis
77	Equateur
20	Espagne
7	Etats-Unis d'Amérique
141	Ethiopie
71	Fidji
13	Finlande
10	France
97	Gabon
159	Gambie
121	Ghana
24	Grèce
64	Grenade
103	Guatemala
158	Guinée
151	Guinée-Bissau
137	Guinée équatoriale
89	Guyana
125	Haïti
100	Honduras
25	Hong-Kong
30	Hongrie
123	Inde
98	Indonésie
92	Iran, République islamique d'
91	Iraq
23	Irlande
3	Islande
21	Israël
18	Italie
76	Jamahiriya arabe libyenne
59	Jamaïque
1	Japon
83	Jordanie
113	Kenya
48	Koweït
107	Lesotho
88	Liban
132	Libéria
19	Luxembourg
116	Madagascar
52	Malaisie
138	Malawi
93	Maldives
156	Mali
29	Malte
108	Maroc
47	Maurice
148	Mauritanie
45	Mexique
87	Mongolie
146	Mozambique
106	Myanmar
105	Namibie
145	Népal
85	Nicaragua
155	Niger
129	Nigéria
6	Norvège
15	Nouvelle-Zélande
86	Oman
134	Ouganda
120	Pakistan
54	Panama
117	Papouasie-Nouvelle-Guinée
73	Paraguay
8	Pays-Bas
78	Pérou
84	Philippines
41	Pologne
36	Portugal
50	Qatar
72	République arabe syrienne
142	République centrafricaine
128	Laos, République démocratique populaire du
80	République dominicaine
58	Roumanie
11	Royaume Uni
133	Rwanda
68	Sainte-Lucie
65	Saint-Kitts-et-Nevis
79	Saint-Vincent
96	Salomon, Iles
81	Samoa
112	Sao Tomé-et-Principe
135	Sénégal
63	Seychelles
160	Sierra Leone
37	Singapour
149	Somalie
143	Soudan
75	Sri Lanka
4	Suède
5	Suisse
55	Suriname
127	Tanzanie, République unie de
152	Tchad
27	Tchécoslovaquie
66	Thaïlande
131	Togo
39	Trinité-et-Tobago
90	Tunisie
70	Turquie
31	URSS
32	Uruguay
101	Vanuatu
44	Venezuela
99	Viet Nam
130	Yémen
34	Yougoslavie
124	Zaïre
118	Zambie
111	Zimbabwe

Signes et explications

Dans les tableaux qui suivent, les pays sont classés par ordre décroissant de leur indicateur de développement humain (IDH). L'ordre numérique des pays est indiqué dans la liste alphabétique ci-contre.

Les données nationales officielles transmises aux organismes compétents des Nations Unies ou à d'autres institutions internationales ont été utilisées chaque fois que cela était possible. Dans certains cas où les données officielles fiables manquent, ce sont les estimations de l'organisme compétent qui ont été utilisées. Dans d'autres cas, le PNUD a réalisé ses propres estimations sur la base des informations obtenues sur le terrain ou des données nationales comparables. Généralement, seules les données nationales globabes ou représentatives ont été retenues. Une note indique les cas où le chiffre mentionné ne s'applique qu'à une partie du pays. Les tableaux des Indicateurs du développement humain, établis à l'aide d'un si grand nombre de sources, ont inévitablement des degrés divers de fiabilité.

Sauf indication contraire, les chiffres résumant les statistiques pour les différents groupes de pays par niveau de développement humain, revenu et région sont les valeurs pondérées de manière appropriée pour chaque groupe (voir les listes suivant les indicateurs pour la composition de chaque groupe). Quand la mesure récapitulative est un total, la lettre T apparaît après le chiffre. Les signes suivants ont été utilisés :

.. Donnée non disponible

T Total

Les *chiffres en italiques* sont des estimations du PNUD.

Table des matières

Index des pays 130
Signes et explications 130
Quelques définitions 211
Classement des pays 216
Principales sources des données 221

TABLEAU 1 Indicateurs du développement humain et IDH 137 — Tous les pays

TABLEAU 2 Développement humain 140 — Pays en développement
- Espérance de vie à la naissance
- Accès aux services de santé
- Accès à l'eau potable
- Accès à l'assainissement
- Apport de calories en % des besoins
- Taux d'alphabétisation des adultes
- Scolarisation primaire et secondaire
- PNB par habitant
- PIB réel par habitant

TABLEAU 3 Les Manques 142 — Pays en développement
- Manque de services de santé
- Manque d'eau potable
- Manque d'assainissement
- Mortalité des enfants de moins de cinq ans
- Enfants sous-alimentés
- Enfants non-scolarisés
- Adultes analphabétes
- Population au-dessous du seuil de pauvreté

TABLEAU 4 Evolution du développement humain 144 — Pays en développement
- Espérance de vie à la naissance
- Mortalité des enfants de moins de cinq ans
- Accès à l'eau potable
- Apport de calories en % des besoins
- Taux d'alphabétisation des adultes
- Scolarisation primaire et secondaire
- PIB réel par habitant

TABLEAU 5 Formation des ressources humaines 146 — Pays en développement
- Taux d'alphabétisation des adultes
- Moyenne d'années d'études
- Scientifiques et techniciens
- Diplômés de l'enseignement supérieur
- Diplômés en sciences

TABLEAU 6 Evolutions des écarts du développement humain Sud/Nord 148 — Pays en développement
- Espérance de vie à la naissance
- Mortalité des enfants de moins de cinq ans
- Apport de calories en % des besoins
- Scolarisation primaire et secondaire
- PIB réel par habitant

TABLEAU 7 Ecarts du développement humain entre le Nord et le Sud 150 — Pays en développement
- Fécondité
- Mortalité maternelle
- Habitants par médecin
- Malnutrition infantile
- Alphabétisation des femmes
- Scolarisation supérieure
- Scientifiques et techniciens
- Radios
- PNB par habitant

TABLEAU 8 Dépenses réelles Sud/Nord 152 — Pays en développement
- Tous produits alimentaires
- Viande
- Produits laitiers, huiles, graisses
- Céréales, pain
- Services de santé
- Médicaments
- Enseignement
- Livres

TABLEAU 9 Inégalités entre zones rurales et zones urbaines 154 **Pays en développement**
- Population rurale
- Accès aux services - population rurale
- Accès aux services - population urbaine
- Disparités zones rurales/urbaines

TABLEAU 10 Inégalités entre les hommes et les femmes 156 **Pays en développement**
- Espérance de vie
- Taux d'alphabétisation des adultes
- Moyenne d'années d'études
- Scolarisation primaire
- Scolarisation secondaire
- Scolarisation supérieure
- Main-d'œuvre
- Parlement

TABLEAU 11 Survie et développement de l'enfant 158 **Pays en développement**
- Naissances sous contrôle
- Insuffisance pondérale néonatale
- Mortalité infantile
- Vaccination (1ère année)
- Allaitement maternel
- Malnutrition infantile
- Mortalité des enfants de moins de cinq ans

TABLEAU 12 Santé 160 **Pays en développement**
- Accès aux services de santé
- Emploi de contraceptifs
- Mortalité maternelle
- Consommation d'alcool par adulte
- Adultes fumeurs
- Médecins et infirmières
- Infirmières par médecin
- Dépenses de santé

TABLEAU 13 Sécurité alimentaire 162 **Pays en développement**
- Production alimentaire par habitant
- Production agricole
- Apport journalier de calories
- Apport de calories en % des besoins
- Dépendance envers les importations alimentaires
- Importations de céréales
- Aide alimentaire en céréales
- Aide alimentaire

TABLEAU 14 Enseignement 164 **Pays en développement**
- Durée de la scolarité obligatoire
- Nombre d'élèves/maîtres dans l'enseign. primaire
- Scolarisation primaire
- Scolarisation secondaire
- Scolarisation primaire et secondaire
- Scolarisation supérieure
- Récepteurs radio
- Récepteurs TV
- Circulation de quotidiens

TABLEAU 15 Problèmes de l'enseignement 166 **Pays en développement**
- Redoublants dans l'enseignement primaire
- Abandons dans l'eenseignement primaire
- Redoublants dans l'enseignement secondaire
- Scolarisation technique secondaire
- Scolarisation scientifique supérieure
- Scolarisation supérieure à l'étranger
- Dépenses d'enseignement
- Dépenses d'enseignement primaire

TABLEAU 16 Emploi 168 **Pays en développement**
- Main-d'œuvre
- Main-d'œuvre féminine
- Main-d'œuvre dans l'agriculture
- Main-d'œuvre dans l'industrie
- Dépenses de sécurité sociale
- Taux annuel de croissance des salaires

TABLEAU 17 Richesse, pauvreté et investissement social 170 **Pays en développement**
- PIB réel par habitant
- PNB par habitant
- Part du revenu des 40 % les plus pauvres
- Rapport du revenu des 20 % les plus riches /20 % les plus pauvres
- Coefficient de Gini
- Population au-dessous du seuil de pauvreté
- Dépenses d'enseignement
- Dépenses de santé

TABLEAU 18 Déséquilibres des flux de ressources 172 — **Pays en développement**

- Aide publique au développement (APD) reçue
- APD pour investissement social
- APD pour enseignement et santé
- Dette totale
- Service de la dette
- Réserves internationale brutes
- Fonds des travailleurs de l'étranger
- Termes de l'échange
- Solde des transactions courantes

TABLEAU 19 Déséquilibres des dépenses militaires et de l'emploi des ressources 174 — **Pays en développement**

- Dépenses militaires
- Rapport des dépenses militaires/ dépenses de santé et d'enseignement
- Rapport APD reçue/dépenses militaires
- Importations d'armes
- Rapport APD pour investissement social/impor tations d'armes
- Forces armées

TABLEAU 20 Population et surpopulation urbaines 176 — **Pays en développement**

- Population urbaine en % du total
- Taux d'accroissement de la population urbaine
- Personnes par pièce habitable
- Maisons sans électricité
- Population de la plus grande ville
- Densité de population des grandes villes

TABLEAU 21 Bilan démographique 178 — **Pays en développement**

- Population estimée
- Croissance démographique
- Stabilisation de la population
- Taux de fécondité
- Taux brut de mortalité
- Coefficient de dépendance
- Densité de population

TABLEAU 22 Bilan des ressources naturelles 180 — **Pays en développement**

- Superficie émergée
- Terres arables
- Bétail
- Production de bois de feu
- Déboisement annuel
- Ressources en eau intérieures renouvelables
- Indice de serre

TABLEAU 23 Agrégats des comptes nationaux 182 — **Pays en développement**

- Produit intérieur brut (PIB)
- Produit national brut (PNB)
- Taux de croissance du PNB par habitant
- Taux d'inflation
- Recettes fiscales
- Excédent/déficit budgétaire global
- Investissement intérieur brut
- Epargne intérieure brute

TABLEAU 24 Données consolidées par région des indicateurs du développement 184 — **Tous pays**

TABLEAU 25 Résumé des indicateurs du développement humain selon l'IDH et le revenu 188 — **Tous pays**

TABLEAU 26 Développement humain 192 — **(Pays industrialisés)**

- Espérance de vie à la naissance
- Moyenne d'années de scolarité
- Scientifiques et techniciens
- Scolarisation supérieure
- Habitants par médecin
- Récepteurs TV
- Circulation de quotidiens
- PNB par habitant
- PIB réel par habitant

TABLEAU 27 Détresse humaine 193 **(Pays industrialisés)**

- Blessés graves d'accidents de la route
- Infractions à la législation sur les stupéfiants
- Suicides
- Homicides volontaires
- Adultes sans éducation secondaire du second cycle
- Salaires féminins
- Taux de chômage
- Taux d'inflation
- Rapport du revenu des 20 % les plus riches /20 % les plus pauvres
- Indice de serre

TABLEAU 28 Affaiblissement des structures sociales 194 **(Pays industrialisés)**

- Taux de divorce
- Foyers monoparentaux
- Taux de naissances illégitimes
- Consommation d'alcool par adulte
- Infractions à la législation sur les stupéfiants
- Viols déclarés
- Homicides volontaires
- Suicides
- Population carcérale
- Population juvénile incarcérée

TABLEAU 29 Evolution du développement humain 195 **(Pays industrialisés)**

- Espérance de vie à la naissance
- Scolarisation supérieure
- PNB par habitant
- PIB réel par habitant
- Dépenses d'enseignement
- Dépenses de santé

TABLEAU 30 Formation des ressources humaines 196 **(Pays industrialisés)**

- Moyenne d'années d'études
- Scientifiques et techniciens
- Diplômés du supérieur
- Diplômés en sciences

TABLEAU 31 Inégalités entre les hommes et les femmes 197 **(Pays industrialisés)**

- Espérance de vie
- Moyenne d'années d'études
- Scolarisation secondaire
- Scolarisation supérieure
- Scolarisation supérieure à plein temps
- Scolarisation scientifique supérieure
- Main-d'œuvre
- Chômage
- Salaires
- Parlement

TABLEAU 32 Santé 198 **(Pays industrialisés)**

- Mortalité maternelle
- Jours d'incapacité
- Blessés graves d'accidents de la route
- Adultes fumeurs
- Population par médecin
- Lits d'hôpitaux occupés par infirmière
- Indice des coûts d'hospitalisation
- Population ayant droit à l'assurance-maladie publique
- Couverture des frais de santé par l'assurance publique
- Total des dépenses de santé

TABLEAU 33 Enseignement 199 **(Pays industrialisés)**

- Durée de scolarité obligatoire gratuite
- Scolarisation secondaire
- Scolarisation technique secondaire en % de la scolarisation secondaire
- Scolarisation supérieure
- Scolarisation supérieure à plein temps
- Scolarisation scientifique supérieure
- Dépenses publiques d'enseignement supérieur
- Dépenses publiques par étudiant de l'enseignement supérieur
- Dépenses totales d'enseignement

TABLEAU 34 Communications 200 **(Pays industrialisés)**

- Récepteurs radio
- Récepteurs TV
- Téléphones
- Circulation de quotidiens
- Voitures particulières
- Titres de livres publiés
- Emprunts de livres en librairie
- Fréquentation annuelle des cinémas
- Fréquentation annuelle des musées

TABLEAU 35 Emploi 201 **(Pays industrialisés)**

- Main-d'œuvre
- Main-d'œuvre féminine
- Main-d'œuvre dans l'agriculture
- Main-d'œuvre dans l'industrie
- Main d'œuvre dans les services
- Heures de travail hebdomadaires
- Taux annuel de croissance des salaires
- Dépenses de programmes d'emploi
- Jours de congés et de vacances

TABLEAU 36 Chômage 202 **(Pays industrialisés)**

- Taux de chômage
- Taux de chômage des jeunes
- Chômage à long terme
- Inégalités régionales
- Rapport du chômage des non-diplômés de l'enseignement secondaire et des diplômés du supérieur
- Dépenses de sécurité sociale
- Taux de remplacement de la force de travail

TABLEAU 37 Dépenses réelles par habitant 203 **(Pays industrialisés)**

- Alimentation
- Santé
- Médicaments
- Enseignement
- Livres
- Boissons alcoolisées
- Tabac
- Equipement de loisirs
- Services de loisirs
- Dépenses de transport
- Communications

TABLEAU 38 Richesse, pauvreté et investissement social 204 **(Pays industrialisés)**

- PIB réel par habitant
- Part du marché industriel du PIB
- PNB par habitant
- PNB par habitant des 40 % les plus pauvres
- Part de revenu des 40 % les plus pauvres
- Rapport des 20 % les plus riches /20 % les plus pauvres
- Dépenses d'enseignement
- Dépenses de santé
- Dépenses publiques combinées enseignement et santé

TABLEAU 39 Déséquilibres des flux de ressources 205 **(Pays en développement)**

- APD totale octroyée
- Affectations de l'APD
- Part de l'APD octroyée aux PMA
- Rapport exportations/importations 1988
- Dépendance commerciale
- Termes de l'échange
- Solde des transactions courantes

TABLEAU 40 Déséquilibres des dépenses militaires et de l'emploi des ressources 206 **(Pays industrialisés)**

- Dépenses militaires
- Taux des dépenses militaires /dépenses de santé et d'enseignement
- APD totale en % des dépenses militaires en % des dépenses militaires
- Exportations d'armes
- Exportations d'armes et APD
- Forces armées

TABLEAU 41 Population et surpopulation urbaines 207 **(Pays industrialisés)**

- Population urbaine
- Taux d'accroissement de la population urbaine
- Population des villes de plus de 500 000 habitants
- Temps aller-retour du lieu de travail
- Population exposée à plus de 65 dB de bruit de circulation routière
- Personnes par pièce habitable
- Grandes villes à densité de population la plus forte

TABLEAU 42 Bilan démographique 208 **(Pays industrialisés)**

- Population estimée
- Taux de croissance démographique
- Stabilisation de la population
- Taux de fécondité
- Emploi de contraceptifs
- Espérance de vie à 60 ans
- Coefficient de dépendance

TABLEAU 43 Bilan des ressources naturelles 209 **(Pays industrialisés)**

- Superficie émergée
- Densité de population
- Ressources en eau intérieures renouvelables
- Combustibles nucléaires irradiés
- Population desservie par des stations de traitement d'eau
- Production de résidus dangereux et spéciaux
- Emission de polluants atmosphériques
- Villes et nombre de jours à taux de CO_2 élevé
- Indice de serre

TABLEAU 44 Agrégats des comptes nationaux consolidés 210 **(Pays industrialisés)**

- Produit intérieur brut
- Produit national brut
- Taux croissance du PNB par habitant
- Taux d'inflation
- Recettes fiscales
- Impôts directs
- Excédent/déficit budgétaire global
- Investissement intérieur brut
- Epargne intérieure brute

1 Indicateurs du développement humain (IDH)

	Espérance de vie à la naissance (années) 1990	Taux d'alphabétisation des adultes (%) 1985	Années de scolarité (moyenne) 1989	Niveau d'instruction	PIB réel par habitant ($ ajusté) 1985-88	PIB réel ajusté	IDH	Rang de PNB moins rang d'IDH (a)
Développement humain élevé								
1 Japon	78,6	99,0	10,4	69,5	13 650	5 016	0,993	2
2 Canada	77,0	99,0	11,4	69,8	17 680	5 049	0,983	8
3 Islande	77,8	99,0	7,5	68,5	16 820	5 046	0,983	1
4 Suède	77,4	99,0	9,4	69,1	14 940	5 037	0,982	3
5 Suisse	77,4	99,0	8,3	68,8	17 220	5 048	0,981	-4
6 Norvège	77,1	99,0	9,6	69,2	13 820	5 016	0,978	- 1
7 USA	75,9	99,0	12,2	70,1	19 850	5 070	0,976	- 1
8 Pays-Bas	77,2	99,0	7,9	68,6	12 680	5 011	0,976	8
9 Australie	76,5	99,0	9,3	69,1	14 530	5 029	0,973	12
10 France	76,4	99,0	9,4	69,1	13 590	5 015	0,971	2
11 Royaume-Uni	75,7	99,0	10,8	69,6	13 060	5 013	0,967	9
12 Danemark	75,8	99,0	9,7	69,2	13 610	5 015	0,967	- 3
13 Finlande	75,5	99,0	9,2	69,1	13 980	5 017	0,963	- 5
14 Allemagne	75,2	99,0	8,8	68,9	13 388	5 015	0,959	- 3
15 Nouvelle-Zélande	75,2	99,0	8,9	69,0	11 310	5 003	0,959	8
16 Belgique	75,2	99,0	7,9	68,6	13 010	5 013	0,958	1
17 Autriche	74,8	99,0	9,6	69,2	12 350	5 010	0,957	- 3
18 Italie	76,0	97,0	6,4	66,8	13 000	5 013	0,955	1
19 Luxembourg	74,9	99,0	7,7	68,6	14 290	5 018	0,954	- 17
20 Espagne	77,0	95,0	5,9	65,3	8 250	4 946	0,951	9
21 Israël	75,9	95,0	8,8	66,3	10 860	5 000	0,950	6
22 Barbades	75,1	99,0	6,3	68,1	6 020	4 898	0,945	11
23 Irlande	74,6	99,0	7,7	68,6	7 020	4 923	0,945	5
24 Grèce	76,1	93,0	6,5	64,2	6 440	4 909	0,934	14
25 Hong-Kong	77,3	88,0	6,2	60,7	14 010	5 017	0,934	0
26 Chypre	76,2	89,0	6,9	61,6	8 380	4 948	0,923	5
27 Tchécoslovaquie	71,8	99,0	7,8	68,6	7 420	4 931	0,920	7
28 Bahamas	71,5	99,0	6,2	68,1	10 590	4 997	0,920	- 6
29 Malte	73,4	95,0	6,0	65,3	7 490	4 932	0,917	7
30 Hongrie	70,9	99,0	8,6	68,9	5 920	4 895	0,911	25
31 URSS	70,6	99,0	7,6	68,5	6 270	4 905	0,908	8
32 Uruguay	72,2	95,3	6,1	65,6	5 790	4 891	0,905	21
33 Bulgarie	72,6	93,0	7,0	64,3	5 110	4 863	0,899	7
34 Yougoslavie	72,6	92,0	6,0	63,3	4 860	4 840	0,893	17
35 Corée, Rép. de	70,1	94,7	6,6	65,3	5 680	4 887	0,884	9
36 Portugal	74,0	85,0	3,8	57,9	5 980	4 897	0,879	7
37 Singapour	74,0	83,0	3,5	56,5	10 540	4 997	0,879	- 11
38 Chili	71,8	92,2	6,2	63,5	4 720	4 720	0,878	34
39 Trinité et Tobago	71,6	95,0	6,1	65,4	4 580	4 580	0,876	6
40 Costa Rica	74,9	91,8	5,6	63,1	4 320	4 320	0,876	27
41 Pologne	71,8	98,0	7,3	67,8	4 190	4 190	0,863	21
42 Brunéi Darussalam	73,5	77,8	5,0	53,5	14 590	5 031	0,861	- 27
43 Argentine	71,0	94,8	6,0	65,2	4 360	4 360	0,854	9
44 Venezuela	70,0	85,7	5,3	58,9	5 650	4 886	0,848	2
45 Mexique	69,7	84,7	4,0	57,8	5 320	4 873	0,838	20
46 Antigua et Barbuda	72,0	95,0	4,6	64,9	3 910	3 940	0,832	- 4
47 Maurice	69,6	83,1	3,7	56,6	5 320	4 873	0,831	16
48 Koweït	73,4	70,6	4,5	48,6	9 310	4 963	0,827	- 30
49 Albanie	72,2	85,0	5,0	58,3	4 270	4 270	0,821	32
50 Qatar	69,2	75,7	4,5	52,0	11 800	5 007	0,812	- 26
51 Bahreïn	71,0	72,9	2,0	49,3	9 490	4 966	0,810	- 21
52 Malaisie	70,1	74,0	4,0	50,7	5 070	4 860	0,802	9
53 Dominique	76,0	94,0	4,7	64,2	3 020	3 020	0,800	16
Développement humain moyen								
54 Panama	72,4	86,4	5,9	59,6	3 790	3 790	0,796	5
55 Suriname	69,5	92,7	4,0	63,1	3 830	3 830	0,792	- 1
56 Emirats arabes unis	70,5	60,0	3,1	41,0	19 440	5 065	0,767	-43
57 Afrique du Sud	61,7	85,0	3,7	57,9	5 480	4 880	0,766	0
58 Roumanie	70,8	96,0	6,6	66,2	3 000	3 000	0,762	-8
59 Jamaïque	73,1	98,0	5,1	67,0	2 630	2 630	0,761	26
60 Brésil	65,6	78,5	3,3	53,4	4 620	4 620	0,759	-2
61 Colombie	68,8	84,7	5,2	58,2	3 810	3 810	0,757	22
62 Cuba	75,4	92,4	5,7	63,5	2 500	2 500	0,754	-2
63 Seychelles	70,0	88,0	4,6	60,2	3 430	3 430	0,752	-22
64 Grenades	71,5	96,0	4,7	65,6	2 810	2 810	0,751	2
65 Saint-Kitts-et-Nevis	67,5	90,0	6,0	62,0	3 150	3 150	0,719	-16
66 Thaïlande	66,1	90,7	3,5	61,6	3 280	3 280	0,713	22
67 Bélize	69,5	91,0	4,6	62,2	2 600	2 600	0,700	7
68 Sainte-Lucie	70,5	82,0	3,9	56,0	2 940	2 940	0,699	2

1 Indicateurs du développement humain (suite)

	Espérance de vie à la naissance (années) 1990	Taux d'alphabétisation des adultes (%) 1985	Années de scolarité (moyenne) 1989	Niveau d'instruction	PIB réel par habitant ($ ajusté) 1985-88	PIB réel ajusté	IDH	Rang de PNB moins rang d'IDH (a)
69 Arabie saoudite	64,5	57,9	2,7	39,5	9 350	4 963	0,697	-37
70 Turquie	65,1	76,0	2,8	51,6	3 900	3 900	0,694	6
71 Fidji	64,8	80,0	4,9	55,0	3 610	3 610	0,689	0
72 Rép. arabe syrienne	66,1	59,1	3,0	40,4	4 460	4 460	0,681	-4
73 Paraguay	67,1	88,3	4,6	60,4	2 590	2 590	0,667	9
74 Corée, Rép. pop. dém. de	70,4	*90,0*	6,0	62,0	*2 000*	2 000	0,665	4
75 Sri Lanka	70,9	86,7	5,5	59,6	2 120	2 120	0,665	45
76 Jamahiriya arabe libyenne	61,8	56,5	2,7	38,6	*7 250*	4 927	0,665	-41
77 Equateur	66,0	83,0	5,4	57,1	2 810	2 810	0,655	7
78 Pérou	63,0	82,0	5,7	56,6	3 080	3 080	0,644	-3
79 Saint-Vincent	70,0	82,0	4,6	56,2	*2 100*	2 100	0,636	1
80 Rép. dominicaine	66,7	80,4	4,3	55,0	2 420	2 420	0,622	22
81 Samoa	66,5	*90,0*	5,0	61,7	1 870	1 870	0,618	26
82 Chine	70,1	68,2	4,8	47,1	2 470	2 470	0,614	51
83 Jordanie	66,9	74,2	5,0	51,1	2 570	2 570	0,614	-10
84 Philippines	64,2	87,7	6,6	60,7	2 170	2 170	0,613	25
85 Nicaragua	64,8	78,0	3,5	53,2	2 660	2 660	0,612	12
86 Oman	65,9	30,0	0,5	20,2	9 290	4 963	0,604	-49
87 Mongolie	62,5	*91,0*	6,0	62,7	*2 000*	2 000	0,596	5
88 Liban	66,1	76,8	4,4	52,7	*2 250*	2 250	0,592	5
89 Guyane	64,2	95,4	5,0	65,3	1 480	1 480	0,589	33
90 Tunisie	66,7	57,6	1,8	39,0	3 170	3 170	0,588	-11
91 Iraq	65,0	52,4	4,0	36,3	3 510	3 510	0,582	-44
92 Iran, rép. islamique d'	66,2	47,7	3,5	33,0	3 560	3 560	0,577	-28
93 Maldives	62,5	93,0	4,5	63,5	*1 050*	1 050	0,534	30
94 El Salvador	64,4	68,8	3,4	47,0	1 950	1 950	0,524	-5
95 Botswana	59,8	70,0	2,0	47,3	2 510	2 510	0,524	-8
96 Iles Salomon	69,5	*45,0*	1,0	30,3	2 540	2 540	0,521	12
97 Gabon	52,5	56,1	2,5	38,2	3 960	3 960	0,510	-49
Développement humain faible								
98 Indonésie	61,5	71,8	3,1	48,9	1 820	1 820	0,499	19
99 Viet Nam	62,7	84,4	3,2	57,3	*1 000*	1 000	0,498	43
100 Honduras	64,9	68,0	3,0	46,3	1 490	1 490	0,492	-5
101 Vanuatu	69,5	53,0	3,7	36,6	*1 620*	1 620	0,490	-5
102 Algérie	65,1	48,6	1,3	32,8	2 470	2 470	0,490	-46
103 Guatemala	63,4	51,9	4,0	35,9	2 430	2 430	0,488	-12
104 Swaziland	56,8	68,0	3,0	46,3	2 110	2 110	0,462	-5
105 Namibie	57,5	*73,0*	1,7	49,2	*1 500*	1 500	0,440	-28
106 Myanmar	61,3	78,0	2,5	52,8	660	660	0,437	38
107 Lesotho	57,3	72,6	2,7	49,3	1 390	1 390	0,432	14
108 Maroc	62,0	41,7	1,8	28,4	2 380	2 380	0,431	-10
109 Cap-Vert	67,0	47,0	2,0	32,0	1 410	1 410	0,428	-6
110 Bolivie	54,5	72,5	4,0	49,7	1 480	1 480	0,416	1
111 Zimbabwe	59,6	62,3	2,0	42,2	1 370	1 370	0,413	-6
112 Sao Tomé-et-Principe	65,5	58,0	2,3	39,4	*620*	620	0,399	0
113 Kenya	59,7	65,0	2,0	44,0	1 010	1 010	0,399	17
114 Egypte	60,3	44,6	1,7	30,3	1 930	1 930	0,394	-10
115 Congo	53,7	51,7	2,0	35,1	2 120	2 120	0,374	-25
116 Madagascar	54,5	76,9	2,0	51,9	670	670	0,371	31
117 Papouasie-Nouvelle-Guinée	54,9	46,7	0,9	31,4	1 960	1 960	0,353	-17
118 Zambie	54,4	67,4	2,6	45,8	870	870	0,351	19
119 Cameroun	53,7	48,0	1,4	32,5	1 670	1 670	0,328	-33
120 Pakistan	57,7	31,0	1,7	21,2	1 790	1 790	0,311	11
121 Ghana	55,0	52,8	3,3	36,3	970	970	0,311	4
122 Côte d'Ivoire	53,4	48,7	1,7	33,0	1 430	1 430	0,311	-21
123 Inde	59,1	44,1	2,2	30,1	870	870	0,308	9
124 Zaïre	53,0	65,9	1,5	44,4	430	430	0,299	28
125 Haïti	55,7	47,9	1,5	32,4	970	970	0,296	2
126 Comores	55,0	48,0	1,0	32,3	*760*	760	0,274	-8
127 Tanzanie, rép. unie de	54,0	*52,0*	2,0	35,3	570	570	0,266	29
128 Laos, rép. dém. pop. du	49,7	*50,0*	2,5	34,2	*1 000*	1 000	0,253	22
129 Nigeria	51,5	42,7	1,0	28,8	1 030	1 030	0,242	9
130 Yémen	51,5	32,4	0,8	21,9	1 560	1 560	0,242	-20
131 Togo	54,0	37,9	1,5	25,8	700	700	0,225	-2
132 Libéria	54,2	32,3	1,6	22,1	890	890	0,220	-16
133 Rwanda	49,5	45,4	1,0	30,6	730	730	0,213	1
134 Ouganda	52,0	42,8	1,0	28,9	410	410	0,204	5
135 Sénégal	48,3	32,1	0,7	21,6	1 250	1 250	0,189	-29
136 Bangladesh	51,8	32,2	2,0	22,1	720	720	0,186	19
137 Guinée équatoriale	47,0	44,9	0,8	30,2	*700*	700	0,186	-13

	Espérance de vie à la naissance (années) 1990	Taux d'alphabétisation des adultes (%) 1985	Années de scolarité (moyenne) 1989	Niveau d'instruction	PIB réel par habitant ($ ajusté) 1985-88	PIB réel ajusté	IDH	Rang de PNB moins rang d'IDH (a)
138 Malawi	48,1	41,7	1,7	28,4	620	620	0,179	16
139 Burundi	48,5	42,1	0,3	28,2	550	550	0,177	1
140 Cambodge	49,7	28,8	2,0	19,9	*1 000*	1 000	0,175	18
141 Ethiopie	45,5	*50,0*	1,0	33,7	350	350	0,166	18
142 Rép. centrafricaine	49,5	31,5	1,0	21,3	780	780	0,166	-14
143 Soudan	50,8	24,4	0,7	16,5	970	970	0,164	-30
144 Bhoutan	48,9	32,2	0,2	21,5	*750*	750	0,159	7
145 Népal	52,2	22,4	1,8	15,5	770	770	0,158	4
146 Mozambique	47,5	27,6	1,6	18,9	1 070	1 070	0,155	14
147 Angola	45,5	35,7	1,5	24,3	840	840	0,150	-53
148 Mauritanie	47,0	27,5	0,3	18,4	960	960	0,140	-34
149 Somalie	46,1	16,9	0,2	11,3	1 330	1 330	0,118	4
150 Bénin	47,0	18,7	0,6	12,7	1 050	1 050	0,114	-24
151 Guinée-Bissau	42,5	30,2	0,3	20,2	670	670	0,088	-3
152 Tchad	46,5	23,0	0,2	15,4	510	510	0,087	5
153 Djibouti	48,0	14,0	0,3	9,4	*730*	730	0,083	-38
154 Burkina Faso	48,2	14,5	0,1	9,7	650	650	0,081	-11
155 Niger	45,5	21,5	0,1	14,4	610	610	0,079	-19
156 Mali	45,0	22,7	0,3	15,2	500	500	0,072	-15
157 Afghanistan	42,5	24,1	0,8	16,3	710	710	0,069	-11
158 Guinée	43,5	16,8	0,8	11,5	910	910	0,066	-39
159 Gambie	44,0	20,3	0,5	13,7	650	650	0,064	-14
160 Sierra Leone	42,0	13,3	0,8	9,1	1 030	1 030	0,048	-25

* : Estimation du PNUD
(a) : Un chiffre positif indique que le rang de l'IDH est plus élevé que le rang de PNB et un chiffre négatif indique l'inverse.

2 Développement humain

		Espérance de vie à la naissance (années)		Population ayant accès aux services de santé (%)	Population ayant accès à l'eau potable (%)	Population ayant accès à l'assainissement (%)	Apport journalier de calories (en % des besoins)	Taux d'alphabétisation des adultes (15 +) (%)	Taux consolidé de scolarité primaire et secondaire	PNB par habitant ($ EU)	PIB réel par habitant ($ ajusté)
		Total 1990	Femmes/ Hommes (%) 1990	1985-87	1985-88	1985-88	1984-86	1985	1986-88	1988	1988
Développement humain élevé		70,5	109,3	87	73	78	126	88	87	2 750	5 550
22	Barbades	75,1	106,9	100	100	..	128	99	..	6 010	6 020
25	Hong-Kong	77,3	107,2	..	98	94	121	88	88	9 220	14 010
26	Chypre	76,2	106,7	100	100	..	..	93	96	6 260	8 380
28	Bahamas	71,5	..	..	..	..	..	..	..	10 700	10 590
32	Uruguay	72,2	109,4	82	85	59	100	95	93	2 470	5 790
35	Corée, Rép. de	70,1	109,2	94	78	100	122	95	96	3 600	5 680
37	Singapour	74,0	107,8	100	..	..	124	86	87	9 070	10 540
38	Chili	71,8	110,3	97	89	..	106	92	92	1 510	4 720
39	Trinité et Tobago	71,6	107,3	99	96	99	126	96	93	3 350	4 580
40	Costa Rica	74,9	106,4	80	91	94	124	92	76	1 690	4 320
42	Brunéi Darussalam	73,5	..	..	..	..	..	78	..	15 390	..
43	Argentine	71,0	110,0	72	57	70	136	95	96	2 520	4 360
44	Venezuela	70,0	109,2	..	89	94	102	86	84	3 250	5 650
45	Mexique	69,7	110,0	..	71	76	135	85	84	1 760	5 320
46	Antigua et Barbuda	72,0	..	..	100	..	..	90	..	3 690	..
47	Maurice	69,6	107,6	100	95	98	121	83	78	1 800	5 320
48	Koweït	73,4	106,0	100	..	..	..	71	86	13 400	9 310
50	Qatar	69,2	107,2	..	..	..	..	76	..	9 930	..
51	Bahreïn	71,0	106,3	100	100	100	..	73	98	6 340	9 490
52	Malaisie	70,1	106,1	..	51	25	121	74	78	1 940	5 070
53	Dominique	76,0	..	..	..	..	100	80	..	1 680	..
Développement humain moyen		68,6	105,4	77	75	70	113	71	83	850	2 960
(idem à l'exclusion de la Chine)		65,8	106,6	..	81	..	116	96	82	1 720	3 900
54	Panama	72,4	105,8	81	84	85	107	86	83	2 120	3 790
55	Suriname	69,5	107,4	..	68	49	..	93	84	2 460	3 830
56	Emirats arabes unis	70,5	106,3	90	..	..	..	..	86	15 770	19 440
57	Afrique du Sud	61,7	110,1	..	..	..	120	..	..	2 290	5 480
59	Jamaïque	73,1	106,2	90	72	91	116	98	82	1 070	2 630
60	Brésil	65,6	108,6	..	96	..	111	79	87	2 160	4 620
61	Colombie	68,8	108,8	60	93	71	110	85	83	1 180	3 810
62	Cuba	75,4	104,9	..	..	..	135	92	96	2 000	..
63	Seychelles	70,0	..	100	100	..	..	60	..	3 800	..
64	Grenades	71,5	..	100	..	..	..	85	..	1 720	..
65	Saint-Kitts-et-Nevis	67,5	..	100	100	100	..	80	..	2 630	..
66	Thaïlande	66,1	106,4	70	66	78	105	91	58	1 000	3 280
67	Bélize	69,5	..	75	75	..	114	93	..	1 500	..
68	Sainte-Lucie	70,5	..	..	67	..	102	83	..	1 540	..
69	Arabie saoudite	64,5	105,6	97	97	..	125	58	60	6 200	9 350
70	Turquie	65,1	105,5	..	83	..	125	76	78	1 280	3 900
71	Fidji	64,8	106,9	..	..	..	108	80	..	1 520	3 610
72	Rép. arabe syrienne	66,1	106,1	76	76	..	131	59	87	1 680	4 460
73	Paraguay	67,1	106,6	63	35	..	123	88	69	1 180	2 590
74	Corée, Rép. pop. dém. de	70,4	109,5	..	..	..	135	..	..	1 240	..
75	Sri Lanka	70,9	106,1	93	41	50	110	87	86	420	2 120
76	Jamahiriya arabe libyenne	61,8	105,7	..	97	..	153	57	..	5 420	..
77	Equateur	66,0	106,6	64	58	57	89	83	89	1 120	2 810
78	Pérou	63,0	106,3	75	61	51	93	82	..	1 300	3 080
79	Saint-Vincent	70,0	..	..	..	..	99	82	..	1 200	..
80	Rép. dominicaine	66,7	106,6	80	63	61	109	80	92	720	2 420
81	Samoa	66,5	..	100	83	95	..	..	..	640	1 870
82	Chine	70,1	104,6	..	72	..	111	68	83	330	2 470
83	Jordanie	66,9	105,6	97	96	..	121	74	..	1 500	2 570
84	Philippines	64,2	106,1	..	..	84	104	88	95	630	2 170
85	Nicaragua	64,8	104,4	84	54	27	110	80	76	830	2 660
86	Oman	65,9	105,6	91	53	32	..	30	76	5 000	9 290
87	Mongolie	62,5	104,2	..	65	73	116	..	95	880	..
88	Liban	66,1	106,1	..	93	..	125	77	90	880	..
89	Guyane	64,2	109,2	89	61	87	108	95	70	420	1 480
90	Tunisie	66,7	102,6	91	64	45	123	58	78	1 230	3 170
91	Iraq	65,0	103,3	89	87	74	124	52	75	3 020	3 510
92	Iran, rép. islamique d'	66,2	101,3	80	78	..	138	48	82	1 800	3 560
93	Maldives	62,5	..	97	95	27	80	91	..	410	..
94	El Salvador	64,4	111,0	58	39	60	94	69	69	940	1 950
95	Botswana	59,8	110,6	89	58	40	96	70	86	1 010	2 510
96	Iles Salomon	69,5	..	..	82	56	84	..	..	630	2 540
97	Gabon	52,5	106,5	90	68	..	107	56	..	2 970	3 960

	Espérance de vie à la naissance (années) Total 1990	Femmes/ Hommes (%) 1990	Population ayant accès aux services de santé (%) 1985-87	Population ayant accès à l'eau potable (%) 1985-88	Population ayant accès à l'assainissement (%) 1985-88	Apport journalier de calories (en % des besoins) 1984-86	Taux d'alphabétisation des adultes (15 +) (%) 1985	Taux consolidé de scolarité primaire et secondaire 1986-88	PNB par habitant ($ EU) 1988	PIB réel par habitant ($ ajusté) 1988
Développement humain faible	56,9	103,0	56	50	29	99	47	59	370	1 080
(idem à l'exclusion de l'Inde)	55,4	104,6	..	44	..	99	49	54	390	1 230
98 Indonésie	61,5	105,9	80	46	39	116	72	84	440	1 820
99 Viet Nam	62,7	107,3	80	46	..	105	84	69	220	..
100 Honduras	64,9	106,7	74	50	..	92	68	75	860	1 490
101 Vanuatu	69,5	..	..	100	82	..	53	..	840	..
102 Algérie	65,1	103,3	90	71	61	112	49	81	2 360	2 470
103 Guatemala	63,4	107,9	34	61	57	105	52	52	900	2 430
104 Swaziland	56,8	106,6	80	50	47	105	68	83	810	2 110
105 Namibie	57,5	104,4	..	..	..	..	..	..	1 250	..
106 Myanmar	61,3	105,9	33	30	29	119	78	61	200	660
107 Lesotho	57,3	117,1	80	48	14	101	73	80	420	1 390
108 Maroc	62,0	105,7	74	61	..	118	42	50	830	2 380
109 Cap-Vert	67,0	103,1	..	69	20	125	50	70	680	1 410
110 Bolivie	54,5	108,9	64	47	35	89	73	76	570	1 480
111 Zimbabwe	59,6	106,2	72	..	..	89	62	95	650	1 370
112 Sao Tomé-et-Principe	65,5	..	80	..	..	103	50	..	490	..
113 Kenya	59,7	106,9	..	30	..	92	65	71	370	1 010
114 Egypte	60,3	104,1	..	73	..	132	45	81	660	1 930
115 Congo	53,7	110,2	81	21	..	117	52	..	910	2 120
116 Madagascar	54,5	105,7	56	32	..	106	77	56	190	670
117 Papouasie-Nouvelle-Guinée	54,9	102,7	..	34	63	96	47	44	810	1 960
118 Zambie	54,4	103,9	75	59	55	92	67	69	290	870
119 Cameroun	53,7	105,7	41	32	..	88	48	71	1 010	1 670
120 Pakistan	57,7	100,0	55	45	20	97	31	29	350	1 790
121 Ghana	55,0	106,7	61	57	31	76	53	57	400	970
122 Côte d'Ivoire	53,4	106,6	31	18	40	110	49	..	770	1 430
123 Inde	59,1	100,6	..	57	..	100	44	66	340	870
124 Zaïre	53,0	106,6	26	34	14	98	66	..	170	430
125 Haïti	55,7	106,2	73	41	23	84	48	52	380	970
126 Comores	55,0	101,8	82	..	..	90	48	56	440	..
127 Tanzanie, rép. unie de	54,0	106,5	81	56	77	96	..	42	160	570
128 Laos, rép. dém. pop. de	49,7	106,2	67	..	10	104	..	68	180	..
129 Nigeria	51,5	106,9	46	48	..	90	43	47	290	1 030
130 Yémen	51,5	101,3	35	46	..	94	32	..	595	..
131 Togo	54,0	106,8	61	71	23	97	38	64	370	700
132 Libéria	54,2	104,7	39	58	..	102	32	..	450	890
133 Rwanda	49,5	107,0	28	64	57	81	45	45	320	730
134 Ouganda	52,0	106,6	60	20	30	95	43	52	280	410
135 Sénégal	48,3	104,2	40	54	..	99	32	38	650	1 250
136 Bangladesh	51,8	98,8	45	..	6	83	32	41	170	720
137 Guinée équatoriale	47,0	107,0	..	..	..	..	45	..	410	..
138 Malawi	48,1	102,9	..	56	..	102	42	52	170	620
139 Burundi	48,5	107,1	61	38	57	97	42	33	240	550
140 Cambodge	49,7	106,0	53	..	..	98	29	..	130	..
141 Ethiopie	45,5	107,4	46	19	19	71	..	27	120	350
142 Rép. centrafricaine	49,5	110,6	45	12	..	86	32	41	380	780
143 Soudan	50,8	104,8	51	21	..	88	24	36	480	970
144 Bhoutan	48,9	97,2	..	..	..	..	32	18	180	..
145 Népal	52,2	97,9	..	36	..	93	22	60	180	770
146 Mozambique	47,5	107,1	49	24	24	69	28	34	100	1 070
147 Angola	45,5	107,2	30	35	21	82	36	..	870	840
148 Mauritanie	47,0	107,2	30	66	..	92	28	36	480	960
149 Somalie	46,1	107,2	28	35	19	90	17	14	170	1 330
150 Bénin	47,0	107,2	18	35	34	95	19	42	390	1 050
151 Guinée-Bissau	42,5	107,8	..	21	20	92	30	35	190	670
152 Tchad	46,5	107,1	30	..	..	69	23	29	160	510
153 Djibouti	48,0	107,1	78	45	65	..	14	31	480	..
154 Burkina Faso	48,2	107,0	49	67	8	86	15	19	210	650
155 Niger	45,5	107,3	43	..	..	100	22	19	300	610
156 Mali	45,0	107,4	15	38	21	86	23	15	230	500
157 Afghanistan	42,5	102,4	28	21	..	94	24	20	200	710
158 Guinée	43,5	102,3	32	32	..	77	17	20	430	910
159 Gambie	44,0	107,6	..	75	..	103	20	42	200	650
160 Sierra Leone	42,0	107,8	..	42	43	81	13	37	300	1 030
Tous les pays en développement	62,8	104,4	63	62	46	107	60	70	710	2 170
Pays les moins avancés (PMA)	50,7	103,8	46	34	23	89	36	41	230	720
Afrique subsaharienne	51,8	106,9	47	40	32	91	45	45	470	1 180
Pays industrialisés	74,5	110,1	..	..	..	132	..	97	12 510	14 350
Monde	65,5	105,7	..	..	..	113	..	78	3 410	4 340

3 Les manques

	En millions									
	Population n'ayant pas accès aux services de santé 1990	Population n'ayant pas accès à l'eau potable 1990	Population n'ayant pas accès à un assainissement convenable 1990	Nombre de décès des moins de 5 ans 1990	Nombre d'enfants sous-alimentés de moins de 5 ans 1990	Nombre d'enfants non-scolarisés (primaire ou secondaire) Total 1990	Nombre d'enfants non-scolarisés (primaire ou secondaire) Filles 1990	Nombre d'adultes analphabètes 1990	Population au-dessous du seuil de pauvreté Totale 1990	Population au-dessous du seuil de pauvreté Rurale 1990
Développement humain élevé	..	..	..	..	..	..	..	..	..	..
22 Barbades	0,0	0,0	..	0,00	0,0	..	..	0,0	0,1	0,0
25 Hong-Kong	..	0,1	0,3	0,00	..	0,1	0,1	0,5	..	..
26 Chypre	0,0	0,0	..	0,00	..	0,0	0,0	0,1	..	..
28 Bahamas	..	..	..	..	..	..	..	..	..	..
32 Uruguay	0,6	0,5	1,3	0,00	0,0	0,0	..	0,1	..	..
35 Corée, Rép. de	2,6	9,3	0,0	0,02	..	0,4	0,2	1,7	7,0	1,3
37 Singapour	0,0	..	..	0,00	0,0	0,1	0,0	0,4	..	..
38 Chili	0,4	1,5	..	0,01	0,0	0,2	0,1	0,7	..	..
39 Trinité et Tobago	0,0	0,1	0,0	0,00	0,0	0,0	0,0	0,0	..	0,2
40 Costa Rica	0,6	0,3	0,2	0,00	0,0	0,2	0,1	0,2	..	..
42 Brunéi Darussalam	..	..	..	..	..	..	..	..	..	..
43 Argentine	9,1	14,0	9,9	0,02	..	0,3	1,1	1,2	..	..
44 Venezuela	..	2,2	1,1	0,03	0,2	0,9	1,4	1,7	..	..
45 Mexique	..	25,9	21,4	0,13	..	4,1	2,2	8,5	..	..
46 Antigua et Barbuda	..	..	..	..	..	..	..	..	..	..
47 Maurice	0,0	0,1	0,0	0,00	0,0	0,1	0,0	0,1	0,1	0,1
48 Koweït	0,0	..	..	0,00	0,0	0,1	0,0	0,4	..	..
50 Qatar	..	..	..	0,00	..	..	..	0,1	..	..
51 Bahreïn	0,0	0,0	0,0	0,00	..	0,0	0,0	0,1	..	..
52 Malaisie	..	8,8	13,4	0,02	..	1,0	0,5	2,9	4,7	3,8
53 Dominique	..	..	..	..	..	..	..	..	..	..
Développement humain moyen	..	..	..	..	..	..	..	..	..	..
(idem à l'exclusion de la Chine)	..	..	..	..	..	..	..	..	..	..
54 Panama	0,5	0,4	0,4	0,00	0,0	0,1	0,1	0,2	0,6	0,3
55 Suriname	..	0,1	0,2	0,00	..	0,0	0,0	0,0	..	..
56 Emirats arabes unis	0,2	..	..	0,00	..	0,1	0,0	..	..	..
57 Afrique du Sud	..	..	..	0,10	..	..	..	..	..	..
59 Jamaïque	0,2	0,7	0,2	0,00	0,0	0,1	0,0	0,0	..	1,0
60 Brésil	..	5,3	..	0,35	0,9	5,1	..	20,9	..	..
61 Colombie	13,2	2,4	9,5	0,04	0,5	1,4	0,7	3,1	..	..
62 Cuba	..	..	..	0,00	..	0,1	0,0	0,6	..	..
63 Seychelles	..	..	..	..	..	..	..	..	..	..
64 Grenades	..	..	..	..	..	..	..	..	..	..
65 Saint-Kitts-et-Nevis	..	..	..	..	..	..	..	..	..	..
66 Thaïlande	16,7	18,8	12,4	0,04	1,5	6,3	..	3,5	16,5	14,7
67 Bélize	..	..	..	..	..	..	..	..	..	..
68 Sainte-Lucie	..	..	..	..	..	..	..	..	..	..
69 Arabie saoudite	0,4	0,4	..	0,06	..	1,7	1,0	3,2	..	..
70 Turquie	..	9,7	..	0,14	0,8	3,2	2,2	8,8	..	..
71 Fidji	..	..	..	0,00	..	..	..	0,1	..	0,1
72 Rép. arabe syrienne	3,0	3,0	..	0,03	0,6	0,5	0,4	2,7	..	..
73 Paraguay	1,6	2,8	..	0,01	0,2	0,4	0,2	0,3	1,5	1,1
74 Corée, Rép. pop. dém. de	..	..	..	0,02	..	..	..	..	..	..
75 Sri Lanka	1,2	10,1	8,5	0,01	0,7	0,6	0,3	1,5	..	..
76 Jamahiriya arabe libyenne	..	0,1	..	0,02	..	..	..	1,1	..	..
77 Equateur	3,9	4,4	4,6	0,03	0,3	0,3	0,2	1,1	5,5	3,1
78 Pérou	5,4	8,3	10,6	0,08	0,4	..	..	2,4	..	..
79 Saint-Vincent	..	..	..	..	..	..	..	..	..	..
80 Rép. dominicaine	1,4	2,7	2,8	0,02	0,1	0,2	0,1	0,9	3,2	1,2
81 Samoa	..	..	..	..	..	..	..	..	..	..
82 Chine	..	310,0	..	1,03	22,8	41,7	29,4	270,0	..	75,6
83 Jordanie	0,1	0,2	..	0,01	..	..	..	0,6	0,6	0,2
84 Philippines	..	..	9,9	0,14	3,0	0,9	0,5	4,6	36,2	22,9
85 Nicaragua	0,6	1,8	2,8	0,01	0,1	0,3	0,1	0,5	0,8	0,3
86 Oman	0,1	0,7	1,0	0,00	..	0,1	0,1	0,6	..	..
87 Mongolie	..	0,8	0,6	0,01	..	0,0	0,0	..	..	..
88 Liban	..	0,2	..	0,00	..	0,1	..	0,4	..	..
89 Guyane	0,1	0,3	0,1	0,00	0,0	0,1	0,0	0,0	..	..
90 Tunisie	0,7	2,9	4,5	0,02	0,1	0,5	0,3	2,2	1,4	0,6
91 Iraq	2,0	2,5	4,8	0,07	..	1,5	1,0	4,8	..	..
92 Iran, rép. islamique d'	11,0	12,2	..	0,12	4,4	3,0	2,2	16,6	..	..
93 Maldives	..	..	..	..	..	..	..	..	..	..
94 El Salvador	2,2	3,2	2,1	0,02	0,1	0,5	0,3	0,9	1,4	0,9
95 Botswana	0,1	0,5	0,8	0,01	0,0	0,1	0,0	0,2	0,7	0,5
96 Iles Salomon	..	..	..	..	..	..	..	..	..	..
97 Gabon	0,1	0,4	..	0,01	..	..	..	0,3	..	..

En millions

	Population n'ayant pas accès aux services de santé 1990	Population n'ayant pas accès à l'eau potable 1990	Population n'ayant pas accès à un assainissement convenable 1990	Nombre de décès des moins de 5 ans 1990	Nombre d'enfants sous-alimentés de moins de 5 ans 1990	Nombre d'enfants non-scolarisés (primaire ou secondaire) Total 1990	Nombre d'enfants non-scolarisés (primaire ou secondaire) Filles 1990	Nombre d'adultes analphabètes 1990	Population au-dessous du seuil de pauvreté Totale 1990	Population au-dessous du seuil de pauvreté Rurale 1990
Développement humain faible	..	..	..	..	..	..	..	..	..	..
(idem à l'exclusion de l'Inde)	..	..	..	..	..	..	..	..	..	..
98 Indonésie	36,9	99,3	113,1	0,51	10,7	8,1	4,8	33,1	69,5	55,2
99 Viet Nam	13,0	36,2	..	0,17	3,9	6,0	3,2	6,4	..	..
100 Honduras	1,3	2,6	..	0,02	0,2	0,4	..	0,9	1,9	1,6
101 Vanuatu	..	..	..	..	..	..	..	..	..	..
102 Algérie	2,4	7,4	9,8	0,09	0,4	1,5	1,1	7,2	..	..
103 Guatemala	6,1	3,6	3,9	0,04	0,5	1,4	..	2,4	6,5	4,1
104 Swaziland	0,2	0,4	0,4	0,01	..	0,0	0,0	0,1	0,4	0,3
105 Namibie	..	..	..	0,01	..	..	..	..	..	..
106 Myanmar	27,9	29,0	29,6	0,11	2,1	4,5	2,4	5,8	16,7	12,5
107 Lesotho	0,4	0,9	1,5	0,01	0,0	0,1	0,0	0,3	1,0	0,8
108 Maroc	6,5	9,8	..	0,10	0,6	3,7	2,2	8,7	9,3	5,9
109 Cap-Vert	..	0,1	0,3	0,00	0,0	0,0	0,0	0,1	..	..
110 Bolivie	2,7	3,9	4,8	0,05	0,2	0,5	0,3	1,1	..	3,0
111 Zimbabwe	2,7	..	..	0,04	0,2	0,2	0,2	2,0	..	..
112 Sao Tomé-et-Principe	..	..	..	..	..	..	..	..	..	..
113 Kenya	..	16,7	..	0,13	..	2,4	1,3	4,2	11,2	10,6
114 Egypte	..	14,3	..	0,16	1,1	2,9	2,2	17,7	12,5	7,2
115 Congo	0,4	1,8	..	0,01	0,1	..	..	0,5	..	..
116 Madagascar	5,3	8,1	..	0,10	0,7	1,6	0,8	1,5	6,0	4,6
117 Papouasie-Nouvelle-Guinée	..	2,5	1,4	0,01	0,2	0,6	0,4	1,2	2,6	2,5
118 Zambie	2,1	3,4	3,8	0,05	0,5	0,8	0,5	1,4	..	..
119 Cameroun	7,0	8,1	..	0,08	0,3	1,0	0,6	3,3	3,3	2,6
120 Pakistan	54,6	67,5	97,6	0,88	12,0	25,7	14,5	46,0	36,8	24,2
121 Ghana	5,9	6,5	10,4	0,10	0,7	2,0	1,2	3,9	6,6	3,7
122 Côte d'Ivoire	8,3	9,8	7,2	0,08	0,3	..	..	3,3	3,5	2,0
123 Inde	..	370,0	..	3,91	46,9	77,6	53,6	300,0	410,0	320,0
124 Zaïre	26,3	23,6	30,6	0,21	1,9	..	..	6,6	..	17,4
125 Haïti	1,8	3,8	5,0	0,03	0,3	0,9	0,5	2,1	4,9	3,7
126 Comores	0,1	..	..	0,00	0,0	0,1	0,0	0,1	..	..
127 Tanzanie, rép. unie de	5,2	12,2	6,4	0,24	2,7	5,0	2,5	..	..	..
128 Laos, rép. dém. pop. du	1,4	..	3,7	0,03	0,2	0,4	0,2	..	..	..
129 Nigeria	58,8	56,3	..	0,88	..	19,0	10,0	33,4	..	..
130 Yémen	7,6	6,3	..	..	0,9	..	..	3,7	..	..
131 Togo	1,4	1,0	2,7	0,02	0,2	0,4	0,3	1,2	..	..
132 Libéria	1,6	1,1	..	0,03	0,1	..	..	0,9	..	0,3
133 Rwanda	5,2	2,6	3,1	0,07	0,4	1,3	0,7	2,0	6,2	6,0
134 Ouganda	7,4	15,0	13,1	0,16	0,9	3,1	1,7	5,4	..	..
135 Sénégal	4,4	3,4	..	0,06	0,3	1,4	0,8	2,8	..	..
136 Bangladesh	63,6	..	108,1	0,88	13,5	21,3	11,8	44,0	99,4	83,1
137 Guinée équatoriale	..	..	..	0,00	..	..	..	0,1	..	..
138 Malawi	..	3,9	..	0,13	0,4	1,2	0,7	2,6	6,6	6,3
139 Burundi	2,1	3,4	2,3	0,05	0,4	1,1	0,6	1,7	4,5	4,4
140 Cambodge	3,8	..	..	0,06	0,3	..	..	3,8	..	..
141 Ethiopie	26,6	40,1	40,1	0,54	3,0	10,9	5,8	..	30,1	26,5
142 Rép. centrafricaine	1,7	2,7	..	0,03	..	0,5	0,3	1,1	..	1,4
143 Soudan	12,3	19,9	..	0,19	1,9	4,9	2,7	10,4	..	16,7
144 Bhoutan	..	..	..	0,01	0,1	0,3	0,2	0,6	..	..
145 Népal	..	12,2	..	0,14	2,1	2,2	1,7	8,6	11,6	10,6
146 Mozambique	8,0	11,9	11,8	0,21	1,6	3,0	1,6	6,3	..	..
147 Angola	7,0	6,5	7,9	0,14	..	..	..	3,6	..	..
148 Mauritanie	1,4	0,7	..	0,02	0,1	0,4	0,2	0,8	..	..
149 Somalie	5,4	4,9	6,1	0,08	..	2,0	1,0	3,3	4,5	3,4
150 Bénin	3,8	3,0	3,0	0,03	..	0,8	0,5	2,0	..	1,9
151 Guinée-Bissau	..	0,8	0,8	0,01	0,0	0,2	0,1	0,4	..	..
152 Tchad	4,0	..	..	0,05	..	1,2	0,7	2,5	2,7	2,2
153 Djibouti	0,1	0,2	0,1	0,00	..	0,1	0,0	0,2	0,1	0,0
154 Burkina Faso	4,6	3,0	8,3	0,10	..	2,1	1,1	4,3	..	..
155 Niger	4,4	..	..	0,09	0,7	1,8	0,9	2,9	..	2,0
156 Mali	7,8	5,7	7,3	0,14	0,6	2,4	1,3	3,9	4,1	3,6
157 Afghanistan	11,8	13,1	..	0,27	..	3,7	2,0	7,3	..	..
158 Guinée	3,9	3,9	..	0,07	..	1,6	0,9	3,2	..	..
159 Gambie	..	0,2	..	0,01	..	0,1	0,1	0,4	..	0,3
160 Sierra Leone	..	2,4	2,4	0,05	0,2	0,8	..	2,0	..	1,8
Tous les pays en développement	1500 T	1 550 T	2 200 T	14,4 T	177 T	300 T	200 T	1 000 T	1 200 T	950 T
Pays les moins avancés (PMA)	225 T	275 T	325 T	3,8 T	36 T	75 T	45 T	150 T	300 T	250 T
Afrique subsaharienne	..	..	..	..	..	..	..	..	..	..
Pays industrialisés	..	..	..	..	..	..	..	..	..	..
Monde	..	..	..	..	..	..	..	..	..	..

4 Evolution du développement humain

		Espérance de vie à la naissance (années)		Taux de mortalité des moins de 5 ans (pour 1 000 naissances vivantes)		Population ayant accès à l'eau potable (%)		Apport journalier de calories (en % des besoins)		Alpha-bétisation des adultes (%)		Taux consolidé de scola-risation primaire et secondaire		PIB réel par habitant ($ ajusté)	
		1960	1990	1960	1989	1975-80	1988	1965	1985	1970	1985	1970	1987	1960	1988
	Développement humain élevé	58,4	70,5	119	40	65	73	107	126	81	88	73	87	2 200	5 550
22	Barbades	64,2	75,1	90	15	98	100	..	..	..	..	..	..	1 750	6 020
25	Hong-Kong	66,2	77,3	64	8	99	98	..	..	77	88	76	88	1 740	14 010
26	Chypre	68,6	76,2	36	14	100	100	..	..	..	..	..	..	1 690	8 380
28	Bahamas	..	..	..	..	..	..	..	..	..	..	..	..	..	..
32	Uruguay	67,7	72,2	57	27	80	85	106	100	93	95	87	93	3 270	5 790
35	Corée, Rép. de	53,9	70,1	120	31	66	78	96	122	88	95	76	96	690	5 680
37	Singapour	64,5	74,0	49	12	..	..	87	124	74	86	77	87	1 530	10 540
38	Chili	57,1	71,8	143	27	70	89	108	106	89	92	87	92	2 930	4 720
39	Trinité et Tobago	63,6	71,6	67	18	93	96	103	126	92	96	83	93	4 900	4 580
40	Costa Rica	61,6	74,9	121	22	72	91	104	124	88	92	76	76	1 660	4 320
42	Brunéi Darussalam	..	..	..	..	..	..	..	..	..	..	..	..	..	..
43	Argentine	64,9	71,0	75	36	66	57	119	136	93	95	81	96	3 090	4 360
44	Venezuela	59,5	70,0	114	44	79	89	94	102	75	86	70	84	5 310	5 650
45	Mexique	57,0	69,7	140	51	62	71	111	135	74	85	67	84	2 160	5 320
46	Antigua et Barbuda	..	..	..	..	..	..	..	..	..	..	..	..	..	..
47	Maurice	59,2	69,6	104	29	99	95	103	121	68	83	62	78	1 010	5 320
48	Koweït	59,5	73,4	128	20	..	..	..	..	54	71	67	86	..	..
50	Qatar	53,0	69,2	239	37	..	..	..	..	..	..	..	..	..	..
51	Bahreïn	55,5	71,0	208	19	100	100	..	..	..	..	83	98	..	..
52	Malaisie	53,9	70,1	105	30	34	51	101	121	60	74	62	78	1 100	5 070
53	Dominique	..	..	..	..	..	..	..	..	..	..	..	..	..	..
	Développement humain moyen	49,2	68,6	195	57	50	75	90	113	59	71	66	83	890	2 960
	(idem à l'exclusion de la Chine)	52,8	65,8	181	74	..	..	96	116	..	..	66	82	1 290	3 900
54	Panama	60,7	72,4	105	33	77	84	98	107	81	86	75	83	1 260	3 790
55	Suriname	60,1	69,5	95	40	88	68	..	..	..	..	92	84	1 560	3 830
56	Emirats arabes unis	53,0	70,5	239	31	..	..	..	..	..	..	63	86	..	..
57	Afrique du Sud	49,0	61,7	192	91	..	..	107	120	..	..	..	..	2 630	5 480
59	Jamaïque	62,7	73,1	89	21	86	72	100	116	97	98	75	82	1 470	2 630
60	Brésil	54,7	65,6	159	85	62	96	100	111	66	79	65	87	990	4 620
61	Colombie	56,6	68,8	157	50	64	93	94	110	78	85	82	83	1 340	3 810
62	Cuba	63,8	75,4	87	14	..	..	102	135	87	92	76	96	..	..
63	Seychelles	..	..	..	..	79	100	..	..	..	..	..	..	..	..
64	Grenades	..	..	..	..	..	..	..	..	..	..	..	..	..	..
65	Saint-Kitts-et-Nevis	..	..	..	..	100	100	..	..	..	..	..	..	..	..
66	Thaïlande	52,3	66,1	149	35	25	66	95	105	79	91	58	58	690	3 280
67	Bélize	66,0	69,5	..	..	72	75	..	..	..	..	..	..	..	..
68	Sainte-Lucie	..	..	..	..	..	..	..	..	..	..	..	..	..	..
69	Arabie saoudite	44,4	64,5	292	95	64	97	79	125	9	58	31	60	3 640	9 350
70	Turquie	50,1	65,1	258	90	68	83	105	125	52	76	67	78	1 260	3 900
71	Fidji	53,4	64,8	98	32	..	..	..	..	..	..	..	..	1 800	3 610
72	Rép. arabe syrienne	49,7	66,1	217	62	..	..	89	131	40	59	61	87	1 230	4 460
73	Paraguay	63,8	67,1	134	61	13	35	112	123	80	88	67	69	990	2 590
74	Corée, Rép. pop. dém. de	53,9	70,4	120	36	..	..	99	135	..	..	..	..	..	..
75	Sri Lanka	62,0	70,9	114	36	19	41	100	110	77	87	71	86	970	2 120
76	Jamahiriya arabe libyenne	46,7	61,8	269	116	87	97	83	153	37	57	..	..	..	..
77	Equateur	53,1	66,0	184	85	36	58	83	89	72	83	63	89	1 140	2 810
78	Pérou	47,7	63,0	233	119	47	61	98	93	71	82	..	..	1 720	3 080
79	Saint-Vincent	..	..	..	..	..	..	..	..	..	..	..	..	..	..
80	Rép. dominicaine	51,8	66,7	199	80	55	63	85	109	67	80	63	92	960	2 420
81	Samoa	..	..	..	..	95	83	..	..	..	..	..	..	..	..
82	Chine	47,1	70,1	203	43	..	..	86	111	..	..	66	83	720	2 470
83	Jordanie	46,9	66,9	217	55	..	..	93	121	47	74	..	..	1 120	2 570
84	Philippines	52,8	64,2	134	72	..	..	82	104	83	88	85	95	870	2 170
85	Nicaragua	47,0	64,8	209	92	46	54	107	110	58	80	54	76	1 590	2 660
86	Oman	40,1	65,9	378	53	..	..	..	..	..	..	25	76	2 040	9 290
87	Mongolie	46,8	62,5	185	87	..	..	106	116	..	..	101	95	..	..
88	Liban	59,6	66,1	91	57	..	..	99	125	69	77	77	90	..	..
89	Guyane	56,1	64,2	126	73	72	61	..	..	..	..	80	70	1 390	1 480
90	Tunisie	48,3	66,7	254	66	35	64	94	123	31	58	64	78	850	3 170
91	Iraq	48,5	65,0	222	89	66	87	89	124	34	52	49	75	2 530	3 510
92	Iran, rép. islamique d'	49,5	66,2	254	64	51	78	87	138	29	48	52	82	1 840	3 560
93	Maldives	..	..	..	..	5	95	..	..	..	..	..	..	..	..
94	El Salvador	50,5	64,4	207	90	53	39	80	94	57	69	60	69	1 060	1 950
95	Botswana	45,5	59,8	173	87	..	..	88	96	41	70	46	86	490	2 510
96	Iles Salomon	..	..	..	..	27	82	..	..	..	..	..	..	..	..
97	Gabon	40,8	52,5	287	167	..	..	81	107	33	56	..	..	800	3 960

	Espérance de vie à la naissance (années)		Taux de mortalité des moins de 5 ans (pour 1 000 naissances vivantes)		Population ayant accès à l'eau potable (%)		Apport journalier de calories (en % des besoins)		Alphabétisation des adultes (%)		Taux consolidé de scolarisation primaire et secondaire		PIB réel par habitant ($ ajusté)	
	1960	1990	1960	1989	1975-80	1988	1965	1985	1970	1985	1970	1987	1960	1988
Développement humain faible	42,3	56,9	276	155	27	50	88	99	34	47	42	59	520	1 080
(idem à l'exclusion de l'Inde)	41,0	55,4	272	161	26	44	88	99	34	49	37	54	510	1 230
98 Indonésie	41,2	61,5	225	100	11	46	81	116	54	72	49	84	490	1 820
99 Viet Nam	44,2	62,7	232	84	..	..	97	105	..	..	69	69	..	..
100 Honduras	46,5	64,9	232	103	41	50	87	92	53	68	58	75	750	1 490
101 Vanuatu	..	..	..	..	55	100	..	..	..	..	..	..	..	..
102 Algérie	47,0	65,1	270	102	77	71	72	112	25	49	46	81	1 300	2 470
103 Guatemala	45,6	63,4	230	97	39	61	93	105	44	52	35	52	1 270	2 430
104 Swaziland	40,1	56,8	226	170	43	50	..	..	..	..	63	83	440	2 110
105 Namibie	42,5	57,5	262	171	..	..	..	..	..	..	..	..	..	..
106 Myanmar	43,8	61,3	230	91	17	30	89	119	71	78	54	61	310	660
107 Lesotho	41,6	57,3	208	132	17	48	89	101	62	73	61	80	250	1 390
108 Maroc	46,7	62,0	265	116	..	..	92	118	22	42	32	50	540	2 380
109 Cap-Vert	52,0	67,0	164	58	40	69	..	..	..	..	..	..	..	..
110 Bolivie	42,7	54,5	282	165	34	47	77	89	57	73	61	76	880	1 480
111 Zimbabwe	45,3	59,6	181	90	..	..	87	89	55	62	47	95	620	1 370
112 Sao Tomé-et-Principe	59,0	65,5	..	..	82	..	..	..	..	..	..	..	..	..
113 Kenya	44,7	59,7	208	111	17	30	98	92	32	65	41	71	470	1 010
114 Egypte	46,1	60,3	301	94	75	73	97	132	35	45	55	81	500	1 930
115 Congo	41,7	53,7	241	112	38	21	101	117	35	52	..	..	560	2 120
116 Madagascar	40,7	54,5	364	179	25	32	108	106	50	77	50	56	660	670
117 Papouasie-Nouvelle-Guinée	40,6	54,9	248	83	20	34	72	96	32	47	32	44	1 010	1 960
118 Zambie	41,6	54,4	228	125	42	59	91	92	52	67	61	69	740	870
119 Cameroun	39,0	53,7	275	150	..	..	89	88	33	48	50	71	510	1 670
120 Pakistan	43,1	57,7	276	162	25	45	76	97	21	31	26	29	560	1 790
121 Ghana	45,0	55,0	224	143	35	57	87	76	31	53	52	57	530	970
122 Côte d'Ivoire	39,2	53,4	264	139	..	..	102	110	18	49	..	..	740	1 430
123 Inde	44,0	59,1	282	145	31	57	89	100	34	44	49	66	530	870
124 Zaïre	41,3	53,0	269	132	19	34	98	98	42	66	..	..	310	430
125 Haïti	42,2	55,7	270	133	12	41	88	84	22	48	36	52	610	970
126 Comores	42,5	55,0	279	155	..	..	..	..	..	..	19	56	..	..
127 Tanzanie, rép. unie de	40,5	54,0	249	173	39	56	85	96	..	..	24	42	210	570
128 Laos, rép. dém. pop. du	40,4	49,7	233	156	..	..	86	104	..	..	29	68	..	..
129 Nigeria	39,5	51,5	316	170	..	..	95	90	25	43	21	47	550	1 030
130 Yémen	36,5	51,5	..	..	..	..	81	94	8	32	..	..	..	..
131 Togo	39,3	54,0	305	150	16	71	101	97	17	38	39	64	420	700
132 Libéria	41,2	54,2	310	209	..	..	94	102	18	32	..	..	450	890
133 Rwanda	42,3	49,5	248	201	68	64	73	81	32	45	42	45	240	730
134 Ouganda	43,0	52,0	223	167	35	20	96	95	41	43	25	52	320	410
135 Sénégal	37,2	48,3	299	189	36	54	104	99	12	32	24	38	760	1 250
136 Bangladesh	39,6	51,8	262	184	..	..	91	83	24	32	37	41	440	720
137 Guinée équatoriale	36,8	47,0	316	210	..	..	..	..	..	..	..	..	..	..
138 Malawi	37,8	48,1	366	258	51	56	91	102	30	42	23	52	240	620
139 Burundi	41,3	48,5	260	196	29	38	103	97	20	42	18	33	410	550
140 Cambodge	42,4	49,7	218	200	..	..	98	98	..	..	..	..	..	..
141 Ethiopie	36,0	45,5	294	226	8	19	77	71	..	..	11	27	290	350
142 Rép. centrafricaine	38,5	49,5	308	219	..	..	91	86	16	32	36	41	590	780
143 Soudan	38,7	50,8	292	175	..	..	79	88	17	24	24	36	670	970
144 Bhoutan	38,3	48,9	298	193	..	..	..	..	..	..	4	18	..	..
145 Népal	38,3	52,2	298	193	8	36	87	93	13	22	19	60	480	770
146 Mozambique	37,3	47,5	331	297	..	..	86	69	22	28	28	34	790	1 070
147 Angola	33,0	45,5	345	292	17	35	81	82	12	36	..	..	880	840
148 Mauritanie	35,3	47,0	321	217	..	..	88	92	..	..	9	36	410	960
149 Somalie	36,0	46,1	294	218	38	35	92	90	3	17	7	14	480	1 330
150 Bénin	35,0	47,0	310	150	34	35	88	95	16	19	23	42	600	1 050
151 Guinée-Bissau	34,0	42,5	336	250	10	21	..	..	..	..	29	35	..	..
152 Tchad	34,8	46,5	325	219	..	..	99	69	11	23	19	29	520	510
153 Djibouti	36,0	48,0	..	..	42	45	..	..	..	..	..	..	..	..
154 Burkina Faso	36,2	48,2	363	232	25	67	91	86	8	15	18	19	290	650
155 Niger	35,3	45,5	321	225	..	..	85	100	4	22	8	19	280	610
156 Mali	34,8	45,0	369	287	..	..	83	86	8	23	15	15	400	500
157 Afghanistan	33,4	42,5	381	296	9	21	90	94	8	24	19	20	670	710
158 Guinée	33,6	43,5	336	241	14	32	81	77	14	17	24	20	410	910
159 Gambie	32,3	44,0	375	241	..	..	..	..	..	..	16	42	430	650
160 Sierra Leone	31,5	42,0	385	261	14	42	79	81	13	13	22	37	280	1 030
Tous les pays en développement	46,2	62,8	233	116	40	62	90	107	46	60	55	70	790	2 170
Pays les moins avancés (PMA)	38,6	50,7	289	199	20	34	87	89	26	36	28	41	420	720
Afrique subsaharienne	40,0	51,8	284	179	27	40	92	91	27	45	26	45	640	1 180
Pays industrialisés	69,0	74,5	46	18	..	..	124	132	..	..	..	..	4 690	14 350
Monde	53,4	65,5	218	108	..	..	100	113	..	..	..	..	1 770	4 340

Note : Les données relatives aux pays industrialisés figurent au tableau 29.

5 Formation des ressources humaines

	Taux d'alphabétisation des adultes (% 15+) Total 1985	Hommes 1985	Femmes 1985	Moyenne d'années d'études (25+) Total 1980	Hommes 1980	Femmes 1980	Nombre de scientifiques et de techniciens (par 1 000 habitants) 1980-88	Taux de diplômés de l'ens. sup. (% de diplômés par rapport au groupe d'âge correspondant) 1986-88	Diplômés en sciences (par rapport au total des diplômés (%) 1986-88
Développement humain élevé	88	90	85	5,3	5,8	4,7	71,5	2,6	35
22 Barbades	99	99	99	6,3	6,5	6,1	11,6	..	31
25 Hong-Kong	88	95	81	6,2	7,4	5,0	200,4	6,7	..
26 Chypre	93	93	85	6,9	7,5	6,3	157,9	..	42
28 Bahamas	..	..	..	6,2	6,4	6,0	..	..	29
32 Uruguay	95	96	95	6,1	6,0	6,2	..	..	58
35 Corée, Rép. de	95	98	91	6,6	8,1	5,1	46,5	..	34
37 Singapour	86	90	76	3,5	4,3	2,7	23,8	5,8	31
38 Chili	92	93	92	6,2	6,4	6,0	..	3,1	39
39 Trinité et Tobago	96	96	94	6,1	6,2	6,0	8,5	1,2	30
40 Costa Rica	92	92	92	5,6	5,6	5,6	..	2,7	24
42 Brunéi Darussalam	78	85	69	5,0	5,5	4,5	..	..	..
43 Argentine	95	95	94	6,0	6,0	6,0	74,6	..	32
44 Venezuela	86	84	88	5,3	5,6	5,0	95,3	2,7	24
45 Mexique	85	88	82	4,0	4,4	3,6	..	2,5	38
46 Antigua et Barbuda	90	96	94	4,6	5,1	4,1	..	..	24
47 Maurice	83	89	77	3,7	4,5	2,9	24,3	0,7	31
48 Koweït	71	75	63	4,5	5,1	3,9	62,9	4,2	22
50 Qatar	70	77	73	4,5	4,9	4,1	41,5	4,3	46
51 Bahreïn	73	79	63	2,0	2,4	1,6	43,4	2,3	30
52 Malaisie	74	83	65	4,0	4,7	3,3	..	1,4	31
53 Dominique	80	94	94	4,7	4,9	4,5	..	..	31
Développement humain moyen	71	81	60	4,6	5,6	3,6	10,3	1,2	33
(idem à l'exclusion de la Chine)	76	82	71	4,1	4,6	3,6	20,7	3,1	29
54 Panama	86	87	86	5,9	5,9	5,9	8,0	2,3	39
55 Suriname	93	93	92	4,0	4,3	3,7	..	..	32
56 Emirats arabes unis	..	..	..	3,1	3,6	2,6	..	1,7	11
57 Afrique du Sud	..	..	..	3,7	3,8	3,6	..	..	..
59 Jamaïque	98	98	98	5,1	5,0	5,2	6,2	2,0	31
60 Brésil	79	80	77	3,3	3,5	3,1	29,5	2,5	24
61 Colombie	85	86	84	5,2	5,3	5,1	..	2,6	26
62 Cuba	92	94	91	5,7	5,9	5,5	..	3,8	..
63 Seychelles	60	91	85	4,6	4,8	4,4	..	..	37
64 Grenades	85	98	94	4,7	4,9	4,5	..	..	37
65 Saint-Kitts-et-Nevis	80	89	90	6,0	6,1	5,9	..	..	..
66 Thaïlande	91	95	87	3,5	4,1	2,9	1,2	5,0	13
67 Bélize	93	91	91	4,6	4,8	4,4	..	..	28
68 Sainte-Lucie	83	81	82	3,9	4,0	3,8	..	..	38
69 Arabie saoudite	58	69	43	2,7	4,3	1,1	..	2,5	13
70 Turquie	76	88	64	2,8	3,8	1,8	27,7	2,1	34
71 Fidji	80	85	75	4,9	5,4	4,4	13,0	1,1	63
72 Rép. arabe syrienne	59	74	44	3,0	4,1	1,9	3,6	4,0	41
73 Paraguay	88	91	86	4,6	4,9	4,3	..	..	..
74 Corée, Rép. pop. dém. de	..	..	..	6,0	7,4	4,6	..	..	..
75 Sri Lanka	87	92	81	5,5	6,2	4,8	..	1,4	50
76 Jamahiriya arabe libyenne	57	70	40	2,7	4,3	1,1	11,6	..	..
77 Equateur	83	86	81	5,4	5,8	5,0	9,1	2,3	23
78 Pérou	82	90	75	5,7	6,6	4,8	75,7	..	39
79 Saint-Vincent	82	82	78	4,6	4,7	4,5	..	..	37
80 Rép. dominicaine	80	82	79	4,3	4,6	4,0	..	..	..
81 Samoa	..	..	..	5,0	5,5	4,5	..	..	43
82 Chine	68	80	55	4,8	6,0	3,6	6,6	0,5	43
83 Jordanie	74	86	62	5,0	6,0	4,0	..	5,6	28
84 Philippines	88	88	87	6,6	6,8	6,4	..	6,7	40
85 Nicaragua	80	78	78	3,5	3,7	3,3	..	0,9	38
86 Oman	30	47	12	0,5	0,9	0,2	..	..	..
87 Mongolie	..	..	..	6,0	6,3	5,7	0,9	..	44
88 Liban	77	86	69	4,4	5,3	3,5	..	2,9	26
89 Guyane	95	97	94	5,0	5,4	4,6	1,8	1,1	47
90 Tunisie	58	68	47	1,8	2,6	1,0	1,4	0,9	44
91 Iraq	52	64	41	4,0	4,8	3,2	3,6	..	..
92 Iran, rép. islamique d'	48	59	36	3,5	4,2	2,8	8,2	0,9	52
93 Maldives	91	93	93	4,5	5,1	3,9	..	..	38
94 El Salvador	69	73	65	3,4	3,5	3,3	1,4	1,7	28
95 Botswana	70	82	60	2,0	2,0	2,0	1,2	0,6	3
96 Iles Salomon	..	..	..	1,0	1,2	0,8	..	..	48
97 Gabon	56	70	43	2,5	3,8	1,3	..	0,8	23

	Taux d'alphabétisation des adultes (% 15+) Total 1985	Hommes 1985	Femmes 1985	Moyenne d'années d'études (25+) Total 1980	Hommes 1980	Femmes 1980	Nombre de scientifiques et de techniciens (par 1 000 habitants) 1980-88	Taux de diplômés de l'ens. sup. (% de diplômés par rapport au groupe d'âge correspondant 1986-88	Diplômés en sciences par rapport au total des diplômés (%) 1986-88
Développement humain faible	47	59	34	2,1	3,0	1,2	3,7	0,7	23
(idem à l'exclusion de la Chine)	49	60	38	1,9	2,6	1,2	4,7	..	..
98 Indonésie	72	80	64	3,1	3,9	2,3	11,7	0,6	12
99 Viet Nam	84	90	80	3,2	3,7	2,7	..	..	..
100 Honduras	68	71	65	3,0	3,1	2,9	1,9	0,5	38
101 Vanuatu	53	57	48	3,7	4,3	3,1	..	..	30
102 Algérie	49	63	35	1,3	2,2	0,4	..	2,2	42
103 Guatemala	52	60	44	4,0	4,3	3,7	1,4	..	..
104 Swaziland	68	70	66	3,0	3,4	2,6	..	0,7	43
105 Namibie	..	..	..	1,7	1,7	1,7	..	..	..
106 Myanmar	78	88	69	2,5	2,9	2,1	..	..	..
107 Lesotho	73	62	84	2,7	2,4	3,0	..	0,7	2
108 Maroc	42	54	30	1,8	2,6	1,0	..	1,1	26
109 Cap-Vert	50	57	37	2,0	2,9	1,1	..	..	47
110 Bolivie	73	81	65	4,0	5,0	3,0	..	..	54
111 Zimbabwe	62	70	55	2,0	2,8	1,2	..	0,5	8
112 Sao Tomé-et-Principe	50	79	38	2,3	3,3	1,3	..	..	33
113 Kenya	65	77	53	2,0	2,8	1,2	2,5	0,2	32
114 Egypte	45	60	30	1,7	2,4	1,0	..	3,8	22
115 Congo	52	66	38	2,0	3,0	1,0	..	1,2	12
116 Madagascar	77	86	68	2,0	2,4	1,6	..	0,4	34
117 Papouasie-Nouvelle-Guinée	47	60	32	0,9	1,2	0,6	3,2	0,6	24
118 Zambie	67	77	59	2,6	3,6	1,6	4,4	0,2	33
119 Cameroun	48	61	36	1,4	2,1	0,7	..	0,3	19
120 Pakistan	31	43	18	1,7	2,7	0,7	..	..	..
121 Ghana	53	63	42	3,3	4,5	2,1	1,5	..	..
122 Côte d'Ivoire	49	63	34	1,7	2,6	0,9	..	..	..
123 Inde	44	58	29	2,2	3,3	1,1	3,0	..	..
124 Zaïre	66	79	53	1,5	2,3	0,8	..	0,2	50
125 Haïti	48	54	42	1,5	1,8	1,2	5,0	0,2	60
126 Comores	48	56	40	1,0	1,2	0,8	..	..	48
127 Tanzanie, rép. unie de	..	..	..	2,0	2,8	1,2	..	0,1	33
128 Laos, rép. dém. pop. du	..	..	..	2,5	3,1	1,9	..	0,5	21
129 Nigeria	43	55	31	1,0	1,6	0,4	1,2	0,3	25
130 Yémen	32	47	20	0,8	1,3	0,2	..	0,2	11
131 Togo	38	51	25	1,5	2,3	0,7	0,2	..	24
132 Libéria	32	43	21	1,6	2,5	0,7	..	0,3	24
133 Rwanda	45	59	32	1,0	1,5	0,5	0,2	0,1	28
134 Ouganda	43	57	29	1,0	1,4	0,6	..	0,1	26
135 Sénégal	32	45	19	0,7	1,1	0,3	..	1,0	21
136 Bangladesh	32	45	19	2,0	3,1	0,9	0,5	0,6	27
137 Guinée équatoriale	45	59	31	0,8	1,3	0,3	..	..	27
138 Malawi	42	52	31	1,7	2,3	1,1	..	0,1	23
139 Burundi	42	53	32	0,3	0,5	0,2	..	0,2	17
140 Cambodge	29	41	17	2,0	2,3	1,7	..	..	..
141 Ethiopie	..	..	..	1,0	1,4	0,6	..	0,2	23
142 Rép. centrafricaine	32	45	19	1,0	1,5	0,5	..	0,4	24
143 Soudan	24	39	10	0,7	1,0	0,4	0,4	0,1	24
144 Bhoutan	32	45	19	0,2	0,3	0,1	..	0,1	41
145 Népal	22	34	11	1,8	2,7	0,9	0,6	0,3	18
146 Mozambique	28	39	16	1,6	2,1	1,1	..	0,0	21
147 Angola	36	50	23	1,5	2,0	1,0	..	..	..
148 Mauritanie	28	40	16	0,3	0,5	0,1	..	..	..
149 Somalie	17	27	9	0,2	0,3	0,1	..	..	13
150 Bénin	19	26	12	0,6	0,9	0,3	..	..	..
151 Guinée-Bissau	30	43	18	0,3	0,5	0,1	..	..	30
152 Tchad	23	34	13	0,2	0,3	0,1	..	0,1	10
153 Djibouti	14	18	13	0,3	0,5	0,2	0,1	..	36
154 Burkina Faso	15	23	6	0,1	0,1	0,1	..	0,3	27
155 Niger	22	32	11	0,1	0,1	0,1	..	0,2	17
156 Mali	23	31	15	0,3	0,5	0,1	..	0,2	9
157 Afghanistan	24	38	9	0,8	1,4	0,2	..	0,2	32
158 Guinée	17	26	8	0,8	1,3	0,3	..	0,3	17
159 Gambie	20	30	11	0,5	0,8	0,2	..	..	42
160 Sierra Leone	13	21	6	0,8	1,3	0,4	..	..	..
Tous les pays en développement	60	70	49	3,5	4,4	2,5	9,5	1,1	31
Pays les moins avancés (PMA)	36	47	24	1,4	2,1	0,8	..	0,3	25
Afrique subsaharienne	45	56	34	1,5	2,0	1,0	..	0,2	24
Pays industrialisés	..	..	..	9,1	9,4	8,8	139,3	9,1	35
Monde	..	..	..	5,4	6,1	4,6	43,9	3,1	34

Note: Les données relatives aux pays industrialisés figurent au tableau 30

6 Evolution des écarts du développement humain entre le Sud et le Nord

(En indice par pays) : Nord = 100 (voir note à la fin du tableau)

		Espérance de vie à la naissance		Taux de mortalité des moins de 5 ans		Apport calorique quotidien		Taux consolidé de scolarisation primaire et secondaire		PIB réel par habitant	
		1960	1990	1960	1989	1964-66	1984-86	1970	1988	1960	1987
	Développement humain élevé	**85**	**95**	**38**	**46**	**86**	**95**	**83**	**90**	**47**	**39**
22	Barbades	93	100+	50	100+	..	..	..	..	37	42
25	Hong-Kong	96	100+	71	100+	..	..	87	90	37	98
26	Chypre	99	100+	100+	100+	..	..	..	..	36	58
28	Bahamas	..	..	..	..	..	..	..	..	..	..
32	Uruguay	98	97	80	70	86	76	100	96	70	40
35	Corée, Rép. de	78	94	38	61	77	92	87	99	15	40
37	Singapour	93	99	93	100+	70	94	88	89	33	73
38	Chili	83	96	32	70	87	80	100	95	63	33
39	Trinité et Tobago	92	96	68	100+	83	95	95	96	100+	32
40	Costa Rica	89	100+	38	85	84	94	87	78	35	30
42	Brunéi Darussalam	..	..	..	..	..	..	..	..	..	..
43	Argentine	94	95	61	52	96	100+	93	99	66	30
44	Venezuela	86	94	40	43	76	77	80	86	100+	39
45	Mexique	83	94	32	37	90	100+	77	86	46	37
46	Antigua et Barbuda	..	..	..	..	..	..	..	..	..	..
47	Maurice	86	93	44	65	83	91	71	80	22	37
48	Koweït	86	98	35	94	..	..	77	88	..	..
50	Qatar	77	93	19	51	..	..	87	100+	..	..
51	Bahreïn	80	95	22	99	..	..	95	100+	..	..
52	Malaisie	78	94	43	63	82	91	71	80	24	35
53	Dominique	..	..	..	..	..	..	..	..	..	..
	Développement humain moyen	**71**	**92**	**23**	**33**	**72**	**85**	**76**	**85**	**19**	**21**
	(idem à l'exclusion de la Chine)	**77**	**88**	**25**	**25**	**78**	**87**	**76**	**84**	**28**	**27**
54	Panama	88	97	43	57	79	81	86	85	27	26
55	Suriname	87	93	48	47	..	..	100+	86	33	27
56	Emirats arabes unis	77	95	19	61	..	..	72	88	..	100+
57	Afrique du Sud	71	83	24	21	86	91	..	..	56	38
59	Jamaïque	91	98	51	90	81	88	86	84	31	18
60	Brésil	79	88	29	22	81	84	74	89	21	32
61	Colombie	82	92	29	38	76	83	94	85	29	27
62	Cuba	92	100+	52	100+	82	100+	87	99	..	..
63	Seychelles	..	..	..	..	..	..	..	..	..	..
64	Grenades	..	..	..	..	..	..	..	..	..	..
65	Saint-Kitts-et-Nevis	..	..	..	..	..	..	..	..	..	..
66	Thaïlande	76	89	30	54	77	79	66	60	15	23
67	Bélize	96	93	..	..	..	..	..	..	..	..
68	Sainte-Lucie	..	..	..	..	..	..	..	..	..	..
69	Arabie saoudite	64	87	16	20	64	94	36	62	78	65
70	Turquie	73	87	18	21	85	94	77	80	27	27
71	Fidji	77	87	46	59	..	..	..	..	38	25
72	Rép. arabe syrienne	72	89	21	30	72	99	70	89	26	31
73	Paraguay	93	90	34	31	90	93	77	71	21	18
74	Corée, Rép. pop. dém. de	78	95	38	52	80	100+	..	..	..	..
75	Sri Lanka	90	95	40	52	81	83	81	88	21	15
76	Jamahiriya arabe libyenne	68	83	17	16	67	100+	..	..	..	..
77	Equateur	77	89	25	22	67	67	72	91	24	20
78	Pérou	69	85	19	16	79	70	82	..	37	21
79	Saint-Vincent	..	..	..	..	..	..	..	..	..	..
80	Rép. dominicaine	75	89	23	24	69	82	72	91	20	17
81	Samoa	..	..	..	..	..	..	..	..	..	..
82	Chine	68	94	22	44	69	84	76	85	15	17
83	Jordanie	68	90	21	34	75	91	63	..	24	18
84	Philippines	77	86	34	26	66	79	97	98	19	15
85	Nicaragua	68	87	22	20	86	83	62	78	34	19
86	Oman	58	88	12	35	..	..	29	78	44	65
87	Mongolie	68	84	25	22	86	88	100+	98	..	..
88	Liban	86	89	50	33	80	94	88	92	..	..
89	Guyane	81	86	36	26	..	..	92	72	30	10
90	Tunisie	70	90	18	28	76	93	73	80	18	22
91	Iraq	70	87	20	21	72	94	56	77	54	24
92	Iran, rép. islamique d'	72	89	18	29	70	100+	60	84	39	25
93	Maldives	..	..	..	..	..	..	..	..	..	..
94	El Salvador	73	86	22	21	65	71	69	71	23	14
95	Botswana	66	80	26	22	71	73	53	88	11	17
96	Iles Salomon	..	..	..	..	..	..	..	..	..	..
97	Gabon	59	71	16	11	65	81	..	..	17	28

(En indice par pays) : Nord = 100 (voir note à la fin du tableau)

		Espérance de vie à la naissance		Taux de mortalité des moins de 5 ans		Apport calorique quotidien		Taux consolidé de scolarisation primaire et secondaire		PIB réel par habitant	
		1960	1990	1960	1989	1964-66	1984-86	1970	1988	1960	1987
Développement humain faible		61	76	16	12	71	75	48	60	11	8
(idem à l'exclusion de l'Inde)		59	74	17	12	71	74	42	55	11	9
98	Indonésie	60	83	20	19	65	88	56	86	11	13
99	Viet Nam	64	84	20	22	78	79	79	71	..	..
100	Honduras	67	87	20	18	70	69	66	77	16	10
101	Vanuatu	..	..	..	..	..	..	..	..	..	..
102	Algérie	68	87	17	18	58	85	53	83	28	17
103	Guatemala	66	85	20	19	75	79	40	53	27	17
104	Swaziland	58	76	20	11	..	..	72	85	9	15
105	Namibie	62	77	17	11	..	..	..	..	..	..
106	Myanmar	63	82	20	21	72	90	62	63	7	5
107	Lesotho	60	77	22	14	72	76	70	82	5	10
108	Maroc	68	83	17	16	74	89	37	51	12	17
109	Cap-Vert	75	90	28	32	..	..	..	..	..	..
110	Bolivie	62	73	16	11	62	67	70	78	19	10
111	Zimbabwe	66	80	25	21	70	67	54	98	13	10
112	Sao Tomé-et-Principe	86	88	..	..	..	..	..	..	..	..
113	Kenya	65	80	22	17	79	69	47	73	10	7
114	Egypte	67	81	15	20	78	100	63	83	11	13
115	Congo	60	72	19	17	82	88	..	..	12	15
116	Madagascar	59	73	12	11	87	80	57	58	14	5
117	Papouasie-Nouvelle-Guinée	59	74	18	23	58	73	37	45	22	14
118	Zambie	60	73	20	15	73	69	70	71	16	6
119	Cameroun	57	72	17	13	72	66	57	73	11	12
120	Pakistan	62	78	16	12	61	73	30	30	12	12
121	Ghana	65	74	20	13	70	57	60	59	11	7
122	Côte d'Ivoire	57	72	17	14	82	83	41	..	16	10
123	Inde	64	79	16	13	72	76	56	68	11	6
124	Zaïre	60	71	17	14	79	74	60	..	7	3
125	Haïti	61	75	17	14	71	63	41	53	13	7
126	Comores	62	74	16	12	..	..	22	58	..	..
127	Tanzanie, rép. unie de	59	72	18	11	69	73	27	43	4	4
128	Laos, rép. dém. pop. du	59	67	19	12	69	79	33	70	..	..
129	Nigeria	57	69	14	11	77	68	24	48	12	7
130	Yémen	53	69	..	..	65	71	17	..	..	..
131	Togo	57	72	15	13	82	73	45	66	9	5
132	Libéria	60	73	15	9	76	77	37	..	10	6
133	Rwanda	61	66	18	9	59	61	48	46	5	5
134	Ouganda	62	70	20	11	77	72	29	48	7	3
135	Sénégal	54	65	15	10	84	75	27	39	16	9
136	Bangladesh	57	70	17	10	73	63	42	42	9	5
137	Guinée équatoriale	53	63	14	9	..	..	..	..	..	..
138	Malawi	55	65	12	7	73	77	26	53	5	4
139	Burundi	60	65	17	10	83	73	21	34	9	4
140	Cambodge	61	67	21	9	79	74	..	..	..	..
141	Ethiopie	52	61	15	8	62	54	13	28	6	2
142	Rép. centrafricaine	56	66	15	9	73	65	41	42	10	5
143	Soudan	56	68	16	11	64	66	27	37	14	7
144	Bhoutan	56	66	15	10	..	..	5	18	..	..
145	Népal	56	70	15	10	70	70	22	62	10	5
146	Mozambique	54	64	14	6	69	52	32	35	17	7
147	Angola	48	61	13	6	65	62	36	..	19	6
148	Mauritanie	51	63	14	9	71	69	10	37	9	7
149	Somalie	52	62	15	9	74	68	8	14	10	9
150	Bénin	51	63	15	13	71	72	26	43	13	7
151	Guinée-Bissau	49	57	14	8	..	..	33	36	..	..
152	Tchad	50	62	14	9	80	52	22	30	11	4
153	Djibouti	52	64	..	..	..	..	..	..	..	..
154	Burkina Faso	52	65	13	8	73	65	21	20	6	5
155	Niger	51	61	14	8	69	76	9	20	6	4
156	Mali	50	60	12	7	67	65	17	15	8	4
157	Afghanistan	48	57	12	6	73	71	22	21	14	5
158	Guinée	49	58	14	8	65	58	27	21	9	6
159	Gambie	47	59	12	8	..	..	18	43	9	4
160	Sierra Leone	46	56	12	7	64	61	25	38	6	7
Tous les pays en développement		67	84	20	16	72	80	63	72	17	15
Pays les moins avancés (PMA)		56	68	16	9	70	67	32	42	9	5
Afrique subsaharienne		58	70	16	11	74	69	30	47	14	8
Pays industrialisés		100	100	100	100	100	100	100	100	100	100
Monde		77	88	..	..	..	..	..	..	38	30

Note: Tous les chiffres sont exprimés en fonction de la moyenne du Nord, qui est égale à 100. Plus le chiffre est faible, plus l'écart est grand ; plus le chiffre est près de 100, plus faible est l'écart ; un chiffre supérieur à 100 indique que le pays a dépassé la moyenne du Nord.

7 Ecarts du développement humain entre le Nord et le Sud

(En indice par pays) : Nord = 100 (voir note à la fin du tableau)

		Fécondité 1988	Mortalité maternelle 1980-87	Habitants par médecin 1984	Malnutrition infantile 1980-88	Alphabé-tisation des femmes 1985	Taux de scol. ens. supérieur 1987-88	Scientifiques et techniciens (par habitant) 1980-88	Récepteurs radio (par habitant) 1986-88	PNB par habitant 1988
	Développement humain élevé	65	39	42	..	87	69	51	48	22
22	Barbades	100+	..	..	43	100+	..	8	85	48
25	Hong-Kong	100+	100+	43	..	83	..	100+	62	74
26	Chypre	84	..	42	..	91	33	100+	28	50
28	Bahamas	..	..	42	..	97	..	..	49	85
32	Uruguay	80	64	88	33	97	100+	..	58	20
35	Corée, Rép. de	100+	94	40	..	93	100+	33	97	29
37	Singapour	100+	100+	35	16	81	..	17	30	72
38	Chili	71	52	37	77	94	53	..	33	12
39	Trinité et Tobago	67	45	48	33	97	13	6	45	27
40	Costa Rica	61	68	48	38	94	73	..	25	13
42	Brunéi Darussalam	..	..	..	..	70	..	..	22	100+
43	Argentine	66	36	100+	..	96	100+	53	65	20
44	Venezuela	52	42	66	38	89	78	68	42	26
45	Mexique	57	30	37	..	84	45	..	24	14
46	Antigua et Barbuda	..	..	..	23	91	..	..	28	29
47	Maurice	98	25	24	10	79	5	17	26	14
48	Koweït	52	100+	72	38	64	49	15	32	100+
50	Qatar	35	..	35	..	74	64	30	50	79
51	Bahreïn	49	..	46	..	65	41	31	51	51
52	Malaisie	51	42	24	..	66	20	..	43	15
53	Dominique	..	..	..	..	82	..	..	45	13
	Développement humain moyen	66	33	30	11	62	15	7	20	7
	(idem à l'exclusion de la Chine)	50	20	17	12	72	42	15	24	14
54	Panama	63	43	47	14	88	77	6	22	17
55	Suriname	69	..	..	..	94	23	..	64	20
56	Emirats arabes unis	42	..	45	..	48	26	..	31	100+
57	Afrique du Sud	44	30	..	..	86	..	..	32	18
59	Jamaïque	76	22	22	33	100+	12	4	39	9
60	Brésil	57	20	42	46	78	32	21	36	17
61	Colombie	63	22	37	19	85	41	..	17	9
62	Cuba	100+	72	..	..	93	64	..	33	16
63	Seychelles	56	..	21	..	63	..	..	44	30
64	Grenades	..	..	..	..	85	..	..	50	14
65	Saint-Kitts-et-Nevis	53	..	16	..	82	..	..	51	21
66	Thaïlande	79	..	7	9	88	..	1	17	8
67	Bélize	33	..	21	..	95	..	..	58	12
68	Sainte-Lucie	45	..	..	17	85	..	..	71	12
69	Arabie saoudite	27	..	66	..	43	40	..	27	49
70	Turquie	55	12	33	19	66	33	20	16	10
71	Fidji	64	..	21	..	77	..	9	57	12
72	Rép. arabe syrienne	29	9	36	9	44	53	3	24	13
73	Paraguay	43	6	31	7	88	26	..	16	9
74	Corée, Rép. pop. dém. de	78	60	..	..	85	..	..	11	10
75	Sri Lanka	74	41	8	6	83	12	..	19	3
76	Jamahiriya arabe libyenne	28	31	66	..	41	30	8	22	43
77	Equateur	47	13	56	14	82	87	6	29	9
78	Pérou	50	28	44	18	76	75	54	24	10
79	Saint-Vincent	..	..	..	..	79	..	..	65	10
80	Rép. dominicaine	54	33	26	18	80	55	..	16	6
81	Samoa	..	..	18	..	89	..	..	42	5
82	Chine	81	56	46	11	56	5	5	18	3
83	Jordanie	33	..	40	..	63	..	..	23	12
84	Philippines	46	26	7	7	89	83	..	13	5
85	Nicaragua	36	52	31	21	82	25	..	24	7
86	Oman	27	..	27	..	12	12	..	64	40
87	Mongolie	39	25	..	..	89	64	1	13	7
88	Liban	53	..	..	..	70	..	..	76	7
89	Guyane	74	..	7	10	96	10	1	36	3
90	Tunisie	51	8	21	23	48	21	1	18	10
91	Iraq	31	49	26	..	42	41	3	20	24
92	Iran, rép. islamique d'	38	..	17	5	37	20	6	23	14
93	Maldives	27	..	2	..	93	..	..	11	3
94	El Salvador	41	35	16	15	67	52	1	39	8
95	Botswana	28	10	7	15	62	8	1	13	8
96	Iles Salomon	..	..	..	..	51	..	..	11	5
97	Gabon	37	..	16	..	44	14	..	13	24

		En indice par pays : Nord = 100 (voir note à la fin du tableau)								
		Fécondité 1988	Mortalité maternelle 1980-87	Habitants par médecin 1984	Malnutrition infantile 1980-88	Alphabétisation des femmes 1985	Taux de scol. ens. supérieur 1987-88	Scientifiques et techniciens (par habitant) 1980-88	Récepteurs radio (par habitant) 1986-88	PNB par habitant 1988
	Développement humain faible	38	6	6	6	35	17	3	11	3
	(idem à l'exclusion de l'Inde)	34	5	4	6	39	14	3	13	3
98	Indonésie	58	5	5	5	65	..	8	14	4
99	Viet Nam	49	18	46	5	81	..	..	10	2
100	Honduras	36	49	30	11	66	26	1	37	7
101	Vanuatu	..	..	8	12	49	..	..	25	7
102	Algérie	37	18	20	23	36	27	..	22	19
103	Guatemala	34	22	21	7	45	25	1	6	7
104	Swaziland	29	..	..	..	67	11	..	15	6
105	Namibie	32	..	..	..	72	..	..	12	10
106	Myanmar	49	18	12	6	70	14	..	8	2
107	Lesotho	33	..	2	14	86	12	..	7	3
108	Maroc	42	8	3	14	30	29	..	20	7
109	Cap-Vert	35	..	8	12	40	..	..	15	5
110	Bolivie	32	5	30	18	66	49	..	56	5
111	Zimbabwe	34	5	7	19	56	11	..	8	5
112	Sao Tomé-et-Principe	..	..	18	14	33	..	..	27	4
113	Kenya	28	14	5	..	54	4	2	9	3
114	Egypte	45	8	60	18	30	59	..	31	5
115	Congo	30	2	6	14	39	23	..	12	7
116	Madagascar	29	10	5	7	70	11	..	19	2
117	Papouasie-Nouvelle-Guinée	38	3	8	7	33	6	2	6	6
118	Zambie	26	16	6	8	60	6	3	7	2
119	Cameroun	28	8	..	14	36	8	..	12	8
120	Pakistan	31	5	16	4	18	15	..	8	3
121	Ghana	30	2	3	9	43	4	1	29	3
122	Côte d'Ivoire	26	..	..	19	35	..	..	13	6
123	Inde	45	7	18	6	30	19	2	8	3
124	Zaïre	31	..	..	8	54	..	..	10	1
125	Haïti	39	11	6	6	43	4	4	4	3
126	Comores	27	..	..	..	41	..	..	11	4
127	Tanzanie, rép. unie de	27	7	2	5	39	1	..	2	1
128	Laos, rép. dém. pop. du	28	..	34	6	39	5	..	12	1
129	Nigeria	28	3	6	..	32	..	1	16	2
130	Yémen	25	..	8	5	21	..	..	6	5
131	Togo	29	..	5	10	26	8	0	18	3
132	Libéria	28	..	5	11	22	8	..	22	4
133	Rwanda	23	12	1	8	33	1	0	6	3
134	Ouganda	26	8	2	10	30	2	..	10	2
135	Sénégal	30	4	4	10	20	9	..	11	5
136	Bangladesh	36	4	7	3	19	13	0	4	1
137	Guinée équatoriale	32	..	..	..	32	..	..	25	3
138	Malawi	25	..	4	10	32	2	..	24	1
139	Burundi	28	..	2	6	32	2	..	5	2
140	Cambodge	42	..	..	12	17	..	..	10	1
141	Ethiopie	28	..	1	6	39	3	..	19	1
142	Rép. centrafricaine	31	4	2	..	20	4	..	6	3
143	Soudan	30	4	5	6	10	5	0	23	4
144	Bhoutan	34	1	2	6	19	..	..	1	1
145	Népal	33	3	1	3	11	15	0	3	1
146	Mozambique	30	..	1	4	17	1	..	4	1
147	Angola	30	..	3	..	23	..	..	5	7
148	Mauritanie	29	..	4	7	16	10	..	14	4
149	Somalie	29	2	3	..	9	9	..	4	1
150	Bénin	27	..	3	..	12	7	..	7	3
151	Guinée-Bissau	33	..	6	10	18	..	..	4	2
152	Tchad	33	3	1	..	13	1	..	23	1
153	Djibouti	29	..	46	..	13	..	0	9	4
154	Burkina Faso	29	3	1	..	6	2	..	2	2
155	Niger	27	6	1	5	12	2	..	6	2
156	Mali	27	..	2	7	16	2	..	4	2
157	Afghanistan	28	4	..	..	9	5	..	10	2
158	Guinée	27	..	1	..	9	4	..	3	3
159	Gambie	30	..	4	..	11	..	..	16	2
160	Sierra Leone	29	5	3	10	6	..	..	21	2
	Tous les pays en développement	48	8	10	7	50	19	7	17	6
	Pays les moins avancés (PMA)	31	5	2	5	25	8	..	9	2
	Afrique subsaharienne	29	5	2	7	34	4	..	14	4
	Pays industrialisés	100	100	100	100	100	100	100	100	100
	Monde	55	10	12	..	..	36	31	36	27

Note: Tous les chiffres sont exprimés en fonction de la moyenne du Nord, qui est égale à 100. Plus le chiffre est faible, plus l'écart est grand ; plus le chiffre est près de 100 plus faible est l'écart ; un chiffre supérieur à 100 indique que le pays a dépassé la moyenne du Nord.

8 Dépenses réelles Sud Nord

		Indices des dépenses réelles par habitant pour 1985 : Nord = 100							
		Tous produits alimentaires	Viande	Prod. laitiers huile graisses	Céréales pain	Services de santé	Médicaments	Enseignement	Livres
	Développement humain élevé	..	..	..	..	..	..	..	..
22	Barbades	..	..	..	..	..	..	..	..
25	Hong-Kong	92	113	42	126	55	85	54	53
26	Chypre	..	..	..	..	..	..	..	..
28	Bahamas	..	..	..	..	..	..	..	..
32	Uruguay	102	124	60	164	25	92	100	14
35	Corée, Rép. de	51	17	10	193	1	48	56	6
37	Singapour	..	..	..	..	..	..	..	..
38	Chili	63	47	38	114	22	38	102	2
39	Trinité et Tobago	..	..	..	..	..	..	..	..
40	Costa Rica	58	25	57	116	24	104	95	5
42	Brunéi Darussalam	..	..	..	..	..	..	..	..
43	Argentine	95	129	34	64	8	49	49	7
44	Venezuela	69	18	64	135	28	81	107	1
45	Mexique	..	..	..	..	..	..	..	..
46	Antigua et Barbuda	..	..	..	..	..	..	..	..
47	Maurice	..	..	..	..	..	..	..	..
48	Koweït	..	..	..	..	..	..	..	..
50	Qatar	..	..	..	..	..	..	..	..
51	Bahreïn	..	..	..	..	..	..	..	
52	Malaisie	..	..	..	..	..	..	..	..
53	Dominique	..	..	..	..	..	..	..	..
	Développement humain moyen	71	69	39	121	20	59	43	10
	(idem à l'exclusion de la Chine)	..	..	..	..	..	..	..	..
54	Panama	68	41	27	61	26	26	93	12
55	Suriname	..	..	..	..	..	..	..	..
56	Emirats arabes unis	..	..	..	..	..	..	..	..
57	Afrique du Sud	..	..	..	..	..	..	..	..
59	Jamaïque	..	..	..	..	..	..	..	..
60	Brésil	96	102	62	..	16	97	36	13
61	Colombie	52	82	22	57	26	50	53	11
62	Cuba	..	..	..	..	..	..	..	..
63	Seychelles	..	..	..	..	..	..	..	..
64	Grenades	..	..	..	..	..	..	..	..
65	Saint-Kitts-et-Nevis	..	..	..	..	..	..	..	..
66	Thaïlande	..	..	..	..	..	..	..	..
67	Bélize	..	..	..	..	..	..	..	..
68	Sainte-Lucie	..	..	..	..	..	..	..	..
69	Arabie saoudite	..	..	..	..	..	..	..	..
70	Turquie	..	..	..	..	..	..	..	..
71	Fidji	..	..	..	..	..	..	..	..
72	Rép. arabe syrienne	..	..	..	..	..	..	..	..
73	Paraguay	43	48	40	49	4	24	50	18
74	Corée, Rép. pop. dém. de	..	..	..	..	..	..	..	..
75	Sri Lanka	33	3	7	144	8	35	27	7
76	Jamahiriya arabe libyenne	..	..	..	..	..	..	..	..
77	Equateur	73	31	18	62	17	41	61	9
78	Pérou	53	48	28	96	12	30	56	7
79	Saint-Vincent	..	..	..	..	..	..	..	..
80	Rép. dominicaine	59	49	44	110	29	43	57	16
81	Samoa	..	..	..	..	..	..	..	..
82	Chine	..	..	..	..	..	..	..	..
83	Jordanie	..	..	..	..	..	..	..	..
84	Philippines	44	31	10	175	32	7	48	2
85	Nicaragua	..	..	..	..	..	..	..	..
86	Oman	..	..	..	..	..	..	..	..
87	Mongolie	..	..	..	..	..	..	..	..
88	Liban	..	..	..	..	..	..	..	..
89	Guyane	..	..	..	..	..	..	..	..
90	Tunisie	59	25	57	170	8	26	58	10
91	Iraq	..	..	..	..	..	..	..	..
92	Iran, rép. islamique d'	..	..	..	..	..	..	..	..
93	Maldives	..	..	..	..	..	..	..	..
94	El Salvador	26	13	23	62	16	39	32	5
95	Botswana	29	27	13	117	10	8	48	1
96	Iles Salomon	..	..	..	..	..	..	..	..
97	Gabon	..	..	..	..	..	..	..	..

	Indices des dépenses réelles par habitant pour 1985 : Nord = 100							
	Tous produits alimentaires	Viande	Prod. laitiers huiles graisses	Céréales pain	Service de santé	Médicaments	Enseignement	Livres
Développement humain faible	23	7	17	73	5	6	21	3
(idem à l'exclusion de la Chine)	28	14	17	85	8	3	20	4
98 Indonésie	31	6	5	114	3	1	14	2
99 Viet Nam	..	..	..	..	..	..	..	..
100 Honduras	27	24	28	32	19	22	17	3
101 Vanuatu	..	..	..	..	..	..	..	..
102 Algérie	..	..	..	..	..	..	..	..
103 Guatemala	47	49	39	103	61	39	67	29
104 Swaziland	..	..	..	..	..	..	..	..
105 Namibie	..	..	..	..	..	..	..	..
106 Myanmar	..	..	..	..	..	..	..	..
107 Lesotho	..	..	..	..	..	..	..	..
108 Maroc	41	27	27	119	3	8	36	3
109 Cap-Vert	..	..	..	..	..	..	..	..
110 Bolivie	47	70	25	41	18	21	19	1
111 Zimbabwe	14	12	10	42	4	4	20	10
112 Sao Tomé-et-Principe	..	..	..	..	..	..	..	..
113 Kenya	17	5	11	69	4	2	39	3
114 Egypte	..	..	..	..	..	..	..	..
115 Congo	..	..	..	..	..	..	..	..
116 Madagascar	25	25	5	93	0	1	22	2
117 Papouasie-Nouvelle-Guinée	..	..	..	..	..	..	..	..
118 Zambie	17	15	8	41	3	7	15	0
119 Cameroun	13	11	9	39	6	14	23	4
120 Pakistan	42	21	49	128	23	2	26	3
121 Ghana	..	..	..	..	..	..	..	..
122 Côte d'Ivoire	27	21	16	62	1	2	21	6
123 Inde	19	2	16	63	3	7	21	2
124 Zaïre	..	..	..	..	..	..	..	..
125 Haïti	..	..	..	..	..	..	..	..
126 Comores	..	..	..	..	..	..	..	..
127 Tanzanie, rép. unie de	13	6	3	47	2	2	21	0
128 Laos, rép. dém. pop. du	..	..	..	..	..	..	..	..
129 Nigeria	25	16	15	41	4	3	17	6
130 Yémen	..	..	..	..	..	..	..	..
131 Togo	..	..	..	..	..	..	..	..
132 Libéria	..	..	..	..	..	..	..	..
133 Rwanda	..	..	..	..	..	..	..	..
134 Ouganda	..	..	..	..	..	..	..	..
135 Sénégal	30	16	22	80	1	3	21	3
136 Bangladesh	..	..	..	..	..	..	..	..
137 Guinée équatoriale	..	..	..	..	..	..	..	..
138 Malawi	19	10	3	100	1	3	12	0
139 Burundi	..	..	..	..	..	..	..	..
140 Cambodge	..	..	..	..	..	..	..	..
141 Ethiopie	7	5	4	26	3	1	10	7
142 Rép. centrafricaine	..	..	..	..	..	..	..	..
143 Soudan	..	..	..	..	..	..	..	..
144 Bhoutan	..	..	..	..	..	..	..	..
145 Népal	..	..	..	..	..	..	..	..
146 Mozambique	..	..	..	..	..	..	..	..
147 Angola	..	..	..	..	..	..	..	..
148 Mauritanie	..	..	..	..	..	..	..	..
149 Somalie	..	..	..	..	..	..	..	..
150 Bénin	..	..	..	..	..	..	..	..
151 Guinée-Bissau	..	..	..	..	..	..	..	..
152 Tchad	..	..	..	..	..	..	..	..
153 Djibouti	..	..	..	..	..	..	..	..
154 Burkina Faso	..	..	..	..	..	..	..	..
155 Niger	..	..	..	..	..	..	..	..
156 Mali	15	23	2	52	0	2	9	1
157 Afghanistan	..	..	..	..	..	..	..	..
158 Guinée	..	..	..	..	..	..	..	..
159 Gambie	..	..	..	..	..	..	..	..
160 Sierra Leone	..	..	..	..	..	..	..	..
Tous les pays en développement	34	21	21	82	8	18	27	4
Pays les moins avancés (PMA)	..	..	..	..	..	..	..	..
Afrique subsaharienne	19	13	10	48	3	3	18	5
Pays industrialisés	100	100	100	100	100	100	100	100
Monde	..	..	..	..	..	..	..	..

Note: Tous les chiffres sont exprimés en fonction de la moyenne du Nord, qui est égale à 100. Plus le chiffre est faible, plus l'écart est grand ; plus le chiffre est près de 100, plus faible est l'écart ; un chiffre supérieur à 100 indique que le pays a dépassé la moyenne du Nord.

9 Inégalités entre zones rurales et zones urbaines

	Population rurale en % de la pop. totale 1990	% de la pop. rurale ayant accès aux services 1985-87			% de la pop. urbaine ayant accès aux services 1985-87			Inégalités zones rurale / urbaine (100 = égalité rurale / urbaine)			
		Santé	Eau	Assainissement	Santé	Eau	Assainissement	Santé	Eau	Assainissement	Nutrition Infantile
Développement humain élevé	25	..	43	40	..	84	92	..	51	43	..
22 Barbades	55	100	100	..	100	100	100	..	..	..	..
25 Hong-Kong	6	..	69	50	..	100	97	..	69	52	..
26 Chypre	47	100	100	..	100	100	..	..	..	..	..
28 Bahamas	..	..	..	..	..	..	..	..	..	..	..
32 Uruguay	15	..	27	59	..	95	59	..	28	100	..
35 Corée, Rép. de	28	86	48	100	97	90	100	89	53	100	..
37 Singapour	0	..	..	..	100	100	97	..	..	..	..
38 Chili	14	..	21	..	..	100	100	..	21	..	..
39 Trinité et Tobago	31	..	87	97	..	100	100	..	87	97	97
40 Costa Rica	53	63	83	89	100	100	99	63	83	90	..
42 Brunéi Darussalam	..	..	..	..	..	..	..	..	..	..	..
43 Argentine	14	21	17	35	80	63	75	26	27	47	..
44 Venezuela	10	..	89	70	..	89	97	..	100	72	..
45 Mexique	27	..	49	12		79	100	..	62	12	..
46 Antigua et Barbuda	69	..	..	..	..	..	..	..	..	..	..
47 Maurice	60	100	92	96	100	100	100	100	92	96	92
48 Koweït	4	..	..	..	..	97	100	..	..	..	..
50 Qatar	11	..	..	..	..	..	..	..	..	..	..
51 Bahreïn	17	..	100	100	..	100	100	..	..	..	..
52 Malaisie	57	..	14	15	..	100	39	..	14	38	..
53 Dominique	59	..	..	..	..	..	..	..	..	..	..
Développement humain moyen	58	61	65	58	95	88	74	64	74	79	..
(idem à l'exclusion de la Chine)	42	..	60	..	..	91	..	..	67	..	..
54 Panama	47	64	66	68	95	100	100	67	66	68	..
55 Suriname	53	..	56	36	..	82	64	..	68	56	..
56 Emirats arabes unis	22	..	..	..	..	..	..	..	..	..	..
57 Afrique du Sud	41	..	..	..	..	..	..	..	..	..	..
59 Jamaïque	48	..	46	90	..	95	92	..	48	98	98
60 Brésil	25	..	86	..	..	100	61	..	86	..	94
61 Colombie	30	..	76	13	..	100	96	..	76	14	95
62 Cuba	25	..	..	..	..	..	..	..	..	..	..
63 Seychelles	..	..	98	97	..	100	..	..	98	..	..
64 Grenades	..	..	..	..	..	..	..	..	..	..	..
65 Saint-Kitts-et-Nevis	59	100	100	100	100	100	100	..	..	..	..
66 Thaïlande	77	..	66	76	..	67	84	..	99	90	81
67 Bélize	50	50	63	..	100	87	..	..	..	..	..
68 Sainte-Lucie	..	..	..	..	..	..	..	..	..	..	..
69 Arabie saoudite	23	88	88	..	100	100	100	88	88	..	..
70 Turquie	39	..	63	..	..	95	..	..	66	..	..
71 Fidji	61	..	..	..	..	..	..	..	..	..	..
72 Rép. arabe syrienne	50	60	54	..	92	98	..	65	55	..	..
73 Paraguay	53	38	7	..	90	65	55	42	11	..	..
74 Corée, Rép. pop. dém. de	40	..	..	..	..	..	..	..	..	..	..
75 Sri Lanka	79	..	29	44	..	87	74	..	33	59	85
76 Jamahiriya arabe libyenne	30	..	90	..	..	100	..	..	90	..	..
77 Equateur	44	30	37	34	90	75	75	33	49	45	..
78 Pérou	30	..	22	12	..	78	67	..	28	18	83
79 Saint-Vincent	73	95	..	..	..	..	..	..	..	..	..
80 Rép. dominicaine	40	..	28	36	..	86	77	..	33	47	92
81 Samoa	79	100	70	91	100	83	95	..	84	96	..
82 Chine	67	..	66	..	..	85	..	..	78	..	86
83 Jordanie	32	95	88	..	98	100	92	97	88	..	..
84 Philippines	57	..	..	85	..	49	85	..	..	100	..
85 Nicaragua	40	60	19	16	100	78	35	60	24	46	..
86 Oman	89	90	49	25	100	90	88	90	54	28	..
87 Mongolie	48	..	50	43	..	78	100	..	64	43	..
88 Liban	16	..	85	..	..	95	..	..	89	..	..
89 Guyane	65	..	40	81	..	100	97	..	40	84	..
90 Tunisie	46	80	31	15	100	92	70	80	34	21	92
91 Iraq	29	70	54	11	97	100	100	72	54	11	..
92 Iran, rép. islamique d'	43	60	55	..	95	95	..	63	58	..	..
93 Maldives	70	95	19	2	100	95	100	..	20	..	..
94 El Salvador	56	40	10	39	80	76	86	50	13	45	..
95 Botswana	72	85	46	20	100	90	93	85	51	22	..
96 Iles Salomon	81	..	40	5	..	82	56	..	49	9	..
97 Gabon	54	..	50	50	..	90	..	..	56	..	..

	Population rurale (en % de la pop. totale) 1990	% de la pop. rurale ayant accès aux services 1985-87			% de la pop. urbaine ayant accès aux sevices 1985-87			Inégalités zones rurale / urbaines (100 = égalité rurale / urbaine			
		Santé	Eau	Assainissement	Santé	Eau	Assainissement	Santé	Eau	Assainissement	Nutrition infantile
Développement humain faible	72	40	40	20	85	72	41	48	55	49	75
(idem à l'exclusion de la Chine)	71	..	31	..	..	70	50	..	45	..	..
98 Indonésie	69	..	40	38	..	60	40	..	67	95	76
99 Viet Nam	78	75	45	..	100	48	48	75	94	..	..
100 Honduras	56	65	45	34	85	56	..	76	80	..	..
101 Vanuatu	79	..	64	33	..	100	82	..	64	40	..
102 Algérie	48	80	55	40	100	85	80	80	65	50	..
103 Guatemala	61	25	41	48	47	91	72	53	45	67	85
104 Swaziland	67	..	30	25	..	100	100	..	..	..	..
105 Namibie	72	..	..	..	..	..	..	..	..	..	..
106 Myanmar	75	11	28	27	100	38	35	11	74	77	93
107 Lesotho	80	..	45	14	..	59	14	..	76	100	92
108 Maroc	52	50	25	16	100	100	..	50	25	..	87
109 Cap-Vert	71	..	50	9	100	83	32	..	..	..	..
110 Bolivie	49	36	15	13	90	77	55	40	19	24	91
111 Zimbabwe	72	62	32	15	100	..	..	62	..	..	91
112 Sao Tomé-et-Principe	67	69	..	15	100	..	..	..	..	..	..
113 Kenya	76	..	21	..	..	61	..	..	34	..	89
114 Egypte	53	..	56	34	..	92	..	..	61	..	91
115 Congo	60	70	7	..	97	42	..	72	17	..	..
116 Madagascar	76	..	17	..	..	81	..	..	21	..	88
117 Papouasie-Nouvelle-Guinée	84	..	23	56	..	95	99	..	24	57	..
118 Zambie	50	..	43	34	..	76	77	..	57	44	..
119 Cameroun	59	39	24	..	44	43	100	89	56	..	..
120 Pakistan	68	35	27	6	99	83	51	35	33	12	..
121 Ghana	67	45	39	16	92	93	61	49	42	26	89
122 Côte d'Ivoire	60	11	10	20	61	30	69	18	33	29	96
123 Inde	73	..	50	..	..	76	31	..	66	..	..
124 Zaïre	61	17	17	14	40	59	14	43	29	100	..
125 Haïti	72	70	36	15	80	55	42	88	65	36	..
126 Comores	72	..	..	..	..	..	..	..	..	..	..
127 Tanzanie, rép. unie de	67	72	46	77	99	75	77	73	61	100	..
128 Laos, rép. dém. pop. du	81	..	..	6	..	14	28	..	..	21	..
129 Nigeria	65	30	20	5	75	100	..	40	20	..	42
130 Yémen	71	..	26	..	..	95	..	..	28	..	58
131 Togo	74	..	61	16	..	100	42	..	61	38	86
132 Libéria	54	30	22	8	50	100	..	60	22	..	..
133 Rwanda	92	25	64	55	60	64	77	42	100	71	..
134 Ouganda	90	57	18	30	90	37	32	63	49	94	87
135 Sénégal	62	..	38	..	..	79	87	..	48	..	88
136 Bangladesh	84	..	..	3	..	24	24	..	..	13	77
137 Guinée équatoriale	71	..	..	..	..	43	..	..	..	..	..
138 Malawi	88	..	50	..	..	97	..	..	52	..	89
139 Burundi	94	..	35	56	..	98	80	..	36	70	77
140 Cambodge	88	50	..	..	80	10	..	63		..	..
141 Ethiopie	87	..	11	7	..	70	96	..	16	7	..
142 Rép. centrafricaine	53	..	11	11	..	13	..	..	85	..	..
143 Soudan	78	40	10	..	90	60	..	44	17	..	..
144 Bhoutan	95	..	19	..	..	..	..	..	..	..	..
145 Népal	90	..	33	..	..	66	17	..	50	..	..
146 Mozambique	73	30	17	11	100	44	61	30	39	18	..
147 Angola	72	..	19	20	..	75	25	..	25	80	..
148 Mauritanie	53	..	65	..	..	67	34	..	97	..	91
149 Somalie	64	15	22	5	50	58	44	30	38	11	..
150 Bénin	62	..	34	20	..	37	58	..	92	34	..
151 Guinée-Bissau	80	..	22	18	..	18	30	..	..	60	..
152 Tchad	70	..	..	..	..	..	..	..	..	..	..
153 Djibouti	19	40	20	17	90	53	78	..	..	..	..
154 Burkina Faso	91	..	69	5	51	44	35	94	..	14	..
155 Niger	81	30	..	..	99	35	..	30	..	..	66
156 Mali	81	..	36	5	..	46	90	..	78	6	..
157 Afghanistan	82	17	17	..	80	38	..	21	45	..	..
158 Guinée	74	..	24	..	..	55	65	..	44	..	..
159 Gambie	77	..	73	..	..	81	..	..	90	..	..
160 Sierra Leone	68	..	22	35	..	83	59	..	27	59	89
Tous les pays en développement	63	44	50	27	88	81	60	50	62	45	82
Pays les moins avancés (PMA)	80	35	27	17	90	50	50	39	55	34	80
Afrique subsaharienne	69	37	26	18	72	74	60	51	35	31	67
Pays industrialisés	27	..	..	..	..	..	..	..	..	..	..
Monde	55	..	..	..	..	..	..	..	..	..	..

Note: Tous les chiffres sont exprimés en fonction de la moyenne du Nord, qui est égale à 100. Plus le chiffre est faible, plus l'écart est grand ; plus le chiffre est près de 100, plus faible est l'écart ; un chiffre supérieur à 100 indique que le pays a dépassé la moyenne du Nord.

10 Inégalités entre les hommes et les femmes

		Données pour les femmes exprimées en pourcentage des données concernant les hommes (voir note)									
		Espérance de vie 1990	Taux d'alphabétisation 1970	Taux d'alphabétisation 1985	Années d'études (moyenne) 1980	Scolarisation primaire 1960	Scolarisation primaire 1987-88	Scolarisation secondaire 1987-88	Scolarisation supérieure 1987-88	Main-d'œuvre 1988	Parlement 1988
Développement humain élevé		109,3	88	94	82	93	99	103	75	42	7
22	Barbades	106,9	..	100	94	..	103	101	..	89	..
25	Hong-Kong	107,2	71	85	68	85	99	107	..	59	..
26	Chypre	106,7	..	91	84	..	99	101	120	54	..
28	Bahamas	..	..	..	94	..	..	..	..	..	..
32	Uruguay	109,4	100	99	103	100	98	..	116	45	0
35	Corée, Rép. de	109,2	86	93	64	90	100	94	48	51	3
37	Singapour	107,8	60	85	64	93	100	104	..	61	4
38	Chili	110,3	98	99	94	96	92	108	82	29	..
39	Trinité et Tobago	107,3	94	98	97	98	101	106	73	38	20
40	Costa Rica	106,4	99	100	100	98	100	105	..	27	14
42	Brunéi Darussalam	..	..	81	83	..	..	..	..	..	..
43	Argentine	110,0	98	99	100	101	107	113	117	27	5
44	Venezuela	109,2	90	104	89	100	102	123	93	27	4
45	Mexique	110,0	88	94	81	94	97	100	66	30	12
46	Antigua et Barbuda	..	..	98	80	..	..	..	..	..	..
47	Maurice	107,6	77	87	65	90	102	100	52	35	6
48	Koweït	106,0	65	84	78	78	95	94	171	16	..
50	Qatar	107,2	..	94	83	..	101	112	..	8	..
51	Bahreïn	106,3	..	81	67	..	95	95	142	11	..
52	Malaisie	106,1	68	78	70	77	100	102	87	45	5
53	Dominique	..	..	100	91	..	..	..	..	..	..
Développement humain moyen		105,4	77	74	65	84	97	78	61	66	22
(idem à l'exclusion de la Chine)		106,6	..	86	78	..	96	88	82	43	7
54	Panama	105,8	100	100	99	96	100	111	139	37	6
55	Suriname	107,4	..	99	85	..	99	121	105	41	..
56	Emirats arabes unis	106,3	29	..	74	..	101	119	..	7	0
57	Afrique du Sud	110,1	..	..	95	90	..	..	..	32	3
59	Jamaïque	106,2	101	100	102	101	103	115	80	45	13
60	Brésil	108,6	91	96	89	96	..	..	106	39	6
61	Colombie	108,8	96	98	96	100	103	102	94	52	..
62	Cuba	104,9	101	97	93	100	98	112	142	46	51
63	Seychelles	..	..	73	92	..	99	100	..	..	..
64	Grenades	..	..	97	93	..	..	..	..	..	..
65	Saint-Kitts-et-Nevis	..	..	101	97	..	..	..	..	..	..
66	Thaïlande	106,4	84	92	69	90	..	..	..	82	4
67	Bélize	..	..	100	93	..	98	..	..	49	..
68	Sainte-Lucie	..	..	101	96	..	..	..	..	..	..
69	Arabie saoudite	105,6	13	61	26	..	75	67	76	8	..
70	Turquie	105,5	49	73	48	64	93	60	55	32	1
71	Fidji	106,9	..	89	82	..	100	106	56	23	..
72	Rép. arabe syrienne	106,1	33	59	47	44	94	70	59	7	10
73	Paraguay	106,6	88	94	87	86	99	100	78	62	2
74	Corée, Rép. pop. dém. de	109,5	..	..	63	..	..	100	..	85	27
75	Sri Lanka	106,1	81	88	79	90	100	109	68	33	5
76	Jamahiriya arabe libyenne	105,7	22	57	26	26	90	..	..	10	..
77	Equateur	106,6	91	94	87	91	98	104	68	26	1
78	Pérou	106,3	74	83	72	75	96	90	..	49	6
79	Saint-Vincent	..	..	95	95	..	..	..	..	..	..
80	Rép. dominicaine	106,6	94	95	87	99	100	130	..	17	5
81	Samoa	..	..	..	81	..	..	..	..	..	..
82	Chine	104,6	..	69	59	..	97	74	55	76	27
83	Jordanie	105,6	45	72	66	63	..	..	..	11	0
84	Philippines	106,1	96	99	95	95	102	100	..	46	8
85	Nicaragua	104,4	98	101	89	102	107	200	121	27	16
86	Oman	105,6	..	26	23	..	94	68	71	9	..
87	Mongolie	104,2	85	..	90	99	103	109	149	83	33
88	Liban	106,1	73	80	66	94	..	..	..	37	0
89	Guyane	109,2	..	97	86	..	100	107	82	27	..
90	Tunisie	102,6	39	70	40	49	90	76	64	15	6
91	Iraq	103,3	36	64	66	38	87	64	64	6	15
92	Iran, rép. islamique d'	101,3	43	61	66	48	93	71	43	21	2
93	Maldives	..	..	100	77	..	..	..	..	..	..
94	El Salvador	111,0	87	90	96	..	103	115	71	33	3
95	Botswana	110,6	119	74	95	137	106	109	58	55	5
96	Iles Salomon	..	..	..	70	..	..	..	..	..	..
97	Gabon	106,5	51	62	33	..	..	..	38	61	15

	Données pour les femmes exprimées en pourcentage des données concernant les hommes (voir note)									
	Espérance de vie	Taux d'alphabétisation		Années d'études (moyenne)	Scolarisation primaire		Scolarisation secondaire	Scolarisation supérieur	Main-d'œuvre	Parlement
	1990	1970	1985	1980	1960	1987-88	1987-88	1987-88	1988	1988
Développement humain faible	103,0	43	55	38	50	87	61	44	40	9
(idem à l'exclusion de la Chine)	104,6	44	59	43	50	82	65	39	44	10
98 Indonésie	105,9	64	79	58	67	98	81	..	52	13
99 Viet Nam	107,3	..	89	71	..	94	93	..	88	22
100 Honduras	106,7	91	92	94	99	106	..	..	22	5
101 Vanuatu	..	..	84	71	..	..	..	..	..	..
102 Algérie	103,3	28	56	20	67	85	75	45	5	2
103 Guatemala	107,9	73	73	86	78	85	..	..	19	8
104 Swaziland	106,6	..	94	76	..	105	96	70	67	..
105 Namibie	104,4	..	..	95	..	..	..	..	31	..
106 Myanmar	105,9	67	78	71	85	98	92	94	60	..
107 Lesotho	117,1	151	135	127	162	122	150	..	78	..
108 Maroc	105,7	29	54	38	40	68	70	49	26	0
109 Cap-Vert	103,1	..	64	39	..	95	94	..	41	..
110 Bolivie	108,9	68	80	60	64	89	88	..	49	3
111 Zimbabwe	106,2	75	79	44	..	100	70	60	54	10
112 Sao Tomé-et-Principe	..	..	47	39	..	..	..	..	..	..
113 Kenya	106,9	43	69	42	47	96	70	38	67	2
114 Egypte	104,1	40	49	42	65	79	73	52	16	4
115 Congo	110,2	38	58	33	51	..	..	21	64	11
116 Madagascar	105,7	77	80	64	78	97	95	74	66	2
117 Papouasie-Nouvelle-Guinée	102,7	62	53	48	12	86	63	39	64	0
118 Zambie	103,9	56	77	45	67	90	57	25	40	3
119 Cameroun	105,7	40	58	33	49	87	64	..	42	16
120 Pakistan	100,0	37	41	25	28	55	42	46	7	10
121 Ghana	106,7	42	67	47	48	81	64	25	67	..
122 Côte d'Ivoire	106,6	38	55	33	35	71	46	..	52	6
123 Inde	100,6	43	50	32	50	97	56	47	34	9
124 Zaïre	106,6	36	67	33	36	76	61	..	56	4
125 Haïti	106,2	65	77	63	84	100	85	35	51	..
126 Comores	101,8	..	71	64	..	79	67	..	69	..
127 Tanzanie, rép. unie de	106,5	38	..	44	55	102	60	20	93	..
128 Laos, rép. dém. pop. du	106,2	76	..	59	47	80	71	60	81	..
129 Nigeria	106,9	40	57	27	59	93	64	..	25	..
130 Yémen	101,3	15	44	18	..	..	..	..	15	2
131 Togo	106,8	26	49	33	38	68	33	13	58	5
132 Libéria	104,7	30	50	28	40	55	..	30	44	7
133 Rwanda	107,0	49	54	33	..	97	71	14	92	15
134 Ouganda	106,6	58	51	43	..	88	50	33	71	..
135 Sénégal	104,2	28	43	31	..	69	48	25	20	13
136 Bangladesh	98,8	33	43	29	39	87	48	25	7	10
137 Guinée équatoriale	107,0	..	53	20	..	..	..	..	69	..
138 Malawi	102,9	43	60	46	..	95	50	33	72	10
139 Burundi	107,1	34	60	33	33	79	50	33	..	..
140 Cambodge	106,0	..	40	71	..	..	..	..	64	..
141 Ethiopie	107,4	..	..	43	27	71	71	19	61	..
142 Rép. centrafricaine	110,6	23	43	33	23	66	35	13	86	..
143 Soudan	104,8	21	25	42	40	71	74	62	27	1
144 Bhoutan	97,2	..	42	33	..	65	29	..	48	..
145 Népal	97,9	13	32	33	5	51	40	..	51	6
146 Mozambique	107,1	48	42	54	60	84	57	33	92	19
147 Angola	107,2	44	46	52	..	82	..	..	64	18
148 Mauritanie	107,2	..	40	27	23	70	43	15	28	..
149 Somalie	107,2	20	33	33	..	57	54	22	64	4
150 Bénin	107,2	35	45	32	39	52	39	19	31	4
151 Guinée-Bissau	107,8	..	42	28	..	56	33	..	72	..
152 Tchad	107,1	10	37	33	14	44	20	11	21	..
153 Djibouti	107,1	..	72	33	..	74	67	..	..	..
154 Burkina Faso	107,0	23	27	56	42	59	50	30	87	..
155 Niger	107,3	33	35	42	43	54	44	18	89	..
156 Mali	107,4	36	50	29	43	61	44	14	20	4
157 Afghanistan	102,4	15	24	12	13	52	70	18	9	..
158 Guinée	102,3	33	33	20	36	48	31	10	43	..
159 Gambie	107,6	..	35	25	..	62	43	..	69	..
160 Sierra Leone	107,8	44	30	28	..	75	..	..	49	..
Tous les pays en développement	104,4	54	66	53	61	91	70	54	52	15
Pays les moins avancés (PMA)	103,8	38	46	40	43	78	58	34	46	9
Afrique subsaharienne	106,9	42	56	44	51	83	61	28	62	8
Pays industrialisés	110,1	..	..	94	..	..	102	98	66	22
Monde	105,7	..	..	66	..	..	75	64	57	17

Note: Tous les chiffres sont exprimés en fonction de la moyenne concernant les hommes, qui est égale à 100. Plus le chiffre est faible, plus l'écart est grand ; plus le chiffre est près de 100, plus faible est l'écart ; un chiffre supérieur à 100 indique que la moyenne concernant les femmes a dépassé celle des hommes.
Les données relatives aux pays industrialisés figurent au tableau 31.

11 Survie et développement de l'enfant

		Naissances suivies par du personnel soignant (%) 1983-88	Nouveau-nés présentant une insuffisance pondérale (%) 1982-88	Taux de mortalité infantile (pour 1 000 naissances vivantes) 1989	Enfants d'un an vaccinés (%) 1981	Enfants d'un an vaccinés (%) 1988-89	Mères allaitant leur enfant d'un an (%) 1980-88	Malnutrition infantile (%) Insuffisance pondérale (.. de 5 ans) 1980-88	Malnutrition infantile (%) Emaciation (12-23 mois) 1980-88	Malnutrition infantile (%) Retard de croissance (24-59 mois) 1980-88	Taux de mortalité des moins de 5 ans (pour 1 000 naissances vivantes) 1989
	Développement humain élevé	88	11	32	54	79	31	..	..	..	40
22	Barbades	93	16	11	..	77	..	5	4	7	15
25	Hong-Kong	92	5	7	92	78	..	..	..	..	8
26	Chypre	..	..	12	43	92	..	..	..	..	14
28	Bahamas	..	..	26	..	..	..	..	..	..	..
32	Uruguay	97	8	23	72	84	..	7	..	16	27
35	Corée, Rép. de	70	6	24	43	89	27	..	..	..	31
37	Singapour	100	6	8	79	92	..	14	4	11	12
38	Chili	98	7	20	84	87	17	3	1	10	27
39	Trinité et Tobago	98	..	15	..	71	14	7	5	4	18
40	Costa Rica	93	10	18	80	89	22	6	3	8	22
42	Brunéi Darussalam	..	..	12	..	..	..	..	..	..	..
43	Argentine	..	..	31	55	82	14	..	..	..	36
44	Venezuela	82	9	35	62	60	30	6	4	7	44
45	Mexique	94	15	41	50	82	36	..	..	..	51
46	Antigua et Barbuda	90	13	22	..	92	..	10	10	7	..
47	Maurice	85	9	22	97	94	40	24	16	22	29
48	Koweït	99	7	17	65	70	12	6	2	14	20
50	Qatar	90	..	30	31	81	..	..	..	..	37
51	Bahreïn	98	..	15	55	84	69	..	..	..	19
52	Malaisie	82	10	23	69	73	..	..	..	..	30
53	Dominique	96	10	18	..	92	42	5	..	..	..
	Développement humain moyen	70	7	41	50	85	45	20	7	39	57
	(idem à l'exclusion de la Chine)	..	10	54	..	..	..	19	7	36	74
54	Panama	89	8	23	57	77	53	16	7	24	33
55	Suriname	80	12	32	29	73	..	..	..	..	40
56	Emirats arabes unis	96	7	25	38	82	..	..	..	..	31
57	Afrique du Sud	..	12	69	..	..	..	..	..	..	91
59	Jamaïque	89	8	16	..	85	43	7	6	7	21
60	Brésil	95	8	61	70	70	34	5	2	31	85
61	Colombie	51	15	39	31	83	36	12	1	27	50
62	Cuba	..	8	11	74	95	..	..	1	..	14
63	Seychelles	99	14	18	31	95	..	6	5	7	..
64	Grenades	81	12	34	..	79	..	..	..	..	..
65	Saint-Kitts-et-Nevis	100	13	..	..	95	30	..	..	..	..
66	Thaïlande	40	12	27	48	83	68	26	10	28	35
67	Bélize	80	10	50	50	74	..	..	..	36	..
68	Sainte-Lucie	99	9	21	..	85	..	14	6	11	..
69	Arabie saoudite	74	6	67	42	94	52	..	..	..	95
70	Turquie	78	8	73	57	58	51	12	..	..	90
71	Fidji	98	14	26	65	87	..	..	..	..	32
72	Rép. arabe syrienne	37	..	46	20	93	41	25	..	..	62
73	Paraguay	22	7	41	28	64	49	32	..	..	61
74	Corée, Rép. pop. dém. de	65	..	27	47	97	..	..	..	..	36
75	Sri Lanka	87	28	27	51	89	81	38	19	34	36
76	Jamahiriya arabe libyenne	76	..	78	56	82	..	..	..	..	116
77	Equateur	27	10	61	40	66	48	17	4	39	85
78	Pérou	44	9	84	31	58	37	13	3	43	119
79	Saint-Vincent	73	10	25	..	94	18	..	..	..	..
80	Rép. dominicaine	57	16	63	30	52	..	13	3	26	80
81	Samoa	95	3	..	99	..	40	..	..	..	..
82	Chine	..	5	31	..	96	..	21	8	41	43
83	Jordanie	83	5	42	69	91	50	..	..	..	55
84	Philippines	57	18	44	52	82	53	33	7	42	72
85	Nicaragua	41	15	59	40	74	71	11	..	22	92
86	Oman	60	6	40	18	95	20	..	..	..	53
87	Mongolie	99	10	66	84	87	..	..	..	..	87
88	Liban	..	..	45	..	..	15	..	..	..	57
89	Guyane	96	11	54	..	66	22	22	9	21	73
90	Tunisie	68	7	51	51	90	71	10	4	23	66
91	Iraq	56	9	65	35	86	..	..	..	..	89
92	Iran, rép. islamique d'	82	5	50	33	89	..	43	23	55	64
93	Maldives	61	20	87	12	61	..	..	10	..	..
94	El Salvador	35	15	61	43	68	55	15	..	..	90
95	Botswana	77	8	64	71	89	73	15	19	51	87
96	Iles Salomon	80	9	43	39	58	..	..	15	34	..
97	Gabon	92	..	100	..	73	..	..	..	..	167

		Naissances suivies par du personnel soignant (%) 1983-88	Nouveau-nés présentant une insuffisance pondérale (%) 1982-88	Taux de mortalité infantile (pour 1 000 naissances vivantes) 1989	Enfants d'un an vaccinés (%)		Mères allaitant leur enfant d'un an (%) 1980-88	Malnutrition infantile (%)			Taux de mortalité des moins de 5 ans (pour 1 000 naissances vivantes) 1989
					1981	1988-89		Insuffisance pondérale (.. de 5 ans) 1980-88	Emaciation (12-23 mois) 1980-88	Retard de croissance (24-59 mois) 1980-88	
Développement humain faible		33	23	99	19	67	74	41	16	47	155
(idem à l'exclusion de l'Inde)		32	18	101	21	59	..	42	..	..	161
98	Indonésie	31	14	73	..	76	83	51	11	46	100
99	Viet Nam	99	18	61	..	72	..	42	12	60	84
100	Honduras	50	20	66	40	80	24	21	2	34	103
101	Vanuatu	86	..	56	..	55	66	20·	..	19	..
102	Algérie	15	9	70	35	83	..	10	4	14	102
103	Guatemala	34	10	56	30	50	74	34	3	68	97
104	Swaziland	50	..	115	35	78	81	..	..	..	170
105	Namibie	..	..	103	..	..	82	..	..	..	171
106	Myanmar	57	16	67	..	53	..	38	17	75	91
107	Lesotho	40	11	97	60	78	..	16	7	23	132
108	Maroc	29	..	78	..	83	76	16	6	34	116
109	Cap-Vert	30	..	42	..	88	..	19	3	26	58
110	Bolivie	36	12	105	19	58	..	13	2	51	165
111	Zimbabwe	69	15	63	49	75	84	12	2	31	90
112	Sao Tomé-et-Principe	..	7	49	53	70	30	17	5	26	..
113	Kenya	28	15	70	..	78	67	..	10	42	111
114	Egypte	47	5	67	76	80	81	13	2	32	94
115	Congo	..	12	71	56	81	95	17	10	23	112
116	Madagascar	62	10	117	..	50	85	33	17	56	179
117	Papouasie-Nouvelle-Guinée	34	25	58	49	60	..	35	..	..	83
118	Zambie	..	14	78	54	84	93	28	..	..	125
119	Cameroun	..	13	92	9	55	77	17	2	43	150
120	Pakistan	24	25	106	5	72	70	52	17	42	162
121	Ghana	40	17	87	34	67	72	27	15	39	143
122	Côte d'Ivoire	20	14	93	44	43	78	12	17	20	139
123	Inde	33	30	96	17	81	..	41	..	..	145
124	Zaïre	..	13	81	23	43	86	28	5	43	132
125	Haïti	40	17	94	26	43	88	37	17	51	133
126	Comores	24	14	96	..	78	..	30	..	..	15
127	Tanzanie, rép. unie de	60	14	103	65	86	70	48	17	..	173
128	Laos, rép. dém. pop. du	..	..	106	6	23	93	37	20	44	156
129	Nigeria	40	20	102	32	62	60	..	21	..	170
130	Yémen	12	..	..	..	..	29	48	15	56	..
131	Togo	15	20	92	27	66	90	24	10	37	150
132	Libéria	87	..	137	63	43	70	20	3	24	209
133	Rwanda	22	17	119	31	86	74	28	5	37	201
134	Ouganda	45	..	100	14	52	20	23	4	25	167
135	Sénégal	50	11	85	..	58	82	22	8	28	189
136	Bangladesh	5	28	116	1	60	82	71	28	70	184
137	Guinée équatoriale	58	..	124	..	37	..	..	..	..	210
138	Malawi	45	20	147	71	90	96	24	8	61	258
139	Burundi	71	9	116	35	84	90	38	10	60	196
140	Cambodge	47	..	127	..	27	..	20	..	..	200
141	Ethiopie	14	..	133	8	30	95	38	19	43	226
142	Rép. centrafricaine	66	15	129	..	67	..	..	..	..	219
143	Soudan	20	..	105	2	53	72	41	13	..	175
144	Bhoutan	7	..	125	20	67	..	38	4	56	193
145	Népal	6	..	125	13	68	82	70	14	69	193
146	Mozambique	28	20	173	42	44	..	57	..	..	297
147	Angola	15	17	173	..	31	..	..	..	..	292
148	Mauritanie	20	11	124	35	45	67	31	24	37	217
149	Somalie	2	..	129	3	24	..	..	..	..	218
150	Bénin	45	8	89	..	50	76	..	..	..	150
151	Guinée-Bissau	27	13	148	..	59	98	23	..	..	250
152	Tchad	24	11	129	..	33	..	..	..	..	219
153	Djibouti	73	14	119	..	78	26	..	19	..	167
154	Burkina Faso	30	..	135	11	63	97	..	..	..	232
155	Niger	47	15	132	15	15	15	49	23	38	225
156	Mali	27	17	166	..	44	82	31	16	34	287
157	Afghanistan	8	20	169	5	32	..	..	..	..	296
158	Guinée	25	..	142	..	23	40	..	..	..	241
159	Gambie	85	14	140	80	85	..	..	..	35	241
160	Sierra Leone	25	17	151	23	45	83	23	14	43	261
Tous les pays en développement		42	17	76	24	70	69	33	14	43	116
Pays les moins avancés (PMA)		24	21	120	17	52	76	49	19	56	199
Afrique subsaharienne		36	16	108	30	54	72	32	15	40	179
Pays industrialisés		..	..	..	..	..	..	..	..	..	..
Monde		..	..	..	..	..	..	..	..	..	..

12 Santé

	Population ayant accès aux services de santé (%) 1985-87	Emploi des contraceptifs (%) 1985-87	Taux de mortalité maternelle 1980-87	Consommation d'alcool par adulte (litres) 1980-85	Adultes fumeurs (%) 1985	Population par médecin 1984	Population par infirmière 1984	Infirmières par médecin 1984	Dépenses de santé (en % du PNB) 1960	Dépenses de santé (en % du PNB) 1986
Développement humain élevé	87	..	63	5,8	34	1 080	770	1,7	1,7	1,5
22 Barbades	100	47	69	16,2	..	..	..	..	..	..
25 Hong-Kong	..	72	5	2,2	19	1 070	240	4,5	..	..
26 Chypre	100	..	..	3,8	..	1 100	400	2,8	..	..
28 Bahamas	..	..	..	9,7	..	1 100	300	3,7	..	..
32 Uruguay	82	..	38	..	45	520	..	..	2,6	2,7
35 Corée, Rép. de	94	70	26	7,0	38	1 160	580	2,0	0,2	0,4
37 Singapour	100	..	5	1,7	29	1 310	..	..	1,0	1,3
38 Chili	97	..	47	7,1	35	1 230	370	3,3	2,0	2,1
39 Trinité et Tobago	99	53	54	5,2	..	950	260	3,7	1,7	3,0
40 Costa Rica	80	69	36	2,4	..	960	450	2,1	3,0	5,4
42 Brunéi Darussalam	..	..	..	..	..	..	..	..	..	..
43 Argentine	72	..	69	14,0	38	370	980	0,4	1,3	1,6
44 Venezuela	..	..	59	4,1	40	700	..	..	2,6	2,2
45 Mexique	..	53	82	2,4	32	1 240	880	1,4	1,9	1,7
46 Antigua et Barbuda	..	39	..	3,3	..	..	..	..	..	..
47 Maurice	100	78	100	..	..	1 900	580	3,3	1,5	1,9
48 Koweït	100	..	6	..	32	640	200	3,2	..	2,7
50 Qatar	..	..	..	..	..	1 300	500	2,6		..
51 Bahreïn	100	..	27	..	..	1 000	300	3,3	..	..
52 Malaisie	..	51	59	6,3	29	1 930	1 010	1,9	1,1	1,8
53 Dominique	..	49	58	2,9	..	..	..	..	..	..
Développement humain moyen	77	70	74	2,3	32	1 500	1 540	1,2	1,0	1,7
(idem à l'exclusion de la Chine)	..	61	120	..	..	2 680	1 210	2,6	0,7	1,8
54 Panama	81	58	57	2,8	..	980	390	2,5	3,0	5,7
55 Suriname	..	..	89	3,7	..	..	..	..	..	..
56 Emirats arabes unis	90	..	..	..	..	1 020	390	2,6	..	1,0
57 Afrique du Sud	..	..	83	5,2	..	..	..	..	0,5	0,6
59 Jamaïque	90	..	110	2,6	..	2 040	490	4,2	2,0	2,8
60 Brésil	..	66	120	2,4	56	1 080	1 210	0,9	0,6	2,4
61 Colombie	60	65	110	2,5	..	1 240	660	1,9	0,4	0,8
62 Cuba	..	..	34	..	..	..	..	..	3,0	3,2
63 Seychelles	100	..	60	..	..	2 200	..	..	..	..
64 Grenades	100	31	140	2,4	..	..	..	..	..	..
65 Saint-Kitts-et-Nevis	100	41	180	..	..	2 800	100	28,0	..	..
66 Thaïlande	70	66	..	0,6	36	6 290	710	8,9	0,4	1,0
67 Bélize	75	42	49	2,8	..	2 200	..	..	..	..
68 Sainte-Lucie	..	43	26	3,8	..	..	..	..	..	..
69 Arabie saoudite	97	..	..	0,0	..	690	320	2,2	0,6	4,0
70 Turquie	..	77	210	..	50	1 380	1 030	1,3	0,8	0,5
71 Fidji	..	..	44	2,0	60	2 200	500	4,4	..	..
72 Rép. arabe syrienne	76	..	280	..	..	1 260	1 440	0,9	0,4	0,4
73 Paraguay	63	38	380	2,8	..	1 460	1 000	1,5	0,5	0,2
74 Corée, Rép. pop. dém. de	..	..	41	3,4	..	..	..	..	0,5	1,0
75 Sri Lanka	93	62	60	..	25	5 520	1 290	4,3	2,0	1,7
76 Jamahiriya arabe libyenne	..	..	80	..	..	690	350	2,0	1,3	3,0
77 Equateur	64	44	190	..	..	820	610	1,3	0,4	1,2
78 Pérou	75	46	88	2,5	21	1 040	..	..	1,1	0,8
79 Saint-Vincent	..	42	13	1,3	..	..	..	..	..	..
80 Rép. dominicaine	80	50	74	2,1	..	1 760	1 210	1,5	1,3	1,4
81 Samoa	100	..	40	..	..	2 500	400	6,3	..	..
82 Chine	..	74	44	..	29	1 000	1 710	0,6	1,3	1,4
83 Jordanie	97	..	..	..	..	1 140	1 300	0,9	0,6	2,7
84 Philippines	..	44	93	..	..	6 700	2 740	2,4	0,4	0,7
85 Nicaragua	84	..	47	2,7	..	1 500	530	2,8	0,4	6,6
86 Oman	91	..	..	..	..	1 700	760	2,2	..	2,3
87 Mongolie	..	..	100	2,0	..	..	..	..	..	1,3
88 Liban	..	..	..	..	..	..	..	..	..	..
89 Guyane	89	31	100	4,9	26	6 200	..	..	..	..
90 Tunisie	91	50	310	0,5	32	2 150	370	5,8	1,6	2,2
91 Iraq	89	..	50	0,4	..	1 740	1 660	1,0	1,0	0,8
92 Iran, rép. islamique d'	80	..	..	..	..	2 690	1 050	2,6	0,8	1,4
93 Maldives	97	..	170	..	..	20 300	600	33,8	..	..
94 El Salvador	58	47	70	1,8	..	2 830	930	3,0	0,9	0,8
95 Botswana	89	33	250	2,5	..	6 900	700	9,9	1,5	3,8
96 Iles Salomon	..	..	10	0,3	..	..	..	..	..	..
97 Gabon	90	..	..	9,6	..	2 790	270	10,3	0,5	2,0

	Population ayant accès aux services de santé (%) 1985-87	Emploi des contraceptifs (%) 1985-87	Taux de mortalité maternelle 1980-87	Consommation d'alcool par adulte (litres) 1980-85	Adultes fumeurs (%) 1985	Population par médecin 1984	Population par infirmière 1984	Infirmières par médecin 1984	Dépenses de santé (en % du PNB) 1960	Dépenses de santé (en % du PNB) 1986
Développement humain faible	56	33	430	0,9	30	7 880	2 350	4,1	0,6	1,0
(idem à l'exclusion de l'Inde)	..	30	490	2,8	33	12 210	2 880	6,2	0,7	1,0
98 Indonésie	80	45	450	..	40	9 460	1 260	7,5	0,3	0,7
99 Viet Nam	80	58	140	..	..	1 000	620	1,6	..	..
100 Honduras	74	41	50	1,4	..	1 510	670	2,3	1,0	2,6
101 Vanuatu	..	..	110	1,6	..	5 500	500	11,0	..	..
102 Algérie	90	..	140	..	..	2 340	330	7,1	1,2	2,2
103 Guatemala	34	23	110	1,9	23	2 180	850	2,6	0,6	0,7
104 Swaziland	80	17	..	4,0	..	..	700	..	..	..
105 Namibie	..	..	..	..	..	..	..	..	..	..
106 Myanmar	33	..	140	..	..	3 740	900	4,2	0,7	0,8
107 Lesotho	80	..	..	1,5	..	18 610	..	..	1,0	1,7
108 Maroc	74	36	300	..	..	15 580	920	16,9	1,0	0,9
109 Cap-Vert	..	15	60	1,7	..	5 800	700	8,3	..	..
110 Bolivie	64	..	480	2,0	..	1 540	2 480	0,6	0,4	0,4
111 Zimbabwe	72	43	480	0,8	..	6 700	1 000	6,7	1,2	2,9
112 Sao Tomé-et-Principe	80	..	..	3,6	..	2 500	600	4,2	..	..
113 Kenya	..	17	170	..	..	9 970	950	10,5	1,5	1,7
114 Egypte	..	38	320	0,1	18	770	780	1,0	0,6	1,1
115 Congo	81	..	1 000	2,6	..	8 320	590	14,1	1,6	2,0
116 Madagascar	56	..	240	0,9	..	9 780	..	..	1,4	1,8
117 Papouasie-Nouvelle-Guinée	..	..	900	0,7	83	6 070	880	6,9	..	3,0
118 Zambie	75	..	150	3,1	23	7 150	740	9,7	1,0	1,2
119 Cameroun	41	..	300	7,0	..	..	..	..	1,0	0,8
120 Pakistan	55	11	500	..	25	2 910	4 900	0,6	0,3	0,2
121 Ghana	61	13	1 000	..	26	14 890	640	23,3	1,1	1,2
122 Côte d'Ivoire	31	..	..	2,0	13	..	..	..	1,5	1,1
123 Inde	..	35	340	0,0	28	2 520	1 700	1,5	0,5	0,9
124 Zaïre	26	..	..	2,9	..	..	..	..	..	0,8
125 Haïti	73	5	230	3,9	..	7 180	2 290	3,1	1,0	0,9
126 Comores	82	..	50	0,1	..	..	..	..	..	..
127 Tanzanie, rép. unie de	81	..	340	4,0	..	26 200	8 130	3,2	0,5	1,2
128 Laos, rép. dém. pop. du	67	..	..	0,3	..	1 360	530	2,6	0,5	..
129 Nigeria	46	..	800	3,7	28	7 990	1 020	7,8	0,3	0,2
130 Yémen	35	..	..	..	..	5 639	2 236	2,7	..	1,2
131 Togo	61	..	..	2,2	..	8 700	1 240	7,0	1,3	1,7
132 Libéria	39	6	..	..	..	9 340	1 370	6,8	0,8	1,9
133 Rwanda	28	..	210	5,1	..	34 680	3 650	9,5	0,5	0,6
134 Ouganda	60	5	300	11,7	..	21 900	2 060	10,6	0,7	0,2
135 Sénégal	40	12	600	0,4	39	13 060	2 030	6,4	1,5	1,1
136 Bangladesh	45	25	600	..	45	6 730	8 980	0,7	..	0,6
137 Guinée équatoriale	..	..	..	..	..	..	..	..	..	..
138 Malawi	..	..	..	3,0	..	11 330	3 110	3,6	0,2	1,9
139 Burundi	61	9	..	13,8	..	21 120	3 040	6,9	0,8	0,7
140 Cambodge	53	..	..	..	..	..	..	..	..	..
141 Ethiopie	46	..	..	..	16	60 000	5 400	11,1	0,7	1,3
142 Rép. centrafricaine	45	..	600	..	..	23 530	2 210	10,6	1,3	1,2
143 Soudan	51	..	660	..	..	10 100	1 250	8,1	1,0	0,2
144 Bhoutan	..	..	1 100	2,7	..	23 310	2 990	7,8	..	..
145 Népal	..	15	830	..	69	32 710	4 680	7,0	0,2	0,9
146 Mozambique	49	..	..	0,5	..	37 960	5 760	6,6	..	1,8
147 Angola	30	..	..	2,2	..	17 790	1 020	17,4	..	1,0
148 Mauritanie	30	..	..	0,1	..	12 120	1 200	10,1	0,5	1,9
149 Somalie	28	..	1 100	0,0	..	16 080	1 530	10,5	0,6	0,2
150 Bénin	18	..	..	1,2	..	15 940	1 750	9,1	1,5	0,8
151 Guinée-Bissau	..	1	..	2,2	..	7 500	1 100	6,8	..	..
152 Tchad	30	..	860	0,4	..	38 360	3 390	11,3	0,5	0,6
153 Djibouti	78	..	740	..	..	1 000	300	3,3	..	..
154 Burkina Faso	49	..	810	2,4	..	57 220	1 680	34,1	0,6	0,9
155 Niger	43	..	420	0,1	..	39 730	4 650	8,5	0,2	0,8
156 Mali	15	5	..	1,0	..	25 390	1 350	18,8	1,0	0,7
157 Afghanistan	28	..	690	..	..	..	..	..	..	..
158 Guinée	32	..	..	0,1	..	46 420	5 160	9,0	1,0	1,0
159 Gambie	..	1	1 100	1,3	..	11 600	..	..	..	..
160 Sierra Leone	..	..	450	0,2	..	13 630	1 090	12,5	..	0,7
Tous les pays en développement	63	52	290	1,8	31	4 590	1 910	2,6	1,0	1,4
Pays les moins avancés (PMA)	46	19	530	3,4	..	21 410	4 910	6,3	0,7	0,9
Afrique subsaharienne	47	15	540	3,5	..	22 930	2 670	10,1	0,7	0,9
Pays industrialisés	..	70	24	3,9	34	460	..	..	..	..
Monde	..	56	250	2,7	32	3 780	1 560	2,9	..	..

Note: Les données relatives aux pays industrialisés concernant les indicateurs ci-dessus figurent au tableau 32.

13 Sécurité alimentaire

	Indice de production alimentaire par habitant (1979-81=100) 1986-88	Production agricole (en % du PIB) 1988	Apport journalier de calories par habitant 1986	Apport journalier de calories (en % des besoins) 1984-86	Coefficient de dépendance alimentaire (Importation/consommation) 1969-71	1986-88	Importations de céréales (1 000 tonnes) 1988	Aide alimentaire en céréales (en % des importations de céréales) 1987-88	Aide alimentaire (millions de $ EU) 1988
Développement humain élevé	94	9	2 960	126	..	..	..	..	..
22 Barbades	73	..	..	128	73,7	74,0	..	..	0
25 Hong-Kong	24	0	2 860	121	105,7	120,3	690	..	0
26 Chypre	109	..	..	137	..	..	..	..	0
28 Bahamas	99	..	..	119	74,9	60,1	..	..	0
32 Uruguay	103	11	2 650	100	9,0	12,0	44	0	0
35 Corée, Rép. de	98	11	2 910	122	28,4	49,5	9 369	..	0
37 Singapour	87	0	2 840	124	221,6	309,4	1 054	..	0
38 Chili	105	..	2 580	106	23,6	9,0	339	4	7
39 Trinité et Tobago	71	5	3 080	126	73,0	80,9	212	..	0
40 Costa Rica	89	18	2 800	124	24,3	22,9	318	74	17
42 Brunéi Darussalam	112	..	..	..	89,1	91,9	..	..	0
43 Argentine	97	13	3 210	136	1,2	0,5	3	..	0
44 Venezuela	94	6	2 490	102	33,6	41,4	3 054	..	0
45 Mexique	93	9	3 130	135	3,2	16,7	5 650	1	0
46 Antigua et Barbuda	104	..	..	92	84,2	78,9	..	..	0
47 Maurice	106	13	2 750	121	75,7	77,6	177	18	6
48 Koweït	..	1	3 020	126	116,9	89,7	417	..	0
50 Qatar	..	..	..	..	..	..	..	..	0
51 Bahreïn	..	..	..	..	..	..	..	..	0
52 Malaisie	106	..	2 730	121	47,7	58,7	2 387	..	0
53 Dominique	129	..	..	100	49,8	56,7	..	..	0
Développement humain moyen	122	18	2 660	113	10,9	7,2	46 110T	11	480T
(idem à l'exclusion de la Chine)	99	12	2 730	116	23,9	14,3	30 600T	20	470T
54 Panama	95	9	2 450	107	19,7	22,8	93	..	0
55 Suriname	90	..	..	120	35,3	32,5	..	..	0
56 Emirats arabes unis	..	2	3 730	159	114,7	98,0	458	..	0
57 Afrique du Sud	84	6	2 920	120	6,9	9,0	212	..	..
59 Jamaïque	101	6	2 590	116	61,0	66,3	418	50	64
60 Brésil	108	9	2 660	111	4,6	5,1	1 387	2	0
61 Colombie	100	19	2 540	110	9,3	12,1	864	10	10
62 Cuba	..	..	..	135	49,5	47,2	..	..	0
63 Seychelles	..	..	..	102	83,9	90,9	..	..	0
64 Grenade	88	..	..	104	..	..	..	..	0
65 Saint-Kitts-et-Nevis	..	..	..	94	60,9	50,6	..	..	0
66 Thaïlande	101	17	2 330	105	1,5	2,6	303	32	1
67 Bélize	92	..	..	114	53,9	42,3	..	..	0
68 Sainte-Lucie	113	..	..	102	50,6	67,1	..	..	0
69 Arabie saoudite	..	8	3 000	125	63,6	81,8	5 179	..	0
70 Turquie	98	17	3 230	125	3,5	5,2	380	0	0
71 Fidji	80	..	..	108	..	..	..	..	0
72 Rép. arabe syrienne	93	38	3 260	131	32,0	29,1	1 044	2	4
73 Paraguay	106	30	2 850	123	6,1	1,5	2	100	0
74 Corée, Rép. pop. dém. de	..	..	..	135	7,1	3,5	..	..	0
75 Sri Lanka	79	26	2 400	110	40,3	26,7	940	38	34
76 Jamahiriya arabe libyenne	119	..	3 600	153	68,2	72,7	1 435	..	0
77 Equateur	97	15	2 060	89	7,2	12,1	563	6	7
78 Pérou	96	12	2 250	93	18,9	30,2	1 857	19	74
79 Saint-Vincent	149	..	..	99	58,4	88,0	..	..	0
80 Rép. dominicaine	95	23	2 480	109	17,4	36,4	601	46	35
81 Samoa	99	..	..	103	21,9	24,9	..	..	0
82 Chine	132	32	2 630	111	1,7	3,8	15 517	2	4
83 Jordanie	111	10	2 990	121	60,8	85,2	874	3	0
84 Philippines	90	23	2 370	104	9,4	8,1	1 322	36	76
85 Nicaragua	71	21	2 500	110	11,4	22,6	206	42	1
86 Oman	..	3	..	..	..	..	293	..	0
87 Mongolie	..	..	..	116	27,4	2,6	..	..	0
88 Liban	..	..	..	125	..	..	537	10	8
89 Guyane	70	..	..	108	..	..	..	..	12
90 Tunisie	111	14	2 990	123	40,7	59,3	2 116	19	45
91 Iraq	105	..	2 930	124	..	..	4 442	..	0
92 Iran, rép. islamique d'	99	..	3 310	138	..	..	4 644	..	0
93 Maldives	97	..	..	80	64,8	79,9	..	..	1
94 El Salvador	87	14	2 160	94	..	..	217	82	79
95 Botswana	69	3	2 200	96	49,4	83,7	150	35	20
96 Iles Salomon	82	..	..	84	..	..	..	..	0
97 Gabon	97	11	2 520	107	19,9	34,0	59	..	0

	Indice de production alimentaire par habitant (1979-81=100) 1986-88	Production agricole (en % du PIB) 1988	Apport journalier de calories par habitant 1986	Apport journalier de calories (en % des besoins) 1984-86	Coefficient de dépendance alimentaire (Importation/consommation) 1969-71	1986-88	Importations de céréales (1 000 tonnes) 1988	Aide alimentaire en céréales (en % des importations de céréales) 1987-88	Aide alimentaire (millions de $ EU) 1988
Développement humain faible	104	29	2 270	99	7,3	8,9	35 280 T	27	1 660 T
(idem à l'exclusion de l'Inde)	103	27	2 300	99	10,8	13,2	32 300 T	29	1 490 T
98 Indonésie	117	24	2 580	116	4,6	5,4	1 702	19	36
99 Viet Nam	117	..	2 300	105	19,7	3,4	417	16	0
100 Honduras	76	25	2 070	92	11,5	14,6	144	101	20
101 Vanuatu	77	..	..	100	29,9	20,2	..	..	0
102 Algérie	106	13	2 720	112	32,1	70,7	6 130	0	0
103 Guatemala	92	..	2 310	105	11,2	15,5	166	193	37
104 Swaziland	93	..	..	105	27,4	36,4	..	..	1
105 Namibie	..	..	..	..	..	..	..	..	0
106 Myanmar	..	..	2 610	119	1,0	0,4	..	..	0
107 Lesotho	80	21	2 300	101	32,4	52,3	107	51	5
108 Maroc	106	17	2 920	118	18,2	28,1	1 643	21	104
109 Cap-Vert	105	..	..	125	80,0	66,2	..	..	7
110 Bolivie	95	24	2 140	89	20,4	17,8	328	88	25
111 Zimbabwe	81	11	2 130	89	5,5	4,7	93	15	2
112 Sao Tomé-et-Principe	67	..	..	103	52,4	43,1	..	..	0
113 Kenya	89	31	2 060	92	7,2	10,6	86	138	90
114 Egypte	111	21	3 340	132	18,6	45,2	8 479	20	291
115 Congo	92	15	2 620	117	12,9	28,2	113	1	0
116 Madagascar	97	41	2 440	106	4,6	7,4	217	35	9
117 Papouasie-Nouvelle-Guinée	92	34	2 210	96	19,6	25,5	180	0	0
118 Zambie	96	14	..	92	22,1	14,1	128	109	19
119 Cameroun	97	26	2 030	88	7,0	14,2	282	1	0
120 Pakistan	107	26	2 320	97	3,6	13,7	602	109	180
121 Ghana	108	49	1 760	76	12,8	9,9	228	48	13
122 Côte d'Ivoire	104	36	2 560	110	14,9	20,5	494	0	2
123 Inde	105	32	2 240	100	2,8	3,4	2 985	7	176
124 Zaïre	98	31	2 160	98	4,8	5,7	415	43	27
125 Haïti	95	31	1 900	84	30,1	16,5	205	75	19
126 Comores	109	..	..	90	27,8	30,7	..	..	1
127 Tanzanie, rép. unie de	89	66	2 190	96	4,6	4,4	120	60	13
128 Laos, rép. dém. pop. du	123	59	2 390	104	..	..	115	18	1
129 Nigeria	103	34	2 150	90	2,9	6,7	333	0	0
130 Yémen	111	22	2 316	94	28,7	62,1	1 213	16	16
131 Togo	88	34	2 210	97	5,5	17,8	110	15	5
132 Libéria	92	37	2 380	102	19,2	24,0	103	54	7
133 Rwanda	82	38	1 830	81	2,2	6,6	11	73	6
134 Ouganda	121	72	2 340	95	2,3	1,4	28	104	5
135 Sénégal	106	22	2 350	99	31,7	30,2	461	24	13
136 Bangladesh	92	46	1 930	83	8,4	12,5	3 010	46	123
137 Guinée équatoriale	..	..	..	..	..	..	..	..	0
138 Malawi	85	37	2 310	102	4,6	2,7	44	248	14
139 Burundi	100	56	2 340	97	1,8	3,8	15	27	0
140 Cambodge	..	..	..	98	..	..	150	4	0
141 Ethiopie	89	42	1 750	71	..	..	1 157	71	81
142 Rép. centrafricaine	87	44	1 950	86	6,1	7,7	40	15	0
143 Soudan	89	33	2 210	88	9,8	14,5	702	86	72
144 Bhoutan	118	44	..	..	..	..	30	7	0
145 Népal	100	56	2 050	93	0,3	3,0	52	40	0
146 Mozambique	83	62	1 600	69	..	..	527	88	86
147 Angola	87	..	1 880	82	..	..	313	33	11
148 Mauritanie	89	38	2 320	92	33,9	57,2	219	23	8
149 Somalie	100	65	2 140	90	13,1	23,7	236	64	12
150 Bénin	110	40	2 180	95	4,8	9,3	121	9	1
151 Guinée-Bissau	139	..	..	92	24,4	18,2	..	..	1
152 Tchad	103	47	1 720	69	3,8	4,5	61	25	3
153 Djibouti	..	..	..	..	..	..	..	..	2
154 Burkina Faso	116	39	2 140	86	3,7	9,6	128	30	79
155 Niger	83	36	2 430	100	2,0	7,4	151	13	6
156 Mali	97	49	2 070	86	6,0	9,3	109	24	8
157 Afghanistan	..	..	..	94	..	..	236	44	0
158 Guinée	93	30	1 780	77	4,7	15,2	222	12	10
159 Gambie	95	..	..	103	19,8	55,4	..	..	5
160 Sierra Leone	101	46	1 850	81	16,1	20,1	119	49	10
Tous les pays en développement	111	19	2 480	107	11,9	9,6	105 110 T	18	2 170 T
Les pays les moins avancés (PMA)	95	42	2 070	89	15,1	11,6	9 240 T	49	620 T
Afrique subsaharienne	96	23	2 150	91	13,1	10,0	7 390 T	42	590 T
Pays industrialisés	..	..	..	..	..	..	..	..	..
Monde	..	..	..	..	..	..	..	..	..

14 Enseignement

	Durée de scolarité obligatoire (années) 1988	Nombre d'élèves par maître dans le primaire 1986-88	Taux de scolarisation 1986-88 (%)				Récepteurs Radio (pour 1 000 habitants) 1986-88	Récepteurs TV (pour 1 000 habitants) 1986-87	Circulation de quotidiens (pour 1 000 habitants) 1986-88
			Primaire (net)	Secondaire	Primaire et secondaire confondus	Supérieur			
Développement humain élevé	**8**	**29**	**98**	**64**	**87**	**23,4**	**490**	**160**	**120**
22 Barbades	11	21	96	94	..	..	864	195	155
25 Hong-Kong	9	27	..	74	88	..	634	241	..
26 Chypre	9	22	100	87	96	11,0	289	137	125
28 Bahamas	10	28	..	..	..	..	496	..	138
32 Uruguay	6	23	..	77	93	47,2	595	173	..
35 Corée, Rép. de	6	36	100	86	96	37,7	986	194	..
37 Singapour	..	26	100	69	87	..	307	..	289
38 Chili	8	36	..	75	92	17,8	338	163	67
39 Trinité et Tobago	6	24	..	82	93	4,4	458	290	139
40 Costa Rica	9	32	85	41	76	24,8	259	79	86
42 Brunéi Darussalam	9	17	..	..	..	..	229	..	..
43 Argentine	7	19	..	74	96	40,8	666	217	..
44 Venezuela	10	26	89	54	84	26,5	428	142	..
45 Mexique	6	31	99	53	84	15,2	241	120	124
46 Antigua et Barbuda	11	..	..	..	..	..	286	250	71
47 Maurice	..	22	95	53	78	1,8	264	188	69
48 Koweït	8	18	..	81	86	16,7	329	261	..
50 Qatar	..	12	100	80	..	21,7	509	419	195
51 Bahreïn	..	21	96	85	98	13,9	525	399	61
52 Malaisie	9	21	..	57	78	6,7	438	140	..
53 Dominique	10	24	..	..	..	..	462	..	..
Développement humain moyen	**8**	**24**	**98**	**46**	**83**	**5,2**	**208**	**54**	**56**
(idem à l'exclusion de la Chine)	**7**	**26**	**91**	**49**	**82**	**14,3**	**249**	**116**	**..**
54 Panama	6	23	90	59	83	25,9	222	163	..
55 Suriname	6	25	96	53	84	7,7	649	129	102
56 Emirats arabes unis	6	18	93	62	86	8,7	321	106	..
57 Afrique du Sud	..	..	..	..	..	..	323	97	48
59 Jamaïque	6	33	97	63	82	3,9	401	108	..
60 Brésil	8	24	..	38	87	10,9	371	191	48
61 Colombie	6	29	..	56	83	13,9	170	108	..
62 Cuba	6	..	..	91	96	21,6	337	193	129
63 Seychelles	9	19	84	37	..	..	448	43	48
64 Grenades	11	26	79	..	..	..	511	..	..
65 Saint-Kitts-et-Nevis	11	23	..	..	..	..	521	150	153
66 Thaïlande	6	19	..	28	58	..	177	103	..
67 Bélize	8	25	88	..	..	..	592	147	..
68 Sainte-Lucie	10	31	..	..	..	..	721	19	60
69 Arabie saoudite	..	16	56	44	60	13,4	280	268	..
70 Turquie	5	..	84	46	78	11,3	161	172	..
71 Fidji	..	30	100	56	..	..	579	14	37
72 Rép. arabe syrienne	6	27	99	57	87	17,8	244	58	15
73 Paraguay	6	25	90	29	69	8,8	166	24	..
74 Corée, Rép. pop. dém. de	10	26	..	..	..	..	111	12	..
75 Sri Lanka	10	32	100	71	86	4,0	191	31	31
76 Jamahiriya arabe libyenne	9	..	..	..	..	10,1	223	63	..
77 Equateur	6	31	..	56	89	29,3	293	81	..
78 Pérou	6	..	97	65	..	25,5	241	84	31
79 Saint-Vincent	..	19	..	..	..	..	662	75	..
80 Rép. dominicaine	8	41	..	74	92	18,6	166	79	42
81 Samoa	..	27	..	70	..	..	430	33	..
82 Chine	9	23	100	44	83	1,7	184	17	..
83 Jordanie	9	30	..	..	..	..	238	69	53
84 Philippines	6	33	98	71	95	28,2	135	36	56
85 Nicaragua	6	32	..	43	76	8,4	246	60	..
86 Oman	..	27	82	42	76	4,1	649	739	45
87 Mongolie	8	31	..	92	95	21,7	130	31	85
88 Liban	..	..	..	66	90	..	773	302	97
89 Guyane	8	36	..	60	70	3,4	363	8	80
90 Tunisie	..	30	95	44	78	7,0	180	68	..
91 Iraq	6	23	84	47	75	13,8	200	64	..
92 Iran, rép. islamique d'	5	26	96	53	82	6,6	237	53	..
93 Maldives	..	..	..	..	..	..	114	..	8
94 El Salvador	9	44	72	29	69	17,7	402	82	..
95 Botswana	..	32	97	34	86	2,8	134	7	16
96 Iles Salomon	..	21	..	19	..	..	112	..	..
97 Gabon	10	46	..	..	..	4,8	135	23	15

	Durée de scolarité obligatoire (années) 1988	Nombre d'élèves par maître dans le primaire 1986-88	Taux de scolarisation 1986-88 (%) Primaire (net)	Secondaire	Primaire et secondaire confondus	Supérieur	Récepteurs Radio (pour 1 000 habitants) 1986-88	Récepteurs TV (pour 1 000 habitants) 1986-87	Circulation de quotidiens (pour 1 000 habitants) 1986-88
Développement humain faible	7	42	74	34	59	5,7	107	15	25
(idem à l'exclusion de l'Inde)	7	39	..	28	54	4,9	128	21	22
98 Indonésie	6	24	100	48	84	..	146	40	21
99 Viet Nam	5	..	88	42	69	..	103	34	..
100 Honduras	6	39	91	32	75	8,8	383	67	41
101 Vanuatu	..	24	..	57	..	..	256	33	..
102 Algérie	9	28	89	62	81	9,1	229	70	21
103 Guatemala	6	35	..	21	52	8,6	63	37	..
104 Swaziland	..	33	82	44	83	3,7	152	12	14
105 Namibie	9	..	..	..	..	..	125	11	10
106 Myanmar	5	43	..	24	61	4,8	79	1	..
107 Lesotho	7	56	..	25	80	3,9	68	1	28
108 Maroc	7	25	55	36	50	9,8	207	56	..
109 Cap-Vert	6	33	92	16	70	..	153	..	..
110 Bolivie	8	27	83	37	76	16,6	574	77	..
111 Zimbabwe	8	38	..	51	95	3,7	85	22	26
112 Sao Tomé-et-Principe	5	29	..	..	..	..	274	..	..
113 Kenya	..	33	..	23	71	1,5	91	6	13
114 Egypte	9	30	..	69	81	19,8	312	83	39
115 Congo	10	63	..	..	..	7,7	122	3	..
116 Madagascar	5	40	66	19	56	3,7	196	6	6
117 Papouasie-Nouvelle-Guinée	..	32	73	13	44	2,0	64	2	17
118 Zambie	7	47	..	17	69	2,0	74	15	11
119 Cameroun	6	51	80	27	71	2,7	126	12	6
120 Pakistan	..	41	..	19	29	5,0	86	14	64
121 Ghana	10	26	..	39	57	1,5	294	13	33
122 Côte d'Ivoire	6	36	..	19	..	..	128	54	8
123 Inde	8	46	..	41	66	6,4	78	7	28
124 Zaïre	6	37	..	..	..	..	99	1	..
125 Haïti	6	35	..	19	52	1,2	40	4	..
126 Comores	9	36	59	30	56	..	113	..	..
127 Tanzanie, rép. unie de	7	33	50	4	42	0,3	20	1	7
128 Laos rép. dém. pop. du	8	27	..	27	68	1,6	124	2	..
129 Nigeria	6	40	..	23	47	..	164	6	..
130 Yémen	..	..	..	..	..	..	61	11	..
131 Togo	6	52	73	24	64	2,6	179	5	3
132 Libéria	9	..	..	..	..	2,6	225	18	..
133 Rwanda	8	57	64	6	45	0,4	57	..	0
134 Ouganda	..	30	..	13	52	0,8	99	6	2
135 Sénégal	6	51	50	16	38	3,0	111	32	8
136 Bangladesh	5	60	63	17	41	4,5	41	3	7
137 Guinée équatoriale	8	..	..	6	..	..	254	6	3
138 Malawi	8	63	55	4	52	0,6	242	..	3
139 Burundi	6	62	46	4	33	0,8	56	0	4
140 Cambodge	6	..	..	..	..	..	107	8	..
141 Ethiopie	6	43	..	15	27	0,9	193	2	1
142 Rép. centrafricaine	6	70	49	11	41	1,3	62	2	..
143 Soudan	..	35	..	20	36	1,8	233	52	..
144 Bhoutan	..	37	..	5	18	..	15	..	..
145 Népal	5	37	..	30	60	5,0	33	1	..
146 Mozambique	7	63	45	5	34	0,2	39	1	5
147 Angola	8	46	..	13	..	..	50	5	11
148 Mauritanie	..	50	..	16	36	3,4	143	1	..
149 Somalie	8	19	..	10	14	2,9	40	0	..
150 Bénin	6	35	50	16	42	2,5	76	4	0
151 Guinée-Bissau	6	25	40	6	35	..	38	..	6
152 Tchad	8	..	38	6	29	0,5	235	1	0
153 Djibouti	6	44	37	15	31	..	89	48	..
154 Burkina Faso	6	65	27	6	19	0,6	25	5	1
155 Niger	8	40	27	7	19	0,7	63	3	1
156 Mali	7	38	18	6	15	0,8	38	0	..
157 Afghanistan	8	37	..	8	20	1,7	102	8	..
158 Guinée	6	39	23	9	20	1,2	34	2	2
159 Gambie	..	28	50	16	42	..	166	..	6
160 Sierra Leone	..	32	..	18	37	..	218	8	3
Tous les pays en développement	7	35	90	41	70	6,5	173	40	34
Pays les moins avancés (PMA)	7	47	54	15	41	2,6	88	6	5
Afrique subsaharienne	7	41	49	18	45	1,5	141	14	12
Pays industrialisés	9	19	..	..	97	33,8	1 021	480	342
Monde	8	33	..	..	78	12,2	367	133	146

Note: Les données relatives aux pays industrialisés concernant les indicateurs ci-dessus figurent aux tableaux 33 et 34.

15 Problèmes de l'enseignement

	Redoublants en % des inscrits au niveau primaire 1986-88	Taux d'abandon dans l'enseignement primaire 1985-87	Redoublants en % des inscrits au niveau secondaire 1986-88	Taux de scol. dans l'ens. technique sec. en % du taux de scol. secondaire 1986-88	Taux de scol. dans l'ens. scientifique sup. en % du taux de scol. dans l'ens. sup. 1987-88	% d'étudiants sup. inscrits à l'étranger/ inscrits dans le pays d'origine 1987	Dépenses publiques d'enseignement en % du PNB 1960	Dépenses publiques d'enseignement en % du PNB 1986	Dépenses publiques d'enseignement en % dép. publiques totales 1987-88	Dépenses de l'enseignement primaire en % dép. totales d'ens. 1987-88
Développement humain élevé	..	28	..	12,3	33	2,5	2,2	3,6	19,3	34,9
22 Barbades	..	..	..	..	39	12,6	..	5,9	20,1	41,4
25 Hong-Kong	..	2	..	10,0	43	32,2	..	2,8	18,7	31,4
26 Chypre	..	2	2	7,8	33	256,3	..	3,6	11,5	34,4
28 Bahamas	..	..	..	..	..	..	..	6,2	..	..
32 Uruguay	9	14	..	14,1	48	0,6	3,7	6,6	15,1	35,8
35 Corée, Rép. de	..	..	..	15,9	31	1,9	2,0	3,0	26,6	43,6
37 Singapour	..	5	..	..	29	25,3	2,8	5,0	11,5	28,7
38 Chili	..	15	..	18,1	17	1,4	2,7	4,0	15,3	51,9
39 Trinité et Tobago	4	13	2	0,8	43	61,7	2,8	5,8	11,5	45,0
40 Costa Rica	11	24	10	21,9	41	1,8	4,1	4,5	20,8	37,7
42 Brunéi Darussalam	9	15	..	5,8	5	..	..	..	9,6	24,7
43 Argentine	..	34	..	..	37	0,3	2,1	3,3	8,9	..
44 Venezuela	9	27	12	5,1	26	1,1	3,7	4,3	16,6	20,7
45 Mexique	9	31	3	12,6	36	0,6	1,2	2,8	25,3	23,7
46 Antigua et Barbuda	..	15	..	..	..	..	..	2,5	14,4	29,8
47 Maurice	8	3	13	1,3	..	135,6	3,0	3,1	10,4	42,9
48 Koweït	6	2	..	0,3	35	16,4	..	5,1	12,1	68,9
50 Qatar	8	4	14	3,5	10	19,7	..	5,6	7,2	..
51 Bahreïn	9	8	6	18,0	..	44,6	..	5,4	10,3	29,7
52 Malaisie	..	..	..	1,7	34	38,1	2,9	7,9	16,9	37,9
53 Dominique	5	..	5	1,1	..	..	..	5,6	14,1	59,5
Développement humain moyen	9	34	17	9,6	29	2,7	2,2	3,8	13,8	45,0
(idem à l'exclusion de la Chine)	13	37	..	15,6	35	2,5	2,5	4,2	16,0	50,4
54 Panama	11	18	8	25,9	32	3,4	3,6	5,4	26,7	39,3
55 Suriname	23	35	..	26,5	2	..	..	..	22,8	60,5
56 Emirats arabes unis	5	13	10	0,8	46	24,8	..	2,2	14,2	..
57 Afrique du Sud	..	..	..	..	47	0,7	3,0	4,6	..	..
59 Jamaïque	3	18	..	3,5	37	21,5	2,3	5,6	11,0	28,9
60 Brésil	20	78	..	..	40	0,5	1,9	3,4	17,7	52,3
61 Colombie	17	43	20	20,8	36	1,3	1,7	2,8	22,4	39,9
62 Cuba	5	9	3	29,0	25	0,6	5,0	6,2	14,1	20,4
63 Seychelles	..	11	..	31,0	..	..	..	8,5	15,2	29,1
64 Grenades	..	47	..	..	..	..	..	6,9	12,5	71,9
65 Saint-Kitts-et-Nevis	..	..	..	..	14	..	..	3,2	12,5	39,5
66 Thaïlande	3	36	..	16,2	25	0,9	2,3	3,2	16,6	58,2
67 Bélize	..	10	..	1,2	..	..	..	..	15,0	65,0
68 Sainte-Lucie	..	35	3	..	40	..	..	7,5	16,8	47,8
69 Arabie saoudite	13	10	..	1,9	34	5,7	3,2	10,6	13,6	..
70 Turquie	8	3	28	21,9	..	3,2	2,6	2,8	10,5	57,9
71 Fidji	3	50	7	9,1	35	53,6	..	4,7	19,5	51,2
72 Rép. arabe syrienne	7	11	13	6,9	31	8,8	2,0	2,9	14,0	60,9
73 Paraguay	9	50	..	7,1	50	1,0	1,3	1,0	16,7	36,6
74 Corée, Rép. pop. dém. de	..	..	..	..	34	..	..	..	..	43,6
75 Sri Lanka	9	7	7	..	37	5,6	3,8	2,4	7,8	93,5
76 Jamahiriya arabe libyenne	..	18	..	..	..	6,7	2,8	10,1	20,8	..
77 Equateur	6	37	..	33,8	21	0,6	1,9	4,2	21,3	45,7
78 Pérou	14	30	10	..	25	0,8	2,3	2,2	22,9	31,1
79 Saint-Vincent	..	..	..	3,7	..	..	..	6,3	11,6	71,9
80 Rép. dominicaine	17	65	..	..	..	0,7	2,1	1,6	10,0	44,4
81 Samoa	..	..	..	..	..	..	..	..	..	60,6
82 Chine	7	32	..	7,9	18	3,2	1,8	2,7	6,1	30,8
83 Jordanie	6	4	8	8,0	..	41,4	3,0	6,5	7,6	89,9
84 Philippines	..	25	..	..	..	0,3	2,3	2,4	10,3	61,4
85 Nicaragua	15	65	5	18,8	43	9,9	1,5	6,1	12,0	36,7
86 Oman	11	9	11	5,1	34	116,9	..	5,3	14,9	51,3
87 Mongolie	..	5	..	..	56	0,7	..	..	..	..
88 Liban	..	34	..	..	45	21,3	..	..	16,8	..
89 Guyane	6	16	11	3,4	41	30,8	..	9,6	3,0	31,1
90 Tunisie	21	28	17	13,3	31	24,5	3,3	5,4	14,8	45,0
91 Iraq	19	28	32	13,7	33	3,3	5,8	3,7	6,4	47,3
92 Iran, rép. islamique d'	11	13	9	4,9	39	16,2	2,4	4,6	18,1	41,5
93 Maldives	..	50	..	..	..	..	..	..	11,0	..
94 El Salvador	7	69	..	..	50	1,9	2,3	1,9	12,5	60,3
95 Botswana	5	11	..	5,9	26	23,8	2,7	9,2	15,9	39,0
96 Iles Salomon	6	51	..	17,3	..	..	..	5,3	12,4	..
97 Gabon	31	56	25	20,6	22	26,2	2,1	4,8	9,4	..

	Redoublants en % des inscrits au niveau primaire 1986-88	Taux d'abandon dans l'enseignement primaire 1985-87	Redoublants en % des inscrits au niveau secondaire 1986-88	Taux de scol. dans l'ens. technique sec. en % du taux de scol. secondaire 1986-88	Taux de scol. dans l'ens. scientifique sup. en % du taux de scol. dans l'ens. sup. 1987-88	% d'étudiants sup. inscrits à l'étranger/inscrits dans le pays d'origine 1987	Dépenses publiques d'enseignement en % du PNB 1960	Dépenses publiques d'enseignement en % du PNB 1986	Dépenses publiques d'enseignement en % dép. publiques totales 1987-88	Dépenses de l'enseignement primaire en % dép. totales d'ens. 1987-88
Développement humain faible	15	51	17	8,4	33	2,8	2,3	3,5	13,5	43,2
(idem à l'exclusion de l'Inde)	..	45	..	..	34	6,4	2,3	3,6	16,5	44,1
98 Indonésie	10	20	..	10,6	39	1,6	2,5	2,3	4,3	..
99 Viet Nam	..	50	..	..	..	4,3	..	..	..	..
100 Honduras	..	57	..	32,6	29	3,7	2,2	5,0	19,5	46,6
101 Vanuatu	..	..	..	..	..	..	..	7,5	24,6	60,9
102 Algérie	7	9	13	4,9	14	6,6	5,6	6,1	27,0	28,5
103 Guatemala	4	64	..	..	39	1,9	1,4	1,8	12,4	38,2
104 Swaziland	15	39	10	1,4	..	11,5	..	6,2	27,0	33,9
105 Namibie	..	..	..	..	9	..	..	1,9	4,1	..
106 Myanmar	..	73	..	1,2	32	0,3	2,2	2,2	..	..
107 Lesotho	23	48	6	3,7	16	10,7	3,2	3,8	14,8	42,1
108 Maroc	15	34	17	1,4	59	13,9	3,1	5,0	25,5	36,5
109 Cap-Vert	24	61	18	8,3	..	..	..	2,9	7,0	54,4
110 Bolivie	..	53	..	..	21	1,8	1,5	2,9	20,1	71,9
111 Zimbabwe	..	26	..	1,7	32	8,3	0,5	8,5	..	56,0
112 Sao Tomé-et-Principe	35	12	..	1,4	..	..	..	8,0	18,8	50,0
113 Kenya	..	49	..	1,6	21	17,3	4,6	6,1	22,7	61,9
114 Egypte	..	36	..	21,8	38	1,5	4,1	5,5	9,4	67,3
115 Congo	35	29	42	11,9	8	28,3	2,5	5,0	9,8	30,0
116 Madagascar	35	70	18	4,3	20	11,5	2,3	3,5	18,5	55,1
117 Papouasie-Nouvelle-Guinée	..	33	..	11,2	11	5,7	2,5	5,0	..	..
118 Zambie	..	20	..	..	..	14,2	1,6	2,2	16,3	44,2
119 Cameroun	29	30	19	22,5	35	40,3	1,7	3,0	17,8	77,7
120 Pakistan	..	51	..	1,6	..	9,0	1,1	2,2	5,0	36,0
121 Ghana	..	26	..	1,9	30	15,3	3,8	3,6	24,3	27,9
122 Côte d'Ivoire	28	28	19	9,8	28	20,2	4,6	5,0	22,6	40,2
123 Inde	..	62	..	..	32	0,5	2,3	3,4	8,5	41,8
124 Zaïre	..	40	..	23,1	34	14,7	2,4	0,4	6,4	54,5
125 Haïti	9	68	7	..	..	31,1	1,4	1,2	20,6	56,8
126 Comores	37	69	29	1,4	..	..	..	6,5	13,2	39,2
127 Tanzanie, rép. unie de	5	29	..	..	9	31,4	2,1	1,7	8,5	57,8
128 Laos, rép. dém. pop. du	27	86	10	5,1	42	13,5	..	1,2	6,6	..
129 Nigeria	17	37	..	..	30	6,8	1,5	1,4	12,0	17,2
130 Yémen	..	69	..	..	12	33,2	..	5,6	22,6	49,7
131 Togo	31	48	26	5,9	52	26,2	1,9	6,5	19,7	33,5
132 Libéria	..	..	..	..	..	18,0	0,7	4,4	24,3	17,6
133 Rwanda	10	54	4	..	25	37,7	0,3	3,2	22,3	68,0
134 Ouganda	14	24	..	2,5	41	9,9	3,2	1,5	22,5	20,1
135 Sénégal	15	15	16	2,9	31	23,0	2,4	4,6	..	39,2
136 Bangladesh	..	80	..	0,7	34	0,8	0,6	1,3	10,3	46,4
137 Guinée équatoriale	..	85	..	..	..	..	..	..	1,0	..
138 Malawi	21	69	..	3,5	37	13,9	2,1	3,2	9,9	43,6
139 Burundi	18	13	13	19,1	45	18,6	2,4	2,8	15,5	45,0
140 Cambodge	..	50	..	..	..	..	..	..	..	..
141 Ethiopie	11	50	13	0,5	37	17,0	0,8	3,7	9,4	52,8
142 Rép. centrafricaine	34	44	21	4,4	34	45,3	2,0	5,3	16,8	51,2
143 Soudan	..	39	..	..	27	27,3	1,9	4,0	9,1	55,5
144 Bhoutan	17	75	6	..	6	19,8	..	4,2	..	..
145 Népal	21	73	9	..	30	1,8	0,4	2,1	10,8	35,7
146 Mozambique	25	66	44	8,0	25	11,1	..	..	..	..
147 Angola	..	76	..	..	26	29,5	0,3	3,4	12,7	94,6
148 Mauritanie	19	22	14	3,1	12	33,6	2,1	6,0	14,3	30,0
149 Somalie	..	67	..	..	18	9,8	0,9	6,0	2,8	..
150 Bénin	26	64	32	6,0	18	25,2	2,5	3,5	..	46,2
151 Guinée-Bissau	42	81	21	8,8	..	..	..	2,8	14,0	67,2
152 Tchad	32	71	19	7,0	12	50,2	0,9	2,0	..	82,9
153 Djibouti	10	12	9	25,3	..	..	..	2,7	7,7	69,1
154 Burkina Faso	17	33	19	6,4	21	30,2	1,5	2,4	14,9	61,2
155 Niger	15	25	19	1,4	24	27,9	0,5	4,0	22,9	36,8
156 Mali	30	60	33	11,5	3	38,5	2,0	2,8	17,3	48,4
157 Afghanistan	6	22	4	..	22	9,7	..	1,8	4,0	43,2
158 Guinée	22	57	25	6,3	59	19,5	1,5	3,0	21,5	23,0
159 Gambie	18	15	..	..	..	..	..	4,6	9,0	49,3
160 Sierra Leone	..	52	..	..	..	48,8	..	3,0	18,1	..
Tous les pays en développement	11	44	14	9,6	32	2,7	2,2	3,7	15,2	41,8
Pays les moins avancés (PMA)	16	58	17	1,8	31	6,2	1,3	3,1	14,9	47,3
Afrique subsaharienne	18	42	20	4,4	27	20,3	2,4	3,8	17,2	46,1
Pays industrialisés	..	..	..	37,6	39	..	..	..	..	..
Monde	..	..	..	14,7	35	..	..	..	..	..

Note: Les données relatives aux pays industrialisés concernant les indicateurs ci-dessus figurent aux tableaux 33 et 34.

16 Emploi

	Main-d'oeuvre en % de la pop. totale 1988-89	Main-d'oeuvre féminine en % de la main-d'oeuvre totale 1988-89	Répartition de la main-d'oeuvre en % dans : l'agriculture 1965	l'agriculture 1985-88	l'industrie 1965	l'industrie 1985-88	les services 1965	les services 1985-88	Dépenses de prestations de sécurité sociale en % du PNB 1980	Taux annuel de croissance des salaires en (%) 1970-80	Taux annuel de croissance des salaires en (%) 1980-87
Développement humain élevé	39,5	25,8	27,7	20,2	32,0	23,3	40,4	56,5	..	..	0,8
22 Barbades	45,9	47,0	..	7,6	..	12,7	..	79,7	0,9	..	..
25 Hong-Kong	49,7	37,1	6,0	1,1	53,0	29,4	41,0	69,5	..	6,4	4,9
26 Chypre	47,5	35,2	..	13,9	..	18,4	..	67,7	2,3	..	..
28 Bahamas	..	..	..	..	..	..	..	..	0,5	..	..
32 Uruguay	38,9	30,9	20,0	15,3	29,0	18,2	51,0	66,5	7,5	..	0,3
35 Corée, Rép. de	42,1	33,9	55,0	19,0	15,0	27,4	30,0	53,6	..	10,0	5,6
37 Singapour	48,6	37,8	6,0	0,4	27,0	28,4	68,0	71,2	2,6	3,6	6,2
38 Chili	36,8	22,2	27,0	18,3	29,0	18,2	44,0	63,5	5,4	8,2	-3,5
39 Trinité et Tobago	38,7	27,3	20,0	11,9	35,0	14,8	45,0	73,3	0,3	..	2,3
40 Costa Rica	37,5	21,2	47,0	25,9	19,0	18,7	34,0	55,4	6,3	..	..
42 Brunéi Darussalam	..	..	..	..	..	..	..	..	..	..	..
43 Argentine	38,0	21,0	18,0	13,0	34,0	33,8	48,0	53,1	..	-1,5	2,5
44 Venezuela	35,9	21,5	30,0	12,5	24,0	17,3	47,0	70,2	1,1	3,8	-0,6
45 Mexique	38,4	23,1	50,0	22,9	22,0	20,1	29,0	57,0	1,5	1,2	-3,5
46 Antigua et Barbuda	..	..	..	..	..	..	..	..	..	..	..
47 Maurice	39,0	26,0	37,0	19,0	25,0	31,1	38,0	49,9	..	1,8	-1,8
48 Koweït	32,7	13,5	2,0	30,9	34,0	16,1	64,0	53,0	..	..	3,7
50 Qatar	41,8	7,0	..	3,0	..	28,0	..	69,0	..	..	..
51 Bahreïn	26,6	10,3	..	3,0	..	35,0	..	62,0	0,1	..	..
52 Malaisie	43,8	31,1	59,0	41,6	13,0	19,1	29,0	39,3	0,5	2,0	5,2
53 Dominique	..	..	..	..	..	..	..	..	..	..	..
Développement humain moyen	51,9	37,6	73,3	64,2	11,0	14,7	15,7	21,1	3,3	2,3	3,1
(idem à l'exclusion de la Chine)	38,5	27,2	53,6	37,8	17,7	16,5	28,7	45,7	..	..	0,1
54 Panama	35,6	27,0	46,0	26,1	16,0	9,9	38,0	64,0	0,5	0,2	3,3
55 Suriname	28,8	29,0	..	20,0	..	20,0	..	60,0	0,6	..	..
56 Emirats arabes unis	49,8	6,2	21,0	4,5	32,0	38,0	47,0	57,3	..	..	..
57 Afrique du Sud	36,0	24,5	32,0	13,6	30,0	24,4	39,0	62,0	..	2,7	0,0
59 Jamaïque	37,5	31,0	37,0	25,3	20,0	11,5	43,0	63,2	0,3	-0,2	..
60 Brésil	41,9	27,9	49,0	25,2	20,0	17,3	31,0	57,5	4,6	4,0	-1,1
61 Colombie	43,7	34,1	45,0	..	21,0	..	34,0	..	1,3	-0,2	3,8
62 Cuba	43,7	31,7	33,0	23,8	25,0	28,5	41,0	47,7	7,1	..	..
63 Seychelles	..	..	..	..	..	..	..	..	1,7	..	..
64 Grenades	..	..	..	..	..	..	..	..	..	..	..
65 Saint-Kitts-et-Nevis	..	..	..	..	..	..	..	..	..	..	..
66 Thaïlande	52,5	45,1	82,0	72,4	5,0	5,9	13,0	21,7	..	1,0	7,0
67 Bélize	30,6	33,0	..	..	..	..	..	..	..	..	..
68 Sainte-Lucie	..	..	..	..	..	..	..	..	..	..	..
69 Arabie saoudite	29,1	7,1	68,0	48,5	11,0	14,4	21,0	37,2	..	..	..
70 Turquie	38,5	24,5	75,0	45,3	11,0	13,5	14,0	41,2	2,1	6,1	-3,5
71 Fidji	30,8	19,0	..	46,0	..	17,0	..	37,0	0,6	..	..
72 Rép. arabe syrienne	23,9	6,8	52,0	24,9	20,0	16,0	28,0	59,1	..	2,8	-1,4
73 Paraguay	46,8	38,1	55,0	48,6	20,0	20,5	26,0	30,9	..	..	..
74 Corée, Rép. pop. dém. de	45,2	45,9	57,0	42,8	23,0	30,3	20,0	26,9	..	..	..
75 Sri Lanka	38,5	24,7	56,0	42,6	14,0	11,7	30,0	45,7	0,3	..	0,8
76 Jamahiriya arabe libyenne	23,7	8,7	41,0	18,1	21,0	28,9	38,0	53,0	..	..	..
77 Equateur	33,9	20,4	55,0	38,5	19,0	19,8	26,0	41,6	1,6	3,3	-1,5
78 Pérou	41,9	33,1	50,0	35,1	19,0	12,3	32,0	52,6	..	..	-5,0
79 Saint-Vincent	..	..	..	..	..	..	..	..	..	..	..
80 Rép. dominicaine	30,0	14,5	59,0	45,7	14,0	15,5	27,0	38,8	0,5	-1,0	-4,4
81 Samoa	..	..	..	..	..	..	..	..	..	..	..
82 Chine	59,3	43,2	81,0	73,7	8,0	13,6	11,0	12,7	..	..	4,2
83 Jordanie	23,1	9,9	37,0	10,2	26,0	25,6	37,0	64,2	0,0	..	-1,1
84 Philippines	36,0	31,6	58,0	43,4	16,0	9,7	26,0	46,9	0,2	-3,7	2,6
85 Nicaragua	33,5	21,5	57,0	46,5	16,0	15,8	28,0	37,7	1,5	..	-14,5
86 Oman	28,1	8,1	62,0	50,0	15,0	21,8	23,0	28,6	..	..	..
87 Mongolie	46,4	45,5	54,0	39,9	20,0	21,0	26,0	39,2	..	..	..
88 Liban	30,1	27,2	29,0	14,3	24,0	27,4	47,0	58,4	1,2	..	..
89 Guyane	35,7	21,0	..	27,0	..	26,0	..	47,0	0,8	..	..
90 Tunisie	29,8	12,7	49,0	21,6	21,0	16,3	29,0	62,1	1,4	4,2	-4,9
91 Iraq	24,2	5,8	50,0	12,5	20,0	7,8	30,0	79,7	..	..	..
92 Iran, rép. islamique d'	27,1	17,5	49,0	36,4	26,0	32,8	25,0	30,8	..	..	..
93 Maldives	..	..	..	..	..	..	..	..	..	..	..
94 El Salvador	40,1	25,1	59,0	43,2	16,0	19,4	26,0	37,5	1,0	2,4	-9,3
95 Botswana	34,9	35,5	89,0	43,2	4,0	4,8	8,0	52,0	..	2,6	-4,5
96 Iles Salomon	..	..	..	..	..	..	..	..	..	..	..
97 Gabon	48,2	37,7	..	75,5	..	10,8	..	13,7	..	..	..

	Main-d'oeuvre en % de la pop. totale 1988-89	Main-d'oeuvre féminine en % de la main-d'oeuvre totale 1988-89	Répartition de la main-d'oeuvre en % dans l'agriculture 1965	l'agriculture 1985-88	l'industrie 1965	l'industrie 1985-88	les services 1965	les services 1985-88	Dépenses de prestations de sécurité sociale en % du PNB 1980	Taux annuel de croissance des salaires en (%) 1970-80	1980-87
Développement humain faible	37,6	26,2	74,5	62,1	10,1	9,5	15,5	28,4	0,5	0,7	2,8
(idem à l'exclusion de l'Inde)	37,3	26,7	75,7	61,7	8,6	8,6	16,0	29,7	0,7	1,0	0,2
98 Indonésie	42,5	34,3	71,0	54,4	9,0	8,0	21,0	37,6	..	5,0	6,0
99 Viet Nam	48,6	46,9	79,0	67,5	6,0	11,8	15,0	20,7	..	..	..
100 Honduras	30,3	18,3	68,0	60,4	12,0	16,1	20,0	23,4	..	-0,4	..
101 Vanuatu	..	..	..	..	..	..	..	..	..	..	..
102 Algérie	23,6	4,4	57,0	13,9	17,0	10,9	26,0	75,2	..	-1,0	-3,9
103 Guatemala	33,6	16,2	64,0	49,8	15,0	12,3	21,0	37,9	0,8	-3,2	-1,4
104 Swaziland	35,5	40,0	..	74,0	..	9,0	..	17,0	..	..	..
105 Namibie	29,1	23,8	..	43,5	..	21,9	..	34,8	..	..	..
106 Myanmar	41,1	37,4	64,0	63,9	14,0	9,1	23,0	27,0	..	..	..
107 Lesotho	46,3	43,8	92,0	23,3	3,0	33,1	6,0	43,6	..	..	..
108 Maroc	30,8	20,3	61,0	45,6	15,0	25,0	24,0	29,4	1,0	..	..
109 Cap-Vert	33,8	29,0	..	52,0	..	23,0	..	25,0	..	..	..
110 Bolivie	38,9	33,0	54,0	46,5	20,0	19,2	26,0	33,9	2,3	0,0	-10,3
111 Zimbabwe	40,6	35,0	79,0	64,7	8,0	5,6	13,0	29,7	0,1	1,6	-0,4
112 Sao Tomé-et-Principe	..	..	..	..	..	..	..	..	..	..	..
113 Kenya	40,3	40,3	86,0	81,0	5,0	6,8	9,0	12,1	..	-3,4	-2,3
114 Egypte	31,6	13,5	55,0	38,2	15,0	13,4	30,0	48,4	..	4,1	1,6
115 Congo	39,8	39,0	66,0	62,4	11,0	11,9	23,0	25,6	..	..	-0,1
116 Madagascar	42,6	39,7	85,0	80,9	4,0	6,0	11,0	13,2	..	-0,9	-10,3
117 Papouasie-Nouvelle-Guinée	47,0	39,1	87,0	76,3	6,0	10,2	7,0	13,5	..	3,0	-2,9
118 Zambie	31,5	28,7	79,0	37,9	8,0	7,8	13,0	54,9	..	-3,2	0,2
119 Cameroun	38,5	29,6	86,0	74,0	4,0	4,5	9,0	21,5	..	..	..
120 Pakistan	28,8	6,8	60,0	41,3	18,0	10,2	22,0	48,5	..	3,3	6,2
121 Ghana	38,1	40,0	61,0	59,3	15,0	11,1	24,0	29,6	..	..	..
122 Côte d'Ivoire	37,6	34,4	81,0	65,2	5,0	8,3	15,0	26,5	..	-0,9	..
123 Inde	37,9	25,6	73,0	62,6	12,0	10,8	15,0	26,6	0,5	0,5	4,9
124 Zaïre	36,9	35,9	82,0	71,5	9,0	12,9	9,0	15,6	..	..	..
125 Haïti	42,2	33,6	77,0	50,4	7,0	5,7	16,0	43,9	..	-3,3	3,4
126 Comores	38,0	41,0	..	83,0	..	6,0	..	11,0	..	..	..
127 Tanzanie, rép. unie de	46,8	48,3	92,0	85,6	3,0	4,5	6,0	9,9	..	..	-12,7
128 Laos, rép. dém. pop. du	55,4	44,7	81,0	75,7	5,0	7,1	15,0	17,2	..	..	..
129 Nigeria	30,3	19,7	72,0	44,6	10,0	4,2	18,0	51,2	..	0,0	-9,6
130 Yémen	24,7	13,1	72,8	62,5	8,2	11,0	18,7	26,4	..	..	..
131 Togo	41,0	36,8	78,0	64,3	9,0	6,3	13,0	29,4	0,8	..	..
132 Libéria	36,2	30,6	79,0	74,2	10,0	9,4	11,0	16,4	..	..	1,6
133 Rwanda	49,2	48,0	94,0	92,8	2,0	3,0	3,0	4,3	..	..	..
134 Ouganda	44,6	41,4	91,0	85,9	3,0	4,4	6,0	9,7	..	..	..
135 Sénégal	33,5	17,0	83,0	80,6	6,0	6,2	11,0	13,1	1,4	-4,9	-0,1
136 Bangladesh	30,4	6,5	84,0	56,5	5,0	9,8	11,0	33,7	..	-3,0	-2,9
137 Guinée équatoriale	48,9	41,0	..	66,0	..	11,0	..	23,0	..	..	..
138 Malawi	42,0	41,8	92,0	81,8	3,0	3,0	5,0	15,2	..	..	1,6
139 Burundi	55,5	..	94,0	92,9	2,0	1,6	4,0	5,5	0,5	-7,8	..
140 Cambodge	47,0	39,2	80,0	74,4	4,0	6,7	16,0	18,9	..	..	..
141 Ethiopie	45,4	37,8	86,0	79,8	5,0	7,9	9,0	12,3	0,0	-4,7	-0,1
142 Rép. centrafricaine	48,4	46,2	88,0	83,7	3,0	2,8	9,0	13,5	..	..	..
143 Soudan	32,1	21,5	82,0	64,9	5,0	3,9	14,0	31,2	0,0	..	..
144 Bhoutan	46,1	32,4	95,0	92,5	2,0	2,8	4,0	4,7	..	..	..
145 Népal	40,5	33,8	94,0	93,0	2,0	0,6	4,0	6,5	..	..	..
146 Mozambique	54,6	47,9	87,0	84,5	6,0	7,4	7,0	8,1	..	..	..
147 Angola	41,4	39,0	79,0	73,8	8,0	9,5	13,0	16,7	..	..	..
148 Mauritanie	33,4	21,7	89,0	69,4	3,0	8,9	8,0	21,7	..	..	..
149 Somalie	29,4	39,0	81,0	75,6	6,0	8,4	13,0	16,0	..	-5,1	-8,6
150 Bénin	34,5	23,9	83,0	70,2	5,0	6,6	12,0	23,1	..	..	..
151 Guinée-Bissau	30,0	42,0	..	82,0	..	4,0	..	14,0	..	..	..
152 Tchad	37,4	17,2	92,0	83,2	3,0	4,6	5,0	12,0	..	..	..
153 Djibouti	..	..	..	..	..	..	..	..	1,4	..	..
154 Burkina Faso	46,8	46,5	89,0	86,6	3,0	4,3	7,0	9,1	0,4	..	2,6
155 Niger	51,4	47,0	95,0	85,0	1,0	2,7	4,0	12,3	0,3	..	..
156 Mali	31,8	16,4	90,0	85,5	1,0	2,0	8,0	12,5	0,5	-8,4	..
157 Afghanistan	36,4	8,4	69,0	61,0	11,0	14,0	20,0	25,0	..	..	..
158 Guinée	39,1	30,1	87,0	78,1	6,0	1,3	7,0	20,6	..	..	..
159 Gambie	36,2	41,0	..	84,0	..	7,0	..	9,0	..	..	..
160 Sierra Leone	35,5	33,1	78,0	69,6	11,0	14,1	11,0	16,4	..	..	..
Tous les pays en développement	43,9	31,1	72,1	61,2	11,3	12,7	16,7	26,1	2,2	1,3	2,8
Pays les moins avnacés (PMA)	38,8	27,7	83,5	73,1	5,8	7,0	11,0	19,9	..	..	..
Afrique subsaharienne	38,8	33,1	79,1	67,6	8,1	7,7	12,9	24,7	..	-1,5	-4,8
Pays industrialisés	48,5	39,6	22,2	11,6	36,4	28,0	41,5	60,4	10,6	2,2	1,2
Monde	44,9	33,4	56,6	48,9	19,0	16,5	24,5	34,7	10,0	1,6	2,4

Note: Les données relatives aux pays industrialisés concernant les indicateurs ci-dessus figurent aux tableaux 35 et 36.

17 Richesse, pauvreté et investissement social

	PIB réel par habitant ($ ajusté) 1988	PNB par habitant: Total ($ EU) 1988	PNB par habitant: 40 % les plus pauvres (US$) 1987	Part de revenu des 40 % les plus pauvres (%) 1980-87	Rapport des 20 % les plus riches aux 20 % des plus pauvres 1980-87	Coeff. de Gini 1970-85	Population au-dessous du seuil de pauvreté: Totale (%) 1980-88	Population au-dessous du seuil de pauvreté: Rurale (%) 1980-88	Dépenses publiques d'enseignement (en % du PNB) 1986	Dépenses publiques de santé (en % du PNB) 1986
Développement humain élevé	5 550	2 750	..	..	..	..	..	..	3,6	1,5
22 Barbades	6 020	6 010	..	19,0	..	..	23	23	5,9	..
25 Hong-Kong	14 010	9 220	3 270	16,2	8,7	0,45	..	..	2,8	..
26 Chypre	8 380	6 260	..	..	..	..	..	..	3,6	..
28 Bahamas	10 590	10 700	..	..	..	..	..	..	6,2	..
32 Uruguay	5 790	2 470	..	..	..	..	..	..	6,6	2,7
35 Corée, Rép. de	5 680	3 600	1 200	..	..	0,36	16	11	3,0	0,4
37 Singapour	10 540	9 070	..	15,0	9,6	0,42	..	..	5,0	1,3
38 Chili	4 720	1 510	..	..	..	0,46	..	..	4,0	2,1
39 Trinité et Tobago	4 580	3 350	..	..	..	..	..	39	5,8	3,0
40 Costa Rica	4 320	1 690	..	11,6	16,5	0,42	..	..	4,5	5,4
42 Brunéi Darussalam	..	15 390	..	..	..	..	..	..	..	..
43 Argentine	4 360	2 520	840	..	..	..	..	..	3,3	1,6
44 Venezuela	5 650	3 250	830	13,9	10,8	..	..	..	4,3	2,2
45 Mexique	5 320	1 760	450	..	..	0,50	..	..	2,8	1,7
46 Antigua et Barbuda	..	3 690	..	..	..	..	..	..	2,5	..
47 Maurice	5 320	1 800	430	..	..	..	12	12	3,1	1,9
48 Koweït	9 310	13 400	..	..	..	..	..	..	5,1	2,7
50 Qatar	..	9 930	..	..	..	..	..	..	5,6	..
51 Bahreïn	9 490	6 340	..	..	..	..	..	..	5,4	..
52 Malaisie	5 070	1 940	510	13,9	11,1	0,48	27	38	7,9	1,8
53 Dominique	..	1 680	..	..	..	..	..	..	5,6	..
Développement humain moyen	2 960	850	..	..	..	..	..	..	3,8	1,7
(idem à l'exclusion de la Chine)	3 900	1 720	..	..	..	..	..	..	4,2	1,8
54 Panama	3 790	2 120	400	..	..	0,57	25	30	5,4	5,7
55 Suriname	3 830	2 460	..	..	..	..	..	..	..	..
56 Emirats arabes unis	19 440	15 770	..	..	..	..	..	..	2,2	1,0
57 Afrique du Sud	5 480	2 290	..	..	..	..	..	..	4,6	0,6
59 Jamaïque	2 630	1 070	..	15,3	9,1	0,66	..	80	5,6	2,8
60 Brésil	4 620	2 160	350	8,1	26,1	0,57	..	..	3,4	2,4
61 Colombie	3 810	1 180	..	12,7	13,3	0,45	..	..	2,8	0,8
62 Cuba	..	2 000	..	..	..	..	..	..	6,2	3,2
63 Seychelles	..	3 800	..	..	..	..	..	..	8,5	..
64 Grenades	..	1 720	..	..	..	..	..	..	6,9	..
65 Saint-Kitts-et-Nevis	..	2 630	..	..	..	..	..	..	3,2	..
66 Thaïlande	3 280	1 000	320	..	..	0,47	30	34	3,2	1,0
67 Bélize	..	1 500	..	..	..	..	..	..	..	..
68 Sainte-Lucie	..	1 540	..	..	..	..	..	..	7,5	..
69 Arabie saoudite	9 350	6 200	..	..	..	..	..	..	10,6	4,0
70 Turquie	3 900	1 280	350	..	..	0,51	..	..	2,8	0,5
71 Fidji	3 610	1 520	..	24,0	..	..	..	15	4,7	..
72 Rép. arabe syrienne	4 460	1 680	490	..	..	..	..	..	2,9	0,4
73 Paraguay	2 590	1 180	..	..	..	..	35	50	1,0	0,2
74 Corée, Rép. pop. dém. de	..	1 240	..	..	..	..	..	..	..	1,0
75 Sri Lanka	2 120	420	160	13,3	11,7	0,45	..	..	2,4	1,7
76 Jamahiriya arabe libyenne	..	5 420	..	..	..	..	..	..	10,1	3,0
77 Equateur	2 810	1 120	..	..	..	..	51	65	4,2	1,2
78 Pérou	3 080	1 300	260	12,9	11,8	0,31	..	..	2,2	0,8
79 Saint-Vincent	..	1 200	..	..	..	..	..	..	6,3	..
80 Rép. dominicaine	2 420	720	..	..	..	..	44	43	1,6	1,4
81 Samoa	1 870	640	..	..	..	..	..	..	..	..
82 Chine	2 470	330	..	..	..	..	..	10	2,7	1,4
83 Jordanie	2 570	1 500	..	..	..	..	15	17	6,5	2,7
84 Philippines	2 170	630	210	15,2	8,7	0,45	58	64	2,4	0,7
85 Nicaragua	2 660	830	..	..	..	..	20	19	6,1	6,6
86 Oman	9 290	5 000	..	..	..	..	..	..	5,3	2,3
87 Mongolie	..	880	..	..	..	..	..	..	..	1,3
88 Liban	..	880	..	..	..	..	..	..	..	..
89 Guyane	1 480	420	..	..	..	..	..	..	9,6	..
90 Tunisie	3 170	1 230	..	..	..	0,40	18	15	5,4	2,2
91 Iraq	3 510	3 020	..	..	..	..	..	..	3,7	0,8
92 Iran, rép. islamique d'	3 560	1 800	..	..	..	0,46	..	..	4,6	1,4
93 Maldives	..	410	..	..	..	..	..	..	..	..
94 El Salvador	1 950	940	330	..	..	0,40	27	32	1,9	0,8
95 Botswana	2 510	1 010	..	9,0	23,6	..	51	55	9,2	3,8
96 Iles Salomon	2 540	630	..	..	..	..	..	..	5,3	..
97 Gabon	3 960	2 970	..	..	..	..	..	..	4,8	2,0

	PIB réel par habitant ($ ajusté) 1988	PNB par habitant Total ($ EU) 1988	PNB par habitant 40 % les plus pauvres (US$) 1987	Part de revenu des 40 % les plus pauvres (%) 1980-87	Rapport des 20 % les plus riches aux 20 % des plus pauvres 1980-87	Coeff. de Gini 1970-85	Population au-dessous du seuil de pauvreté Totale (%) 1980-88	Population au-dessous du seuil de pauvreté Rurale (%) 1980-88	Dépenses publiques d'enseignement (en % du PNB) 1986	Dépenses publiques de santé (en % du PNB) 1986
Développement humain faible	1 080	370	..	..	..	..	..	..	3,5	1,0
(idem à l'exclusion de l'Inde)	1 230	390	..	..	..	..	..	..	3,6	1,0
98 Indonésie	1 820	440	160	21,2	4,7	0,31	39	44	2,3	0,7
99 Viet Nam	..	220	..	..	..	..	..	..	..	..
100 Honduras	1 490	860	..	..	..	0,62	37	55	5,0	2,6
101 Vanuatu	..	840	..	..	..	..	..	..	7,5	..
102 Algérie	2 470	2 360	..	..	..	..	..	..	6,1	2,2
103 Guatemala	2 430	900	..	14,1	10,0	..	71	74	1,8	0,7
104 Swaziland	2 110	810	..	..	..	..	49	50	6,2	..
105 Namibie	..	1 250	..	..	..	..	..	..	1,9	..
106 Myanmar	660	200	..	..	..	..	40	40	2,2	0,8
107 Lesotho	1 390	420	..	..	..	..	54	55	3,8	1,7
108 Maroc	2 380	830	..	22,8	4,0	..	37	45	5,0	0,9
109 Cap-Vert	1 410	680	..	20,0	..	..	..	..	2,9	..
110 Bolivie	1 480	570	..	..	..	..	..	85	2,9	0,4
111 Zimbabwe	1 370	650	..	..	..	..	..	..	8,5	2,9
112 Sao Tomé-et-Principe	..	490	..	..	..	..	..	..	8,0	..
113 Kenya	1 010	370	70	..	..	..	44	55	6,1	1,7
114 Egypte	1 930	660	280	..	..	0,38	23	25	5,5	1,1
115 Congo	2 120	910	..	..	..	..	..	..	5,0	2,0
116 Madagascar	670	190	..	..	..	..	50	50	3,5	1,8
117 Papouasie-Nouvelle-Guinée	1 960	810	..	..	..	..	65	75	5,0	3,0
118 Zambie	870	290	70	..	..	..	..	..	2,2	1,2
119 Cameroun	1 670	1 010	..	..	..	..	30	40	3,0	0,8
120 Pakistan	1 790	350	..	19,0	5,8	0,36	30	29	2,2	0,2
121 Ghana	970	400	..	17,4	6,9	..	44	37	3,6	1,2
122 Côte d'Ivoire	1 430	770	160	13,0	10,5	0,55	28	26	5,0	1,1
123 Inde	870	340	120	20,4	5,1	0,42	48	51	3,4	0,9
124 Zaïre	430	170	..	..	..	..	..	80	0,4	0,8
125 Haïti	970	380	..	..	..	..	76	80	1,2	0,9
126 Comores	..	440	..	..	..	..	..	..	6,5	..
127 Tanzanie, rép. unie de	570	160	..	..	..	..	..	..	1,7	1,2
128 Laos, rép. dém. pop. du	..	180	..	..	..	..	..	..	1,2	..
129 Nigeria	1 030	290	..	..	..	..	..	..	1,4	0,2
130 Yémen	..	595	..	..	..	..	..	..	5,6	1,2
131 Togo	700	370	..	..	..	..	..	..	6,5	1,7
132 Libéria	890	450	..	..	..	..	..	23	4,4	1,9
133 Rwanda	730	320	..	..	..	..	85	90	3,2	0,6
134 Ouganda	410	280	..	..	..	..	..	..	1,5	0,2
135 Sénégal	1 250	650	..	..	..	..	..	..	4,6	1,1
136 Bangladesh	720	170	70	22,4	4,2	0,39	86	86	1,3	0,6
137 Guinée équatoriale	..	410	..	..	..	..	..	..	..	..
138 Malawi	620	170	..	..	..	..	78	85	3,2	1,9
139 Burundi	550	240	..	..	..	..	83	85	2,8	0,7
140 Cambodge	..	130	..	..	..	..	..	..	..	..
141 Ethiopie	350	120	..	..	..	..	64	65	3,7	1,3
142 Rép. centrafricaine	780	380	..	..	..	..	..	91	5,3	1,2
143 Soudan	970	480	..	..	..	..	..	85	4,0	0,2
144 Bhoutan	..	180	..	..	..	..	..	..	4,2	..
145 Népal	770	180	..	..	..	0,53	60	61	2,1	0,9
146 Mozambique	1 070	100	..	..	..	..	..	..	..	1,8
147 Angola	840	870	..	..	..	..	..	..	3,4	1,0
148 Mauritanie	960	480	..	..	..	..	..	..	6,0	1,9
149 Somalie	1 330	170	..	..	..	..	59	70	6,0	0,2
150 Bénin	1 050	390	..	..	..	..	..	65	3,5	0,8
151 Guinée-Bissau	670	190	..	..	..	..	..	..	2,8	..
152 Tchad	510	160	..	..	..	..	48	56	2,0	0,6
153 Djibouti	..	480	..	15,0	..	..	36	51	2,7	..
154 Burkina Faso	650	210	..	..	..	..	..	..	2,4	0,9
155 Niger	610	300	..	..	..	..	..	35	4,0	0,8
156 Mali	500	230	..	..	..	..	44	48	2,8	0,7
157 Afghanistan	710	200	..	..	..	..	..	..	1,8	..
158 Guinée	910	430	..	..	..	..	..	..	3,0	1,0
159 Gambie	650	200	..	..	..	..	..	40	4,6	..
160 Sierra Leone	1 030	300	..	..	..	0,59	..	65	3,0	0,7
Tous les pays en développement	2 170	710	..	..	..	..	32	36	3,7	1,4
Pays les moins avancés (PMA)	720	230	..	..	..	..	70	72	3,1	0,9
Afrique subsaharienne	1 180	470	..	..	..	..	..	..	3,8	0,9
Pays industrialisés	14 350	12 510	..	..	..	..	..	..	..	..
Monde	4 340	3 410	..	..	..	..	..	..	..	..

Note: Les données relatives aux pays industrialisés concernant les indicateurs ci-dessus figurent au tableau 38.

18 Déséquilibre des flux de ressources

	APD totale reçue en millions $ EU 1989	APD totale reçue en % du PNB 1989	APD pour investissement social en % de l'APD totale 1988	APD pour enseignement et santé en % des dépenses publiques d'enseignement et santé 1988	Dette totale (en % du PNB) 1988	Services de la dette en % des export. de biens et de services 1970	Services de la dette en % des export. de biens et de services 1988	Réserves internat. brutes en mois de couverture des exportations 1988	Envois de fonds des travailleurs à l'étranger en % du PNB 1988	Indice des termes de l'échange (1980 =100) 1988	Solde des transactions courantes (millions $ EU) 1988
Développement humain élevé	1 060 T	0,2	15,8	..	39	16,2	17,1	3,6	..	94	13 250 T
22 Barbades	2	0,1	0,0	..	33	..	9,8	..	..	..	..
25 Hong-Kong	23	0,0	0,0	..	..	..	..	..	..	105	1 199
26 Chypre	46	1,1	27,8	..	33	..	14,1	..	..	..	..
28 Bahamas	4	0,2	..	..	..	..	..	..	..	..	..
32 Uruguay	38	0,5	70,7	0,9	39	21,7	27,3	10,3	..	99	13
35 Corée, Rép. de	-9	0,0	..	..	13	19,5	9,1	2,6	..	108	14 117
37 Singapour	95	0,4	0,0	0,0	..	..	..	4,2	..	101	1 683
38 Chili	61	0,3	..	0,5	68	19,2	14,9	5,2	..	94	-282
39 Trinité et Tobago	6	0,1	0,0	0,0	43	4,6	9,2	1,0	0,0	55	-184
40 Costa Rica	224	4,8	16,0	6,5	82	10,0	17,4	3,9	0,0	98	-356
42 Brunéi Darussalam	5	..	..	..	..	..	..	..	..	..	..
43 Argentine	215	0,3	..	3,1	57	21,6	32,6	4,7	..	86	-1 615
44 Venezuela	21	0,0	..	..	41	2,9	25,5	5,4	-0,3	41	-4 661
45 Mexique	97	0,1	5,8	0,1	48	23,6	30,3	2,1	0,2	67	-3 068
46 Antigua et Barbuda	4	1,7	0,0	..	..	..	..	..	..	..	..
47 Maurice	57	3,0	23,7	0,0	34	3,2	10,1	3,6	0,0	117	-65
48 Koweït	4	0,0	..	..	..	..	..	3,6	-4,5	54	4 853
50 Qatar	4	0,1	..	..	..	..	..	..	..	..	..
51 Bahreïn	-2	..	..	..	..	..	..	..	..	..	..
52 Malaisie	139	0,4	..	4,3	49	3,8	17,5	4,0	0,0	74	1 618
53 Dominique	22	16,9	10,5	..	..	..	9,0	..	..	..	..
Développement humain moyen	7 990 T	0,6	22,5	2,0	25	11,0	20,2	4,0	-0,1	85	-8 440 T
(idem à l'exclusion de la Chine)	5 760 T	0,6	24,8	2,6	35	..	27,3	3,6	-0,2	85	-4 640 T
54 Panama	17	0,3	4,5	..	81	7,7	..	0,2	..	104	625
55 Suriname	51	4,9	38,1	..	..	..	..	..	..	..	..
56 Emirats arabes unis	-6	0,0	..	..	..	..	..	5,8	..	54	2 800
57 Afrique du Sud	..	..	..	..	..	..	..	1,1	..	73	1 207
59 Jamaïque	258	9,9	34,7	13,7	126	2,8	24,2	0,8	2,5	97	4
60 Brésil	189	0,1	..	1,0	26	12,5	35,9	0,4	0,0	117	4 448
61 Colombie	62	0,2	4,9	0,1	38	12,0	39,8	5,4	1,0	68	-355
62 Cuba	27	0,1	0,1	..	..	..	..	..	..	..	..
63 Seychelles	19	7,3	4,8	..	51	..	..	..	..	..	..
64 Grenades	14	10,1	0,4	..	49	..	10,0	..	..	..	..
65 Saint-Kitts-et-Nevis	14	11,7	64,3	..	..	..	2,6	..	..	..	..
66 Thaïlande	697	1,3	30,5	1,4	24	3,3	11,3	3,6	..	82	-1 859
67 Bélize	29	11,0	8,7	..	48	..	13,3	..	..	..	..
68 Sainte-Lucie	21	9,5	..	..	..	..	2,2	..	..	..	..
69 Arabie saoudite	16	0,0	..	..	..	..	..	7,9	-5,7	54	-6 283
70 Turquie	122	0,2	56,6	5,2	45	21,9	34,1	2,5	2,6	115	1 139
71 Fidji	40	3,5	3,7	..	34	..	10,5	..	..	..	..
72 Rép. arabe syrienne	139	0,7	17,6	0,0	25	11,3	21,1	1,6	1,1	56	-604
73 Paraguay	91	1,9	64,0	0,0	36	11,8	24,5	3,0	..	102	-173
74 Corée , Rép. pop. dém. de	50	0,2	0,0	..	..	..	..	..	..	..	..
75 Sri Lanka	558	7,9	38,3	49,3	60	11,0	17,2	1,1	5,1	102	-611
76 Jamahiriya arabe libyenne	11	0,0	..	..	..	..	..	9,0	-2,2	47	-2,222
77 Equateur	162	1,5	6,6	1,4	94	8,6	21,1	2,1	..	50	-657
78 Pérou	300	1,2	5,9	..	50	11,6	8,1	2,9	..	80	-1,285
79 Saint Vincent	17	13,1	0,0	..	..	..	..	..	..	..	..
80 Rép. dominicaine	141	3,0	6,8	5,0	75	4,5	13,4	1,4	7,0	76	-218
81 Samoa	27	27,0	6,5	..	72	..	10,6	..	..	..	..
82 Chine	2 227	0,6	16,8	0,6	9	..	6,9	5,0	0,0	84	-3 802
83 Jordanie	280	6,3	10,4	10,6	94	3,6	31,9	1,2	18,4	102	-281
84 Philippines	831	2,2	24,0	12,8	60	7,5	25,6	2,2	1,0	110	-694
85 Nicaragua	227	7,1	6,2	..	..	10,6	..	..	..	84	..
86 Oman	16	0,2	..	..	35	..	..	6,6	-9,6	..	844
87 Mongolie	4	..	0,0	..	..	..	..	..	..	..	..
88 Liban	132	7,8	11,3	..	..	..	..	..	..	..	..
89 Guyane	44	13,5	0,0	..	302	..	18,2	..	..	..	..
90 Tunisie	247	2,6	2,1	1,0	62	19,7	24,2	2,5	5,6	77	93
91 Iraq	5	..	0,0	..	..	..	..	..	..	..	..
92 Iran, rép. islamique d'	89	..	0,0	..	..	..	..	..	..	..	..
93 Maldives	28	35,0	25,9	..	68	..	8,1	..	..	..	..
94 El Salvador	446	9,3	48,9	26,3	30	3,6	16,6	3,0	..	86	-242
95 Botswana	162	8,4	68,7	..	38	1,0	4,0	17,7	..	..	309
96 Iles Salomon	48	36,9	..	..	77	..	5,3	..	..	..	..
97 Gabon	134	4,2	8,5	3,2	66	5,7	6,2	0,4	-4,7	54	-627

	APD totale reçue en millions $ EU 1989	APD totale reçue en % du PNB 1989	APD pour investissement social en % de l'APD totale 1988	APD pour enseignement et santé en % des dépenses publiques d'enseignement et santé 1988	Dette totale (en % du PNB) 1988	Services de la dette en % des export. de biens et de services 1970	Services de la dette en % des export. de biens et de services 1988	Réserves internat. brutes en mois de couverture des exportations 1988	Envois de fonds des travailleurs à l'étranger en % du PNB 1988	Indice des termes de l'échange (1980 =100) 1988	Solde des transactions courantes (millions $ EU) 1988
Développement humain faible	25 080 T	3,6	13,0	5,8	48	11,3	28,4	2,5	1,8	83	-34 010 T
(idem à l'exclusion de l'Inde)	23 210 T	5,5	13,5	8,8	68	9,0	29,7	2,2	2,3	74	-26 790 T
98 Indonésie	1 830	2,4	35,3	21,1	56	7,0	34,1	3,3	0,1	70	-1 500
99 Viet Nam	138	..	1,8	..	..	..	..	..	..	..	-1 099
100 Honduras	256	6,2	28,5	14,4	66	2,8	25,5	0,5	..	102	-431
101 Vanuatu	39	32,5	2,6	..	19	..	3,0	..	..	..	..
102 Algérie	153	0,3	0,0	0,0	47	4,0	77,0	4,0	0,5	41	-2 040
103 Guatemala	256	3,4	18,5	5,8	27	7,4	26,5	2,6	0,0	87	-506
104 Swaziland	29	5,0	..	..	45	..	..	..	..	..	..
105 Namibie	44	2,9	0,0	..	..	..	..	..	..	..	..
106 Myanmar	220	..	3,5	..	..	..	..	2,7	..	72	-307
107 Lesotho	118	17,1	13,0	26,4	37	4,5	5,2	1,2	..	..	-130
108 Maroc	443	2,5	3,5	0,6	89	8,7	24,8	1,5	7,2	103	164
109 Cap-Vert	76	..	2,4	..	..	..	..	..	..	..	..
110 Bolivie	432	11,0	19,9	8,5	110	11,3	32,9	5,0	0,0	57	-429
111 Zimbabwe	266	4,4	15,2	5,1	37	2,3	24,8	2,2	..	83	-56
112 Sao Tomé-et-Principe	31	..	0,0	..	..	..	15,7	..	..	..	..
113 Kenya	967	11,6	20,7	13,0	51	6,0	19,4	1,3	0,0	91	-711
114 Egypte	1 578	4,7	23,9	7,6	123	38,0	13,9	1,8	10,2	62	-2 848
115 Congo	91	4,7	5,7	1,5	205	11,5	28,7	0,1	-2,4	49	7
116 Madagascar	320	15,4	4,3	0,9	193	3,7	39,0	3,7	..	95	-261
117 Papouasie-Nouvelle-Guinée	334	11,4	2,7	4,3	38	1,1	16,5	2,6	1,4	89	-380
118 Zambie	388	18,0	7,8	32,7	117	6,4	14,2	1,2	-1,0	107	-234
119 Cameroun	470	4,2	16,8	6,3	24	3,2	11,9	0,7	0,0	64	-881
120 Pakistan	1 119	3,0	9,0	10,8	37	23,8	23,5	1,5	5,4	106	-1 685
121 Ghana	543	9,7	6,3	1,5	44	5,5	19,7	2,7	0,0	78	-232
122 Côte d'Ivoire	409	4,8	2,1	1,5	93	7,1	13,0	0,1	-5,5	92	-1 335
123 Inde	1 874	0,7	6,9	1,0	19	22,2	21,8	3,8	1,0	119	-7 220
124 Zaïre	637	11,1	18,1	29,0	118	4,4	6,9	1,4	0,0	96	-888
125 Haïti	198	8,8	13,6	31,9	28	7,2	8,8	0,5	2,9	101	-183
126 Comores	43	21,5	2,0	..	81	..	23,4	..	..	..	..
127 Tanzanie, rép. unie de	918	24,3	8,5	31,0	140	5,3	17,1	0,6	..	94	-743
128 Laos, rép. dém. pop. du	141	19,9	0,0	0,0	154	..	..	0,9	..	..	-118
129 Nigeria	339	1,1	33,6	6,7	101	4,3	24,2	1,3	-0,1	40	-1 045
130 Yémen	338	..	12,4	3,5	65	..	18,6	1,5	6,6	49	-1 221
131 Togo	182	14,7	3,5	3,0	82	3,1	18,3	4,5	1,0	80	-122
132 Libéria	58	5,9	7,8	..	..	8,0	..	0,0	..	103	-163
133 Rwanda	238	11,5	5,3	3,8	26	1,5	9,6	3,2	-0,8	108	-258
134 Ouganda	397	8,9	20,7	90,6	34	2,9	14,0	0,8	..	78	-289
135 Sénégal	652	14,4	8,5	3,1	63	2,9	18,4	0,2	1,7	96	-467
136 Bangladesh	1 791	9,8	5,6	16,1	49	..	20,5	2,9	4,0	111	-1 112
137 Guinée équatoriale	42	30,0	0,0	..	146	..	22,8	..	..	..	..
138 Malawi	394	29,8	5,4	5,9	86	7,8	17,2	3,7	..	72	134
139 Burundi	198	16,5	34,4	126,2	70	2,3	25,1	2,9	..	81	-163
140 Cambodge	25	..	0,0	..	..	..	..	..	..	..	..
141 Ethiopie	702	12,2	18,1	50,7	51	11,4	37,4	1,5	..	104	-510
142 Rép. centrafricaine	189	17,5	9,6	27,1	53	5,1	5,9	3,9	2,7	94	-181
143 Soudan	760	9,4	2,6	1,8	71	10,6	9,5	0,6	3,7	86	-1 144
144 Bhoutan	40	13,3	29,3	..	28	..	..	..	..	..	-68
145 Népal	488	15,5	8,3	14,2	35	3,2	8,5	4,5	0,0	93	-251
146 Mozambique	759	49,0	7,8	..	376	..	7,8	..	..	..	-733
147 Angola	140	..	5,1	..	..	..	..	..	..	..	367
148 Mauritanie	195	21,4	13,0	26,4	196	3,4	21,6	1,4	-2,9	104	-179
149 Somalie	440	45,4	11,6	61,5	185	2,1	4,9	0,6	..	91	-349
150 Bénin	247	16,1	20,5	1,5	49	2,5	5,4	0,2	5,7	94	-177
151 Guinée-Bissau	102	..	17,3	..	..	..	31,1	..	..	..	..
152 Tchad	239	28,1	10,6	113,1	33	4,2	2,7	1,7	0,0	..	-252
153 Djibouti	79	..	7,4	..	..	..	7,0	..	..	..	..
154 Burkina Faso	284	14,5	3,0	6,2	43	7,1	11,9	4,6	11,0	69	-310
155 Niger	296	13,5	9,2	11,4	55	4,0	21,1	4,7	-2,1	83	-248
156 Mali	470	26,1	13,8	19,0	101	1,4	14,2	0,7	2,7	88	-350
157 Afghanistan	95	..	7,1	..	..	..	..	9,1	..	..	-243
158 Guinée	346	15,0	5,0	1,1	95	..	21,9	..	..	..	-279
159 Gambie	94	52,2	15,9	..	162	..	17,2	..	..	..	..
160 Sierra Leone	99	10,6	8,8	0,0	..	10,8	5,9	0,4	0,0	94	-86
Tous les pays en développement	34 120T	1,3	15,2	3,2	36	13,3	21,0	3,5	0,5	88	-29 210 T
Pays les moins avancés (PMA)	11 510T	14,2	10,3	20,3	70	4,5	15,1	3,0	3,5	88	-9 830 T
Afrique subsaharienne	12 900T	9,2	12,8	12,9	82	4,7	17,3	1,7	-0,3	74	-10 570 T
Pays industrialisés	..	..	..	..	..	..	..	..	..	110	-15 520 T
Monde	..	..	..	..	..	..	..	..	..	106	-44 730 T

Note: Les données relatives aux pays industrialisés concernant les indicateurs ci dessus figurent au tableau 39.

19 Déséquilibre des dépenses militaires et de l'emploi des ressources

	Dépenses militaires en % du PNB 1960	Dépenses militaires en % du PNB 1986	Taux des dépenses militaires par rapport aux dépenses de santé et d'enseignement 1986	Rapport de l'APD reçue aux dépenses militaires 1989/86	Importations d'armes (millions $ EU) 1987	Rapport de l'APD pour investissement social aux importations d'armes 1987	Forces armées Pour 1 000 habitants 1986	Forces armées En % des enseignants 1986
Développement humain élevé	1,9	2,9	57	..	1 240T	..	5,2	86
22 Barbades	..	..	..	..	..	..	..	..
25 Hong-Kong	..	..	..	..	..	..	..	..
26 Chypre	..	..	..	..	..	..	..	..
28 Bahamas	..	..	..	..	..	..	..	..
32 Uruguay	2,5	1,6	17	0,32	0	..	10,3	107
35 Corée, Rép. de	6,0	5,2	153	0,00	550	..	14,0	272
37 Singapour	0,4	5,5	87	0,07	180	0,00	20,6	295
38 Chili	2,8	3,6	59	0,09	30	..	7,7	108
39 Trinité et Tobago	..	1,0	11	0,14	0	..	1,6	18
40 Costa Rica	1,2	0,0	0	..	0	..	0,0	0
42 Brunéi Darussalam	..	..	..	..	..	..	..	..
43 Argentine	2,1	1,5	31	0,17	30	..	2,3	50
44 Venezuela	2,5	1,6	25	0,02	0	..	2,5	28
45 Mexique	0,7	0,6	13	0,11	240	0,02	1,6	17
46 Antigua et Barbuda	..	..	..	..	..	..	..	..
47 Maurice	0,2	0,2	4	15,08	0	..	0,0	10
48 Koweït	..	5,8	74	0,00	150	..	5,9	44
50 Qatar	..	..	..	..	..	..	..	..
51 Bahreïn	..	..	..	..	..	..	..	..
52 Malaisie	1,9	6,1	63	0,07	60	..	6,1	90
53 Dominique	..	..	..	..	..	..	..	..
Développement humain moyen	6,9	5,7	105	0,10	19 220T	0,10	4,6	66
(idem à l'exclusion de l'Inde)	2,6	5,6	94	0,10	18 840T	0,08	8,2	91
54 Panama	0,1	2,0	18	0,15	5	0,15	5,0	50
55 Suriname	..	..	..	..	..	..	..	..
56 Emirats arabes unis	..	8,8	275	0,00	260	..	27,1	358
57 Afrique du Sud	0,9	3,9	75	..	0	..	3,0	32
59 Jamaïque	..	1,5	18	6,59	5	17,91	0,8	20
60 Brésil	1,8	0,9	16	0,06	100	..	1,9	24
61 Colombie	1,2	1,0	28	0,17	10	0,30	2,0	34
62 Cuba	5,1	7,4	79	0,02	1 800	0,00	15,3	106
63 Seychelles	..	..	..	..	..	..	..	..
64 Grenades	..	..	..	..	..	..	..	..
65 Saint-Kitts-et-Nevis	..	..	..	..	..	..	..	..
66 Thaïlande	2,6	4,0	95	0,32	350	0,61	4,6	51
67 Bélize	..	..	..	..	..	..	..	..
68 Sainte-Lucie	..	..	..	..	..	..	..	..
69 Arabie saoudite	5,7	22,7	155	0,00	3 800	..	4,8	46
70 Turquie	5,2	4,9	148	0,04	925	0,07	11,7	271
71 Fidji	..	..	..	..	..	..	..	..
72 Rép. arabe syrienne	7,9	14,7	445	0,05	1 900	0,01	31,3	320
73 Paraguay	1,7	1,0	56	1,90	0	..	3,7	49
74 Corée, Rép. pop. dém. de	11,0	10,0	..	0,02	420	0,00	38,6	..
75 Sri Lanka	1,0	5,7	139	1,39	40	5,35	1,3	12
76 Jamahiriya arabe libyenne	1,2	12,0	92	0,00	625	..	15,8	104
77 Equateur	2,4	1,6	30	0,93	70	0,15	4,0	46
78 Pérou	2,0	6,5	217	0,18	430	0,04	5,9	86
79 Saint-Vincent	..	..	..	..	..	..	..	..
80 Rép. dominicaine	5,0	1,4	47	2,15	5	1,91	2,9	58
81 Samoa	..	..	..	..	..	..	..	..
82 Chine	12,0	6,0	146	0,10	380	0,98	2,6	51
83 Jordanie	16,7	13,8	150	0,46	320	0,09	17,5	245
84 Philippines	1,2	1,7	55	1,30	40	4,99	1,8	30
85 Nicaragua	1,9	16,0	126	0,44	500	0,03	18,6	326
86 Oman	..	27,6	363	0,01	30	..	14,6	275
87 Mongolie	4,2	10,5	..	..	0	..	11,9	225
88 Liban	..	..	..	..	5	3,00	5,6	43
89 Guyane	..	..	..	..	..	..	..	..
90 Tunisie	2,2	6,2	82	0,41	50	0,11	4,5	55
91 Iraq	8,7	32,0	711	..	5 600	0,00	44,7	428
92 Iran, rép. islamique d'	4,5	20,0	333	..	1 500	0,00	12,9	112
93 Maldives	..	..	..	..	..	..	..	..
94 El Salvador	1,1	3,7	137	2,52	50	4,36	8,2	183
95 Botswana	..	2,3	18	3,63	0	..	2,3	38
96 Iles Salomon	..	..	..	..	..	..	..	..
97 Gabon	..	3,8	56	1,10	0	..	2,6	83

	Dépenses militaires en % du PNB 1960	Dépenses militaires en % du PNB 1986	Taux des dépenses militaires par rapport aux dépenses de santé et d'enseignement 1986	Rapport de l'APD reçue aux dépenses militaires 1989/86	Importations d'armes (millions $ EU) 1987	Rapport de l'APD pour investissement social aux importations d'armes 1987	Forces armées: Pour 1 000 habitants 1986	Forces armées: En % des enseignants 1986
Développement humain faible	2,2	3,5	79	1,00	13 770T	0,21	2,6	70
(idem à l'exclusion de l'Inde)	2,5	3,5	78	1,55	10 570T	0,26	3,4	100
98 Indonésie	5,8	2,5	83	0,96	250	2,58	1,5	17
99 Viet Nam	..	..	..	..	1 900	0,00	17,3	309
100 Honduras	1,2	5,9	78	1,06	60	1,22	3,7	74
101 Vanuatu	..	..	..	..	..	..	..	..
102 Algérie	2,1	1,9	23	0,14	700	0,00	6,8	71
103 Guatemala	0,9	1,3	52	2,58	5	9,49	3,5	114
104 Swaziland	..	..	..	..	..	..	..	..
105 Namibie	..	..	..	..	..	..	0,0	..
106 Myanmar	7,0	3,1	103	..	10	0,78	4,5	118
107 Lesotho	..	2,4	44	7,13	0	..	0,0	29
108 Maroc	2,0	5,1	86	0,49	130	0,12	6,8	102
109 Cap-Vert	..	..	..	..	..	..	..	..
110 Bolivie	2,0	2,4	73	4,58	0	..	3,8	50
111 Zimbabwe	..	5,0	44	0,88	80	0,50	4,3	59
112 Sao Tomé-et-Principe	..	..	..	..	..	..	..	..
113 Kenya	0,5	1,2	15	9,70	10	19,99	0,6	10
114 Egypte	5,5	8,9	135	0,53	1 500	0,25	8,5	168
115 Congo	0,3	4,6	66	1,01	5	1,03	4,0	75
116 Madagascar	0,3	2,4	45	6,41	30	0,46	1,7	37
117 Papouasie-Nouvelle-Guinée	..	1,4	18	8,17	0	..	0,8	23
118 Zambie	1,1	3,2	94	5,61	0	..	1,9	47
119 Cameroun	1,7	1,7	45	2,45	5	15,78	0,6	18
120 Pakistan	5,5	6,7	279	0,45	150	0,67	3,9	154
121 Ghana	1,1	0,9	19	10,75	10	3,44	0,7	14
122 Côte d'Ivoire	0,5	1,2	20	3,97	0	..	1,1	13
123 Inde	1,9	3,5	81	0,20	3 200	0,04	1,5	28
124 Zaïre	..	3,0	250	3,70	30	3,84	1,4	17
125 Haïti	2,4	1,5	71	5,89	0	..	1,1	27
126 Comores	..	..	..	..	..	..	..	..
127 Tanzanie, rép. unie de	0,1	3,3	114	7,36	110	0,71	1,5	42
128 Laos, rép. dém. pop. du	5,8	..	..	..	110	0,00	..	225
129 Nigeria	0,2	1,0	63	1,07	60	1,90	0,9	30
130 Yémen	..	9,1	132	..	690	..	5,6	188
131 Togo	..	3,2	39	4,59	0	..	1,4	36
132 Libéria	1,1	2,2	35	2,66	10	0,45	2,7	55
133 Rwanda	..	1,9	50	6,07	0	..	0,7	33
134 Ouganda	0,0	4,2	247	2,11	40	2,05	0,0	30
135 Sénégal	0,5	2,3	40	6,27	5	11,06	1,4	59
136 Bangladesh	..	1,5	79	6,52	10	10,03	0,8	26
137 Guinée équatoriale	..	..	..	..	..	..	..	..
138 Malawi	..	2,3	45	12,98	0	..	0,6	31
139 Burundi	..	3,5	100	4,71	20	3,41	1,3	71
140 Cambodge	..	..	..	..	350	0,00	..	111
141 Ethiopie	1,6	8,6	172	1,42	1 000	0,13	4,6	494
142 Rép. centrafricaine	..	1,7	26	10,29	0	..	0,7	50
143 Soudan	1,5	5,9	140	1,60	50	0,40	2,3	88
144 Bhoutan	..	..	..	..	..	..	..	..
145 Népal	0,4	1,5	50	10,33	0	..	1,6	40
146 Mozambique	..	7,0	..	7,00	120	0,49	1,0	73
147 Angola	..	12,0	273	..	1 600	0,00	5,0	165
148 Mauritanie	..	4,9	62	4,37	0	..	4,0	200
149 Somalie	..	4,4	71	10,31	20	2,56	5,7	525
150 Bénin	1,1	2,3	53	7,02	0	..	0,9	19
151 Guinée-Bissau	..	..	..	..	..	..	..	..
152 Tchad	..	6,0	231	4,69	100	0,25	2,5	233
153 Djibouti	..	..	..	..	..	..	..	..
154 Burkina Faso	0,6	3,0	91	4,83	0	..	0,4	57
155 Niger	0,3	0,7	15	19,31	10	2,71	0,3	22
156 Mali	1,7	2,5	71	10,44	40	1,62	0,5	38
157 Afghanistan	..	..	..	..	1 300	0,01	3,0	209
158 Guinée	1,3	3,0	75	5,01	50	0,34	1,7	77
159 Gambie	..	..	..	..	..	..	..	..
160 Sierra Leone	..	1,2	32	8,87	0	..	0,7	20
Tous les pays en développement	4,2	5,5	109	0,29	34 240T	0,15	3,6	68
Pays les moins avancés (PMA)	2,1	3,8	96	3,82	3 680T	0,23	2,0	121
Afrique subsaharienne	0,7	3,3	70	3,80	3 360T	0,38	1,7	90
Pays industrialisés	6,3	5,4	38	..	..	..	8,8	105
Monde	6,0	5,4	..	..	..	..	4,8	77

Note: Les données relatives aux pays industrialisés concernant les indicateurs ci-dessus figurent au tableau 40.

20 Population et surpopulation urbaines

	Population urbaine (% de la pop. totale)			Taux annuel d'accroissement de la population urbaine (%)		Nombre de personnes par pièce habitable	Maisons sans électricité (%)	Population des grandes villes (%)	Ville principale à densité de population la plus forte	
	1960	1990	2000	1960-90	1990-2000	1979-82	1970-80	1980	Ville	Habitants km² 1980-87
Développement humain élevé	52	75	80	3,6	2,2	..	41	40	..	..
22 Barbades	36	45	51	1,1	1,7	..	41	..	..	..
25 Hong-Kong	89	94	96	2,4	1,0	..	..	100	Hong-Kong	5 048
26 Chypre	36	53	60	2,0	2,1	..	..	..	..	..
28 Bahamas	..	..	..	..	..	..	..	..	..	..
32 Uruguay	80	86	87	0,9	0,8	2,1	19	52	Montevideo	6 952
35 Corée, Rép. de	28	72	81	5,1	2,1	2,3	50	41	Seoul	15 932
37 Singapour	100	100	100	1,7	1,0	..	..	100	Singapour	4 160
38 Chili	68	86	89	2,6	1,8	1,4	25	44	Santiago	9 878
39 Trinité et Tobago	23	69	75	5,3	2,3	..	16	..	..	..
40 Costa Rica	37	47	53	3,9	3,2	1,5	30	64	..	..
42 Brunéi Darussalam	..	..	..	..	..	..	36	..	..	..
43 Argentine	74	86	89	2,0	1,4	..	..	45	Buenos Aires	14 615
44 Venezuela	67	91	94	4,3	2,6	..	23	26	..	..
45 Mexique	51	73	77	4,1	2,6	2,5	41	32	Guadalajara	10 286
46 Antigua et Barbuda	..	31	..	..	..	..	..	..	..	..
47 Maurice	33	41	42	2,3	1,3	1,6	30	..	Port Louis	3 795
48 Koweït	72	96	97	7,9	2,8	..	..	30	..	..
50 Qatar	73	89	91	8,0	3,3	..	..	..	..	..
51 Bahreïn	83	83	85	4,1	3,1	..	6	..	..	..
52 Malaisie	25	43	51	4,5	3,9	2,6	57	27	Kuala Lumpur	3 772
53 Dominique	..	41	..	..	..	..	..	..	..	..
Développement humain moyen	25	42	54	4,0	4,0	1,6	64	15	..	..
(idem à l'exclusion de la Chine)	36	58	65	4,2	3,1	..	..	26	..	..
54 Panama	41	53	59	3,4	2,8	1,8	35	66	Panama	3 890
55 Suriname	47	47	54	1,3	3,0	..	..	..	..	..
56 Emirats arabes unis	40	78	78	12,5	2,1	..	..	..	..	..
57 Afrique du Sud	47	60	66	3,2	3,2	..	..	13	..	..
59 Jamaïque	34	52	59	2,9	2,2	..	..	66	..	..
60 Brésil	45	75	81	4,2	2,5	1,0	..	15	Recife	6 232
61 Colombie	48	70	75	3,7	2,5	1,8	42	26	Medellin	3 106
62 Cuba	55	75	80	2,5	1,5	1,0	17	..	Havana	2 749
63 Seychelles	..	..	..	..	..	..	57	..	..	..
64 Grenades	..	..	..	..	..	..	..	..	..	..
65 Saint-Kitts-et-Nevis	..	41	..	..	..	..	..	..	..	..
66 Thaïlande	13	23	29	4,6	4,0	..	76	69	Bangkok	3 486
67 Bélize	..	50	..	..	..	..	50	..	..	..
68 Sainte-Lucie	..	..	..	..	..	..	64	..	..	..
69 Arabie saoudite	30	77	82	7,6	4,5	..	..	18	..	..
70 Turquie	30	61	74	4,9	3,7	..	59	24	Ankara	3 438
71 Fidji	30	39	43	3,2	2,3	..	..	..	..	..
72 Rép. arabe syrienne	37	50	56	4,5	4,6	..	..	33	..	..
73 Paraguay	36	48	54	4,0	4,0	2,4	83	44	..	..
74 Corée, Rép. pop. dém. de	40	60	63	3,7	2,4	..	..	..	..	..
75 Sri Lanka	18	21	24	2,5	2,5	2,1	85	16	..	..
76 Jamahiriya arabe libyenne	23	70	76	8,1	4,5	1,8	28	64	..	..
77 Equateur	34	56	64	4,6	3,7	2,3	59	29	..	..
78 Pérou	46	70	75	4,1	2,7	..	68	39	Lima	1 379
79 Saint-Vincent	..	27	..	..	..	..	..	..	..	..
80 Rép. dominicaine	30	60	68	5,1	3,1	2,0	62	54	..	..
81 Samoa	..	21	..	..	..	..	..	..	..	..
82 Chine	19	33	47	3,8	4,9	..	..	6	Beijing	4 039
83 Jordanie	43	68	74	4,5	4,2	..	..	37	Amman	11 104
84 Philippines	30	43	49	3,9	3,6	2,3	76	30	Manila	45 839
85 Nicaragua	40	60	66	4,7	4,1	..	59	47	..	..
86 Oman	4	11	15	7,5	7,5	..	..	..	..	..
87 Mongolie	36	52	55	4,1	3,2	..	53	..	..	..
88 Liban	40	84	87	3,8	2,5	..	..	..	..	..
89 Guyane	29	35	42	1,7	3,1	..	..	..	..	..
90 Tunisie	36	54	59	3,6	2,7	3,1	66	30	..	..
91 Iraq	43	71	75	5,2	3,9	..	..	55	Baghdad	5 384
92 Iran, rép. islamique d'	34	57	63	5,0	3,5	2,0	..	28	Mashhad	21 132
93 Maldives	..	30	..	..	..	..	..	..	..	..
94 El Salvador	38	44	50	2,9	3,6	3,2	66	22	..	..
95 Botswana	2	28	42	13,5	7,9	..	..	..	..	..
96 Iles Salomon	..	9	..	..	..	..	..	..	..	..
97 Gabon	18	46	54	6,3	4,9	..	..	..	..	..

	Population urbaine (% de la pop. totale) 1960	1990	2000	Taux annuel d'accroissement de la population urbaine (%) 1960-90	1990-2000	Nombre de personnes par pièce habitable 1979-82	Maisons sans électricité (%) 1970-80	Population des grandes villes (%) 1980	Ville principale à densité de population la plus forte: Ville	Habitants km² 1980-87
Développement humain faible	16	28	34	4,2	4,5	2,7	77	20	..	..
(idem à l'exclusion de l'Inde)	15	29	36	4,7	4,9	..	..	29	..	..
98 Indonésie	15	31	40	4,7	4,4	1,5	86	23	..	..
99 Viet Nam	15	22	27	3,6	4,3	..	..	21	..	..
100 Honduras	23	44	52	5,6	4,7	..	75	33	..	..
101 Vanuatu	..	21	..	..	..	..	..	..	..	..
102 Algérie	30	52	60	4,7	4,3	2,8	..	12	Algiers	7 930
103 Guatemala	32	40	44	3,5	4,0	2,2	72	36	..	..
104 Swaziland	4	33	45	10,5	6,7	..	..	..	..	..
105 Namibie	15	28	34	4,8	5,4	..	..	..	..	..
106 Myanmar	19	25	28	3,0	3,5	..	..	23	..	..
107 Lesotho	3	20	28	8,6	6,3	..	..	..	..	..
108 Maroc	29	48	55	4,3	3,8	2,4	..	26	Casablanca	12 133
109 Cap-Vert	16	29	36	4,1	5,6	..	..	..	..	..
110 Bolivie	39	51	58	3,5	4,2	..	66	44	Cochabamba	6 558
111 Zimbabwe	13	28	35	5,9	5,4	..	..	50	..	..
112 Sao Tomé-et-Principe	..	33	..	..	..	..	..	..	..	..
113 Kenya	7	24	32	7,7	7,0	..	..	57	Nairobi	1 587
114 Egypte	38	47	54	3,1	3,6	..	54	39	Cairo	29 393
115 Congo	32	41	47	3,6	4,9	..	..	56	..	..
116 Madagascar	11	24	31	5,6	6,0	..	..	36	..	..
117 Papouasie-Nouvelle-Guinée	3	16	20	8,6	4,8	..	..	25	..	..
118 Zambie	17	50	59	7,1	5,5	2,6	..	35	..	..
119 Cameroun	14	41	51	6,5	5,7	1,2	94	21	..	..
120 Pakistan	22	32	38	4,3	4,6	3,6	69	21	Karachi	3 990
121 Ghana	23	33	38	3,9	4,6	..	..	35	..	..
122 Côte d'Ivoire	19	40	47	6,5	5,5	..	..	34	Abidjan	3 030
123 Inde	18	27	32	3,6	3,9	2,8	..	6	Calcutta	88 135
124 Zaïre	22	40	46	4,8	5,0	..	..	28	..	..
125 Haïti	16	28	35	3,8	4,1	..	96	56	Port-au-Prince	6 985
126 Comores	10	28	34	6,8	5,8	..	..	..	..	..
127 Tanzanie, rép. unie de	5	33	47	10,3	7,5	..	..	50	..	..
128 Laos, rép. dém. pop. du	8	19	259	5,1	5,9	..	..	48	..	..
129 Nigeria	14	35	43	6,3	5,4	..	..	17	..	..
130 Yémen	9	29	37	5,8	6,2	..	..	33	..	..
131 Togo	10	26	33	6,2	6,0	..	..	60	..	..
132 Libéria	19	46	57	6,2	5,5	..	..	..	..	..
133 Rwanda	2	8	11	7,4	7,6	..	..	..	..	..
134 Ouganda	5	10	14	6,1	6,6	..	..	52	..	..
135 Sénégal	32	38	45	3,5	4,4	..	..	65	..	..
136 Bangladesh	5	16	23	6,8	6,2	2,9	..	30	Dhaka	9 930
137 Guinée équatoriale	25	29	33	1,5	4,0	..	..	..	..	..
138 Malawi	4	12	16	6,5	6,5	..	..	19		..
139 Burundi	2	6	7	5,5	6,1	..	..	..	..	..
140 Cambodge	10	12	15	1,8	4,3	..	..	..	..	..
141 Ethiopie	6	13	17	4,8	5,8	..	..	37	..	..
142 Rép. centrafricaine	23	47	55	4,8	4,6		..	36	..	..
143 Soudan	10	22	27	5,4	4,8	..	..	31	..	..
144 Bhoutan	3	5	8	4,4	6,3	..	..	..	..	..
145 Népal	3	10	14	6,3	6,5	..	..	27	..	..
146 Mozambique	4	27	41	9,5	7,2	..	..	83	..	..
147 Angola	10	28	36	5,9	5,4	..	..	64	..	..
148 Mauritanie	6	47	59	9,8	5,3	..	..	39	..	..
149 Somalie	17	36	44	5,8	4,7	..	..	34	..	..
150 Bénin	9	38	45	7,4	5,0	..	..	63	..	..
151 Guinée-Bissau	14	20	25	3,2	4,7	..	..	..	..	..
152 Tchad	7	30	39	7,1	5,4	..	..	39	..	..
153 Djibouti	50	81	84	7,3	3,5	..	..	..	..	..
154 Burkina Faso	5	9	12	4,6	6,3	..	..	41	..	..
155 Niger	6	20	27	7,4	6,7	..	..	31	..	..
156 Mali	11	19	23	4,4	5,2	..	..	24	..	..
157 Afghanistan	8	18	22	4,3	6,9	..	66	..	..	..
158 Guinée	10	26	33	5,3	5,8	..	..	80	Conakry	6 912
159 Gambie	13	23	30	5,2	5,3	..	..	..	..	..
160 Sierra Leone	13	32	40	5,2	5,1	..	..	47	..	..
Tous les pays en développement	22	37	45	4,0	4,0	2,4	65	20	..	..
Pays les moins avancés (PMA)	8	20	26	5,3	5,8	..	..	38	..	..
Afrique subsaharienne	15	31	38	5,2	5,3	..	..	32	..	..
Pays industrialisés	61	73	75	1,4	0,8	0,8	..	..	..	..
Monde	34	45	60	2,9	2,8	1,9	..	..	..	..

Note: Les données relatives aux pays industrialisés concernant les indicateurs ci-dessus figurent au tableau 41.

21 Bilan démographique

		Population (estim. en millions)			Taux annuel de croissance démographique (%)		Stabilisation de la population		Taux de fécondité	Taux brut de mortalité	Coeff. de dépendance	Densité de la population (pour 1 000 hectares)
		1960	1990	2000	1960-90	1990-2000	Nombre (millions)	Année de stabilisation	1990	1990	1990	1990
	Développement humain élevé	120T	240T	280T	2,2	1,6	430T	2011	2,9	6,2	62	327
22	Barbades	0,2	0,3	0,3	0,3	0,4	0	..	1,8	9,1	55	..
25	Hong-Kong	3,1	5,9	6,3	2,2	0,8	6	2030	1,4	5,8	45	..
26	Chypre	0,6	0,7	0,8	0,7	0,8	1	..	2,3	8,0	56	..
28	Bahamas	..	0,2	..	..	..	0	..	..	..	..	..
32	Uruguay	2,5	3,1	3,3	0,7	0,6	4	1995	2,4	10,2	60	180
35	Corée, Rép. de	25,0	42,8	46,4	1,8	0,8	56	2030	1,7	6,1	45	4 439
37	Singapour	1,6	2,7	3,0	1,7	1,0	4	2030	1,8	5,4	40	47 402
38	Chili	7,6	13,2	15,3	1,8	1,5	23	2000	2,7	6,4	58	176
39	Trinité et Tobago	0,8	1,3	1,5	1,4	1,5	2	2005	2,8	6,1	60	2 501
40	Costa Rica	1,2	3,0	3,7	3,0	2,1	6	2005	3,1	4,0	68	595
42	Brunéi Darussalam	..	0,2	..	..	..	..	..	..	..	..	..
43	Argentine	20,6	32,3	36,2	1,5	1,2	53	2005	2,9	8,6	64	118
44	Venezuela	7,5	19,7	24,7	3,3	2,3	45	2010	3,6	5,4	72	224
45	Mexique	38,0	88,6	107,2	2,9	1,9	184	2005	3,3	5,6	70	461
46	Antigua et Barbuda	..	0,1	..	..	..	..	..	..	5,0	..	..
47	Maurice	0,7	1,1	1,2	1,7	1,0	2	2030	1,9	6,3	48	5 963
48	Koweït	0,3	2,0	2,6	6,9	2,6	5	2010	3,7	2,4	67	1 173
50	Qatar	0,0	0,4	0,5	7,3	3,1	1	..	5,5	4,4	58	..
51	Bahreïn	0,2	0,5	0,7	4,1	2,8	1	..	3,9	3,7	53	..
52	Malaisie	8,1	17,9	22,0	2,7	2,1	40	2010	3,8	5,3	67	528
53	Dominique	..	0,1	..	..	..	0	..	..	5,0	..	..
	Développement humain moyen	970 T	1 790 T	2 090 T	2,0	1,6	3 380 T	2004	2,9	6,9	56	534
	(idem à l'exclusion de la Chine)	290 T	630 T	770 T	2,6	2,0	1 510 T	2013	3,8	7,3	72	263
54	Panama	1,1	2,4	2,9	2,5	1,8	5	2000	3,0	5,2	66	318
55	Suriname	0,3	0,4	0,5	1,3	1,6	1	..	2,8	5,9	64	..
56	Emirats arabes unis	0,1	1,6	2,0	10,0	2,1	3	2020	4,6	3,9	49	190
57	Afrique du Sud	17,4	35,3	43,7	2,4	2,2	96	2020	4,3	9,3	70	289
59	Jamaïque	1,6	2,5	2,7	1,4	1,1	4	1995	2,5	6,4	68	2 328
60	Brésil	72,6	150,4	179,5	2,5	1,8	303	2005	3,3	7,7	66	178
61	Colombie	15,9	33,0	39,4	2,5	1,8	63	2000	3,0	6,0	67	306
62	Cuba	7,0	10,6	11,5	1,4	0,8	..	..	1,9	6,6	43	931
63	Seychelles	..	0,1	..	..	..	..	..	3,4	8,0	..	..
64	Grenades	..	0,1	..	..	..	0	..	..	7,0	..	..
65	Saint-Kitts-et-Nevis	..	0,0	..	..	..	..	..	3,6	11,0	..	..
66	Thaïlande	26,4	55,7	63,7	2,5	1,3	103	1995	2,4	6,8	58	1 088
67	Bélize	..	0,2	..	..	..	..	..	5,8	5,0	..	..
68	Sainte-Lucie	..	0,1	..	..	..	..	..	4,2	7,0	..	..
69	Arabie saoudite	4,1	14,1	20,7	4,2	3,9	..	..	7,1	7,0	92	66
70	Turquie	27,5	55,9	66,8	2,4	1,8	120	2010	3,5	8,0	63	722
71	Fidji	0,4	0,8	0,9	2,2	1,5	2	..	3,0	6,8	68	..
72	Rép. arabe syrienne	4,6	12,5	17,8	3,4	3,6	74	2040	6,5	6,4	103	679
73	Paraguay	1,8	4,3	5,5	3,0	2,6	13	2025	4,5	6,5	78	108
74	Corée, Rép. pop. dém. de	10,8	21,8	26,1	2,4	1,8	..	..	2,5	5,4	69	1 905
75	Sri Lanka	9,9	17,2	19,4	1,9	1,2	28	1995	2,6	5,9	61	2 658
76	Jamahiriya arabe libyenne	1,3	4,5	6,5	4,1	3,6	35	2050	6,8	8,8	93	26
77	Equateur	4,4	10,6	13,3	3,0	2,3	26	2015	4,1	7,2	80	389
78	Pérou	9,9	21,6	26,3	2,6	2,0	49	2010	3,8	8,3	75	174
79	Saint-Vincent	..	0,1	..	..	..	..	..	..	7,0	..	..
80	Rép. dominicaine	3,2	7,2	8,6	2,7	1,9	15	2010	3,5	6,5	70	1 482
81	Samoa	..	0,2	..	1,2	..	0	..	..	7,0	..	..
82	Chine	657,5	1 139,1	1 299,2	1,8	1,3	1 835	2000	2,4	6,6	47	1 218
83	Jordanie	1,7	4,0	5,6	2,9	3,3	22	2035	5,8	5,9	101	439
84	Philippines	27,6	62,4	77,5	2,8	2,2	139	2010	4,1	7,4	77	2 093
85	Nicaragua	1,5	3,9	5,3	3,2	3,1	14	2025	5,3	7,3	94	326
86	Oman	0,5	1,5	2,2	3,7	3,8	11	2045	7,1	6,8	94	69
87	Mongolie	1,0	2,2	2,8	2,8	2,7	..	..	4,9	8,3	82	14
88	Liban	1,9	2,7	3,3	1,3	2,1	..	..	3,6	8,2	68	2 899
89	Guyane	0,6	0,8	0,9	1,1	1,1	2	..	2,6	7,5	63	..
90	Tunisie	4,2	8,2	9,9	2,2	2,0	19	2010	3,7	6,8	72	526
91	Iraq	6,8	18,9	26,3	3,4	3,4	90	2035	6,2	7,3	97	436
92	Iran, rép. islamique d'	21,6	54,6	68,8	3,1	2,3	247	2040	5,0	7,2	89	346
93	Maldives	..	0,2	..	3,2	..	..	..	7,0	8,0	..	..
94	El Salvador	2,6	5,3	6,7	2,4	2,5	16	2025	4,7	7,7	94	2 535
95	Botswana	0,5	1,3	1,8	3,4	3,4	4	2015	6,7	10,5	108	23
96	Iles Salomon	..	0,3	..	3,3	..	..	..	..	13,0	..	..
97	Gabon	0,5	1,2	1,6	3,0	3,2	7	2045	5,2	16,4	61	45

	Population (estim. en millions) 1960	1990	2000	Taux annuel de croissance démographique (%) 1960-90	1990-2000	Stabilisation de la population: Nombre (millions)	Année de stabilisation	Taux de fécondité 1990	Taux brut de mortalité 1990	Coeff. de dépendance 1990	Densité de la population (pour 1 000 hectares) 1990
Développement humain faible	1 000 T	2 070 T	2 640 T	2,4	2,4	6 920 T	2024	5,0	12,0	80	594
(idem à l'exclusion de la Chine)	560 T	1 210 T	1 600 T	2,6	2,7	5 060 T	2030	5,5	13,0	87	381
98 Indonésie	96,2	184,3	218,7	2,2	1,7	370	2005	3,3	8,9	64	996
99 Viet Nam	34,7	66,7	82,4	2,2	2,1	160	2010	3,9	8,9	77	2 065
100 Honduras	1,9	5,1	6,8	3,3	2,9	18	2025	5,2	7,6	92	459
101 Vanuatu	..	0,1	..	3,1	..	..	..	..	12,0	..	..
102 Algérie	10,8	25,0	32,9	2,8	2,8	78	2020	5,1	7,7	92	106
103 Guatemala	4,0	9,2	12,2	2,8	2,9	35	2030	5,6	8,3	95	848
104 Swaziland	0,3	0,8	1,1	3,0	3,6	3	..	6,5	11,8	101	..
105 Namibie	0,8	1,8	2,4	2,6	3,2	..	..	..	5,9	11,4	..
106 Myanmar	21,7	41,7	51,1	2,2	2,1	94	2010	3,9	9,2	70	634
107 Lesotho	0,9	1,8	2,4	2,4	2,9	6	2030	5,8	11,7	88	584
108 Maroc	11,6	25,1	31,6	2,6	2,3	69	2020	4,5	9,0	79	563
109 Cap-Vert	0,2	0,4	0,5	2,1	3,4	1	..	5,4	7,5	84	..
110 Bolivie	3,4	7,3	9,7	2,6	2,9	27	2030	5,9	13,1	89	67
111 Zimbabwe	3,8	9,7	13,1	3,2	3,1	29	2015	5,6	9,6	91	251
112 Sao Tomé-et-Principe	..	0,1	..	2,4	..	..	..	..	10,0	..	..
113 Kenya	8,3	24,0	35,1	3,6	3,8	113	2035	6,9	10,5	121	441
114 Egypte	25,9	52,4	64,2	2,4	2,0	140	2020	4,3	10,0	81	543
115 Congo	1,0	2,3	3,2	2,8	3,4	17	2050	6,3	13,9	90	58
116 Madagascar	5,3	12,0	16,6	2,8	3,3	42	2030	6,5	13,3	93	206
117 Papouasie-Nouvelle-Guinée	1,9	3,9	4,8	2,4	2,3	11	2020	5,0	11,1	80	89
118 Zambie	3,1	8,5	12,3	3,4	3,8	56	2045	7,2	13,0	106	114
119 Cameroun	5,3	11,8	16,7	2,7	3,5	75	2045	6,9	14,1	90	240
120 Pakistan	50,0	122,6	162,4	3,0	2,8	556	2040	6,2	11,6	94	1 591
121 Ghana	6,8	15,0	20,6	2,7	3,2	66	2035	6,3	12,5	93	653
122 Côte d'Ivoire	3,8	12,0	17,6	3,9	3,9	94	2050	7,4	13,8	107	396
123 Inde	442,3	853,1	1 041,5	2,2	2,0	1 862	2015	4,2	10,7	69	2 870
124 Zaïre	15,3	35,6	49,2	2,8	3,3	173	2040	6,1	13,6	95	159
125 Haïti	3,8	6,5	8,0	1,8	2,1	17	2025	4,9	35,7	76	2 360
126 Comores	0,2	0,6	0,8	3,2	3,7	2	..	7,0	12,4	96	..
127 Tanzanie, rép. unie de	10,0	27,3	39,6	3,4	3,8	158	2040	7,1	13,3	106	308
128 Laos, rép. dém. pop. du	2,2	4,1	5,5	2,2	2,8	19	2035	6,7	16,0	84	176
129 Nigeria	42,3	108,5	149,6	3,2	3,3	617	2040	6,7	14,8	104	1 241
130 Yémen	5,2	11,7	16,6	2,7	3,6	97	2051	7,5	15,0	102	199
131 Togo	1,5	3,5	4,9	2,9	3,2	19	2040	6,6	13,5	94	635
132 Libéria	1,0	2,6	3,6	3,1	3,3	11	2035	6,7	14,9	96	265
133 Rwanda	2,7	7,2	10,2	3,3	3,5	70	2055	8,1	16,4	105	2 899
134 Ouganda	6,6	18,8	27,0	3,6	3,7	128	2050	7,3	14,9	104	923
135 Sénégal	3,2	7,3	9,7	2,8	2,9	48	2045	6,3	16,9	90	384
136 Bangladesh	51,4	115,6	150,6	2,7	2,7	346	2025	5,3	14,6	88	8 632
137 Guinée équatoriale	0,3	0,4	0,5	1,1	2,6	2	..	5,9	18,8	86	..
138 Malawi	3,5	8,8	12,5	3,1	3,6	79	2055	7,6	19,8	95	896
139 Burundi	2,9	5,5	7,4	2,1	3,0	33	2045	6,8	17,1	96	2 125
140 Cambodge	5,4	8,2	10,0	1,4	2,0	..	..	4,6	15,6	61	467
141 Ethiopie	24,2	49,2	66,4	2,4	3,0	471	2055	6,8	19,5	94	425
142 Rép. centrafricaine	1,5	3,0	4,1	2,3	3,0	13	2035	6,2	17,1	89	47
143 Soudan	11,2	25,2	33,6	2,8	2,9	107	2035	6,4	15,1	93	106
144 Bhoutan	0,9	1,5	1,9	1,9	2,3	5	2035	5,5	16,2	76	323
145 Népal	9,4	19,1	24,1	2,4	2,3	61	2030	5,7	13,9	83	1 399
146 Mozambique	7,5	15,7	20,5	2,5	2,7	93	2045	6,3	17,7	90	200
147 Angola	4,8	10,0	13,3	2,5	2,9	69	2050	6,4	19,4	92	80
148 Mauritanie	1,0	2,0	2,7	2,4	2,9	13	2050	6,5	18,2	91	20
149 Somalie	2,9	7,5	9,7	3,2	2,6	41	2050	6,6	19,1	101	120
150 Bénin	2,2	4,6	6,4	2,5	3,2	21	2035	7,1	18,5	101	429
151 Guinée-Bissau	0,5	1,0	1,2	1,9	2,2	4	..	5,8	22,2	84	..
152 Tchad	3,1	5,7	7,3	2,1	2,6	30	2045	5,8	18,7	87	45
153 Djibouti	0,1	0,4	0,6	5,6	3,0	..	..	6,5	17,1	93	..
154 Burkina Faso	4,5	9,0	12,1	2,4	3,0	52	2045	6,5	17,8	88	329
155 Niger	3,0	7,7	10,8	3,2	3,4	82	2060	7,1	19,6	101	56
156 Mali	4,4	9,2	12,7	2,5	3,2	63	2050	7,1	19,9	97	77
157 Afghanistan	10,8	16,6	26,5	1,4	4,8	..	..	6,8	22,6	81	256
158 Guinée	3,1	5,8	7,8	2,0	3,1	34	2050	7,0	21,2	87	280
159 Gambie	0,4	0,9	1,1	3,0	2,7	3	..	6,3	20,4	88	..
160 Sierra Leone	2,2	4,2	5,4	2,1	2,7	25	2050	6,5	22,5	91	580
Tous les pays en développement	2 070 T	4 070 T	4 980 T	2,3	2,0	10 710 T	..	3,9	9,5	69	541
Pays les moins avancés (PMA)	210 T	440 T	590 T	2,5	3,0	2 190 T	..	6,1	16,1	90	285
Afrique subsaharienne	210 T	500 T	690 T	2,8	3,2	2 960 T	..	6,5	15,1	97	245
Pays industrialisés	950 T	1 210 T	1 270 T	0,8	0,5	970 T	..	1,9	10,0	50	225
Monde	3 020 T	5 280 T	6 250 T	1,8	1,7	11 680 T	..	3,5	10,0	64	409

Note: Les données relatives aux pays industrialisés concernant les indicateurs ci-dessus figurent au tableau 42.

22 Bilan des ressources naturelles

	Superficie émergée (millions hectares)	Terre arables: En % du total 1984-86	Terre arables: Accroissement annuel (%) 1965-85	Bétail: Par Habitant 1984-86	Bétail: Accroissement annuel (%) 1975-85	Production de bois de feu: Par habitant (m^3) 1984-86	Production de bois de feu: Accroissement annuel (%) 1975-85	Déboisement annuel en % de la superficie boisée 1980-88	Ressources en eau intérieures renouvelables par hab. (1 000 m^3 /an) 1988	Indice de serre (équiv. calorifique de carbone par habitant) 1988
Développement humain élevé	700 T	49	0,28	1,19	2,1	0,23	1,7	..	..	1,6
22 Barbades	0	..	..	..	..	..	..	..	..	1,1
25 Hong-Kong	..	..	..	..	..	..	..	..	..	..
26 Chypre	1	..	..	..	..	..	..	..	..	1,3
28 Bahamas	1	..	..	..	..	..	..	..	..	..
32 Uruguay	17	87	-0,01	10,87	2,5	0,78	4,9	..	..	1,2
35 Corée, Rép. de	10	23	0,25	0,15	5,5	0,15	-1,4	..	1,4	1,2
37 Singapour	0	11	-4,07	0,30	-3,6	..	..	..	0,2	4,2
38 Chili	75	23	0,90	0,96	0,4	0,50	1,6	0,7	..	0,6
39 Trinité et Tobago	1	30	0,40	0,19	2,4	0,02	2,6	0,4	..	3,1
40 Costa Rica	5	56	3,22	1,06	2,9	0,97	2,8	6,9	33,1	4,1
42 Brunéi Darussalam	1	..	..	..	..	..	..	..	..	..
43 Argentine	274	65	0,13	3,13	-0,9	0,21	1,8	..	21,4	1,4
44 Venezuela	88	24	0,40	1,02	3,0	0,04	3,2	0,7	44,5	1,9
45 Mexique	192	51	0,05	1,00	1,3	0,17	2,7	1,3	4,1	1,5
46 Antigua et Barbuda	0	..	..	..	..	..	..	..	..	..
47 Maurice	0	62	0,66	0,14	1,8	0,01	-4,4	3,3	2,0	0,2
48 Koweït	2	8	0,10	0,36	11,2		..	..	..	4,3
50 Qatar	1	..	..	..	..	..	..	..	..	8,6
51 Bahreïn	0	..	..	..	..	..	..	..	..	6,1
52 Malaisie	33	13	0,82	0,22	3,6	0,49	2,3	1,2	26,9	3,2
53 Dominique	0	..	..	..	..	..	..	..	..	..
Développement humain moyen	3 390 T	38	0,51	0,74	1,4	0,31	1,7	1,5	6,3	1,0
(idem à l'exclusion de la Chine)	2 440 T	37	0,73	1,07	1,9	0,59	1,1	..	13,6	1,8
54 Panama	8	23	0,45	0,84	0,8	0,78	1,6	0,9	60,8	2,1
55 Suriname	16	..	..	..	..	..	..	0,0	..	1,5
56 Emirats arabes unis	8	3	0,27	0,83	10,3	..	..	..	0,2	7,9
57 Afrique du Sud	122	77	-0,19	1,59	..	0,22	0,2	..	1,4	2,2
59 Jamaïque	1	43	-0,66	0,43	1,5	0,01	6,4	3,0	3,3	0,6
60 Brésil	846	28	1,48	1,46	2,4	1,24	2,3	1,8	35,2	3,0
61 Colombie	104	34	0,10	1,12	0,8	0,51	2,2	1,7	34,3	2,9
62 Cuba	11	52	1,64	0,99	2,2	0,28	3,3	0,1	3,3	0,9
63 Seychelles	0	..	..	..	..	..	..	..	..	..
64 Grenades	0	..	..	..	..	..	..	..	..	..
65 Saint-Kitts-et-Nevis	0	..	..	..	..	..	..	..	..	..
66 Thaïlande	51	39	2,19	0,30	1,3	0,62	2,2	2,5	2,0	1,8
67 Bélize	2	..	..	..	..	..	..	..	..	..
68 Sainte-Lucie	0	..	..	..	..	..	..	..	..	..
69 Arabie saoudite	215	40	0,03	0,60	6,0	..	..	..	0,2	2,7
70 Turquie	77	47	-0,11	1,53	..	0,23	-10,5	..	3,7	0,6
71 Fidji	2	..	..	..	..	..	..	0,2	..	0,4
72 Rép. arabe syrienne	18	76	-0,05	1,35	6,7	..	9,6	..	0,6	0,6
73 Paraguay	40	44	1,07	2,46	2,8	1,32	2,6	1,1	..	3,3
74 Corée, Rép. pop. dém. de	12	20	0,91	0,22	4,7	0,19	1,8	..	..	1,6
75 Sri Lanka	6	41	1,07	0,21	0,9	0,49	1,8	3,5	2,5	0,5
76 Jamahiriya arabe libyenne	176	9	1,29	1,82	1,7	0,14	1,0	..	0,2	1,5
77 Equateur	28	26	2,80	1,17	3,8	0,64	4,1	2,3	29,9	3,5
78 Pérou	128	23	-0,08	1,14	-0,9	0,33	1,9	0,4	1,8	1,7
79 Saint-Vincent	0	..	..	..	..	..	..	..	..	..
80 Rép. dominicaine	5	49	-1,25	0,74	5,1	0,15	8,3	0,6	2,9	0,4
81 Samoa	0	..	..	..	..	..	..	..	..	..
82 Chine	933	41	-0,04	0,56	1,2	0,16	2,0	..	2,5	0,6
83 Jordanie	10	8	3,84	0,46	2,9	..	2,3	..	0,2	0,5
84 Philippines	30	38	0,62	0,27	1,4	0,53	2,6	1,5	5,4	0,9
85 Nicaragua	12	54	0,95	1,02	-0,3	0,83	3,1	2,7	46,7	3,4
86 Oman	21	5	0,15	0,89	15,5	..	..	..	1,4	1,3
87 Mongolie	157	80	-0,58	12,02	-0,4	0,71	..	..	11,6	1,5
88 Liban	1	30	0,14	0,25	1,7	0,17	-0,3	..	1,7	0,6
89 Guyane	22	..	..	..	..	..	..	0,0	..	0,6
90 Tunisie	16	50	0,67	1,08	-0,3	0,37	2,3	1,7	0,5	0,5
91 Iraq	43	22	0,31	0,83	-3,4	0,01	3,2	..	1,9	0,9
92 Iran, rép. islamique d'	164	36	-0,08	1,23	..	0,05	0,4	0,5	2,4	0,8
93 Maldives	0	..	..	..	..	..	..	..	..	..
94 El Salvador	2	65	0,28	0,31	-0,8	0,98	3,0	3,2	3,0	0,3
95 Botswana	57	80	0,30	3,71	1,8	1,03	3,9	0,1	0,8	1,1
96 Iles Salomon	3	..	..	..	..	..	..	0,0	..	0,1
97 Gabon	26	20	0,21	0,30	2,4	2,56	1,4	0,1	..	2,5

	Superficie émergée (millions hectares)	Terre arables: En % du total 1984-86	Terre arables: Accroissement annuel (%) 1965-85	Bétail: Par Habitant 1984-86	Bétail: Accroissement annuel (%) 1975-85	Production de bois de feu: Par habitant (m^3) 1984-86	Production de bois de feu: Accroissement annuel (%) 1975-85	Déboisement annuel en % de la superficie boisée 1980-88	Ressources en eau intérieures renouvelables par hab. (1 000 m^3/an) 1988	Indice de serre (équiv. calorifique de carbone par habitant) 1988
Développement humain faible	3 480 T	32	0,17	0,66	2,2	0,48	2,4	0,8	5,5	0,7
(idem à l'exclusion de la Chine)	3 190 T	29	0,17	0,73	2,4	0,61	2,8	0,7	9,1	0,9
98 Indonésie	181	18	0,49	0,20	4,3	0,76	2,1	0,8	14,2	1,3
99 Viet Nam	33	22	0,79	0,29	3,0	0,36	2,2	1,7	..	0,8
100 Honduras	11	46	0,30	0,82	3,6	1,04	3,5	2,3	20,6	1,9
101 Vanuatu	1	..	..	..	..	..	..	..	..	..
102 Algérie	238	16	-0,53	0,93	4,2	0,08	3,1	2,3	0,8	0,8
103 Guatemala	11	29	0,61	0,50	3,4	0,84	2,8	2,0	13,0	1,1
104 Swaziland	2	..	..	..	..	..	..	..	..	0,3
105 Namibie	..	..	..	..	..	..	..	..	..	..
106 Myanmar	66	16	-0,10	0,44	3,9	0,42	2,0	2,1	27,0	4,3
107 Lesotho	3	76	-0,57	2,09	0,9	0,34	2,5	..	..	..
108 Maroc	45	53	0,92	0,92	-2,8	0,06	5,0	0,4	1,3	0,2
109 Cap-Vert	0	..	..	..	..	..	..	..	..	0,1
110 Bolivie	108	28	0,39	2,94	2,3	0,18	2,7	0,2	..	1,4
111 Zimbabwe	39	20	0,47	0,88	-2,0	0,71	3,5	0,4	..	0,9
112 Sao Tomé-et-Principe	0	..	..	..	..	..	..	..	..	..
113 Kenya	57	11	0,33	1,17	5,0	1,52	4,1	1,7	0,6	0,3
114 Egypte	100	2	-0,34	0,26	3,3	0,04	2,6	..	..	0,5
115 Congo	34	31	0,03	0,21	4,8	0,91	2,6	0,1	..	1,6
116 Madagascar	58	64	0,14	1,33	2,5	0,60	2,8	1,2	3,6	2,4
117 Papouasie-Nouvelle-Guinée	45	1	1,12	0,46	1,5	1,58	1,5	0,1	..	0,6
118 Zambie	74	54	0,04	0,47	3,9	1,34	2,6	0,2	..	0,8
119 Cameroun	47	33	0,30	0,98	2,6	0,93	2,7	0,8	18,8	1,2
120 Pakistan	77	33	0,24	0,86	3,1	0,19	3,0	0,4	2,7	0,2
121 Ghana	23	27	0,01	0,45	2,0	0,64	3,3	0,8	3,4	0,6
122 Côte d'Ivoire	32	22	1,29	0,41	4,3	0,78	3,8	5,2	6,6	5,7
123 Inde	297	61	0,11	0,57	2,0	0,29	2,0	2,3	2,3	0,5
124 Zaïre	227	7	0,30	0,19	1,3	0,91	3,0	0,2	..	1,4
125 Haïti	3	51	0,43	0,65	1,3	0,96	2,5	3,8	1,5	0,1
126 Comores	0	..	..	..	..	..	..	3,1	..	0,1
127 Tanzanie, rép. unie de	89	45	0,23	1,10	2,5	0,95	3,5	0,3	..	0,3
128 Laos, rép. dém. pop. du	23	7	0,19	0,84	6,9	1,06	1,9	1,0	59,5	12,4
129 Nigeria	91	57	0,33	0,56	1,3	0,92	3,5	2,7	..	0,8
130 Yémen	53	34	0,19	0,91	-4,2	..	..	..	0,2	0,2
131 Togo	5	30	1,07	0,69	0,3	0,20	2,7	0,7	3,4	0,2
132 Libéria	10	6	-0,01	0,30	3,3	1,80	3,6	2,3	..	3,3
133 Rwanda	2	58	1,05	0,34	2,9	0,91	1,1	2,3	..	0,1
134 Ouganda	20	57	0,85	0,66	3,1	0,70	3,3	0,8	..	0,2
135 Sénégal	19	57	0,37	0,94	1,3	0,54	2,9	0,5	..	0,6
136 Bangladesh	13	73	0,07	0,36	0,6	0,26	2,8	0,9	12,1	0,3
137 Guinée équatoriale	3	..	..	..	..	..	..	0,2	..	0,7
138 Malawi	9	45	0,50	0,28	2,3	0,87	3,0	3,5	..	1,4
139 Burundi	3	87	1,61	0,35	0,9	0,76	2,3	2,7	..	0,1
140 Cambodge	18	21	0,21	0,46	4,1	0,65	0,3	0,2	10,9	..
141 Ethiopie	110	54	0,06	1,77	0,1	0,85	2,4	0,3	2,3	0,3
142 Rép. centrafricaine	62	8	0,15	1,40	8,0	1,14	2,8	0,2	..	1,0
143 Soudan	238	29	0,10	2,81	3,7	0,81	3,0	1,1	1,2	1,1
144 Bhoutan	5	7	0,82	0,41	1,8	2,16	1,3	0,1	..	0,2
145 Népal	14	31	0,87	0,92	0,3	0,90	2,4	4,0	9,4	0,7
146 Mozambique	78	60	0,05	0,14	-0,6	1,04	4,4	0,8	..	..
147 Angola	125	26	0,03	0,58	1,6	0,45	3,0	0,2	..	0,9
148 Mauritanie	103	38	-0,01	4,96	0,7	..	3,4	2,4	0,2	0,6
149 Somalie	63	48	0,02	5,53	0,7	0,68	3,6	0,1	2,3	0,8
150 Bénin	11	20	0,97	0,91	3,1	1,03	2,9	1,7	5,7	0,5
151 Guinée-Bissau	4	..	..	..	..	..	..	2,7	..	..
152 Tchad	126	38	0,03	2,18	2,5	0,61	2,3	0,6	..	0,8
153 Djibouti	2	..	..	..	..	..	..	..	..	0,3
154 Burkina Faso	27	46	0,21	1,13	2,8	0,82	2,3	1,7	..	0,5
155 Niger	127	10	0,45	2,57	3,7	0,60	2,7	2,6	..	0,3
156 Mali	122	26	0,07	1,98	1,2	0,57	2,6	0,5	..	0,4
157 Afghanistan	65	59	0,02	1,98	0,1	0,34	1,0	..	2,5	0,2
158 Guinée	25	19	0,01	0,46	2,0	0,60	2,3	0,8	..	1,3
159 Gambie	1	..	..	..	..	..	..	2,4	..	0,2
160 Sierra Leone	7	56	0,50	0,24	2,6	2,08	1,7	0,3	..	0,4
Tous les pays en développement	7 550 T	36	0,33	0,73	1,9	0,39	2,1	1,1	6,3	0,9
Pays les moins avancés (PMA)	1 540 T	37	0,15	1,08	1,5	0,63	2,7	0,8	10,4	0,9
Afrique subsaharienne	2 040 T	37	0,18	0,99	1,8	0,84	2,9	0,5	3,5	1,0
Pays industrialisés	5 360 T	..	..	..	..	..	..	..	9,4	3,5
Monde	12 910 T	..	..	..	..	..	..	..	6,9	1,5

Note: Les données relatives aux pays industrialisés concernant les indicateurs ci-dessus figurent au tableau 43.

23 Agrégats des comptes nationaux consolidés

	PIB total (milliards en $ EU) 1988	PNB total (milliards en $ EU) 1988	Taux annuel de croissance du PNB par habitant (%) 1965-80	1980-88	Taux annuel d'inflation (%) 1980-88	Recettes fiscales (en % du PNB) 1988	Excédent ou déficit budgétaire global (en % du PNB) 1988	Investissement intérieur brut (en % du PIB) 1988	Epargne intérieure brute (en % du PIB) 1988
Développement humain élevé	650 T	630 T	3,9	0,8	73,8	17,1	-3,1	24	28
22 Barbades	..	1,5	3,5	1,4	5,2	..	..	18	16
25 Hong-Kong	44,8	52,4	6,2	5,7	6,7	..	..	28	33
26 Chypre	..	4,3	..	..	4,8	..	..	30	23
28 Bahamas	..	2,6	1,0	2,4	6,2	..	..	..	..
32 Uruguay	6,7	7,4	2,5	-1,4	57,0	21,1	-0,7	10	14
35 Corée, Rép. de	171,3	150,3	7,3	7,7	5,0	16,5	1,6	30	38
37 Singapour	23,9	24,0	8,3	5,8	1,2	13,6	-2,7	37	41
38 Chili	22,1	19,2	0,0	-0,1	20,8	..	-0,2	17	24
39 Trinité et Tobago	4,4	4,2	3,1	-7,3	5,3	..	..	18	21
40 Costa Rica	4,7	4,7	3,3	0,2	26,9	20,2	-4,7	26	26
42 Brunéi Darussalam	..	..	..	-4,0	-4,4	..	..	..	..
43 Argentine	79,4	83,0	1,7	-1,6	290,5	18,0	-4,1	14	18
44 Venezuela	63,8	59,4	2,3	-2,4	13,0	24,1	-2,1	30	25
45 Mexique	176,7	151,9	3,6	-1,4	73,8	16,7	-10,0	20	23
46 Antigua et Barbuda	..	0,2	-1,4	4,0	6,0	..	..	..	..
47 Maurice	1,6	1,9	3,7	5,1	7,8	22,5	0,3	25	25
48 Koweït	20,0	26,3	0,6	-2,5	-3,9	1,7	23,5	20	15
50 Qatar	..	4,1	..	..	..	..	..	..	..
51 Bahreïn	..	..	..	..	-2,8	..	..		..
52 Malaisie	34,7	31,6	4,7	1,3	1,3	17,6	-8,0	26	36
53 Dominique	..	0,1	-0,8	3,1	6,0	..	..	..	..
Développement humain moyen	1 260 T	1 230 T	4,0	6,6	24,6	15,6	-7,6	28	29
(idem à l'exclusion de la Chine)	810 T	870 T	3,8	0,5	72,1	..	..	23	25
54 Panama	5,5	..	2,8	0,1	3,3	23,7	-4,4	..	..
55 Suriname	..	1,1	5,5	-6,8	4,0	..	..	..	..
56 Emirats arabes unis	23,9	23,6	0,6	-9,0	0,1	..	..	26	36
57 Afrique du Sud	79,0	77,7	3,2	-1,0	13,9	25,3	-5,7	20	25
59 Jamaïque	3,2	2,6	-0,1	-2,1	18,7	..	..	27	19
60 Brésil	323,6	328,9	6,3	1,2	188,7	15,9	-12,2	23	28
61 Colombie	39,1	37,2	3,7	1,2	24,1	..	-0,7	21	22
62 Cuba	..	20,9	0,6	..	..	..	..	..	..
63 Seychelles	..	0,3	4,6	1,6	4,0	..	..	..	..
64 Grenades	..	0,1	0,1	3,5	5,0	..	..	33	10
65 Saint-Kitts-et-Nevis	..	0,1	4,0	4,9	5,0	..	..	..	..
66 Thaïlande	58,0	54,6	4,4	3,8	3,1	16,0	1,0	28	26
67 Bélize	..	0,3	3,4	0,7	4,5	..	..	26	22
68 Sainte-Lucie	..	0,2	2,7	2,3	4,0	..	..	..	..
69 Arabie saoudite	72,6	86,5	0,6	-5,9	-4,2	..	..	27	20
70 Turquie	64,4	68,6	3,6	3,0	39,3	14,6	-4,0	24	26
71 Fidji	..	1,1	4,2	-2,2	5,9	..	..	16	15
72 Rép. arabe syrienne	15,0	19,5	5,1	-3,1	12,9	15,2	-2,7	17	13
73 Paraguay	6,0	4,8	4,1	-2,1	22,1	9,2	..	24	23
74 Corée, Rép. pop. dém. de	..	28,0	0,6	-5,9	-4,2	..	..	..	..
75 Sri Lanka	6,4	7,0	2,8	2,8	11,0	16,4	-12,8	23	13
76 Jamahiriya arabe libyenne	..	23,0	0,6	-9,9	0,1	..	..	..	..
77 Equateur	10,3	10,9	5,4	-1,1	31,2	13,8	-2,4	23	21
78 Pérou	25,7	..	0,8	-1,2	119,1	8,4	-5,7	29	24
79 Saint-Vincent	..	0,1	0,2	4,3	5,0	..	..	..	..
80 Rép. dominicaine	4,6	4,7	3,8	-1,6	16,8	14,4	..	24	16
81 Samoa	..	0,1	..	..	11,3	..	..	30	-9
82 Chine	372,3	356,5	4,1	9,2	4,9	..	..	38	37
83 Jordanie	3,9	4,4	5,8	-1,4	2,2	18,5	-15,7	26	-3
84 Philippines	39,2	37,7	3,2	-2,4	15,6	12,3	-2,8	17	18
85 Nicaragua	3,2	..	-0,7	-4,7	86,6	..	-16,3	..	..
86 Oman	8,2	7,1	9,0	6,9	-6,5	8,5	-12,6	..	..
87 Mongolie	..	..	0,6	..	..	..	..	..	..
88 Liban	..	1,7	0,6	..	..	..	..	..	..
89 Guyane	..	0,3	0,7	-5,5	19,8	..	..	21	17
90 Tunisie	8,8	9,6	4,7	0,6	7,7	24,8	-4,8	19	19
91 Iraq	..	..	0,6	..	..	..	..	..	..
92 Iran, rép. islamique d'	..	..	2,9	..	..	8,8	..	..	..
93 Maldives	..	0,1	1,8	3,8	10,0	..	..	..	..
94 El Salvador	5,5	4,8	1,5	-1,8	16,8	9,8	-0,3	13	6
95 Botswana	1,9	..	9,9	6,7	10,0	43,3	21,9	..	..
96 Iles Salomon	..	0,1	5,0	2,3	11,4	..	..	39	-3
97 Gabon	3,3	3,2	5,6	-3,1	0,9	32,4	..	27	33

	PIB total (milliards en $ EU) 1988	PNB total (milliards en $ EU) 1988	Taux annuel de croissance du PNB par habitant (%) 1965-80	1980-88	Taux annuel d'inflation (%) 1980-88	Recettes fiscales (en % du PNB) 1988	Excédent ou déficit budgétaire global (en % du PNB) 1988	Investissement intérieur brut (en % du PIB) 1988	Epargne intérieure brute (en % du PIB) 1988
Développement humain faible	650 T	680 T	1,8	1,4	12,7	13,4	-6,6	21	18
(idem à l'exclusion de la Chine)	410 T	410 T	2,0	-0,2	17,2	15,2	-5,3	20	16
98 Indonésie	83,2	76,0	5,2	1,7	8,5	17,1	-3,3	22	25
99 Viet Nam	..	..	0,6	..	..	..	..	..	..
100 Honduras	3,9	4,1	1,1	-1,7	4,7	..	..	16	11
101 Vanuatu	..	0,1	..	..	6,4	..	..	32	10
102 Algérie	51,9	58,3	4,2	0,0	4,4	..	..	31	31
103 Guatemala	8,1	7,6	3,0	-3,1	13,3	9,5	-1,1	14	8
104 Swaziland	..	0,6	3,7	1,0	10,0	..	..	..	..
105 Namibie	..	1,5	0,6	..	..	..	..	..	..
106 Myanmar	..	..	1,6	..	..	..	..	..	..
107 Lesotho	0,3	0,7	6,8	-0,7	12,2	19,4	..	47	-73
108 Maroc	22,0	17,8	2,7	0,8	7,7	21,9	-4,6	24	23
109 Cap-Vert	..	..	..	1,2	14,0	..	..	42	4
110 Bolivie	4,3	3,9	1,7	-4,3	482,8	11,1	-0,1	11	6
111 Zimbabwe	5,7	6,1	1,7	-1,0	12,1	28,3	-9,1	21	24
112 Sao Tomé-et-Principe	..	..	3,3	-5,7	5,0	..	..	53	-1
113 Kenya	7,4	8,3	3,1	-0,2	9,6	19,3	-6,6	26	22
114 Egypte	34,3	33,3	2,8	2,8	10,6	21,2	..	20	8
115 Congo	2,2	2,0	2,7	1,1	0,8	..	..	22	20
116 Madagascar	1,9	2,1	-0,4	-3,4	17,3	..	..	16	8
117 Papouasie-Nouvelle-Guinée	3,5	2,9	0,6	-0,1	4,7	19,5	-1,9	26	21
118 Zambie	4,0	2,2	-1,2	-4,9	33,5	15,2	-9,8	11	14
119 Cameroun	12,9	11,3	2,4	3,0	7,0	..	..	17	14
120 Pakistan	34,1	37,2	1,8	3,0	6,5	12,6	-7,0	18	13
121 Ghana	5,2	5,6	-0,8	-1,4	46,1	12,7	0,4	12	6
122 Côte d'Ivoire	7,7	8,6	2,8	-3,7	3,8	..	..	14	22
123 Inde	237,9	271,4	1,5	3,3	7,4	11,3	-7,9	24	21
124 Zaïre	6,5	5,7	-1,3	-2,1	56,1	13,2	..	11	8
125 Haïti	2,5	2,2	0,9	-2,1	7,9	9,3	..	10	4
126 Comores	..	0,2	0,6	..	7,0	..	..	16	-11
127 Tanzanie, rép. unie de	2,7	3,8	0,8	-1,3	25,7	14,4	..	21	-5
128 Laos, rép. dém. pop. du	0,5	0,7	0,6	..	..	..	..	31	21
129 Nigeria	29,4	31,8	4,2	-4,3	11,6	6,9	-10,3	13	15
130 Yémen	6,8	6,7	5,1	0,8	10,0	..	..	..	..
131 Togo	1,4	1,2	1,7	-2,8	6,1	22,7	-2,6	21	14
132 Libéria	1,0	..	0,5	-5,2	..	16,3	..	..	..
133 Rwanda	2,3	2,1	1,6	-1,5	4,1	..	..	16	6
134 Ouganda	4,0	4,5	-2,2	-2,5	100,7	8,2	-3,0	13	5
135 Sénégal	5,0	4,5	-0,5	0,3	8,1	..	..	15	9
136 Bangladesh	19,3	18,3	-0,3	0,8	11,1	7,2	..	12	3
137 Guinée équatoriale	..	0,1	..	..	..	..	..	22	-15
138 Malawi	1,1	1,3	3,2	-0,6	12,6	17,1	-8,6	16	8
139 Burundi	1,0	1,2	2,4	0,1	4,0	..	..	18	5
140 Cambodge	..	..	0,6	..	..	..	..	..	..
141 Ethiopie	5,0	5,8	0,4	-1,4	2,1	18,9	-6,8	16	4
142 Rép. centrafricaine	1,1	1,1	0,8	-0,7	6,7	12,3	..	12	-1
143 Soudan	11,2	8,1	0,8	-4,2	33,5	..	..	10	7
144 Bhoutan	0,3	..	0,6	..	8,9	..	..	..	..
145 Népal	2,9	3,2	0,0	1,9	8,7	8,3	-6,2	20	10
146 Mozambique	1,1	1,6	0,6	-7,5	33,6	..	..	33	-15
147 Angola	..	..	0,6	..	..	..	..	..	..
148 Mauritanie	0,9	0,9	-0,1	-1,3	9,4	..	..	18	10
149 Somalie	1,0	1,0	-0,1	-2,2	38,4	..	..	34	3
150 Bénin	1,7	1,5	-0,3	-1,7	8,0	..	..	12	0
151 Guinée-Bissau	..	..	-2,7	0,8	39,0	..	..	36	-15
152 Tchad	0,9	0,9	-1,9	..	3,2	..	..	12	-12
153 Djibouti	..	..	..	..	3,8	..	..	19	-5
154 Burkina Faso	1,8	2,0	1,7	2,4	3,2	14,0	0,4	25	-4
155 Niger	2,4	2,2	-2,5	-4,2	3,6	..	..	10	4
156 Mali	1,9	1,8	2,1	0,4	3,7	14,5	-5,5	15	-4
157 Afghanistan	..	..	0,6	..	..	..	..	..	..
158 Guinée	2,5	2,3	1,3	..	..	..	..	22	19
159 Gambie	..	0,2	2,3	0,9	21,1	..	..	16	7
160 Sierra Leone	1,3	0,9	0,7	-2,1	..	7,1	..	11	17
Tous les pays en développement	2 480 T	2 540 T	2,9	3,8	22,0	15,5	-5,8	25	26
Pays les moins avancés (PMA)	80 T	80 T	0,6	-0,8	16,9	12,2	..	15	4
Afrique subsaharienne	210 T	210 T	1,5	-2,2	19,6	19,7	-6,1	18	17
Pays industrialisés	14 710 T	13 510 T	2,5	3,0	8,7	23,2	-3,5	21	21
Monde	17 190 T	16 050 T	2,4	3,6	19,2	22,3	-3,8	22	22

Note: Les données relatives aux pays industrialisés concernant les indicateurs ci-dessus figurent au tableau 44.

24 Données consolidées par région des indicateurs du développement

	Afrique subsaharienne	Etats arabes	Asie du Sud	Reste de l'Asie et Océanie: Tous les pays	Reste de l'Asie et Océanie: Chine exclue	Amérique latine et Caraïbes: Tous les pays	Amérique latine et Caraïbes: Mexique et Brésil exclus	Pays les moins avancés	Tous les pays en développement	Pays industrialisés	Monde
Tableau 2 : Développement humain											
Espérance de vie : total	51.8	62.1	58.4	68.1	63.7	67.4	67.7	50.7	62.8	74.5	65.5
femmes en % hommes	106.9	104.6	100.4	105.2	106.6	108.7	108.1	103.8	104.4	110.1	105.7
Accès aux serv. de santé	47	77	56	..	..	70	..	46	63	..	..
Accès à l'eau potable	40	71	56	67	51	79	69	34	62	..	..
Accès à l'assainissement	32	..	..	56	..	69	65	23	46	..	..
Apport calories en % des besoins	91	120	100	112	113	115	109	89	107	132	113
Taux d'alphabétisation adultes	45	53	42	72	80	82	83	36	60	..	..
Scolarisation primaire et secondaire	45	71	60	81	79	84	82	41	70	97	78
PNB par habitant	470	1,820	390	530	960	1,830	1,630	230	710	12,510	3,410
PIB réel par habitant	1,180	3,290	1,090	2,540	2,720	4,300	3,570	720	2,170	14,350	4,340
Tableau 3 : Les manques (en millions de personnes affectées)											
Pas de services de santé	..	..	..	..	..	..	..	225	1,500	..	..
Pas d'eau potable	..	..	..	..	..	..	..	275	1,550	..	..
Pas d'assainissement	..	..	..	..	..	..	..	325	2,200	..	..
Décès des moins de 5 ans	..	..	..	..	..	..	..	3.8	14.4	..	..
Sous-alimentés de moins de 5 ans	..	..	..	..	..	..	..	36	177	..	..
Enfants non-scolarisés total		..	..	..	..	..	..	75	300	..	..
filles	..	..	..	..	..		..	45	200	..	..
Adultes analphabètes	..	..	..	..	..	..	..	150	1,000	..	..
En-deça seuil de pauvreté pop. totale	..	..	..	..	..	..	..	300	1,200	..	..
pop. rurale	..	..	..	..	..	..	..	250	950	..	..
Tableau 4 : Evolution du développement humain											
Espérance de vie 1960	40.0	46.7	43.8	47.0	46.7	56.0	56.6	38.6	46.2	69.0	53.4
1990	51.8	62.1	58.4	68.1	63.7	67.4	67.7	50.7	62.8	74.5	65.5
TMM5 1960	284	271	279	198	189	157	163	289	233	45	200
1989	179	106	151	57	81	72	72	199	116	18	104
Accès à l'eau potable 1975-80	27	..	30	..	..	60	58	20	40	..	..
1988	40	..	56	..	..	79	69	34	62	..	..
Apport calories/besoins 1965	92	92	88	86	87	100	100	87	90	114	91
1985	91	120	100	112	113	115	109	89	107	132	113
Taux d'alphab. des adultes 1970	27	34	31	..	..	73	78	26	46	..	..
1985	45	53	42	..	..	82	83	36	60	..	..
Scolarisation primaire et secondaire 1970	26	50	45	65	61	68	72	28	55	..	..
1987	45	71	60	81	79	84	82	41	70	..	..
PIB réel par habitant 1960	640	1,080	580	700	630	1,760	2,180	420	790	4,690	1,770
1988	1,180	3,290	1,090	2,540	2,720	4,300	3,570	720	2,170	14,350	4,340
Tableau 5 : Formation des ressources humaines											
Taux alphab. des adultes total	45	53	42	72	80	82	83	36	60	..	..
hommes	56	66	55	82	86	84	86	47	70	..	..
femmes	34	39	27	61	73	80	81	24	49	..	..
Moyenne dannées d'étude total	1.5	2.2	2.2	4.6	4.0	4.4	5.3	1.4	3.5	9.1	5.4
hommes	2.0	3.0	3.3	5.7	4.7	4.6	5.5	2.1	4.4	9.4	6.1
femmes	1.0	1.4	1.1	3.5	3.3	4.1	5.0	0.8	2.5	8.8	4.6
Scientifiques et techniciens/ 1 000 habitants	..	..	3.0	..	..	39.5	52.2	..	9.5	139.3	43.9
Taux de diplômés du supérieur	0.2	2.3	0.7	0.9	..	2.5	2.4	0.3	1.1	9.1	3.1
Diplômés en sciences en % du total	24	29	39	..	..	29	28	25	31	35	34
Tableau 6 : Evolution des écarts du développment humain Sud/Nord (en % de la moyenne du Nord)											
Espérance de vie 1960	58	68	63	68	68	81	82	56	67	100	77
1990	70	83	78	91	85	90	91	68	84	100	88
TMM5 1960	16	17	16	23	24	29	28	16	20	100	23
1989	11	18	12	33	23	26	26	9	16	100	17
Apport calories/besoins 1964-66	74	74	71	70	71	81	81	70	72	100	80
1984-86	69	91	75	84	86	87	83	67	80	100	..
Scolarisation primaire et secondaire 1970	30	57	52	74	70	78	82	32	63	100	..
1988	47	73	61	84	81	87	85	42	72	100	..
PIB réel par habitant 1960	14	23	12	15	13	38	47	9	17	100	38
1987	8	23	8	18	19	30	25	5	15	100	30
Tableau 7 : Ecarts du développemnt humain entre le Nord et le Sud (exprimés en % de la moyenne du Nord)											
Fécondité	29	38	41	72	57	55	53	31	48	100	55
Mortalité maternelle	5	9	6	21	10	22	21	5	8	100	10
Habitant par médecin	2	12	13	19	8	37	34	2	10	100	12
Malnutrition infantile	7	12	5	8	..	22	16	5	7	100	..
Alphabétisation des femmes	34	40	28	62	75	81	83	25	50	100	..
Taux de scolarisation supérieur	4	35	18	..	..	49	63	8	19	100	36
Scientifiques et techniciens	..	10	2	..	..	28	37	..	7	100	31
Radios	14	23	8	19	22	32	33	9	17	100	36
PNB par habitant	4	15	3	4	8	15	13	2	6	100	27

	Afrique subsaharienne	Etats arabes	Asie du Sud	Reste de l'Asie et Océanie: Tous les pays	Reste de l'Asie et Océanie: Chine exclue	Amérique latine et Caraïbes: Tous les pays	Amérique latine et Caraïbes: Mexique et Brésil exclus	Pays les moins avancés	Tous les pays en développement	Pays industrialisés	Monde
Tableau 8 : Dépenses réelles Sud/Nord (exprimés en % de la moyenne du Nord)											
Tous produits alimentaires	19	..	..	..	..	78	63	..	34	100	..
Viande	13	..	..	..	..	82	65	..	21	100	..
Produits laitiers, huiles, graisses	10	..	..	..	..	47	34	..	21	100	..
Céréales, pain	48	..	..	..	..	82	..	..	82	100	..
Services de santé	3	..	..	..	..	19	21	..	8	100	..
Médicaments	3	..	..	..	..	70	47	..	18	100	..
Enseignement	18	..	..	..	..	50	63	..	27	100	..
Livres	5	..	..	..	..	10	8	..	4	100	..
Tableau 9 : Inégalités entre zones rurales et zones urbaines											
Pop. rurale en % du total	69	47	73	66	65	28	31	80	63	27	55
Accés pop. rur. à la santé	37	57	..	..	..	42	..	35	44	..	..
eau potable	26	46	46	60	..	56	40	27	50	..	..
assainissement	18	..	..	51	..	26	32	17	27	..	..
Accés pop. urb. à la santé	72	97	..	..	..	82	..	90	88	..	..
eau potable	74	94	75	79	65	88	83	50	81	..	..
assainissement	60	..	34	65	..	78	82	50	60	..	..
Inégalités zones rur./urb. santé	51	59	..	..	..	52	..	39	50	..	..
eau	35	49	61	76	..	63	48	55	62	..	..
assainissement	31	..	..	78	..	33	39	34	45	..	..
nutrition	67	..	..	..	..	..	..	80	82	..	..
Tableau 10 : Inégalités entre les hommes et les femmes (femmes en % des hommes)											
Espérance de vie	106.9	104.6	100.4	105.2	106.6	108.7	108.1	103.8	104.4	110.1	105.7
Taux d'alphabétisation 1970	42	37	41	74	..	91	91	38	54	..	..
1985	56	58	49	73	85	95	95	46	66	..	..
Moyennes d'années d'études	44	42	33	61	67	89	91	40	53	94	66
Scolar. ens. primaire 1960	51	56	46	79	..	94	94	43	61	..	..
1987-88	83	80	89	97	98	99	100	78	91	..	..
Scolar. ens. secondaire	61	67	55	78	90	105	108	58	70	102	75
Scolar. ens. supérieur	28	57	44	..	..	92	96	34	54	98	64
Main-d'œuvre	62	25	30	71	59	36	35	46	52	66	57
Parlement	8	3	8	23	11	8	9	9	15	22	17
Tableau 11 : Survie et développement de l'enfant											
Naissance sous contôle	36	46	30	54	..	77	53	24	42	..	..
Insuff. pondérale néonatale	16	7	28	8	15	11	12	21	17	..	..
Taux de mortalité infantile	108	73	99	41	58	52	51	120	76	15	69
Enfants d'un an vaccinés 1981	30	40	13	48	..	52	37	17	24	..	..
1988-89	54	72	75	83	..	69	64	52	70	..	..
Allaitement maternel à un an	72	62	76	..	..	38	44	76	69	..	..
Insuff. pondérale infantile											
Emancipation	32	20	46	28	..	10	15	49	33		..
Retard de croissance	15	..	22	..	..	3	4	19	14	..	..
stunting	40	..	55	..	..	31	31	56	43	..	..
TMM5	179	106	151	57	81	72	72	199	116	18	104
Tableau : 12 Santé											
Accès aux serv. de santé	47	77	56	..	..	70	..	46	63	..	..
Emploi de contraceptifs	15	..	31	..	..	57	48	19	52	70	56
Taux de mortalité maternelle	540	290	410	120	250	110	120	530	290	24	250
Consommation d'alcool	3.5	..	..	3.6	..	3.6	5.3	3.4	1.8	3.9	2.7
Adultes fumeurs	..	..	30	..	..	..	..	..	31	34	32
Pop. par médecin	22,930	3,720	3,520	2,380	5,830	1,230	1,340	21,410	4,590	460	3,780
infirmière	2,670	960	2,700	1,550	1,160	1,020	900	4,910	1,910	150	1,560
Infirmières par médecin	10.1	4.2	1.5	1.9	5.2	1.3	1.8	6.3	2.6	4.2	2.9
Dépenses de santé en % du PNB 1960	0.7	0.9	0.5	..	..	1.4	1.5	0.7	1.0	..	..
1986	0.9	1.8	1.0	..	..	2.0	1.7	0.9	1.4	..	..
Table au 13 : Sécurité alimentaire											
Prod. alimentaire par hab.	96	103	103	125	107	100	96	95	111	..	..
Prod. agricole en % du PIB	23	14	32	..	..	10	13	42	19	..	..
Apport Iourn. de calories	2,150	3,000	2,270	2,600	2,520	2,700	2,530	2,070	2,480	..	..
Apport de calories / besoins	91	120	100	112	113	115	109	89	107	..	..
Coeff. dep. envers import. alimentaires 1969-71	13.1	21.7	4.3	7.1	18.8	31.2	38.5	15.1	11.9	..	..
1986-88	10.0	38.1	5.8	6.7	13.4	14.1	19.8	11.6	9.6	..	..
Importations de céréales	7,390 T	35,340 T	12,500 T	33,210 T	17,690 T	16,670 T	9,630 T	9,240 T	105,110 T	..	..
Aide aliment. céréales en % des import.	42	15	35	..	..	18	38	49	18	..	..
Aide alimentaire	590 T	540 T	510 T	120 T	110 T	410 T	410 T	620 T	2,170 T	..	..

24 Données consolidées par région des indicateurs du développement (suite)

	Afrique subsaharienne	Etats arabes	Asie du Sud	Reste de l'Asie et Océanie: Tous les pays	Reste de l'Asie et Océanie: Chine exclue	Amérique latine et Caraïbes: Tous les pays	Amérique latine et Caraïbes: Mexique et Brésil exclus	Pays les moins avancés	Tous les pays en développement	Pays industrialisés	Monde
Tableau 14: Enseignement											
Scolarité obligatoire (années)	7	7	7	7	7	8	8	7	7	9	8
Nombre élèves/maître enseig. primaire	41	28	45	25	28	28	29	47	35	19	32
Taux de scol. ens. primaire	49	80	..	..	..	95	90	54	90	..	..
Taux de scol. ens. secondaire	18	49	37	46	49	50	57	15	41	..	..
prim. et sec. confondus	45	71	60	81	79	84	82	41	70	97	78
supérieur	1,5	11,9	6,0	..	..	16,5	21,2	2,6	6,5	33,8	12,2
Radios/1 000 habitants	141	232	84	195	220	331	341	88	173	1 021	367
TV/1 000 habitants	14	107	10	30	58	145	122	6	40	480	133
Circulation de quotidiens	12	33	30	..	..	73	63	5	34	342	146
Tableau 15: Problèmes de l'enseignement											
Redoublants en % des inscrits prim.	18	11	12	..	..	14	11	16	11	..	..
Taux d'abandon dans le primaire	42	24	59	33	34	50	39	58	44	..	..
Redoublants en % des inscrits sec.	20	21	8	..	..	8	12	17	14	..	..
Scol. technique secondaire	4,4	14,0	..	8,7	..	16,4	19,5	1,8	9,6	37,6	14,7
Scol. ens. scientifique sup.	27	36	33	..	..	34	31	31	32	39	35
Scol. ens. sup. à l'étranger	20,3	6,5	2,1	..	..	0,9	1,2	6,2	2,7	..	..
Dépenses ens. en % du PBN 1960	2,4	3,5	2,1	..	..	2,1	2,5	1,3	2,2	..	..
1986	3,8	5,8	3,4	3,0	..	3,3	3,5	3,1	3,7	..	..
Dépenses d'enseignement	17,2	15,7	11,3	..	..	18,3	15,7	14,9	15,2	..	..
Dépenses d'enseignement prim.	46,1	49,6	42,0	..	..	40,6	34,9	47,3	41,8	..	..
Tableau 16: Emploi											
% main-d'œuvre/pop.	38,8	30,7	35,8	54,5	43,9	39,7	38,7	38,8	43,9	48,5	44,9
% de femmes dans main-d'œuvre	33,1	15,1	21,3	41,5	37,6	26,2	26,3	27,7	31,1	39,6	33,4
% main d'œuvre dans l'agriculture 1965	79,1	63,0	72,3	77,6	65,7	44,1	41,6	83,5	72,1	22,2	56,6
1985-88	67,6	39,2	59,7	68,7	54,1	26,3	29,2	73,1	61,2	11,6	48,9
% main-d'œuvre dans l'industrie 1965	8,1	13,9	12,1	9,2	13,4	20,9	21,2	5,8	11,3	36,4	19,0
1985-88	7,7	14,1	11,3	13,2	11,8	19,0	20,0	7,0	12,7	28,0	16,5
% main-d'œuvre dans les services 1965	12,9	23,2	15,6	13,3	21,4	35,1	37,2	11,0	16,7	41,5	24,5
1985-88	24,7	46,7	29,0	18,1	34,0	54,7	50,8	19,9	26,1	60,4	34,7
Prestations de séc. soc.	..	..	..	..	..	3,1	2,0	..	2,2	10,6	10,0
Taux annuel croiss. des salaires 1970-80	-1,5	..	..	..	..	2,0	0,6	..	1,3	2,2	1,6
1980-87	-4,8	..	4,2	..	..	-1,4	-0,7	..	2,8	1,2	2,4
Tableau 17: Richesse, pauvreté et investissement social											
PIB réel par hab. ($ ajusté)	1 180	3 290	1 090	2 540	2 720	4 300	3 570	720	2 170	14 350	4 340
PNB par habitant total	470	1 820	390	530	960	1 830	1 630	230	710	12 510	3 410
40 % + pauvres	..	..	..	..	..	..	..	..	..	..	..
Part du revenu : 40 % + pauvres	..	..	..	..	..	..	..	..	..	..	..
20 % + riches / 20 % + pauvres	..	..	..	..	..	..	..	..	..	..	..
Coeff. de Gini	..	..	..	..	..	..	..	..	..	..	..
% population au-dessous seuil pauv. totale	..	..	..	..	..	..	..	70	32	..	..
rurale	..	..	..	..	..	..	..	72	36	..	..
Dépenses d'enseignement	3,8	5,8	3,4	3,0	..	3,3	3,5	3,1	3,7	..	..
Dépenses de santé	0,9	1,8	1,0	..	..	2,0	1,7	0,9	1,4	..	..
Tableau 18: Déséquilibres des flux de ressources											
ADP reçue : total	12 900 T	4 290 T	6 080 T	6 900 T	4 680 T	3 950 T	3 660 T	11 510 T	34 120 T	..	..
% du PNB	9,2	1,1	1,7	0,8	0,9	0,4	1,1	14,2	1,3	..	..
ADP pour investissement social	12,8	14,4	10,0	21,7	24,1	22,0	22,5	10,3	15,2	..	..
ADP pour enseign. et santé	12,9	2,8	3,2	..	..	1,5	3,4	20,3	3,2	..	..
Dette totale	82	61	23	21	32	40	53	70	36	..	..
Service de la dette en % des export 1970	4,7	..	..	..	..	14,4	11,9	4,5	13,3	..	..
1988	17,3	38,1	21,6	..	..	29,6	24,8	15,1	21,0	..	..
Réserves internat. brutes	1,7	4,5	3,1	3,8	..	2,9	4,0	3,0	3,5	..	..
Fonds des trav. de l'étranger	-0,3	0,5	1,8	..	..	0,1	..	3,5	0,5	..	..
Termes de l'échange	74	68	114	..	..	84	74	88	88	110	106
Solde transact. courantes	-10 570 T	-6 750 T	-11 190 T	8 860 T	12 660 T	-9 560 T	-10 940 T	-9 830 T	-29 210 T	-15 520 T	-44 730 T

	Afrique subsaharienne	Etats arabes	Asie du Sud	Reste de l'Asie et Océanie: Tous les pays	Reste de l'Asie et Océanie: Chine exclue	Amérique latine et Caraïbes: Tous les pays	Amérique latine et Caraïbes: Mexique et Brésil exclus	Pays les moins avancés	Tous les pays en développement	Pays industrialisés	Monde
Tableau 19: Déséquilibres des dépenses militaires et de l'emploi des ressources											
Dépenses militaires en % du PNB 1960	0,7	4,9	2,8	8,2	..	1,8	2,1	2,1	4,2	6,3	6,0
Dépenses militaires en % du PNB 1986	3,3	12,6	7,2	5,2	..	1,5	2,1	3,8	5,5	5,4	5,4
Taux dépenses mil. / dépenses santé + ens.	70	166	164	..	..	29	40	96	109	38	..
Rapport ADP / dépenses militaires	3,80	0,10	0,46	..	..	0,30	0,45	3,82	0,29	..	..
Importations d'armes	3 360 T	16 740 T	6 200 T	4 600 T	4 220 T	3 340 T	3 000 T	3 680 T	34 240 T	..	..
Rapport ADP pour invest. social/ importations d'armes	0,38	0,05	0,09	0,36	..	0,15	0,16	0,23	0,15	..	..
Forces armées pour 1 000 hab.	1,7	11,8	2,2	4,0	7,2	3,0	4,5	2,0	3,6	8,8	4,8
Forces armées en % enseignants	90	183	47	66	101	42	67	121	68	105	77
Tableau 20: Population et surpopulation urbaines											
% pop. urbaine 1960	15	30	17	19	20	49	52	8	22	61	34
% pop. urbaine 1990	31	53	27	34	35	72	69	20	37	73	45
% pop. urbaine 2000	38	60	33	46	42	76	73	26	45	75	60
Taux d'accroiss. pop. urbaine 1960-90	5,2	4,6	3,9	3,9	4,1	3,7	3,3	5,3	4,0	1,4	2,9
Taux d'accroiss. pop. urbaine 1990-2000	5,3	3,9	4,1	4,4	3,5	2,5	2,5	5,8	4,0	0,8	2,8
Personnes par pièce hab.	..	..	2,8	..	..	1,6	1,9	..	2,4	0,8	1,9
Maisons sans électricité	..	..	..	..	..	46	48	..	65	..	..
Pop. de la + grande ville	32	31	11	15	35	28	38	38	20	..	..
Densité de pop. de + grande ville	..	..	..	..	..	..	..	..	..	..	..
Tableau 21: Bilan démographique											
Population 1960	210 T	120 T	600 T	930 T	270 T	210 T	100 T	210 T	2 070 T	950 T	3 020 T
Population 1990	500 T	270 T	1 200 T	1 660 T	520 T	440 T	200 T	440 T	4 070 T	1 210 T	5 280 T
Population 2000	690 T	340 T	1 500 T	1 920 T	620 T	530 T	250 T	590 T	4 980 T	1 270 T	6 250 T
Taux de croissance démographique 1960-90	2,8	2,7	2,3	2,0	2,3	2,4	2,2	2,5	2,3	0,8	1,8
Taux de croissance démographique 1990-2000	3,2	2,6	2,2	1,5	1,8	1,9	1,9	3,0	2,0	0,5	1,7
Stabilis. de la pop. : nombre	2 960 T	870 T	3 110 T	2 840T	1 000 T	930T	440 T	2 190 T	10 710 T	970 T	11 680 T
Stabilis. de la pop. : année	2042	2024	2020	2003	2009	2007	2011	..	..	..	..
Taux de fécondité	6,5	5,0	4,6	2,6	3,3	3,4	3,6	6,1	3,9	1,9	3,5
Taux brute de mortalité	15,1	9,1	11,2	7,1	8,1	7,5	8,2	16,1	9,5	10,0	10,0
Coeff. de dépendance	97	83	75	53	66	69	71	90	69	50	64
Densité de population	245	211	1 876	1 036	779	224	217	285	541	225	409
Tableau 22: Bilan des ressources naturelles											
Superficies émergée	2 040 T	1 260 T	640 T	1 600 T	660 T	2 010 T	970 T	1 540 T	7 550 T	5 360 T	12 910 T
Terres arables % superficie	37	26	50	38	34	37	41	37	36	..	..
Terres arables % an. accrois. terres arables	0,18	0,16	0,10	0,13	0,37	0,82	0,38	0,15	0,33	..	..
Bétail par habitant	0,99	1,10	0,63	0,48	0,31	1,41	1,56	1,08	0,73	..	..
Bétail % an. accrois. du bétail	1,8	2,1	1,9	1,9	3,4	1,6	1,2	1,5	1,9	..	..
Production de bois de feu (m^3)	0.84	0.20	0.28	0.29	0.56	0.66	0.45	0.63	0.39	..	..
Production de bois de feu % an. accrois. bois de feu	2.9	0.2	2.1	2.0	1.8	2.6	2.8	2.7	2.1	..	..
Déboisement annuel	0.5	..	2.1	1.0	..	1.4	0.8	0.8	1.1	..	..
Ressources en eau int. renouv.	3.5	1.6	3.4	5.1	12.1	23.0	22.0	10.4	6.3	9.4	6.9
Indice de serre	1.0	0.8	0.4	0.9	1.6	2.1	1.8	0.9	0.9	3.5	1.5
Tableau 23 : Agrégats des comptes nationaux											
PIB total	210 T	340 T	300 T	830 T	460 T	800 T	300 T	80 T	2,480 T	14,710 T	17,190 T
PNB total	210 T	400 T	340 T	820 T	460 T	770 T	290 T	80 T	2,540 T	13,510 T	16,050 T
Taux croissance du PNB par habitant 1965-80	1.5	3.0	1.4	4.0	3.9	3.8	2.0	0.6	2.9	2.5	2.4
Taux croissance du PNB par habitant 1980-88	-2.2	0.4	3.0	7.5	..	-0.4	-1.3	-0.8	3.8	3.0	3.6
Taux d'inflation	19.6	17.5	7.8	5.6	..	124.5	97.4	16.9	22.0	8.7	19.2
Recettes fiscales	19.7	..	10.7	..	..	16.6	17.6	12.2	15.5	23.2	22.3
Excédent / déficit budgétaire, % PNB	-6.1	..	-7.9	..	..	-8.3	-2.8	..	-5.8	-3.5	-3.8
Investissement intérieur brut, % PIB	18	24	22	32	..	22	21	15	25	21	22
Epargne intérieure brute, % du PIB	17	21	19	34	..	24	20	4	26	21	22

25 Résumé des indicateurs du développement humain selon l'IDH et le revenu

	IDH élevé		IDH moyen		IDH faible				Faible revenu	
	Tous pays	Pays en développement	Tous pays	Chine exclue	Tous pays	Inde exclue	Revenu élevé	Revenu moyen	Tous pays	Chine / Inde exclues
Tableau 2 : Développement humain										
Espérance de vie : total	73.9	70.5	68.6	65.8	56.9	55.4	76.2	67.0	61.9	55.1
femmes en % hommes	110.0	109.3	105.4	106.6	103.0	104.6	108.9	108.5	103.5	104.6
Accès aux serv. de santé	..	87	77	..	56	..	..	72	57	..
Accès à l'eau potable	..	73	75	81	50	44	..	74	58	41
Accès à l'assainissement	..	78	70	..	29	..	..	71	27	..
Apport calories en % des besoin	131	126	113	116	99	99	132	122	103	97
Taux d'alphabétisation adultes	..	88	71	96	47	49	..	73	55	50
Scolarisation primaire et secondaire	95	87	83	82	59	54	96	85	66	51
PNB par habitant	11,060	2,750	850	1,720	370	390	16,910	2,370	320	290
PIB réel par habitant	12,450	5,550	2,960	3,900	1,080	1,230	15,330	3,840	1,570	1,120
Tableau 3 : Les Manques (en millions de personnes affectées)										
Pas de services de santé	..	..	..	..	..	..	..	..	..	..
Pas d'eau potable	..	..	..	..	..	..	..	..	..	..
Pas d'assainissement	..	..	..	..	..	..	..	..	..	..
Décès des moins de 5 ans	..	..	..	..	..	..	..	..	..	..
Sous-alimentés de moins de 5 ans	..	..	..	..	..	..	..	..	..	..
Enfants non-scolarisés : total	..	..	..	..	..	..	..	..	..	..
filles	..	..	..	..	..	..	..	..	..	..
Adultes analphabétes	..	..	..	..	..	..	..	..	..	..
En-deça seuil de pauvreté : pop. totale	..	..	..	..	..	..	..	..	..	..
pop. rurale	..	..	..	..	..	..	..	..	..	..
Tableau 4 : Evolution du développement humain										
Espérance de vie 1960	67.8	58.4	49.2	52.8	42.3	41.0	69.5	58.5	44.4	41.0
1990	73.9	70.5	68.6	65.8	56.9	55.4	76.2	67.0	61.9	55.1
TMM5 1960	59	119	195	181	276	272	40	155	248	267
1989	24	40	57	74	155	161	16	73	128	165
Accès à l'eau potable 1975-80	..	65	50	..	27	26	..	56	30	19
1988	..	73	75	..	50	44	..	74	58	41
Apport calories : besoins 1965	107	107	90	96	88	88	123	97	87	87
1985	131	126	113	116	99	99	132	122	103	97
Taux d'alpha. des adultes 1970	..	81	59	..	34	34	..	61	41	36
1985	..	88	71	..	47	49	..	73	55	50
Scolarisation primaire et secondaire 1970	..	73	66	66	42	37	..	64	52	37
1987	..	87	83	82	59	54	..	85	66	51
PIB réel par habitant 1960	4,320	2,200	890	1,290	520	510	4,950	1,530	600	480
1988	12,450	5,550	2,960	3,900	1,080	1,230	15,330	3,840	1,570	1,120
Tableau 5 : Formation des ressources humaines										
Taux d'alphab. : des adultes	..	88	71	76	47	49	..	73	55	50
des hommes	..	90	81	82	59	60	..	79	68	61
des femmes	..	85	60	71	34	38	..	67	43	40
Moyenne d'années d'études : total	8.7	5.3	4.6	4.1	2.1	1.9	9.9	5.4	3.3	2.0
hommes	9.1	5.8	5.6	4.6	3.0	2.6	10.2	5.9	4.4	2.7
femmes	8.4	4.7	3.6	3.6	1.2	1.2	9.6	4.9	2.2	1.3
Scientifiques et techniciens/1 000 habitants	133.2	71.5	10.3	20.7	3.7	4.7	138.8	75.6	5.0	4.9
Taux de diplômés du supérieur	8.2	2.6	1.2	3.1	0.7	..	10.8	3.6	0.5	0.4
Diplômés en sciences en % du total	35	35	33	29	23	..	33	36	37	23
Tableau 6 ; Evolution des écarts du développement humain Sud-Nord (en % de la moyenne du Nord)										
Espérance de vie 1960	98	85	71	77	61	59	101	85	64	59
1990	99	95	92	88	76	74	102	90	83	74
TMM5 1960	77	38	23	25	16	17	114	29	18	17
1989	75	46	33	25	12	12	113	25	15	11
Apport calories/besoins 1964-66	94	86	72	78	71	71	108	85	70	71
1984-86	99	95	85	87	75	74	100	88	78	73
Taux de scolarisation primaire et secondaire 1970	..	83	76	76	48	42	..	74	60	42
1988	98	90	85	84	60	55	99	83	68	53
PIB réel par habitant 1960	92	47	19	28	11	11	106	33	13	10
1987	87	39	21	27	8	9	107	27	11	8
Tableau 7 : Ecarts du développement humain entre le Nord et le Sud (exprimés en % de la moyenne du Nord)										
Fécondité	92	65	66	50	38	34	104	56	48	35
Mortalité maternelle	76	39	33	20	6	5	248	18	7	5
Habitants par médecin	78	42	30	17	6	4	98	18	9	3
Malnutrition infantile	..	..	11	12	6	6	..	13	6	5
Alphabétisation des femmes	..	87	62	72	35	39	..	68	43	40
Taux de scolarisation supérieur	95	69	15	42	17	14	117	53	10	9
Scientifiques et techniciens	96	51	7	15	3	3	100	54	4	3
Radios	93	48	20	24	11	13	121	37	13	11
PNB par habitant	88	22	7	14	3	3	135	19	3	2

	IDH élevé		IDH moyen		IDH faible				Faible revenu	
	Tous pays	Pays en développement	Tous pays	Chine exclue	Tous pays	Inde exclue	Revenu élevé	Revenu moyen	Tous pays	Chine / Inde exclues
Tableau 8 : Dépenses réelles Sud/Nord (exprimés en % de la moyenne du Nord)										
Tous produits alimentaires	..	..	71	..	23	28	..	65	23	28
Viande	..	..	69	..	7	14	..	61	6	12
Produits laitiers, huiles, graisses	..	..	39	..	17	17	..	36	16	16
Céréales, pain	..	..	121	..	73	85	..	113	73	89
Services de santé	..	..	20	..	5	8	..	17	5	7
Médicaments	..	..	59	..	6	3	..	51	5	3
Enseignement	..	..	43	..	21	20	..	48	20	18
Livres	..	..	10	..	3	4	..	8	3	4
Tableau 9 : Inégalités entre zones rurales et zones urbaines										
Pop. rurale en % du total	27	25	58	42	72	71	22	40	71	74
Accès pop. rur à la : santé	..	..	61	..	40	..	..	55	39	..
eau potable	..	43	65	60	40	31	..	51	50	30
assainissement	..	40	58	..	20	..	..	45	19	..
Accès pop. urb. à la : santé	..	..	95	..	85	..	..	90	85	..
eau potable	..	84	88	91	72	70	..	87	77	66
assainissement	..	92	74	..	41	50	..	80	38	46
Inégalités zones rur./ urb. : sante	..	..	64	..	48	..	..	61	46	..
eau	..	51	74	67	55	45	..	58	65	45
assainissement	..	43	79	..	49	..	..	56	51	..
nutrition	..	..	..	..	75	..	..	89	80	72
Tableau 10 : Inégalités entre les hommes et les femmes (femmes en % des hommes)										
Espérance de vie	110.0	109.3	105.4	106.6	103.0	104.6	108.9	108.5	103.5	104.6
Taux d'alphabétisation 1970	..	88	77	..	43	44	..	74	44	46
1985	..	94	74	86	55	59	..	83	61	60
Moyenne d'années d'études	91	82	65	78	38	43	93	79	47	45
Scolar. ens. primaire 1960	..	93	84	..	50	50	..	82	50	50
1987-88	..	99	97	96	87	82	..	92	91	83
Scolar. ens. secondaire	103	103	78	88	61	65	102	89	66	66
Scolar. ens. supérieur	94	75	61	82	44	39	95	83	49	38
Main-d'œuvre	66	42	66	43	40	44	62	56	56	47
Parlement	19	7	22	7	9	10	10	22	18	11
Tableau 11 : Survie et développement de l'enfant										
Naissances sous contrôle	..	88	70	..	33	32	..	63	33	33
Insuff. pondérale néonatale	..	11	7	10	23	18	..	11	19	19
lTaux de mortalité infantile	19	32	41	54	99	101	12	51	83	103
Enfants d'un an vaccinés 1981	..	54	50	..	19	21	..	49	17	18
1988-89	..	79	85	..	67	59	..	71	70	59
Allaitement maternel à un an	..	31	45	..	74	..	..	52	75	..
Inuff. pondérale infantile Emancipation	..	..	20	19	41	42	..	18	37	47
Retard de croissance	..	..	7	7	16	..	..	6	16	17
stunting	..	..	39	36	47	..	..	34	46	50
TMM5	24	40	57	74	155	161	16	83	128	165
Tableau 12 : Santé										
Accès aux serv. de santé	..	87	77	..	56	..	..	72	57	..
Emploi de contraceptifs	69	..	70	61	33	30	71	58	51	31
Taux de mortalité maternelle	32	63	74	120	430	490	10	130	330	520
Consommation d'alcool	4.2	5.8	2.3	..	0.9	2.8	3.6	3.7	0.8	3.4
Adultes fumeurs	34	34	32	..	30	33	35	36	30	34
Pop. par médecin	580	1,080	1,500	2,680	7,880	12,210	470	2,490	5,160	13,190
infirmière	260	770	1,540	1,210	2,350	2,880	130	970	2,150	3,190
Infirmières par médecin	3.7	1.7	1.2	2.6	4.1	6.2	4.4	2.9	2.5	6.1
Dépenses de santé en % du PIB 1960	..	1.7	1.0	0.7	0.6	0.7	..	..	0.9	0.6
1986	..	1.5	1.7	1.8	1.0	1.0	..	..	1.1	0.7
Tableau 13 : Sécurité alimentaire										
Prod. alimentaire par hab.	..	94	122	99	104	103	..	99	115	103
Prod. agricole en % du PIB	..	9	18	12	29	27	..	12	32	32
Apport journ. de calories	..	2,960	2,660	2,730	2,270	2,300	..	2,770	2,380	2,230
Apport de calories/besoins	131	126	113	116	99	99	132	122	103	97
Coeff. dép. envers import. alimentaires 1969-71	..	..	10.9	23.9	7.3	10.8	..	22.9	4.2	9.2
1986-88	..	..	7.2	14.3	8.9	13.2	..	20.4	5.3	8.8
Importations de céréales	..	..	46,110 T	30,600 T	35,280 T	32,300 T	..	65,610 T	31,700 T	13,200 T
Aide aliment. céréales en % des import.	..	..	11	20	27	29	..	15	22	48
Aide alimentaire	..	..	480 T	470 T	1,660 T	1,490 T	..	990 T	1,180 T	1,000 T

25 Résumé des indicateurs du développement humain selon l'IDH et le revenu (suite)

	IDH élevé		IDH moyen		IDH faible				Faible revenu	
	Tous pays	Pays en développement	Tous pays	Chine exclue	Tous pays	Inde exclue	Revenu élevé	Revenu moyen	Tous pays	Chine / Inde exclues
Tableau 14: Enseignement										
Scolarité obligatoire (années)	9	8	8	7	7	7	9	7	7	7
Nombre élèves/maître ens. primaire	21	29	24	26	42	39	20	29	37	40
Taux de scol. ens. primaire	..	98	98	91	74	..	..	90	90	75
secondaire	..	64	46	49	34	28	..	51	37	26
prim. et sec. confondus	95	87	83	82	59	54	96	85	66	51
supérieur	32,2	23,4	5,2	14,3	5,7	4,9	39,6	17,8	3,4	3,1
Radio / 1 000 habitants	945	490	208	249	107	128	1 237	379	130	114
TV / 1 000 habitants	428	160	54	116	15	21	596	163	14	15
Circulation de quotidiens	326	120	56	..	25	22	317	197	25	22
Tableau 15: Problèmes d'enseignement										
Redoublants en % des inscrits prim.	..	..	9	13	15	..	..	13	10	15
Taux d'abandon dans le primaire	..	28	34	37	51	45	..	37	47	46
Redoublants en % des inscrits sec.	..	..	17	..	17	..	..	14	16	..
Scol. technique secondaire	28,6	12,3	9,6	15,6	8,4	..	36,0	14,1	7,5	6,4
Scol. ens. scientifique sup.	37	33	29	35	33	34	34	39	29	32
Scol. ens. sup. à l'étranger	..	2,5	2,7	2,5	2,8	6,4	..	2,7	2,4	7,1
Dépenses ens. en % du PNB 1960		2,2	2,2	2,5	2,3	2,3		2,4	2,0	1,9
1986	..	3,6	3,8	4,2	3,5	3,6	..	3,8	2,8	2,4
Dépenses d'enseignement	..	19,3	13,8	16,0	13,5	16,5	..	10,5	7,9	10,3
Dépenses d'enseignement prim.	..	34,9	45,0	50,4	43,2	44,1	..	43,7	37,3	44,5
Tableau 16: Emploi										
% main-d'œuvre / pop.	47,0	39,5	51,9	38,5	37,6	37,3	47,0	41,5	46,1	38,2
% de femmes dans main-d'œuvre	38,5	25,8	37,6	27,2	26,2	26,7	37,5	31,9	33,0	27,9
% main-d'œuvre dans l'agriculture 1965	29,0	27,7	73,3	53,6	74,5	75,7	13,0	53,0	78,1	76,8
1985-88	12,5	20,2	64,2	37,8	62,1	61,7	6,0	30,7	68,1	63,1
% main-d'œuvre dans l'industrie 1965	31,7	32,0	11,0	17,7	10,1	8,6	45,9	18,9	8,9	8,1
1985-88	27,0	23,3	14,7	16,5	9,5	8,6	22,1	25,1	11,3	8,0
% main-d'œuvre dans les services 1965	39,4	40,4	15,7	28,7	15,5	16,0	41,1	28,2	13,0	15,4
1985-88	60,5	56,5	21,1	45,7	28,4	29,7	71,9	44,2	20,5	28,9
Prestations de séc. soc.	10,4	..	3,3	..	0,5	0,7	10,4	8,0	..	..
Taux annuel croiss. des salaires 1970-80	2,4	..	2,3	..	0,7	1,0	2,2	2,5	0,6	0,9
1980-87	1,2	0,8	3,1	0,1	2,8	0,2	1,4	0,0	3,6	0,3
Tableau 17: Richesse, pauvreté et investissement social										
PIB réel par hab. ($ ajusté)	12 450	5 550	2 960	3 900	1 080	1 230	15 330	3 840	1 570	1 120
PNB par habitant total	11 060	2 750	850	1 720	370	390	16 910	2 370	320	290
40 % + pauvres	..	..	..	..	..	..	..	..	..	..
Part du revenu : 40 % + pauvres	..	..	..	..	..	..	..	..	..	..
20 % + riches / 20 % pauvres	..	..	..	..	..	..	..	..	..	..
Coeff. Gini	..	..	..	..	..	..	..	..	..	..
% population au-dessous seuil pauv. totale	..	..	..	..	..	..	..	..	..	..
rurale	..	..	..	..	..	..	..	..	..	..
Dépenses d'enseignement	..	3,6	3,8	4,2	3,5	3,6	..	3,8	2,8	2,4
Dépenses de santé	..	1,5	1,7	1,8	1,0	1,0	..	1,5	1,1	0,7
Tableau 18: Déséquilibres des flux de ressources										
APD reçue : total	..	1 060 T	7 990 T	5 760 T	25 080 T	23 210 T	..	11 960 T	21 900 T	17 800 T
% du PNB	..	0,2	0,6	0,6	3,6	5,5	0,1	0,8	2,4	6,9
APD pour investissement social	..	15,8	22,5	24,8	13,0	13,5	..	18,2	13,7	14,1
APD pour enseign. et santé	..	..	2,0	2,6	5,8	8,8	..	2,2	4,9	19,2
Dette totale	..	39	25	35	48	68	..	41	28	66
Service de la dette en % des export 1970	..	16,2	11,0	..	11,3	9,0	..	13,7	11,5	8,0
1988	..	17,1	20,2	27,3	28,4	29,7	..	22,8	16,9	25,9
Réserves internat. brutes	..	3,6	4,0	3,6	2,5	2,2	..	2,9	3,7	2,2
Fonds des trav. de l'étranger	..	..	-0,1	-0,2	1,8	2,3	..	0,9	0,8	1,7
Termes de l'échange	109	94	85	85	83	74	109	91	88	79
Solde transact. courantes	-2 280 T	13 250 T	-8 440 T	-4 640 T	-34 010 T	-26 790 T	-9 050 T	-7 310 T	-28 370 T	-17 350 T

		IDH élevé		IDH moyen		IDH faible				Faible revenu	
		Tous pays	Pays en développement	Tous pays	Chine exclue	Tous pays	Inde exclue	Revenu élevé	Revenu moyen	Tous pays	Chine / Inde exclues
Tableau 19: Déséquilibres des dépenses militaires et de l'emploi des ressources											
Dépenses militaires en % du PNB	1960	6,2	1,9	6,9	2,6	2,2	2,5	5,4	7,5	6,5	3,5
	1986	..	2,9	5,7	5,6	3,5	3,5	..	8,4	4,5	3,5
Taux dépenses mil./ dépenses santé + ens.		..	58	105	94	79	78	..	221	116	115
Rapport APD / dépenses militaires		..	..	0,10	0,10	1,00	1,55	..	..	..	..
Importations d'armes		..	1 240 T	19 220 T	18 840 T	13 770 T	10 570 T	..	20 430 T	9 410 T	5 830 T
Rapport APD pour invest. social / importations d'armes ..		..	0,10	0,08	0,21	0,26	..	0,09	0,29	0,37	
Forces armées	pour 1 000 hab.	8,2	5,2	4,6	8,2	2,6	3,4	7,0	8,6	2,4	2,9
	en % enseignants	102	86	66	91	70	100	82	110	60	97
Tableau 20: Population et surpopulation urbaines											
% pop. urbaine	1960	60	52	25	36	16	15	69	41	17	13
	1990	73	75	42	58	28	29	78	60	29	26
	2000	76	80	54	65	34	36	79	66	38	33
Taux d'accroissement pop. urbaine	1960-90	1,7	3,6	4,0	4,2	4,2	4,7	1,3	3,3	4,0	4,9
	1990-2000	1,0	2,2	4,0	3,1	4,5	4,9	0,7	2,4	4,7	5,1
Personnes par pièce hab.		..	..	1,6	..	2,7	..	0,7	1,8	..	..
Maisons sans électricité		41	64	..	77	..	..	56	..	..	
Pop. de la + grande ville		..	40	15	26	20	29	..	31	12	28
Densité de pop. de + grande ville		..	..	..	..	..	..	..	..	..	..
Tableau 21: Bilan démographique											
Population	1960	1 050 T	120 T	970 T	290 T	1 000 T	560 T	630 T	810 T	1 580 T	480 T
	1990	1 420 T	240 T	1 790 T	630 T	2 070 T	1 210 T	810 T	1 450 T	3 020 T	1 030 T
	2000	1 520 T	280 T	2 090 T	770 T	2 640 T	1 600 T	850 T	1 700 T	3 700 T	1 360 T
Taux de croissance démographique	1960-90	1,0	2,2	2,0	2,6	2,4	2,6	0,8	1,9	2,2	2,6
	1990-2000	0,7	1,6	1,6	2,0	2,4	2,7	0,5	1,6	2,0	2,7
Stabilis. de la pop.	nombre	1 380 T	430 T	3 380 T	1 510 T	6 920 T	5 060 T	850 T	2 850 T	7 980 T	4 280 T
	année	..	2011	2004	2013	2024	2030	..	2016	2015	2030
Taux de fécondité		2,1	2,9	2,9	3,8	5,0	5,5	1,8	3,4	3,9	5,5
Taux brut de mortalité		6,2	6,2	6,9	7,3	12,0	13,0	9,0	7,9	10,0	13,2
Coeff. de dépendance		52	62	56	72	80	87	50	67	67	87
Densité de population		234	327	534	263	594	381	247	236	862	454
Tableau 22: Bilan des ressources naturelles											
Superficie émergée		6 040 T	700 T	3 390 T	2 440 T	3 480 T	3 190 T	3 230 T	6 140 T	3 540 T	2 310 T
Terres arables en	% superficie	..	49	38	37	32	29	..	36	37	32
	% an. accrois. arables	..	0,28	0,51	0,73	0,17	0,17	..	0,53	0,13	0,21
Bétail par	habitant	..	1,19	0,74	1,07	0,66	0,73	..	1,06	0,62	0,73
	% an. accrois.du bétail	..	2,1	1,4	1,9	2,2	2,4	..	1,9	1,8	2,4
Production de bois		..	0,23	0,31	0,59	0,48	0,61	..	0,46	0,36	0,65
de feu (m^3)	% an. accrois. bois de feu	..	1,7	1,7	1,1	2,4	2,8	..	1,6	2,2	2,7
Déboisement annuel		..	..	1,5	..	0,8	0,7	..	1,3	0,8	0,7
Ressources int. en eau renouv.		10,1	..	6,3	13,6	5,5	9,1	10,4	11,4	4,2	9,4
Indice de serre		3,2	1,6	1,0	1,8	0,7	0,9	3,7	2,0	0,7	0,9
Tableau 23: Agrégats des comptes nationaux											
PIB total		15 280 T	650 T	1 260 T	810 T	650 T	410 T	13 990 T	2 340 T	860 T	250 T
PNB total		14 140 T	630 T	1 230 T	870 T	680 T	410 T	13 500 T	1 680 T	870 T	250 T
Taux croissance du PNB par habitant	1965-80	2,7	3,9	4,0	3,8	1,8	2,0	3,0	3,1	2,7	1,9
	1980-88	2,5	0,8	6,6	0,5	1,4	-0,2	3,1	0,7	4,8	-0,3
Taux d'inflation		21,3	73,8	24,6	72,1	12,7	17,2	5,4	63,6	8,5	15,0
Recettes fiscales		23,0	17,1	15,6	..	13,4	15,2	22,9	19,7	12,4	13,5
Excédent / déficit budgétaire, % PIB		-3,5	-3,1	-7,6	..	-6,6	-5,3	-3,5	-5,5	-6,9	-5,7
Investissement intérieur brut, % PIB		21	24	28	23	21	20	21	23	28	18
Epargne intérieure brute, % du PIB		22	28	29	25	18	16	22	25	26	15

26 Développement humain

		Espérance de vie à la naissance (années) 1990	Moyenne d'années de scolarité (25+) 1980	Scientifiques et techniciens (pour 1 000 habitants) 1980-88	Taux de scolarisation dans l'ens. supérieur (%) Total 1987-88	Taux de scolarisation dans l'ens. supérieur (%) Femmes en % des hommes 1987-88	Nombre d'habitants par médecin 1984	Récepteurs TV (par 1 000 habitants) 1986-88	Circulation de quotidiens (par 1 000 habitants) 1986-88	PNB par habitant ($ EU) 1988	PIB réel par habitant ($ ajusté) 1988
1	Japon	78,6	10,4	317	30	76	660	587	566	21 020	13 650
2	Canada	77,0	11,4	257	62	93	510	577	225	16 960	17 680
3	Islande	77,8	7,5	..	22	110	..	..	..	20 190	16 820
4	Suède	77,4	9,4	262	31	106	390	395	526	19 300	14 940
5	Suisse	77,4	8,3	202	25	66	700	405	504	27 500	17 220
6	Norvège	77,1	9,6	103	35	106	450	348	551	19 990	13 820
7	USA	75,9	12,2	55	60	106	470	811	259	19 840	19 850
8	Pays-Bas	77,2	7,9	219	32	86	450	469	314	14 520	12 680
9	Australie	76,5	9,3	157	29	102	440	483	252	12 340	14 530
10	France	76,4	9,4	83	35	106	320	..	193	16 090	13 590
11	Royaume-Uni	75,7	10,8	..	23	92	..	434	421	12 810	13 060
12	Danemark	75,8	9,7	63	31	100	400	386	367	18 450	13 610
13	Finlande	75,5	9,2	..	40	102	440	..	551	18 590	13 980
14	Allemagne	75,2	8,8	131	32	86	380	462	397	16 570	14 620
15	Nouvelle-Zélande	75,2	8,9	49	36	98	580[a]	369	327	10 000	11 310[a]
16	Belgique	75,2	7,9	..	33	94	330	320	219	14 490	13 010
17	Autriche	74,8	9,6	268	31	92	390	480	362	15 470	12 350
18	Italie	76,0	6,4	83	26	98	230	..	105	13 330	13 000
19	Luxembourg	74,9	7,7	..	3	..	..	..	395	22 400	14 290
20	Espagne	77,0	5,9	130	32	100	320	368	75	7 740	8 250
21	Israël	75,9	8,8	82	34	94	350	264	..	8 650	10 860
23	Irlande	74,6	7,7	244	25	88	680	..	175	7 750	7 020
24	Grèce	76,1	6,5	166	28	98	350	175	..	4 800	6 440
27	Tchécoslovaquie	71,8	7,8	130	18	84	..	281	345	5 820	..
29	Malte	73,4	6,0	..	7	76	..	..	155	5 190	7 490
30	Hongrie	70,9	8,6	251	15	106	310	402	273	2 460	5 920
31	URSS	70,6	7,6	128	24	106	..	314	474	4 550	..
33	Bulgarie	72,6	7,0	113	25	108	..	189	267	4 150	..
34	Yougoslavie	72,6	6,0	192	18	96	550	175	184	2 520	4 860
36	Portugal	74,0	3,8	..	18	76	410	159	41	3 650	5 980
41	Pologne	71,8	7,3	168	20	112	490	263	200	1 860	4 190
49	Albanie	72,2	5,0	..	8	100	..	83	43	1 200	..
58	Roumanie	70,8	6,6	..	10	..	570	166	159	2 560	..
	Données consolidées										
	Pays industrialisés	74,5	9,1	139	34	98	460	480	342	12 510	14 350
	Pays en développement	62,8	3,5	9	6	..	4 590	40	34	710	2 170
	Monde	65,5	5,4	44	12	..	3 780	133	146	3 410	4 340
	OCDE	76,4	9,9	140	40	95	450	598	314	16 940	15 280
	Europe de l'Est et URSS	71,0	7,4	139	21	105	..	89	396	4 030	..
	CE	75,9	8,3	115	29	94	330	415	255	13 620	12 540
	Pays nordiques	76,6	9,5	167	34	104	410	381	500	19 090	14 250
	Europe méridionale	75,5	6,0	124	25	97	330	257	104	8 440	9 310
	Pays non-européens	76,8	11,4	148	50	96	530	709	347	19 500	17 530
	Afrique du Nord	76,0	12,1	74	60	105	470	788	256	19 560	19 640

a, Données relatives à l'ancienne République démocratique allemande exclues

27 Détresse humaine

	Blessés graves du fait d'accident de la route (par 100 000 habitants) 1980	Infractions à la législation sur les stupéfiants (par 100 000 habitants) 1980-85	Suicides (par 100 000 habitants) 1987-88	Homicides volontaires (par 100 000 habitants) 1987-88	Adultes sans éducation secondaire du second cycle (%) 1988	Salaires féminins (en % des salaires masculins) 1986	Taux de chômage (%) 1989	Taux annuel d'inflation (%) 1980-88	Ratio du revenu des ménages : 20% supérieurs/ 20 % inférieurs 1980-87	Indice de serre (équi. calorifique de carbone par habitant) 1988-89
1 Japon	..	1,7	19,7	0,8	32,6	52	2,2	1,3	4,3	2,3
2 Canada	976	307,9	14,6	2,1	33,6	63	7,7	4,6	7,1	4,9
3 Islande	..	..	14,6	..	..	90	2,3	..	..	2,4
4 Suède	232	..	20,5	5,0	41,1	81	1,6	7,5	4,6	1,9
5 Suisse	..	..	..	..	21,7	68	0,6	3,8	8,6	2,4
6 Norvège	251	50,1	14,0	1,6	47,9	75	5,0	5,6	5,9	3,0
7 USA	620	234,1	13,0	9,0	22,9	59	5,3	4,0	8,9	5,3
8 Pays-Bas	400	37,4	11,1	1,1	48,2	77	6,8	2,0	5,6	3,0
9 Australie	636	..	12,4	2,0	41,2	87	6,9	7,8	9,6	5,2
10 France	168	20,4	22,9	1,2	..	75	9,3	7,1	6,5	2,4
11 Royaume-Uni	..	..	8,2	1,0	48,2	66	6,1	5,7	6,8	3,2
12 Danemark	..	93,6	..	5,0	..	84	9,3	6,3	7,1	3,4
13 Finlande	781	32,8	28,2	2,7	..	76	3,8	7,1	6,0	3,0
14 Allemagne	241	..	19,3[a]	1,1[a]	18,7[a]	..	6,1[a]	2,8[a]	5,7[a]	3,7
15 Nouvelle-Zélande	321	276,1	12,7	2,2	..	77	7,2	11,4	8,8	3,7
16 Belgique	202	..	22,5	2,2	64,0	75	8,7	4,8	4,6	3,1
17 Autriche	834	..	27,9	1,3	26,8	78	3,2	4,0	..	2,3
18 Italie	390	13,9	8,5	1,5	71,9	80	12,2	11,0	6,0	2,4
19 Luxembourg	..	..	20,1	1,6	..	64	1,3	..	..	5,7
20 Espagne	310	14,8	6,6	1,2	67,3	..	16,1	10,1	5,8	2,2
21 Israël	..	94,2	6,5	1,8	..	..	..	136,6	6,6	2,3
23 Irlande	267	28,0	8,0	0,8	..	62	14,9	8,0	..	3,2
24 Grèce	..	..	4,0	1,0	..	65	7,9	18,9	..	2,5
27 Tchécoslovaquie	191	..	19,4	1,2	..	68	..	..	..	3,3
29 Malte	..	..	2,7	1,2	..	..	..	..	..	1,0
30 Hongrie	234	..	45,8	2,5	..	..	..	6,4	3,0	1,8
31 URSS	..	..	19,8	6,2	..	..	..	..	..	3,4
33 Bulgarie	..	..	15,8	2,9	..	..	..	..	..	3,0
34 Yougoslavie	259	1,1	16,1	1,8	..	..	..	66,9	7,0	1,4
36 Portugal	..	9,0	9,5	1,3	87,4	76	5,3	20,1	..	1,8
41 Pologne	115	2,3	13,5	1,7	..	..	..	30,5	3,6	2,9
49 Albanie	..	..	..	..	..	..	..	..	..	0,8
58 Roumanie	..	..	6,6	1,1	..	..	..	..	..	2,2
Données consolidées										
Pays industrialisés	433	..	16,0	4,2	36,5	65	6,5	8,7	6,7	3,5
Pays en développement	..	..	..	..	..	..	..	22,0	..	0,9
Monde	..	..	..	..	..	..	..	19,2	..	1,5
OCDE	471	..	14,6	3,8	36,5	65	6,5	5,3	6,9	3,6
Europe de l'Est et URSS	..	..	18,8	4,9	..	..	..	..	..	3,1
CE	276	..	13,5	1,3	..	74	9,2	7,2	6,1	2,9
Pays nordiques	389	..	21,0	3,9	..	80	4,4	6,8	5,7	2,7
Europe méridionale	..	..	9,0	1,4	..	..	12,5	..	..	2,1
Pays non-européens	649	..	15,0	5,8	27,2	58	4,6	4,7	7,5	4,4
Afrique du Nord										

a, Données relatives à l'ancienne République démocratique allemande exclues

28 Affaiblissement des structures sociales

	Taux de divorce (population de + 25 ans) (%) 1985-87	Foyers monoparentaux (%) 1980	Taux de naissances illégitimes 1980	Consommation d'alcool par adultes (en litres) 1980-85	Infractions à la législation sur les stupéfiants (par 100 000 habitants) 1980-85	Viols déclarés par 100 000 femmes de 15 à 59 ans 1980-85	Homicides volontaires (par 100 000 habitants) 1987-88	Suicides (par 100 000 habitants) 1987-88	Population carcérale (par 100 000 habitants) 1980-85	Population juvénile en % de la population carcérale totale 1980-85
1 Japon	2,0	5,0	..	4,2	2	7	0,8	19,7	45	..
2 Canada	5,0	..	15,1	4,3	308	30	2,1	14,6	..	..
3 Islande	3,8	..	..	3,5	..	..	..	14,6	..	..
4 Suède	3,2	6,0	42,0	3,5	..	34	5,0	20,5	..	..
5 Suisse	2,6	4,0	..	3,6	..	..	..	..	73	..
6 Norvège	3,2	4,0[b]	17,6	2,0	50	10	1,6	14,0	44	..
7 USA	8,0	8,0	..	4,1	234	114	9,0	13,0	426	..
8 Pays-Bas	3,0	5,0	5,9	3,4	37	92	1,1	11,1	40	3
9 Australie	4,2	..	..	1,5	..	..	2,0	12,4	72	..
10 France	3,1	5,0	12,7	3,2	20	11	1,2	22,9	81	2
11 Royaume-Uni	4,5	4,0[b]	14,4	2,2	..	9	1,0	8,2	98	30
12 Danemark	4,4	6,0	38,3	1,9	94	20	5,0	..	68	..
13 Finlande	3,2	10,0	13,3	4,1	33	40	2,7	28,2	98	8
14 Allemagne	3,5	7,0[a]	12,2	4,0	..	..	1,1[a]	19,3[a]	77[a]	12[a]
15 Nouvelle-Zélande	4,6	8,0	..	2,4	276	24	2,2	12,7	100	..
16 Belgique	2,8	5,0	4,5	2,6	..	..	2,2	22,5	62	1
17 Autriche	3,0	7,0b	21,6	1,9	..	..	1,3	27,9	77	..
18 Italie	0,5	..	..	2,4	14	10	1,5	8,5	60	3
19 Luxembourg	3,0	7,0	..	5,5	..	..	1,6	20,1	..	..
20 Espagne	..	..	..	4,1	15	8	1,2	6,6	76	20
21 Israël	2,4	..	..	..	94	25	1,8	6,5	..	13
23 Irlande	..	9,0[b]	..	2,8	28	4	0,8	8,0	..	32
24 Grèce	1,4	..	..	..	..	..	1,0	4,0	..	5
27 Tchécoslovaquie	4,1	..	..	5,3	..	..	1,2	19,4	..	..
29 Malte	..	..	..	..	..	..	1,2	2,7	..	..
30 Hongrie	4,3	..	7,7	6,2	..	..	2,5	45,8	196	..
31 URSS	5,8	..	..	4,4	..	..	6,2	19,8	268	..
33 Bulgarie	2,2	..	..	2,6	..	..	2,9	15,8	..	..
34 Yougoslavie	1,5	..	..	2,7	1	27	1,8	16,1	..	..
36 Portugal	1,5	..	..	..	9	4	1,3	9,5	83	12
41 Pologne	2,2	..	..	5,7	2	14	1,7	13,5	106	11
49 Albanie	1,9	..	..	..	..	..	..	..	..	..
58 Roumanie	2,4	..	..	2,7	..	..	1,1	6,6	..	..
Agrégats										
Pays industrialisés	4,6	..	..	3,9	..	48	4,2	16,0	205	..
Pays en développement	..	..	..	..	..	..	..	..	..	..
Monde	..	..	..	..	..	..	..	..	..	..
OCDE	4,5	..	..	3,6	..	51	3,8	14,6	186	..
Europe de l'Est et URSS	4,8	..	..	4,4	..	..	4,9	18,8	..	..
CE	2,9	..	..	3,2	..	15	1,3	13,5	76	..
Pays nordiques	3,5	..	..	3,0	..	28	3,9	21,0	71	..
Europe méridionale	0,9	..	..	..	..	12	1,4	9,0	..	..
Pays non-européens	5,8	..	..	4,0	..	73	5,8	15,0	286	..
Amérique du Nord	7,7	..	..	4,1	..	106	8,3	13,2	426	..

a, Données relatives à l'ancienne République démocratique allemande exclues.

Evolution du développement

		Espérance naissance (années)		Scolarisation ens. supérieur (%)		PNB par habitant ($ EU)		PIB réel par habitant ($ ajusté)		Dépenses d'enseignement (en % du PNB)		Dépenses de santé (en % du PNB)	
		1960	1990	1965	1988	1976	1988	1960	1988	1960	1986	1960	1987
1	Japon	67,9	78,6	13	30	4 910	21 020	2 240	13 650	4,9	6,5	2,9	6,8
2	Canada	71,0	77,0	26	62	7 510	16 960	6 070	17 680	4,6	7,2	5,5	8,6
3	Islande	73,2	77,8	10	22	6 370	20 190	4 640	16 820	..	..	3,5	7,8
4	Suède	73,1	77,4	13	31	8 670	19 300	5 150	14 940	5,9[b]	7,5[b]	4,7	9,0
5	Suisse	71,2	77,4	8	25	8 880	27 500	6 830	17 220	3,3[b]	5,2	3,3	7,7
6	Norvège	73,4	77,1	11	35	7 420	19 990	5 000	13 820	4,6	6,7	3,3	7,5
7	USA	69,9	75,9	40	60	7 890	19 840	7 380	19 850	5,3	6,8	5,2	11,2
8	Pays-Bas	73,2	77,2	17	32	6 200	14 520	4 690	12 680	4,9	6,8	3,9	8,5
9	Australie	70,7	76,5	16	29	6 100	12 340	5 180	14 530	..	..	4,6	7,1
10	France	70,3	76,4	18	35	6 550	16 090	4 470	13 590	3,6	6,6	4,2	8,6
11	Royaume-Uni	70,6	75,7	12	23	4 020	12 810	4 970	13 060	3,4[b]	5,0[b]	3,9	6,1
12	Danemark	72,1	75,8	14	31	7 450	18 450	5 490	13 610	4,0[b]	7,3	3,6	6,0
13	Finlande	68,4	75,5	11	40	5 620	18 590	4 070	13 980	4,9	5,7	3,9	7,4
14	Allemagne	69,5	75,2	11	32	6 705	16 570	5 220[a]	14 620[a]	2,4[a]	4,5[a]	4,7	7,5
15	Nouvelle-Zélande	70,9	75,2	15	36	4 250	10 000	5 570	11 310	2,2[b]	4,9[b]	4,4	6,9
16	Belgique	70,2	75,2	15	33	6 780	14 490	4 380	13 010	4,8[b]	5,4[b]	3,4	7,2
17	Autriche	68,6	74,8	9	31	5 330	15 470	3 910	12 350	2,9[b]	6,0[b]	4,6	8,4
18	Italie	69,2	76,0	11	26	3 050	13 330	3 230	13 000	4,2[b]	3,9[b]	3,3	6,9
19	Luxembourg	68,1	74,9	3	3	7 480	22 400	6 110	14 290	..	..	..	..
20	Espagne	69,0	77,0	6	32	2 920	7 740	2 430	8 250	1,1[b]	3,2[b]	2,3	6,0
21	Israël	68,6	75,9	20	34	3 920	8 650	2 840	10 860	..	..	1,0[b]	2,1[b]
23	Irlande	69,6	74,6	12	25	2 560	7 750	2 550	7 020	3,0[b]	6,2	4,0	7,4
24	Grèce	68,7	76,1	10	28	2 590	4 800	1 470	6 440	2,0	3,1	3,2	5,3
27	Tchécoslovaquie	69,9	71,8	14	18	3 840	5 820	..	..	..	..	2,9[b]	4,2[b]
29	Malte	68,5	73,4	5	7	1 540	5 190	1 280	7 490	..	..	..	..
30	Hongrie	68,1	70,9	13	15	2 280	2 460	3 220	5 920	..	..	2,6[b]	3,2[b]
31	URSS	68,3	70,6	30	24	2 760	4 550	..	..	..	..	3,5[b]	3,2[b]
33	Bulgarie	68,4	72,6	17	25	2 310	4 150	..	..	..	..	2,0[b]	3,2[b]
34	Yougoslavie	62,9	72,6	13	18	1 680	2 520	1 780	4 860	3,3	3,6[b]	3,2[b]	4,3[b]
36	Portugal	63,3	74,0	5	18	1 690	3 650	1 430	5 980	1,8[b]	4,1[b]	0,8[b]	5,7[b]
41	Pologne	67,0	71,8	18	20	2 860	1 860	2 830	4 190	3,8[b]	3,6[b]	3,5[b]	4,0[b]
49	Albanie	62,1	72,2	8	8	540	1 200	..	..	..	..	..	..
58	Roumanie	65,5	70,8	10	10	1 450	2 560	..	..	2,9[b]	2,7[b]	2,0[b]	1,9[b]
	Agrégats												
	Pays industrialisés	69,0	74,5	22	34	4 850	12 510	4 690	14 350	4,6	6,0	4,6	8,3
	Pays en développement	46,2	62,8	..	6	650	710	790	2 170	..	..	..	..
	Monde	53,4	65,5	..	12	3 100	3 410	1 770	4 340	..	..	..	..
	OCDE	69,6	76,4	19	40	6 000	16 940	4 900	15 280	4,6	6,1	4,6	8,6
	Europe de l'Est et URSS	67,7	71,0	26	21	2 630	4 030	..	..	..	..	..	3,4
	CE	69,7	75,9	12	29	4 940	13 620	4 160	12 540	3,3	5,0	4,0	7,3
	Pays nordiques	71,9	76,6	12	34	7 500	19 090	4 960	14 250	5,4	6,8	4,1	7,7
	Europe méridionale	67,6	75,5	10	25	2 610	8 440	2 520	9 310	3,3	3,7	3,0	6,5
	Pays non-européen	69,3	76,8	28	50	6 840	19 500	5 610	17 530	5,2	6,7	5,0	9,4
	Amérique du Nord	70,0	76,0	39	60	7 850	19 560	7 260	19 640	5,3	6,8	5,3	11,0

a, Données pour l'ancienne République démocratique allemande non incluses.
b, Dépenses publiques exclusivement.
Note: Les données relatives aux pays en développement figurent au tableau 4.

30 Formation des ressources humaines

	Moyenne d'années d'étude (25+) Total 1980	Hommes 1980	Femmes 1980	Nombre de scientifiques et de techniciens (par 1 000 habitants) 1980-88	Taux de diplômés supérieur (% de diplômés par rapport au groupe d'âge correspondant) 1986-88	Diplômés en sciences par rapport au total des diplômés (%) Total 1986-88	Hommes 1986-88	Femmes 1986-88
1 Japon	10,4	10,7	10,1	317	11,5	25	38	8
2 Canada	11,4	11,4	11,4	257	14,0	31	39	24
3 Islande	7,5	8,0	7,0	..	..	..	..	..
4 Suède	9,4	9,7	9,1	262	10,7	60	69	52
5 Suisse	8,3	8,5	8,1	202	2,4	42	48	30
6 Norvège	9,6	10,2	9,1	103	19,9	24	30	18
7 USA	12,2	12,3	12,1	55	15,5	30	35	25
8 Pays-Bas	7,9	8,2	7,6	219	7,8	31	38	23
9 Australie	9,3	10,3	8,3	157	9,3	29	38	19
10 France	9,4	9,7	9,1	83	12,1	37	49	22
11 Royaume-Uni	10,8	10,9	10,7	..	10,4	47	49	43
12 Danemark	9,7	10,3	9,1	63	7,7	37	39	35
13 Finlande	9,2	9,5	8,9	..	9,9	63	70	57
14 Allemagne	8,8	9,3	8,3	131	7,2[a]	43	43	44
15 Nouvelle-Zélande	8,9	9,1	8,7	49	6,6	28	28	63
16 Belgique	7,9	8,1	7,7	..	10,2	38	47	29
17 Autriche	9,6	10,3	8,9	268	3,6	31	37	24
18 Italie	6,4	6,8	6,0	83	3,2	50	59	40
19 Luxembourg	7,7	7,9	7,5	..	..	..	..	..
20 Espagne	5,9	6,4	5,4	130	5,1	32	40	25
21 Israël	8,8	9,4	8,2	82	4,9	38	48	27
23 Irlande	7,7	7,8	7,6	244	5,7	37	45	27
24 Grèce	6,5	7,3	5,8	166	5,4	33	46	22
27 Tchécoslovaquie	7,8	8,5	7,1	130	4,6	48	61	31
29 Malte	6,0	6,4	5,6	..	1,6	39	43	25
30 Hongrie	8,6	8,8	8,4	251	5,2	30	47	18
31 URSS	7,6	8,0	7,2	128	5,8	48	..	..
33 Bulgarie	7,0	7,6	6,4	113	5,4	43	53	35
34 Yougoslavie	6,0	7,0	5,0	192	4,8	36	41	30
36 Portugal	3,8	4,4	3,2	..	2,5	32	43	23
41 Pologne	7,3	7,7	6,8	168	6,6	39	49	33
49 Albanie	5,0	5,8	4,2	..	2,0	31	36	24
58 Roumanie	6,6	7,2	6,0	..	2,2	..	..	..
Agrégats								
Pays industrialisés	9,1	9,4	8,8	139	9,1	35	40	25
Pays en développement	3,5	4,4	2,5	9	1,1	31	..	..
Monde	5,4	6,1	4,6	44	3,1	34	..	..
OCDE	9,9	10,2	9,6	140	10,9	33	40	25
Europe de l'Est et URSS	7,4	7,9	7,0	139	5,5	46	49	30
CE	8,3	8,7	8,0	115	7,5	41	47	34
Pays nordiques	9,5	9,9	9,0	167	11,7	45	51	39
Europe méridionale	6,0	6,6	5,5	124	4,0	39	47	30
Pays non-européens	11,4	11,6	11,2	148	13,8	29	36	21
Amérique du Nord	12,1	12,2	12,0	74	15,4	30	35	24

a, Données pour l'ancienne République démocratique allemande non incluses.
Note: Les données relatives aux pays en développement figurent au tableau 5.

31 Inégalités entre hommes et les femmes

	Espérance de vie 1990	Années d'étude moyenne 1980	Scol. ens. secondaire 1987-88	Scol. ens. supérieur 1987-88	Etudiant en sciences au niveau supérieur 1987-88	Main-d'oeuvre 1960	Main-d'oeuvre 1988	Chômage 1989	Salaires 1986	Parlement 1988
	Pourcentage de femmes par rapport aux hommes (voir note)									
1 Japon	107,6	94	102	76	..	58	61	100	52	1
2 Canada	109,3	100	100	93	28	30	66	122	63	11
3 Islande	107,5	88	..	110	..	..	61	..	90	..
4 Suède	107,8	93	102	106	69	47	80	115	81	45
5 Suisse	108,7	96	..	66	33	..	58	..	68	16
6 Norvège	108,9	90	105	106	43	31	69	185	75	52
7 USA	109,8	98	101	106	..	43	71	107	59	6
8 Pays-Bas	108,9	92	98	86	27	..	45	..	77	..
9 Australie	109,0	81	103	102	..	34	61	150	87	6
10 France	111,0	94	108	106	..	..	66	233	75	7
11 Royaume-Uni	107,8	98	104	92	28	42	63	..	66	7
12 Danemark	107,9	88	101	100	41	..	80	..	84	41
13 Finlande	110,7	94	116	102	52	..	88	100	76	46
14 Allemagne	108,7	90	96	86	62	51	60	204[a]	..	24
15 Nouvelle-Zélande	108,3	96	102	98	..	..	53	..	77	17
16 Belgique	109,1	95	101	94	59	30	51	302	75	9
17 Autriche	110,0	86	104	92	32	59	67	..	78	12
18 Italie	108,9	88	..	98	35	33	47	160	80	15
19 Luxembourg	109,2	95	..	..	..	..	52	..	64	..
20 Espagne	108,1	84	110	100	45	16	32	115	..	7
21 Israël	105,0	87	110	94	..	..	51	..	..	9
23 Irlande	107,5	99	111	88	56	..	41	..	62	9
24 Grèce	105,9	79	90	98	37	..	36	..	65	4
27 Tchécoslovaquie	110,8	83	..	84	52	67	87	..	68	42
29 Malte	105,1	88	..	76	..	..	..	..	..	..
30 Hongrie	111,0	95	101	106	28	52	81	..	..	26
31 URSS	113,6	90	..	106	92	..	93	..	..	53
33 Bulgarie	108,2	83	101	108	92	..	86	..	..	27
34 Yougoslavie	108,3	73	96	96	33	..	63	..	..	22
36 Portugal	109,6	73	119	76	..	..	58	325	76	8
41 Pologne	111,8	89	105	112	54	..	84	..	..	25
49 Albanie	107,2	71	89	100	..	..	70	..	..	40
58 Roumanie	108,0	84	101	..	..	..	86	..	..	52
Agrégats										
Pays industrialisés	110,1	94	102	98	62	44	66	..	65	22
Pays en développement	104,4	53	70	54	..	..	52	..	..	15
Monde	105,7	66	75	64	..	..	57	..	..	17
OCDE	109,0	94	102	95	42	44	65	..	65	10
Europe de l'Est et URSS	112,5	89	101	105	82	..	89	..	..	47
CE	108,9	92	104	94	44	..	58	..	74	14
Pays nordiques	108,6	91	105	104	54	..	78	..	80	45
Europe méridionale	108,4	83	105	97	38	..	44	..	..	13
Pays non-européens	109,0	97	102	96	..	47	68	..	58	5
Amérique du Nord	109,7	99	101	105	..	42	70	..	59	6

a, Données pour l'ancienne République démocratique allemande non incluses

Note: Tous les chiffres sont exprimés en fonction de la moyenne concernant les hommes, qui est égale à 100. Plus le chiffre est faible, plus l'écart est grand ; plus le chiffre est près de 100, plus faible est l'écart ; un chiffre supérieur à 100 indique que la moyenne concernant les femmes a dépassé celle des hommes.

Les données relatives aux pays en développement figurent au tableau 10.

	Taux de mortalite maternelle 1980-87	Jours d'incapacité par personne/an 1980	Blessés graves du fait d'accident de la route (par 100 000 habitants) 1980	Adultes fumeurs (%) 1985	Population par médecin 1984	Lits d'hôpitaux occupés par infirmière 1983-87	Indice des coûts d'hospitalisation (1980 =100) 1984-87	Population ayant droit à l'assurance-maladie publique (%) 1987	Taux de couverture des frais de santé par l'assurance publique 1987	Total des dépenses de santé (en % du PNB) 1987
1 Japon	16	..	..	40	660	2,6	121	..	..	6,8
2 Canada	3	16	976	30	510	1,7	160	..	..	8,6
3 Islande	..	..	..	..	..	..	..	100	..	7,8
4 Suède	5	25	232	38	390	..	134	100	95	9,0
5 Suisse	5	..	..	38	700	1,3	164	98	93	7,7
6 Norvège	2	32	251	43	450	1,5	177	100	100	7,5
7 USA	8	19	620	33	470	0,5	160	25	55	11,2
8 Pays-Bas	5	22	400	37	450	..	122	72	79	8,5
9 Australie	8	20	636	34	440	0,6	180	..	..	7,1
10 France	14	..	168	38	320	3,8	169	98	77	8,6
11 Royaume-Uni	9	24	..	34	..	1,4	156	100	94	6,1
12 Danemark	4	..	..	51	400	1,7	173	100	88	6,0
13 Finlande	6	13	781	30	440	1,8	177	100	80	7,4
14 Allemagne	12	13[a]	241	37[a]	380[a]	2,2[a]	146[a]	92[a]	91[a]	8,2[a]
15 Nouvelle-Zélande	6	..	321	32	580	1,1	228	..	..	6,9
16 Belgique	9	..	202	28	330	1,5	164	93	59	7,2
17 Autriche	7	12	834	28	390	1,9	176	99	85	8,4
18 Italie	10	..	390	36	230	1,7	237	100	82	6,9
19 Luxembourg	..	..	..	..	..	..	..	100	96	7,5
20 Espagne	11	..	310	41	320	2,7	212	97	84	6,0
21 Israël	5	..	..	37	350	..	..	..	..	2,1[b]
23 Irlande	12	11	267	36	680	..	160	37	71	7,4
24 Grèce	9	..	..	22	350	2,0	355	100	88	5,3
27 Tchécoslovaquie	10	..	191	36	..	..	..	..	..	4,2[b]
29 Malte	..	..	..	..	..	..	..	..	..	..
30 Hongrie	26	..	234	38	310	..	..	..	..	3,2[b]
31 URSS	48	..	..	30	..	..	..	..	..	3,2[b]
33 Bulgarie	13	..	..	..	..	..	..	..	..	3,2[b]
34 Yougoslavie	22	..	259	34	550	..	..	..	..	4,3[b]
36 Portugal	12	..	..	24	410	2,1	303	100	100	6,4
41 Pologne	11	..	115	46	490	..	..	..	..	4,0[b]
49 Albanie	..	..	..	..	..	..	..	..	..	..
58 Roumanie	150	..	..	31	570	..	..	..	..	1,9[b]
Agrégats										
Pays industrialisés	24	..	433	34	460	1,5	166	67	73	8,3
Pays en développement	290	..	..	31	4 590	..	..	..	..	..
Monde	250	..	..	32	3 780	..	..	..	..	..
OCDE	10	..	471	35	450	1,5	166	67	73	8,3
Europe l'Est et URSS	46	..	..	32	..	..	..	..	..	3,4
CE	11	..	276	36	330	2,4	182	95	85	7,3
Pays nordiques	4	..	389	40	410	1,6	160	100	91	7,7
Europe méridionale	12	..	..	35	330	2,1	245	99	85	6,5
Pays non-européens	10	..	649	35	530	1,1	150	..	..	9,4
Amérique du Nord	8	..	654	32	470	0,7	160	25	55	11,0

a, Données relatives à l'ancienne République démocratique allemande exclues
b, Dépenses publiques exclusivement
Note: Les données relatives aux pays en développement concernant les indicateurs ci-dessus figurent au tableau 12.

33 Enseignement

		Durée de scolarité obligatoire gratuite (années) 1989	Taux de scolarisation secondaire (net) 1987-89	Taux de scol.technique sec. % du taux global de scol. sec. (2e cycle) 1986-88	Taux de scol. ens. supérieur (brut) 1986-88	Taux de scol. ens. sup. à plein temps (% , 20-24 ans, net) 1986-88	Taux de scol. scientifique sup. (en % du total) 1987-88	Dépenses publiques d'ens. sup. (en % du total) 1986-87	Dépenses publiques par étudiant de l'ens. sup. (en % du PIB par habitant) 1986	Dépenses totales d'enseignement (en % du PNB) 1986
1	Japon	9	95	28	30,1	..	26	14	118	6,5
2	Canada	9	93	..	62,2	15,9	22	32	41	7,2
3	Islande	..	..	..	22,1	..	..	..	..	3,7[b]
4	Suède	9	85	78	31,2	11,3	42	16	40	7,5[b]
5	Suisse	9	86	36	24,8	12,0	40	20	52	5,2
6	Norvège	9	83	56	35,0	13,5	30	17	36	6,7
7	USA	11	88	..	59,6	17,8	..	22	39	6,8
8	Pays-Bas	11	84	55	32,4	13,8	30	30	82	6,8
9	Australie	9	86	..	28,8	12,2	32	18	55	5,7
10	France	10	77	57	34,5	14,6	..	15	30	6,6
11	Royaume-Uni	11	80	16	22,8	6,3	42	21	85	5,0[b]
12	Danemark	9	84	69	30,5	13,9	38	14	39	7,3
13	Finlande	10	83	59	40,1	11,2	50	20	40	5,7
14	Allemagne	10[a]	81	46[a]	32,1	14,1[a]	46	25[a]	37[a]	4,5[a]
15	Nouvelle-Zélande	9	85	..	36,4	6,9	29	18	56	4,9[b]
16	Belgique	10	85	45	32,7	14,1	15	19	38	5,4[b]
17	Autriche	9	..	64	30,5	..	34	22	50	6,0[b]
18	Italie	8	..	..	26,3	..	39	..	..	3,9[b]
19	Luxembourg	9	61	69	2,8	..	..	..	..	2,8[b]
20	Espagne	8	79	45	31,5	..	32	10	..	3,2[b]
21	Israël	..	..	..	34,1	..	13	..	..	..
23	Irlande	9	80	18	24,7	4,6	35	19	73	6,2
24	Grèce	9	..	28	28,0	13,2	43	23	36	3,1
27	Tchécoslovaquie	..	..	..	17,5	..	50	..	..	..
29	Malte	..	75	..	6,8	..	38	..	..	3,6[b]
30	Hongrie	..	69	..	14,8	..	32	..	..	..
31	URSS	..	..	..	23,6	..	49	..	..	..
33	Bulgarie	..	60	..	25,1	..	48	..	..	..
34	Yougoslavie	8	..	63	18,3	9,7	46	18	41	3,6[b]
36	Portugal	8	37	..	17,5	..	35	15	60	4,1[b]
41	Pologne	..	75	..	19,6	..	37	..	..	3,6[b]
49	Albanie	..	..	..	8,2	..	35	..	..	..
58	Roumanie	..	..	..	9,8	..	..	..	..	2,7[b]
	Agrégats									
	Pays industrialisés	9	85	38	33,8	14,5	39	20	52	6,0
	Pays en développement	..	..	10	6,5	..	32	..	..	..
	Monde	..	..	15	12,2	..	35	..	..	..
	OCDE	9	86	38	39,8	14,7	34	20	52	6,1
	Europe de l'Est et URSS	..	..	..	21,5	..	48	..	..	..
	CE	9	78	42	29,2	..	39	20	49	5,0
	Pays nordiques	9	84	68	33,5	12,3	41	16	39	6,8
	Europe méridionale	8	..	..	25,5	..	38	13	..	3,7
	Pays non-européens	9	90	..	49,6	17,1	25	20	54	6,7
	Amérique du Nord	1088	..	59,8	17,6	..	23	39	6,8	

a, Données pour l'ancienne République démocratique allemande non incluses.
b, Dépenses publiques exclusivement
Note: Les données relatives aux pays en développement concernant les indicateurs ci-dessus figurent aux tableaux 14et 15.

34 Problèmes de l'enseignement

Pays industrialisés

		Récepteurs radio (pour 1 000 habitants) 1986-88	Récepteurs TV (pour 1 000 habitants) 1986-88	Téléphones (pour 1 000 habitants) 1986-88	Circulation de quotidiens (pour 1 000 habitants) 1986-88	Voitures particulières (pour 1 000 habitants) 1986-88	Titre de livres (pour 100 habitants) 1986-88	Emprunts de livres en librairie par habitant 1986-88	Fréquentation annuelle des musées par habitant 1986-88	Fréquentation annuelle des cinémas par habitant 1986-88
1	Japon	863	587	555	566	239	3,6	6,1	0,8	1,2
2	Canada	960	577	780	225	456	..	5,6	0,9	3,0
3	Islande	620	..	480	..	515	..	11,2	..	8,7
4	Suède	875	395	800	526	413	13,6	12,9	1,4	2,2
5	Suisse	809	405	856	504	424	18,8	3,7	1,4	2,5
6	Norvège	796	348	622	551	386	16,0	9,4	1,2	3,0
7	USA	2 120	811	790	259	631	1,8	5,8	1,4	4,5
8	Pays-Bas	912	469	639	314	356	8,9	5,4	1,1	1,1
9	Australie	1 273	483	550	252	419	4,4	1,5	0,3	..
10	France	995	..	608	193	395	7,7	1,7	0,2	2,5
11	Royaume-Uni	1 146	434	524	421	349	9,2	3,1	..	1,3
12	Danemark	879	386	820	367	309	21,6	9,1	1,7	2,2
13	Finlande	997	..	617	551	363	18,3	10,7	0,6	1,3
14	Allemagne	896	462	563	397	420	9,3	4,1	1,3	2,3
15	Nouvelle-Zélande	917	369	697	327	450	..	3,1	0,1	..
16	Belgique	466	320	460	219	364	8,5	5,0	..	1,6
17	Autriche	627	480	525	362	366	11,7	7,6	1,6	1,5
18	Italie	790	..	488	105	303	3,0	0,6	0,1	1,9
19	Luxembourg	625	..	..	395	455	9,5	2,1	0,2	..
20	Espagne	312	368	396	75	276	9,8	1,3	0,4	2,2
21	Israël	468	264	445	..	133	4,8	..	1,5	..
23	Irlande	581	..	265	175	208	7,2	4,2	0,2	3,3
24	Grèce	415	175	413	..	143	4,6	1,3	0,3	..
27	Tchécoslovaquie	577	281	240	345	138	6,7	6,0	1,3	4,8
29	Malte	354	..	370	155	263	11,9	3,3	..	1,7
30	Hongrie	590	402	152	273	169	8,6	8,7	1,5	5,3
31	URSS	686	314	113	474	45	2,9	9,5	0,6	13,6
33	Bulgarie	357	189	140	267	..	5,1	10,8	1,7	9,5
34	Yougoslavie	344	175	154	184	131	4,5	4,6	0,5	3,0
36	Portugal	215	159	202	41	202	7,5	2,1	0,3	1,7
41	Pologne	294	263	122	200	119	2,7	9,1	0,5	2,5
49	Albanie	168	83	..	43	..	3,0	3,8	..	2,6
58	Roumanie	291	166	..	159	..	2,3	8,0	0,8	9,1
	Agrégats									
	Pays industrialisés	1 021	480	462	342	309	4,7	6,0	0,8	5,6
	Pays en développement	173	40	..	34	..	..	..	..	..
	Monde	367	133	..	146	..	..	..	..	..
	OCDE	1 249	598	626	314	426	5,5	4,5	0,9	2,7
	Europe de l'Est et URSS	590	289	123	396	65	3,3	8,9	0,7	11,0
	CE	831	415	521	255	351	8,1	2,7	0,6	2,0
	Pays nordiques	885	381	729	500	375	16,9	10,9	1,3	2,2
	Europe méridionale	504	257	379	104	247	5,5	1,7	0,3	2,2
	Pays non-européens	1 620	709	707	347	491	2,5	5,7	1,1	..
	Amérique du Nord	2 008	788	789	256	614	1,8	5,8	1,4	4,4

Note: Les données relatives aux pays en développement concernant les indicateurs ci-dessus figurent aux tableaux 14 et 15.

35 Emploi

		Main-d'oeuvre en % de la pop. totale 1988-89	Main-d'oeuvre féminine en % de la main-d'oeuvre totale 1988	Répartition de la main-d'oeuvre en % dans l'agriculture 1985-88	l'industrie 1985-88	les services 1985-88	Heures de travail hebdomadaires par salarié 1980	Taux annuel de croissance des salaires en (%) 1970-80	1980-87	Dépenses de programmes d'emploi (en % du PIB) 1988	Nombre de jours de congès et de vacances par salarié 1980
1	Japon	50,0	37,9	8,0	23,6	68,4	47	3,1	1,8	0,6	25
2	Canada	50,3	39,8	4,9	18,6	76,5	36	1,8	-0,1	2,1	..
3	Islande	..	..	..	..	..	50	..	..	..	..
4	Suède	51,4	44,4	3,9	22,0	74,1	36	0,4	0,4	2,6	35
5	Suisse	49,2	36,6	6,4	29,8	63,8	..	..	..	0,4	..
6	Norvège	50,0	40,9	6,5	17,6	75,9	36	2,6	1,6	0,9	29
7	USA	48,9	41,5	3,0	19,0	78,0	39	0,1	1,4	0,7	..
8	Pays-Bas	41,2	30,9	4,5	17,0	78,5	..	2,5	0,9	3,8	23
9	Australie	47,2	38,0	5,5	17,3	77,2	..	2,9	1,9	1,3	..
10	France	45,0	39,8	6,7	19,8	73,5	40	..	1,2	3,1	34
11	Royaume-Uni	48,6	38,7	2,1	20,1	77,8	..	1,7	2,9	2,5	..
12	Danemark	55,2	44,5	5,7	20,0	74,3	..	2,5	0,3	5,5	34
13	Finlande	51,1	46,9	10,2	21,9	67,9	40	2,6	2,4	2,3	..
14	Allemagne	50,3	41,8	6,2	36,1	57,7	40[a]	3,5[a]	1,4[a]	2,4[a]	30[a]
15	Nouvelle-Zélande	45,9	34,7	10,0	20,1	69,9	..	1,2	-1,6	1,7	..
16	Belgique	41,6	33,8	2,5	19,5	78,0	41	4,6	0,3	4,2	34
17	Autriche	47,3	40,1	8,4	28,5	63,1	41	3,4	1,5	1,3	36
18	Italie	40,4	31,9	9,1	20,4	70,5	40	4,1	0,7	1,6	33
19	Luxembourg	42,8	..	3,2	18,8	81,2	40	..	..	1,6	35
20	Espagne	36,3	24,3	13,8	21,0	65,2	41	4,4	0,9	3,1	..
21	Israël	38,9	33,6	4,9	22,8	72,3	..	8,8	-6,4	..	..
23	Irlande	39,3	29,2	12,7	18,6	68,7	..	4,1	1,6	4,8	..
24	Grèce	38,2	26,5	26,5	19,9	53,6	..	4,9	..	0,8	..
27	Tchécoslovaquie	53,2	46,5	13,3	49,4	37,4	..	..	..	..	..
29	Malte	36,9	..	2,5	28,8	71,2	..	..	..	..	..
30	Hongrie	49,6	44,7	20,9	31,3	47,8	..	3,7	1,5	..	..
31	URSS	51,2	48,1	20,0	39,0	41,0	..	..	..	..	..
33	Bulgarie	49,8	46,3	16,5	37,9	45,6	..	..	..	..	..
34	Yougoslavie	45,5	38,7	28,7	23,6	47,7	..	1,3	-1,4	..	..
36	Portugal	45,6	36,5	20,6	23,4	56,0	..	2,5	-1,9	1,0	34
41	Pologne	51,4	45,5	28,5	38,9	32,6	..	..	..	..	..
49	Albanie	48,3	41,1	55,9	25,7	18,4	..	..	..	..	..
58	Roumanie	50,6	46,3	30,5	43,5	26,0	..	..	..	..	..
	Agrégats										
	Pays industrialisés	48,5	39,6	11,6	28,0	60,4	..	2,2	1,2	1,4	..
	Pays en développement	43,9	31,1	61,2	12,7	26,1	..	1,3	2,8	..	..
	Monde	44,9	33,4	48,9	16,5	34,7	..	1,6	2,4	..	..
	OCDE	47,3	37,9	6,0	22,1	72,0	..	2,1	1,4	1,4	..
	Europe de l'Est et URSS	50,9	44,8	21,8	38,6	39,7	..	..	..	..	..
	CE	44,9	36,5	7,0	24,3	68,7	..	3,3	1,3	2,7	..
	Pays nordiques	51,9	44,2	6,1	20,7	73,1	..	1,7	1,0	2,8	..
	Europe méridionale	40,5	33,8	17,2	21,5	61,3	..	3,7	0,2	2,0	
	Pays non européens	49,1	37,8	4,8	20,3	74,9	..	1,3	1,4	0,7	
	Amérique du Nord	49,0	40,6	3,2	19,0	77,9	..	0,3	1,3	0,8	..

a, Dées pour l'ancienne République démocratique allemande non incluses.
Note: Les données relatives aux pays en développement concernant les indicateurs ci-dessus figurent au tableau 16.

		Taux de chômage (%)		Taux de chômage des jeunes (20 à 24 ans) (%)	Part du chômage à long terme (en % du chômage total)		Inégalités régionales (régions à chômage 25 % le plus fort/chômage 25 % le plus faible)	Rapport du chômage des non-diplômés de l'enseignement secondaire et des diplômés du supérieur		Dépenses de prestations de sécurité sociale (en % du PIB)	Taux de remplacement de la force de travail[b]
		Total 1989	Femmes 1989	1988	Plus de 12 mois 1986-87	Plus de 24 mois 1986-87	1989	Hommes 1988	Femmes 1988	1980	1990
1	Japon	2,2	..	..	20	17	1,9	..	..	6,0	86
2	Canada	7,7	8,9	12,9	9	..	2,0	3,6	2,4	8,6	99
3	Islande	2,3	..	..	..	..	..	..	..	..	124
4	Suède	1,6	1,8	4,3	8	..	2,4	2,6	2,8	23,3	83
5	Suisse	0,6	..	..	..	..	..	1,0	0,9	10,9	78
6	Norvège	5,0	3,3	4,4	5	..	1,6	5,5	2,0	16,9	94
7	USA	5,3	4,6	9,6	8	..	2,0	5,9	4,6	7,0	105
8	Pays-Bas	6,8	10,8	11,5	60	36	1,1	2,5	1,5	21,7	83
9	Australie	6,9	7,1	11,1	29	..	1,5	3,7	1,4	7,9	106
10	France	9,3	..	..	46	27	1,5	..	..	18,6	99
11	Royaume-Uni	6,1	7,2	14,6	45	25	1,8	4,0	2,4	10,6	94
12	Danemark	9,3	..	..	30	13	1,4	..	..	18,7	81
13	Finlande	3,8	3,8	11,6	19	..	3,3	7,5	8,0	12,3	92
14	Allemagne	6,1[a]	9,4[a]	10,0[a]	48[a]	30[a]	2,2[a]	4,8[a]	1,9[a]	18,3	75
15	Nouvelle-Zélande	7,2	..	..	..	..	1,3	..	..	12,9	108
16	Belgique	8,7	14,7	20,6	75	53	1,5	2,8	2,9	19,8	88
17	Autriche	3,2	3,3	4,8	..	..	1,3	6,9	2,0	16,0	85
18	Italie	12,2	16,4	32,0	55	36	2,9	1,9	1,7	13,1	82
19	Luxembourg	1,3	..	..	29	10	..	..	..	18,8	80
20	Espagne	16,1	20,1	41,1	62	38	1,9	1,2	0,2	13,4	100
21	Israël	..	..	..	..	..	..	..	..	4,0	163
23	Irlande	14,9	..	..	66	43	1,1	..	..	16,5	142
24	Grèce	7,9	10,2	25,1	46	19	1,4	0,9	0,5	8,1	97
27	Tchécoslovaquie	..	..	..	..	..	..	..	..	18,4	116
29	Malte	..	..	..	..	..	..	..	..	0,0	111
30	Hongrie	..	..	..	..	..	..	..	..	18,2	97
31	URSS	..	..	..	..	..	..	..	..	13,7	128
33	Bulgarie	..	..	..	..	..	..	..	..	14,9	99
34	Yougoslavie	..	..	..	..	..	..	..	..	..	109
36	Portugal	5,3	..	..	57	34	2,2	..	..	7,2	105
41	Pologne	..	..	..	..	..	..	..	..	14,2	126
49	Albanie	..	..	..	..	..	..	..	..	..	165
58	Roumanie	..	..	..	..	..	..	..	..	..	115
	Agrégats										
	Pays industrialisés	6,5	..	..	36	..	2,0	3,8	2,5	10,6	105
	Pays en développement	..	..	..	..	..	..	..	..	2,2	..
	Monde	..	..	..	..	..	..	..	..	10,0	..
	OCDE	6,5	..	..	36	..	2,0	3,8	2,5	10,4	94
	Europe de l'Est et URSS	..	..	..	..	..	..	..	..	14,9	124
	CE	9,2	..	..	53	33	2,0	..	..	16,1	89
	Pays nordiques	4,4	..	..	20	..	1,9	5,5	4,3	18,7	87
	Europe méridionale	12,5	..	..	58	35	2,4	..	..	12,8	96
	Pays non-européens	4,6	..	..	11	..	2,0	..	..	6,8	100
	Amérique du Nord	5,5	..	..	8	..	2,0	5,6	4,3	7,1	104

a, Données pour l'ancienne République démocratique allemande non incluses.
b, Population de moins de 15 ans divisée par un tiers de la population de 15 à 59 ans.
Note: Les données relatives aux pays en développement concernant les indicateurs ci-dessus figurent au tableau 16.

37 Dépenses réelles par habitant

	Dépenses par habitant (parités du pouvoir d'achat), 1985 (E.-U.A. = 100)										
	Alimentation	Santé	Médicaments	Enseignement	Livres	Boissons alcoolisées	Tabac	Equipement de loisirs	Services de loisirs	Achats de moyens de transport	Communications
1 Japon	65	119	62	103	120	39	76	38	212	160	17
2 Canada	114	99	108	75	89	90	71	105	165	120	67
3 Islande	..	..	..	..	..	..	..	..	..	..	..
4 Suède	..	..	..	..	..	..	..	..	..	..	..
5 Suisse	..	..	..	..	..	..	..	..	..	..	..
6 Norvège	88	160	52	65	83	123	75	58	135	47	22
7 USA	100	100	100	100	100	100	100	100	100	100	100
8 Pays-Bas	100	122	70	85	94	154	170	94	156	46	33
9 Australie	..	..	..	..	..	..	..	..	..	..	..
10 France	113	115	224	79	110	140	70	51	185	69	22
11 Royaume-Uni	82	84	77	95	123	63	125	54	205	70	23
12 Danemark	90	89	174	127	135	181	140	73	201	73	55
13 Finlande	82	119	73	64	66	84	68	46	138	96	21
14 Allemagne	100[a]	88[a]	206[a]	52[a]	104[a]	140[a]	101[a]	79[a]	167[a]	148[a]	39[a]
15 Nouvelle-Zélande	..	..	..	..	..	..	..	..	..	..	..
16 Belgique	111	90	155	111	83	88	130	55	101	58	19
17 Autriche	87	118	98	69	48	110	76	34	204	70	23
18 Italie	122	51	122	80	79	81	132	37	164	72	21
19 Luxembourg	96	68	154	69	48	115	139	30	93	114	62
20 Espagne	128	52	145	35	70	69	63	18	107	69	13
21 Israël	86	83	44	111	36	13	37	14	130	108	19
23 Irlande	71	61	84	79	101	25	121	12	272	26	7
24 Grèce	103	34	74	40	30	51	105	10	140	142	41
27 Tchécoslovaquie	..	..	..	..	..	..	..	..	..	..	..
29 Malte	..	..	..	..	..	..	..	..	..	..	..
30 Hongrie	64	79	95	51	26	90	56	10	193	40	7
31 URSS	..	..	..	..	..	..	..	..	..	..	..
33 Bulgarie	..	..	..	..	..	..	..	..	..	..	..
34 Yougoslavie	49	55	71	36	54	111	48	7	120	38	5
36 Portugal	98	43	58	38	32	79	6	8	55	44	14
41 Pologne	61	45	66	52	29	130	40	9	111	43	8
49 Albanie	..	..	..	..	..	..	..	..	..	..	..
58 Roumanie	..	..	..	..	..	..	..	..	..	..	..
Agrégats											
Pays industrialisés	..	..	..	..	..	..	..	..	..	..	..
Pays en développement	..	..	..	..	..	..	..	..	..	..	..
Monde	..	..	..	..	..	..	..	..	..	..	..
OCDE	..	..	..	..	..	..	..	..	..	..	..
Europe de l'Est et URSS	..	..	..	..	..	..	..	..	..	..	..
CE	..	..	..	..	..	..	..	..	..	..	..
Pays nordiques	..	..	..	..	..	..	..	..	..	..	..
Europe méridionale	..	..	..	..	..	..	..	..	..	..	..
Pays non-européens	..	..	..	..	..	..	..	..	..	..	..
Amérique du Nord	..	..	..	..	..	..	..	..	..	..	..

a, Données relatives à l'ancienne République démocratique allemande exclues

38 Richesse, pauvreté et investissement social

		PIB réel par habitant ($ ajusté) 1988	Part du marché industriel du PIB 1965	Part du marché industriel du PIB 1988	PNB par habitant Total ($ EU) 1988	PNB par habitant 40 % les plus pauvres ($ EU) 1987	Part de revenu des 40 % les plus pauvres 1980-87	Rapport des 20 % les plus riches aux 20 % les plus pauvres 1980-87	Dépenses d'enseignement (en % du PIB) 1986	Dépenses de santé (en % du PIB) 1987	Dépenses publiques combinées ens. et santé en % des dépenses pub. totales 1986-88
1	Japon	13 650	6,5	20,6	21 020	8 630	21,9	4,3	6,5	6,8	28,5
2	Canada	17 680	3,3	3,2	16 960	6 480	17,5	7,1	7,2	8,6	30,2
3	Islande	16 820	0,1	0,1	20 190	..	..	..	3,7[b]	7,8	32,3
4	Suède	14 940	1,4	1,2	19 300	7 970	21,2	4,6	7,5[b]	9,0	25,7
5	Suisse	17 220	1,0	1,3	27 500	10 720	16,9	8,6	5,2	7,7	33,8
6	Norvège	13 820	0,5	0,7	19 990	8 120	19,0	5,9	6,7	7,5	28,0
7	USA	19 850	50,2	35,0	19 840	7 970	15,7	8,9	6,8	11,2	26,4
8	Pays-Bas	12 680	1,4	1,7	14 520	6 640	20,1	5,6	6,8	8,5	22,7
9	Australie	14 530	1,6	1,8	12 340	4 270	15,5	9,6	5,7	7,1	28,0
10	France	13 590	7,1	6,9	16 090	5 440	18,4	6,5	6,6	8,6	24,2
11	Royaume-Uni	13 060	6,4	5,1	12 810	4 820	17,3	6,8	5,0[b]	6,1	23,3
12	Danemark	13 610	0,6	0,7	18 450	6 490	17,4	7,1	7,3	6,0	21,4
13	Finlande	13 980	0,5	0,7	18 590	6 660	18,4	6,0	5,7	7,4	28,0
14	Allemagne	14 620[a]	8,2[a]	8,7[a]	16 570	7 340[a]	19,5[a]	5,7[a]	4,5[a]	8,2[a]	23,0[a]
15	Nouvelle-Zélande	11 310	0,4	0,3	10 000	3 080	15,9	8,8	4,9[b]	6,9	22,7
16	Belgique	13 010	1,2	1,1	14 490	6 200	21,6	4,6	5,4[b]	7,2	20,9
17	Autriche	12 350	0,7	0,9	15 470	..	..	..	6,0[b]	8,4	22,8
18	Italie	13 000	5,2	6,0	13 330	4 530	18,8	6,0	3,9[b]	6,9	18,2
19	Luxembourg	14 290	0,1	0,1	22 400	..	..	..	2,8[b]	7,5	24,2
20	Espagne	8 250	1,7	2,5	7 740	2 910	19,4	5,8	3,2[b]	6,0	23,6
21	Israël	10 860	0,3	0,3	8 650	3 060	18,1	6,6	..	2,1[b]	..
23	Irlande	7 020	0,2	0,2	7 750	3 110	..	..	6,2	7,4	22,8
24	Grèce	6 440	0,4	0,3	4 800	..	..	..	3,1	5,3	15,4
27	Tchécoslovaquie	..	..	..	5 820	..	..	..	..	4,2[b]	..
29	Malte	7 490	..	..	5 190	..	..	..	3,6[b]	..	..
30	Hongrie	5 920	..	..	2 460	1 150	26,2	3,0	..	3,2[b]	..
31	URSS	..	..	..	4 550	..	..	..	..	3,2[b]	..
33	Bulgarie	..	..	..	4 150	..	..	..	..	3,2[b]	..
34	Yougoslavie	4 860	0,8	0,4	2 520	1 160	17,1	7,0	3,6[b]	4,3[b]	..
36	Portugal	5 980	0,3	0,3	3 650	1 080	..	..	4,1[b]	6,4	18,4
41	Pologne	4 190	..	..	1 860	..	23,9	3,6	3,6[b]	4,0[b]	..
49	Albanie	..	..	..	1 200	..	..	..	..	..	..
58	Roumanie	..	..	..	2 560	..	..	..	2,7[b]	1,9[b]	..
	Agrégats										
	Pays industrialisés	14 350	100,0	100,0	12 510	..	..	..	6,0	8,3	25,7
	Pays en développement	2 170	..	..	710	..	..	..	..	..	..
	Monde	4 340	..	..	3 410	..	..	..	..	..	..
	OCDE	15 280	99,0	99,4	16 940	6 765	18,1	6,9	6,1	8,6	25,7
	Europe de l'Est et URSS	..	0,8	0,4	4 030	..	..	..	..	3,4	..
	CE	12 540	32,5	33,4	13 620	5 146	18,8	6,1	5,0	7,3	22,4
	Pays nordiques	14 250	3,1	3,4	19 090	7 377	19,3	5,7	6,8	7,7	25,8
	Europe méridionale	9 310	8,4	9,5	8 440	3 155	..	..	3,7	6,5	19,5
	Pays non-européens	17 530	62,3	61,2	19 500	7 829	17,6	7,5	6,7	9,4	27,3
	Amérique du Nord	19 640	53,5	38,2	19 560	7 827	15,9	8,7	6,8	11,0	26,7

a, Données relatives à l'ancienne République démocratique allemande exclues
b, Dépenses publiques exclusivement
Note: Les données relatives aux pays en développement concernant les indicateurs ci-dessus figurent au tableau 17.

39 Déséquilibres des flux ressources

		APD totale octroyée				Affectations de l'APD en % de l'APD totale		Part de l'APD totale octroyée aux PMA (%)	Ratio exportations/ importations ratio	Dépendance commerciale (export. + import. en % du PIB)	Indice des termes de l'échange (1980 = 100)	Solde des transaction courante (millions $ EU)
		en millions $ EU	en % du PNB			Enseign. et santé	Investissement social total					
		1989	1960	1970	1989	1989	1989	1989	1988	1988	1988	1988
1	Japon	8 949	0,22	0,23	0,32	8,4	16,7	18	144	16	157	82 610
2	Canada	2 320	0,16	0,41	0,44	15,7	19,9	37	99	51	119	-7 900
3	Islande	1	..	..	0,04	..	..	..	90	38	..	..
4	Suède	1 799	0,06	0,41	0,97	8,9	13,8	30	109	60	95	-1 420
5	Suisse	558	0,06	0,13	0,30	16,0	20,1	36	90	58	103	8 310
6	Norvège	917	0,13	0,33	1,04	11,7	18,0	39	97	50	67	-2 860
7	USA	7 659	0,56	0,31	0,15	11,8	17,1	13	69	16	118	-113 740
8	Pays-Bas	2 094	0,38	0,60	0,94	11,1	25,2	30	103	89	91	5 790
9	Australie	1 020	0,40	0,59	0,38	27,9	30,7	23	86	22	74	-11 100
10	France	5 162	0,21	0,46	0,54	30,4	39,1	20	91	36	101	880
11	Royaume-Uni	2 587	0,56	0,42	0,31	15,5	24,8	33	77	48	93	-20 760
12	Danemark	937	0,11	0,40	0,94	11,7	22,4	42	105	60	107	-1 690
13	Finlande	706	0,02	0,09	0,63	14,5	29,3	48	103	46	114	-2 580
14	Allemagne	4 949[a]	0,38[a]	0,33	0,41[a]	18,5[a]	25,6[a]	27[a]	126	46	106[a]	60 320[a]
15	Nouvelle-Zélande	87	0,12	0,23	0,22	54,3	57,5	12	120	40	110	-700
16	Belgique	703	0,82	0,48	0,46	38,2	39,6	30	98	117	89	5 090
17	Autriche	283	0,02	0,07	0,23	17,7	22,6	22	77	51	98	-570
18	Italie	3 613	0,19	0,17	0,42	10,3	18,0	35	95	32	108	-2 610
19	Luxembourg	18	..	0,17	0,29	..	..	..	..	..	..	..
20	Espagne	380	..	0,01	0,07	..	..	..	67	30	103	-5 220
21	Israël	..	..	..	..	..	..	..	64	55	92	-4 100
23	Irlande	49	..	..	0,17	29,5	35,7	38	120	123	112	-1 030
24	Grèce	..	..	..	0,07	..	..	..	45	42	89	-2 890
27	Tchécoslovaquie	..	..	..	..	..	..	..	107	62	..	..
29	Malte	..	..	..	..	..	..	..	53	103	..	..
30	Hongrie	..	..	..	..	..	..	..	102	69	75	-390
31	URSS	4 206	..	0,15	..	..	..	..	95	36	..	..
33	Bulgarie	..	..	..	..	..	..	..	31	63	..	..
34	Yougoslavie	6	..	..	..	..	..	..	96	42	120	2 490
36	Portugal	240	1,70	1,05	0,21	..	..	..	64	63	107	-1 320
41	Pologne	..	..	..	..	..	..	..	115	52	116	-110
49	Albanie	..	..	..	..	..	..	..	..	..	..	..
58	Roumanie	..	..	..	..	..	..	..	..	56	..	..
	Agrégats											
	Pays industrialisés	49 240 T	0,27	0,33	0,32	15,2	22,6	25	98	30	110	-15 520 T
	Pays en développement	..	..	..	..	..	..	..	..	..	88	29 210 T
	Monde	..	..	..	..	..	..	..	..	..	106	-44 730 T
	OCDE	45 030 T	0,44	0,33	0,31	15,2	22,6	25	98	29	111	-13 420 T
	Europe de l'Est et URSS	4 210 T	..	..	..	..	..	..	94	47	..	1 990 T
	CE	20 730 T	0,37	0,36	0,43	19,3	27,9	29	101	46	100	39 430 T
	Pays nordiques	4 360 T	0,07	0,34	0,89	11,0	19,0	37	105	55	96	-8 550 T
	Europe méridionale	4 240 T	..	..	0,31	..	..	..	84	33	107	-9 560 T
	Pays non-européens	20 040 T	0,50	0,31	0,23	11,7	18,1	19	96	18	127	-54 930 T
	Amérique du Nord	9 980 T	0,54	0,32	0,17	12,7	17,8	19	76	19	118	-121 640 T

a, Données relatives à l'ancienne République démocratique allemande exclues
Note: Les données relatives aux pays en développement concernant les indicateurs ci-dessus figurent au tableau 18.

40 Dépenses militaires et de l'emploi des ressources

		Dépenses militaires (en% du PNB)		Taux des dépenses militaires par rapport aux dépenses de santé et d'enseignement	APD totale	APD en investissement social	Exportations d'armes			Forces armées	
		1960	1986	1986	1989 (en % des dépenses militaires 1986)		millions $ EU 1988	Rapport export. d'armes(1987) APD totale 1989	Rapport export. d'armes/APD (1987) en investissement social 1988-89	Pour 1 000 habitants **1986**	en % des enseignants **1986**
1	Japon	1,0	1,0	8	57,0	9,5	70	1	5	2,0	25
2	Canada	4,3	2,2	14	28,6	5,7	90	4	19	3,1	30
3	Islande	0,0	0,0	0	..	..	0	0	..	0,0	0
4	Suède	2,8	2,9	18	54,3	7,5	120	7	48	7,7	92
5	Suisse	2,4	1,9	15	26,0	5,2	680	122	606	3,0	61
6	Norvège	3,2	3,2	23	46,1	8,3	80	9	48	8,8	74
7	USA	8,8	6,7	37	2,7	0,5	14 300	188	1 093	8,6	100
8	Pays-Bas	3,9	3,1	20	47,9	12,1	190	9	36	6,8	94
9	Australie	2,4	2,7	21	19,1	5,9	40	4	13	4,1	40
10	France	6,3	3,9	26	21,5	8,4	2 700	52	134	9,9	113
11	Royaume-Uni	6,4	5,0	45	10,2	2,5	2 900	112	452	5,7	62
12	Danemark	2,7	2,1	16	68,1	15,3	10	1	5	5,8	48
13	Finlande	1,7	1,7	13	70,0	20,5	10	1	5	7,0	117
14	Allemagne	4,0	3,1	24	21,8[a]	5,6[a]	1 580	28[a]	111[a]	8,6	99
15	Nouvelle-Zélande	1,4	2,2	19	17,2	9,9	0	0	0	3,8	37
16	Belgique	3,4	3,1	25	25,0	9,9	140	20	50	9,2	135
17	Autriche	1,2	1,3	9	29,3	6,6	40	14	63	7,3	63
18	Italie	2,7	2,3	21	30,0	5,4	780	22	120	6,7	85
19	Luxembourg	1,0	0,8	8	40,9	..	0	0	..	2,5	25
20	Espagne	2,9	2,3	25	8,3	..	60	16	..	8,3	125
21	Israël	2,9	19,2	..	..	..	140	..	..	32,4	191
23	Irlande	1,4	1,9	14	14,2	5,1	10	20	57	3,8	39
24	Grèce	4,8	5,7	68	..	..	..	..	..	20,8	263
27	Tchécoslovaquie	3,8	4,1	..	..	..	950	..	..	12,8	197
29	Malte	..	1,1	..	..	..	..	..	..	2,5	33
30	Hongrie	1,8	2,4	..	..	..	110	..	..	10,0	112
31	URSS	11,0	11,5	..	1,6	..	17 000	404	..	12,7	147
33	Bulgarie	3,2	3,6	..	..	..	70	..	..	16,4	210
34	Yougoslavie	6,6	4,0	51	0,2	..	..	..	..	8,8	139
36	Portugal	4,2	3,3	31	26,8	..	..	..	..	6,6	93
41	Pologne	3,0	3,3	43	..	..	850	..	..	10,5	131
49	Albanie	9,0	4,0	..	..	..	..	..	..	12,9	138
58	Roumanie	2,3	1,6	35	..	..	90	..	..	8,2	123
	Agrégats										
	Pays industrialisés	6,3	5,4	38	7,1	2,4	43 000 T	83	268	8,8	105
	Pays en développement	4,2	5,5	109	..	..	..	..	..	3,6	68
	Monde	6,0	5,4	..	..	..	..	..	..	4,8	77
	OCDE	6,4	4,3	30	10,8	2,4	23 790 T	53	268	7,0	83
	Europe de l'Est et URSS	7,6	9,9	..	..	..	19 070 T	..	..	12,0	146
	CE	4,7	3,4	28	21,1	6,0	8 370 T	40	147	7,7	94
	Pays nordiques	2,7	2,5	17	56,7	10,8	220 T	5	32	7,3	83
	Europe méridionale	3,3	2,5	25	20,3	..	840 T	..	..	8,6	118
	Pays non-européens	7,5	5,0	31	6,4	1,2	14 640 T	73	423	6,4	72
	Amérique du Nord	8,5	6,3	36	3,5	0,6	14 390 T	145	843	8,1	93

a, Données relatives à l'ancienne République démocratique allemande exclues

Note: Les données relatives aux pays en développement concernant les indicateurs ci-dessus figurent au tableau 19.

41 Population et surpopulation urbaines

		Population urbaine (% de la pop. totale)			Taux annuel d'accroiss. de la pop. urbaine (%)		Pop. urb. dans villes de + 500 000h. (%)	Temps aller retour du lieu de travail (mn/jour)	Population exposée à + 65 décibels de bruit de circul. routière (%)	Nombre de presonnes par pièce habitable	Ville principale à densité de pop. la phus forte	
		1960	1990	2000	1960-90	1990-2000	1980	1975-80	1980	1975-82	ville	Habitants par km² 1980-87
1	Japon	63	77	78	1,6	0,5	42	..	31	0,8	Tokyo	13 973
2	Canada	69	77	79	1,7	1,0	62	49	..	0,5	Montreal	6 357
3	Islande	80	91	92	1,6	1,0	..	..	..	..	..	..
4	Suède	73	84	86	0,9	0,3	35	..	11	0,6	Stockholm	3 051
5	Suisse	51	60	64	1,2	0,9	22	52	11	0,6	Lausanne	5 512
6	Norvège	50	75	79	1,9	0,8	32	46	5	0,7	..	..
7	USA	70	75	77	1,3	0,9	77	62	7	0,6	New York	8 722
8	Pays-Bas	85	89	89	1,0	0,6	24	74	5	..	Gravenhage	6 386
9	Australie	81	85	86	1,9	1,2	68	63	..	..	Sydney	3 318
10	France	62	74	77	1,3	0,7	34	54	13	0,8	Paris	20 647
11	Royaume-Uni	86	89	90	0,4	0,3	55	..	..	..	Birmingham	4 444
12	Danemark	74	87	89	0,9	0,3	32	..	12	0,6	Copenhagen	5 735
13	Finlande	38	60	62	1,9	0,5	27	42	..	0,8	Helsinki	2 616
14	Allemagne	76	85	87	0,6	0,2	45[a]	52[a]	8[a]	0,6[a]	Munich	4 192
15	Nouvelle-Zélande	76	84	85	1,5	0,9	30	37	..	0,5	..	..
16	Belgique	92	97	98	0,4	0,1	24	60	12	0,6	Brussels	4 160
17	Autriche	50	58	63	0,8	0,8	39	52	16	1,1	Vienna	3 689
18	Italie	59	69	72	0,9	0,5	52	53	..	..	Naples	10 342
19	Luxembourg	62	84	87	1,6	0,5	..	..	..	..	..	..
20	Espagne	57	78	83	1,9	0,9	44	..	23	..	Barcelona	17 433
21	Israël	77	92	93	3,2	1,7	35	..	..	1,2	..	..
23	Irlande	46	57	60	1,7	1,5	48	..	..	0,9	Dublin	4 485
24	Grèce	43	62	68	1,9	0,9	70	..	20	0,9	..	..
27	Tchécoslovaquie	47	77	83	2,1	1,1	..	..	..	0,9	Prague	2 821
29	Malte	70	87	90	1,0	0,6	..	..	..	..	..	..
30	Hongrie	40	61	68	1,6	1,0	37	..	..	1,0	Budapest	3 954
31	URSS	49	66	67	2,0	0,9	..	..	..	..	Moscow	9 402
33	Bulgarie	39	68	73	2,4	0,9	..	..	..	1,0	..	..
34	Yougoslavie	28	56	65	3,2	1,9	23	..	..	1,4	Belgrade	3 022
36	Portugal	22	34	40	1,9	1,9	44	..	..	..	Lisbon	9 893
41	Pologne	48	62	66	1,7	1,2	47	..	..	1,2	Warsaw	3 419
49	Albanie	31	35	39	2,8	2,6	..	..	..	..	..	..
	Agrégats											
	Pays industrialisés	61	73	75	1,4	0,8	53	..	..	0,6	..	..
	Pays en développement	22	37	45	4,0	4,0	..	..	..	2,4	..	..
	Monde	34	45	60	2,9	2,8	..	..	..	1,9	..	..
	OCDE	68	77	79	1,2	0,7	55	..	..	0,7	..	..
	Europe de l'Est et URSS	46	64	67	2,0	1,0	..	..	..	1,2	..	..
	CE	70	79	81	0,9	0,5	44	..	..	..	..	..
	Pays nordiques	61	78	80	1,2	0,4	32	..	..	0,7	..	..
	Europe méridionale	49	66	70	1,5	0,9	46	..	..	..	..	..
	Pays non-européens	68	76	78	1,5	0,8	64	..	..	0,7	..	..
	Amérique du Nord	70	75	77	1,3	0,9	76	..	..	0,6	..	..

a, Données relatives à l'ancienne République démocratique allemande exclues.
Note: Les données relatives aux pays en développement concernant les indicateurs ci-dessus figurent au tableau 20.

42 Bilan démographique

	Population (estim. en millions) 1960	1990	2000	Taux annuel de croissance démographique (%) 1960-90	1990-2000	Stabilisation de la population (millions)	Taux de fécondité 1990	Emploi de contra-ceptifs (%) 1985-87	Espérance de vie à 60 ans (années) 1980	Coeff. de dépendance 1990
1 Japon	94,1	123,5	128,5	0,9	0,4	121	1,7	64	18,5	43,2
2 Canada	17,9	26,5	28,5	1,3	0,7	32	1,7	73	20,8	47,8
3 Islande	0,2	0,3	0,3	1,2	0,8	..	2,0	..	21,2	54,9
4 Suède	7,5	8,4	8,6	0,4	0,1	9	1,9	78	20,2	54,8
5 Suisse	5,4	6,6	6,6	0,7	0,2	6	1,5	71	20,1	45,8
6 Norvège	3,6	4,2	4,3	0,5	0,3	5	1,7	71	18,0	54,2
7 USA	180,7	249,2	266,1	1,1	0,7	316	1,8	68	20,3	51,6
8 Pays-Bas	11,5	15,0	15,8	0,9	0,6	14	1,6	76	19,5	44,9
9 Australie	10,3	16,9	18,9	1,7	1,1	24	1,8	71	20,3	49,3
10 France	45,7	56,1	58,1	0,7	0,4	63	1,8	79	20,2	51,2
11 Royaume-Uni	52,3	57,2	58,4	0,3	0,2	61	1,8	83	20,2	52,4
12 Danemark	4,6	5,1	5,2	0,4	0,0	5	1,5	63	18,7	47,9
13 Finlande	4,4	5,0	5,1	0,4	0,2	5	1,7	80	19,1	48,0
14 Allemagne	72,7	77,6	77,0	0,2	-0,1	50[a]	1,5	78[a]	17,5	44,8
15 Nouvelle-Zélande	2,4	3,4	3,7	1,2	0,8	4	2,0	70	20,4	50,8
16 Belgique	9,2	9,8	9,8	0,2	0,0	9	1,6	81	18,6	48,8
17 Autriche	7,0	7,6	7,6	0,2	0,0	7	1,5	71	19,6	48,0
18 Italie	50,2	57,1	57,2	0,4	0,0	46	1,4	78	19,2	45,0
19 Luxembourg	0,3	0,4	0,4	0,6	0,1	..	1,5	..	18,4	43,7
20 Espagne	30,5	39,2	40,7	0,8	0,4	41	1,6	51	20,3	49,7
21 Israël	2,1	4,6	5,3	2,6	1,5	9	2,9	..	18,7	66,9
23 Irlande	2,8	3,7	4,1	0,9	0,9	5	2,4	60	21,5	61,2
24 Grèce	8,3	10,0	10,2	0,6	0,1	10	1,7	..	19,9	50,3
27 Tchécoslovaquie	13,7	15,7	16,2	0,5	0,3	..	2,0	..	18,2	53,4
29 Malte	0,3	0,4	0,4	0,2	0,4	..	1,9	..	19,8	49,9
30 Hongrie	10,0	10,6	10,5	0,2	0,0	10	1,8	73	..	49,8
31 URSS	214,3	288,6	308,4	1,0	0,7	..	2,3	..	..	54,0
33 Bulgarie	7,9	9,0	9,1	0,5	0,1	..	1,9	76	17,2	49,3
34 Yougoslavie	18,4	23,8	24,9	0,9	0,4	30	1,9	55	18,6	47,2
36 Portugal	8,8	10,3	10,6	0,5	0,3	11	1,7	66	..	51,8
41 Pologne	29,6	38,4	40,4	0,9	0,5	50	2,2	75	18,3	54,2
49 Albanie	1,6	3,2	3,8	2,4	1,6	..	2,9	..	..	61,1
58 Roumanie	18,4	23,3	24,3	0,8	0,5	31	2,1	58	19,7	50,7
Agrégats										
Pays industrialisés	950 T	1 210 T	1 270 T	0,8	0,5	970 T	1,9	70	19,4	50,3
Pays en développement	2 070 T	4 070 T	4 980 T	2,3	2,0	10 710 T	3,9	52	..	68,5
Monde	3 020 T	5 280 T	6 250 T	1,8	1,7	11 680 T	3,5	56	..	64,4
OCDE	630 T	790 T	830 T	0,7	0,4	840 T	1,7	71	19,5	48,7
Europe de l'Est et URSS	310 T	410 T	440 T	0,9	0,6	120 T	2,2	67	18,5	53,2
CE	290 T	330 T	340 T	0,5	0,2	310 T	1,6	75	19,2	48,4
Pays nordiques	20 T	20 T	20 T	0,4	0,2	30 T	1,7	74	19,3	51,7
Europe méridionale	120 T	140 T	150 T	0,6	0,3	140 T	1,6	65	19,5	47,9
Pays non-européens	310 T	420 T	450 T	1,1	0,6	510 T	1,8	67	19,8	49,0
Amérique du Nord	200 T	280 T	290 T	1,1	0,7	350 T	1,8	68	20,3	51,2

a, Données relatives à l'ancienne République démocratique allemande exclues.

Note: Les données relatives aux pays en développement concernant les indicateurs ci-dessus figurent au tableau 21.

43 Bilan des ressources naturelles

		Superficie émergée (millions ha)	Densité de pop. (par 1 000 ha) 1990	Ressources en eau intérieures renouvelables par hab. (1 000 m³/an) 1988	Combustions nucléaires irradiés (kg de métal lourd ppar 1 000 hab.) 1988	Population desservie par des stations de traitement d'eau (%) 1980-87	Production de résidus dangereux et spéciaux (tonnes par km²) 1979-87	Emission de polluants atm. classiques (kg par 100 hab.) 1980	Les plus grandes villes avec le plus de jours de haute pollution: Villes	Nbre maxi de jours à taux de SO2 sup. à150 ug/m³ 1980-87	Indice de serre (equiv. calorifique de carbone par habitant) 1988-89
1	Japon	38	3 280	4,4	149	39	1,8	..	Tokyo	0	2,3
2	Canada	92	29	109,5	12	62	0,4	78	Montreal	10	4,9
3	Islande	10	25	..	..	..	..	..	..	..	2,4
4	Suède	41	203	21,2	46	100	1,2	33	..	..	1,9
5	Suisse	4	1 640	6,7	176	85	3,0	17	..	..	2,4
6	Norvège	31	137	97,1	0	43	0,4	26	..	..	3,0
7	USA	917	272	10,1	19	74	28,9	64	New York	8	5,3
8	Pays-Bas	3	4 349	0,7	59	90	44,2	19	Amsterdam	1	3,0
9	Australie	762	22	20,8	0	..	0,0	40	Sydney	2	5,2
10	France	55	1 030	3,1	231	50	3,6	20	Gourdon	46	2,4
11	Royaume-Uni	24	2 357	2,1	1 279	84	16,1	37	Glasgow	14	3,2
12	Danemark	4	1 208	2,2	0	98	3,0	28	Copenhagen	0	3,4
13	Finlande	31	163	22,2	13	74	0,4	34	Helsinki	2	3,0
14	Allemagne	35	2 206	1,2	135[a]	87[a]	20,5[a]	28[a]	Frankfurt[a]	20[a]	3,7
15	Nouvelle-Zélande	27	126	115,6	..	88	0,2	24	Christchurch	0	3,7
16	Belgique	3	3 028	0,8	85	23	27,9	21	Brussels	12	3,1
17	Autriche	8	906	7,5	0	67	2,4	21	..	..	2,3
18	Italie	29	1 950	3,1	48	30	6,8	15	Milan	29	2,4
19	Luxembourg	..	1 421	..	..	83	1,5	..	..	..	5,7
20	Espagne	50	788	2,8	56	29	3,4	27	Madrid	35	2,2
21	Israël	2	2 253	0,4	0	..	1,5	..	Tel Aviv	3	2,3
23	Irlande	7	540	13,2	..	11	0,3	..	Dublin	1	3,2
24	Grèce	13	768	4,5	0	1	..	17	Athens	9	2,5
27	Tchécoslovaquie	13	1 249	1,8	..	..	..	..	..	..	3,3
29	Malte	..	11 028	..	..	..	..	..	..	..	1,0
30	Hongrie	9	1 143	0,6	..	..	76,7	..	..	..	1,8
31	URSS	2 227	129	..	..	..	..	..	..	..	3,4
33	Bulgarie	11	815	2,0	756	..	..	..	..	..	3,0
34	Yougoslavie	26	934	6,3	4	..	..	..	Zagreb	30	1,4
36	Portugal	9	1 122	3,3	0	13	11,4	12	..	..	1,8
41	Pologne	30	1 262	1,3	0	..	..	..	Warsaw	10	2,9
49	Albanie	3	1 184	3,0	..	..	..	..	..	..	0,8
58	Roumanie	23	1 010	1,6	0	..	..	..	..	..	2,2
	Agrégats										
	Pays industrialisés	5 360 T	225	9,4	32	60	9,9	42	..	..	3,5
	Pays en développement	7 550 T	541	6,3	..	..	..	..	..	..	0,9
	Monde	12 910 T	409	6,9	..	..	..	..	..	..	1,5
	OCDE	3 020 T	262	10,5	30	60	9,7	42	..	..	3,6
	Eastern Europe and URSS	2 340 T	176	2,4	..	..	..	..	..	..	3,1
	CE	230 T	1 439	2,4	254	57	8,7	25	..	..	2,9
	Pays nordiques	117 T	196	31,1	22	83	0,8	31	..	..	2,7
	Europe méridionale	130 T	1 109	3,7	34	26	..	19	..	..	2,1
	Pays non-européens	2 670 T	159	15,8	13	63	10,1	63	..	..	4,4
	Amérique du Nord	1 840 T	150	19,6	16	73	14,6	65	..	..	5,3

a, Données relatives à l'ancienne République démocratique allemande exclues.

Note: Les données relatives aux pays en développement concernant les indicateurs ci-dessu figurent au tableau 22.

44 Agrégats nationaux consolidés

		PIB total (milliards de $ EU) 1988	PNB total (milliards de $ EU) 1988	Taux annuel de croissance du PNB par habitant (%)		Taux annuel d'inflation (%) 1980-88	Recettes fiscales (en % du PNB) 1988	Impôts directs (en % des impôts totaux) 1988	Excédent ou déficit budgétaire/ global (en % du PNB) 1988	Investissement intérieur brut (en %f du PIB) 1988	Epargne intérieure brute (en % di PIB) 1988
				1965-80	1980-88						
1	Japon	2 844	2 577	5,1	4,7	1,3	13,0	70,6	-3,5	31	33
2	Canada	436	437	3,3	3,4	4,6	18,3	58,0	-3,0	22	23
3	Islande	8	8	..	2,6	..	..	..	..	..	..
4	Suède	160	160	2,0	2,3	7,5	37,2	20,5	2,2	19	21
5	Suisse	185	178	1,5	1,9	3,8	17,3	15,7	-0,1	31	31
6	Norvège	91	84	3,6	2,4	5,6	37,9	19,6	0,2	28	28
7	USA	4 847	4 863	1,8	2,7	4,0	18,1	56,0	-3,2	15	13
8	Pays-Bas	228	214	2,7	1,2	2,0	46,6	29,0	-4,3	19	23
9	Australie	246	204	2,2	2,4	7,8	24,4	69,4	-1,3	24	23
10	France	949	899	3,7	2,3	7,1	38,3	18,8	-2,3	21	21
11	Royaume-Uni	702	730	2,0	3,8	5,7	32,7	42,3	-0,8	21	17
12	Danemark	91	95	2,2	-0,5	6,3	37,2	44,5	4,7	18	21
13	Finlande	92	92	3,6	4,1	7,1	26,9	32,0	0,3	27	27
14	Allemagne	1 360	1 286	3,0[a]	2,7[a]	2,8[a]	27,2[a]	18,6[a]	-1,5[a]	21[a]	26[a]
15	Nouvelle-Zélande	40	32	1,7	-1,4	11,4	38,4	62,3	0,7	22	26
16	Belgique	154	144	3,6	3,2	4,8	43,5	38,1	-8,3	18	21
17	Autriche	127	118	4,0	2,9	4,0	32,6	21,4	-5,1	27	27
18	Italie	829	765	3,2	3,3	11,0	36,1	38,0	-14,2	23	23
19	Luxembourg	8	8	..	2,3	..	..	..	..	24	..
20	Espagne	340	302	4,1	4,7	10,1	25,4	26,9	-4,5	23	22
21	Israël	45	38	3,7	1,4	136,6	36,6	48,8	-9,9	17	10
23	Irlande	28	27	2,8	2,0	8,0	41,7	40,1	-10,7	18	27
24	Grèce	41	48	4,8	1,1	18,9	32,1	19,9	..	18	11
27	Tchécoslovaquie	123	..	..	..	..	..	..	..	..	..
29	Malte	2	2	..	4,2	..	..	..	..	..	..
30	Hongrie	28	26	5,1	1,9	6,4	51,4	17,7	-0,2	..	..
31	URSS	399	..	..	..	..	..	..	..	..	..
33	Bulgarie	51	..	..	..	..	..	..	..	..	..
34	Yougoslavie	62	63	5,2	-2,2	66,9	36,3	29,3	0,0	..	..
36	Portugal	42	37	4,6	4,9	20,1	30,6	27,6	-11,0	..	..
41	Pologne	69	70	..	2,0	30,5	36,7	32,0	-2,4	..	..
49	Albanie	4	..	..	..	..	..	..	..	..	..
58	Roumanie	80	..	..	..	..	..	..	..	..	..
	Agrégats										
	Pays industrialisés	14 710 T	13 510 T	2,5	3,0	8,7	23,2	42,3	-3,5	21	21
	Pays en développement	2 480 T	2 540 T	2,9	3,8	22,0	15,5	..	-5,8	25	26
	Monde	17 190 T	16 050 T	2,4	3,6	19,2	22,3	..	-3,8	22	22
	OCDE	13 850 T	13 310 T	3,0	3,2	5,3	23,0	42,5	-3,5	21	21
	Europe de l'Est et URSS	820 T	160 T	..	..	..	..	..	..	..	..
	CE	4 740 T	4 520 T	3,1	3,1	7,2	33,7	29,0	-4,4	21	22
	Pays nordiques	440 T	440 T	2,7	2,1	6,8	35,1	27,8	2,0	22	24
	Europe méridionale	1 320 T	1 220 T	4,0	2,7	..	33,1	24,4	-10,8	..	..
	Pays non-européens	8 460 T	8 150 T	2,9	3,3	4,7	16,8	60,2	-3,3	21	21
	Amérique du Nord	5 820 T	5 300 T	1,9	2,8	4,1	18,1	56,2	-3,2	16	14

a, Données relatives à l'ancienne République démocratique allemande exclues.

Note: Les données relatives aux pays en développement concernant les indicateurs ci-dessus figurent au tableau 23.

Quelques définitions

Accès à l'assainissement : pourcentage de population ayant accès aux moyens sanitaires d'évacuation des excréta et des déchets, y compris les latrines extérieures et le compostage.

Accès à l'eau potable : pourcentage de population disposant d'un accès raisonnable à l'approvisionnement en eau potable, comprenant les eaux de surface traitées, ou non traitées mais non polluées, comme celle des sources, des puits et des forages protégés.

Accès aux services de santé : pourcentage de la population qui peut se rendre en moins d'une heure dans les centres de santé locaux, à pied ou en utilisant les moyens de transports locaux.

Aide alimentaire en céréales : céréales fournies par des pays donateurs et des organisations internationales, notamment le Programme alimentaire mondial, telles qu'elles ont été comptabilisées lors de l'exercice examiné. Les céréales comprennent le blé, la farine, le blé concassé, le riz, les céréales secondaires et les ingrédients céréaliers des aliments composés.

Aide publique au développement (APD) : somme nette des dons et des prêts accordés à des conditions de faveur par des institutions publiques des membres du Comité d'aide au développement (CAD), de l'Organisation de coopération et de développement économiques (OCDE), de l'Organisation des pays exportateurs de pétrole (OPEP), etc., pour promouvoir le développement économique et le bien-être, comprenant la coopération technique et l'aide alimentaire.

APD pour l'investissement social : aide publique au développement destinée aux domaines combinés de la santé, de l'enseignement, des services sociaux, du développement rural et urbain et de l'eau et de l'assainissement.

Années de scolarité (moyenne) : moyenne du nombre d'années de scolarité effectuée par les adultes de 25 ans et plus.

Apport quotidien de calories par habitant : équivalent en calories de l'approvisionnement alimentaire net d'un pays, divisé par le nombre d'habitants, par jour.

Besoins journaliers de calories par habitant Le nombre moyen de calories nécessaire pour alimenter une personne ayant un niveau normal d'activité et de santé, en tenant compte de la répartition par âge, sexe, poids et température liée au climat.

Chômeurs « instruits » en pourcentage des chômeurs totaux : nombre de travailleurs professionnels, techniques et apparentés (grand groupe 0/1 de la Classification internationale type des professions-CITP) et travailleurs administratifs et cadres (grand groupe 0/2 de la CITP) inscrits au chômage, exprimé en fonction du nombre total de travailleurs inscrits au chômage. Le nombre de personnes au chômage comprend les personnes sans emploi et les personnes disponibles pour travailler, ainsi que celles qui sont à la recherche d'un emploi.

Coefficient de dépendance : proportion des personnes à charge, âgées de moins de 15 ans ou de plus de 64 ans, par rapport à la population active, âgée de 15 à 64 ans.

Coefficient de dépendance alimentaire : proportion d'importations de produits alimentaires par rapport à l'offre alimentaire disponible pour la distribution intérieure, c'est-à-dire le total de la production alimentaire plus les importations alimentaires moins les exportations alimentaires.

Coefficient de dépendance commerciale : exportations plus importations en pourcentage du PIB.

Coefficient de Gini : mesure qui montre combien une répartition donnée du revenu se rapproche de l'égalité ou de l'inégalité absolue. Le coefficient, auquel Corrado Gini a donné son nom, est une proportion de la surface comprise entre la bissectrice à 45 degrés et la courbe de Lorenz, et la surface du triangle entier. Quand le coefficient tend vers 0, la répartition du revenu se rapproche de l'égalité absolue. Par contre, quand le coefficient tend vers 1, la répartition du revenu se rapproche de l'inégalité absolue.

Densité de population : nombre total d'habitants divisé par la superficie considérée.

Dépenses d'enseignement : dépenses engagées pour le fonctionnement, l'administration, l'inspection et l'appui des écoles maternelles, primaires et secondaires ; des universités et des instituts d'enseignement supérieur ; des établissements d'enseignement professionnel, technique et autre ; et de l'administration générale et des services annexes.

Dépenses de santé : dépenses consacrées aux hôpitaux, aux centres de santé et aux dispensaires, aux systèmes d'assurance-maladie et à la planification familiale.

Dépenses militaires : dépenses, engagées par les départements de la défense ou autres, pour l'entretien des forces armées, y compris l'achat de fournitures et d'équipements militaires, la construction,le recrutement, la formation et les programmes d'aide militaire.

Dépenses publiques : dépenses réalisées par tous les bureaux, départements, établissements et autres organes du gouvernement central qui sont des institutions ou des instruments de l'autorité centrale d'un pays. Elles comprennent les dépenses de fonctionnement, d'investissement et développement, mais les dépenses provinciales, locales et privées en sont exclues.

Dépenses réelles par habitant : les dépenses pour chaque article dans chaque pays exprimées en comparaison des mêmes dépenses aux Etats-Unis, sur la base de la dépense totale en monnaie nationale pour chaque article, convertie en dollars internationaux sur la base du pouvoir d'achat pour cet article. Cette comparaison des sommes pour chaque article est basée sur l'ensemble commun des prix internationaux appliqués dans tous les pays qui figurent dans le Projet international de comparaison des prix (*voir PIB réel par habitant*). Ces dépenses sont alors exprimées en fonction des dépenses moyennes correspondantes des pays industrialisés, qui sont indexées pour être égales à 100.

Diplômés de l'enseignement scientifique : diplômés de l'enseignement supérieur dans les domaines des sciences naturelles et appliquées.

Emaciation : pourcentage d'enfants agés de moins de cinq ans dont le poids est inférieur d'au moins deux écarts-types du poids moyen correspondant à chaque tranche d'age dans l'ensemble de la population considérée.

Enseignement primaire : enseignement au premier niveau (Niveau 1 de la Classification internationale type de l'éducation - CITE), dont la principale fonction est de fournir les éléments de base de l'éducation - comme les écoles élémentaires et les écoles primaires.

Enseignement secondaire : enseignement au deuxième niveau (niveaux 2 et 3 de la CITE), basé sur au moins quatre années d'instruction préalable au premier niveau et fournissant une instruction générale ou spécialisée, ou les deux, comme les écoles intermédiaires, les écoles secondaires, les lycées, les écoles normales à ce niveau et les écoles à vocation professionnelle ou technique.

Enseignement secondaire technique : enseignement dispensé dans les établissements secondaires visant à préparer les élèves immédiatement en vue d'une activité ou d'une profession autre que l'enseignement.

Enseignement supérieur : enseignement au troisième niveau (niveaux 5, 6 et 7 de la CITE) - comme les universités, les écoles normales et les écoles professionnelles supérieures — exigeant comme condition minimale d'admission d'avoir achevé avec succès l'enseignement de deuxième niveau ou de prouver qu'un niveau équivalent de connaissances a été assimilé.

Epargne intérieure (brute) : le produit intérieur brut moins la consommation des administrations publiques et la consommation privée.

Espérance de vie à la naissance : nombre d'années que vivrait un nouveau-né si les caractéristiques de mortalité de sa population au moment de sa naissance demeuraient les mêmes tout au long de sa vie.

Excédent ou déficit budgétaire : recettes courantes et en capital et libéralités reçues, moins le total des dépenses et des prêts, moins les remboursements.

Exportations de biens et services : valeur de tous les biens et les services non-facteurs fournis au reste du monde, y compris les marchandises, le fret, l'assurance, le transport et autres services non-facteurs.

Gains par salarié : salaires réels obtenus en déflatant les salaires nominaux par salarié par l'indice des prix à la consommation du pays.

Impôts directs : impôts prélevés sur le revenu net effectif ou présumé des particuliers, sur les bénéfices des entreprises et sur les plus-values, qu'elles soient réalisées par des ventes de biens fonciers, de titres ou d'autres éléments d'actif.

Indice de production alimentaire par habitant : quantité annuelle moyenne de vivres produits par habitant par rapport à la quantité produite (par habitant) dans l'année de référence. Les produits alimentaires sont définis comme comprenant les oléagineux, les légumineuses, les fruits, les céréales, la canne à sucre, les betteraves sucrières, les racines amylacées, les huiles comestibles, le bétail et la production animale.

Indice de serre : émissions nettes de trois des principaux gaz resposables de l'effet de serre (CO_2, méthane et chlorofluorocarbones), chaque gaz étant pondéré selon sa rétention thermique, en équivalents de CO_2, exprimées en tonnes de carbone par habitant.

Indice synthétique de fécondité : nombre d'enfants que mettrait au monde une femme pendant sa vie, en donnant naissance, à chaque âge, au nombre d'enfants correspondant au taux de fécondité prévalant pour cet âge.

Inégalités rurale/urbaine : ensemble d'estimations nationales, régionales et autres dans lequel tous les chiffres ruraux sont exprimés par rapport aux chiffres urbains correspondants, qui sont égaux à 100.

Inégalités femmes/hommes : ensemble d'estimations nationales, régionales et autres dans lequel tous les chiffres pour les femmes sont exprimés par rapport aux chiffres correspondants pour les hommes, qui sont égaux à 100.

Inégalités Sud/Nord : ensemble d'estimations nationales, régionales et autres dans lequel tous les chiffres sont exprimés par rapport aux chiffres moyens correspondants pour tous les pays industrialisés, qui sont égaux à 100.

Insuffisance pondérale (malnutrition modérée et aiguë) : pourcentage d'enfants de moins de cinq ans qui sont inférieurs de plus de - 2 écarts-types au poids médian par âge de la population de référence.

Insuffisance pondérale néo-natale : pourcentage de nouveau-nés pesant moins de 2500 grammes.

Investissement intérieur (brut) : utilisation des revenus en sus des biens durables de l'économie, plus les variations de stocks.

Joule : unité d'énergie du système métrique. Un mégajoule est un million de joules et un gigajoule un milliard de joules.

Jours d'incapacité : nombre moyen de jours par an pour lesquels les activités habituelles ont été interrompuespour cause de maladie ou de blessures.

Main-d'œuvre : population active, y compris les forces armées et les chômeurs, mais à l'exclusion des personnes occupées au foyer et autres auxiliaires familiaux non rémunérés.

Malnutrition : voir Insuffisance pondérale, Emaciation et Retard de croissance.

Naissances suivies par du personnel soignant : pourcentage de naissances suivies par des médecins, des infirmières, des sages-femmes, des agents de soins de santé primaires qualifiés ou des accoucheuses traditionnelles formées.

Parités du pouvoir d'achat (PPA) : voir PIB réel par habitant.

Part du revenu : le revenu en espèces et en nature revenant à des groupes (centiles) de ménages classés sur la base du revenu total des ménages.

Pays les moins avancés : catégorie déterminée de pays en développement établie par l'Assemblée générale des Nations unies. La plupart de ces pays souffrent d'une ou plusieurs des limitations suivantes : un PNB par habitant d'environ 300 dollars ou moins, pas de littoral, isolement géographique, désertification, et exposition aux catastrophes naturelles.

Personnes par pièce habitable : nombre de personnes vivant dans une unité d'habitation divisé par le nombre de pièces habitables de ces unités. Une pièce habitable est définie comme un espace, dans une unité d'habitation, délimité par des murs allant du plancher au plafond ou au revêtement du toit, d'une hauteur d'au moins deux mètres et de dimensions suffisantes pour que l'on puisse y placer un lit pour adulte.

PIB réel par habitant : l'utilisation de taux de change officiels pour convertir en dollars des Etats-Unis les chiffres exprimés en monnaies nationales ne permet pas de mesurer le pouvoir d'achat intérieur relatif des monnaies. Le Projet des

Nations Unies de comparaison internationale (PCI) a mis au point des mesures du PIB réel sur une échelle comparable au niveau international en utilisant les parités de pouvoir d'achat (PPA), au lieu des taux de change, comme facteurs de conversion, et les a exprimées en « dollars internationaux ».

PNB par habitant et taux de croissance : le produit national brut divisé par le nombre d'habitants. Les PNB annuels par habitant sont exprimés en dollars actuels des Etats-Unis. Les taux de croissance du PNB par habitant sont des taux de croissance annuels moyens, calculés à partir de la tendance estimée en prenant les valeurs logarithmiques des PNB par habitant, à prix du marché constants pour chaque année de la période considérée.

Population rurale : pourcentage de la population résidant dans les régions rurales, telles qu'elles ont été définies par des critères nationaux lors du dernier recensement.

Population stationnaire : population ayant un taux de natalité constant et égal au taux de mortalité, la composition par âge étant constante et le taux de croissance démographique nul.

Population urbaine : pourcentage de la population résidant dans les régions urbaines telles qu'elles ont été définies par des critères nationaux lors du dernier recensement.

Prestations de sécurité sociale : indemnités de perte de revenu versées aux personnes malades ou en incapacité temporaire, paiements aux personnes âgées, aux invalides, allocations familiales, de maternité et pour enfants à charge ainsi que le coût des services sociaux.

Produit intérieur brut (PIB) : le total, au niveau de l'utilisation finale, des biens et services d'une économie, produits par les résidents et les non-résidents, quelle que soit la répartition entre nationaux et étrangers.

Produit national brut (PNB) : le total de la valeur ajoutée nationale et étrangère revenant aux résidents, calculée sans opérer de déductions pour la dépréciation. Il comprend le PIB plus le revenu net des facteurs à l'étranger, qui est le revenu que les résidents reçoivent de l'étranger pour des services facteurs (main-d'œuvre et capital), moins les paiements similaires faits à des non-résidents qui contribuent à l'économie nationale.

Réserves internationales (brutes) : avoirs en or monétaire, droits de tirage spéciaux (DTS), positions de réserve des membres du FMI et avoirs en devises sous le contrôle des autorités monétaires exprimés en mois d'importation de biens et de services que ces avoirs permettraient d'acheter au niveau courant d'importations.

Ressources en eau intérieures renouvelables : débit moyen annuel des cours d'eau et des formations aquifères provenant des précipitations endogènes.

Retard de croissance : pourcentage d'enfants âgés de 24 à 59 mois, qui s'écartent de plus de - 2 écarts-types de la médiane pondérée par l'âge de la population de référence.

Salariés : salariés réguliers, propriétaires qui travaillent, associés actifs d'une entreprise, et travailleurs familiaux non rémunérés, mais à l'exclusion des individus occupés au foyer.

Scientifiques : personnes de formation scientifique ou technique — ayant généralement terminé leurs études supérieures dans un domaine scientifique — exerçant des activités professionnelles en recherche et développement, y inclus les administrateurs et directeurs de ces activités.

Service de la dette : le total des paiements d'intérêt et des remboursements du principal effectués en devises, biens ou services, afférents aux dettes extérieures publiques, aux emprunts garantis par l'Etat et aux dettes privées non garanties.

Seuil de pauvreté : niveau de revenu au-dessous duquel il est impossible d'obtenir une alimentation adaptée du point de vue nutritionnel et de satisfaire les besoins de base non alimentaires.

Solde des opérations courantes : différence entre a) les exportations de biens et de services (facteurs et non-facteurs) ainsi que les recettes provenant de transferts privés sans contrepartie mais avant les transferts officiels et b) les importations de biens et de services ainsi que tous les transferts sans contrepartie avec le reste du monde.

Taux (brut) de mortalité : nombre annuel de décès pour 1 000 habitants.

Taux (brut) de natalité : nombre annuel de naissances pour 1 000 habitants.

Taux d'abandon : proportion d'enfants inscrits en première année d'enseignement du cycle primaire qui n'achèvent pas ce dernier avec succès.

Taux d'accroissement de la population : taux annuel de croissance de la population calculé à partir de données à mi-année.

Taux d'alphabétisation (adulte) : pourcentage de personnes âgées de 15 ans et plus qui peuvent, en le comprenant, lire et écrire un texte simple et court sur leur vie quotidienne.

Taux de mortalité des moins de cinq ans (TMM5) : nombre de décès d'enfants de moins de cinq ans pour 1 000 naissances vivantes au cours d'une année. Plus spécifiquement, la probabilité de mourir entre la naissance et le cinquième anniversaire.

Taux de mortalité infantile : nombre de décès d'enfants âgés de moins d'un an pour 1 000 naissances vivantes au cours d'une année. Plus spécifiquement, la probabilité de mourir entre la naissance et le premier anniversaire.

Taux de mortalité maternelle : nombre de femmes qui meurent chaque année par suite d'une grossesse pour 100 000 naissances vivantes.

Taux d'emploi des contraceptifs : pourcentage de femmes mariées en âge de procréer qui utilisent, ou dont les partenaires utilisent, toute forme de contraception, c'est-à-dire des méthodes modernes ou traditionnelles.

Taux d'inflation : taux moyen annuel d'accroissement des prix ; il est mesuré par la croissance du facteur déflateur implicite du PIB pour chacune des périodes considérées.

Taux de remplacement de la force de travail : population de moins de 15 ans divisée par un tiers de la population de 15 à 59 ans

Taux de scolarisation (brut et net) : le taux *brut* de scolarisation est le nombre d'enfants inscrits à un cycle (niveau) d'enseignement (qu'ils soient ou non en âge de le fréquenter), exprimé en pourcentage du nombre d'enfants appartenant au groupe d'âge correspondant à ce niveau d'enseignement. Le taux *net* de scolarisation est le nombre d'enfants inscrits à un cycle (niveau) d'enseignement et qui appartiennent au groupe d'âge pertinent, exprimé en pourcentage de nombre d'enfants appartenant à ce même groupe d'âge.

Techniciens : personnes exerçant des activités scientifiques de recherche et développement, qui ont eu une formation professionnelle ou technique d'au moins trois ans après le premier cycle de l'enseignement secondaire.

Termes de l'échange : rapport de l'indice des prix moyens des exportations d'un pays à l'indice des prix moyens de ses importations.

Vaccinés : moyenne des couvertures vaccinales des enfants de moins d'un an pour les quatre antigènes utilisés dans le Programme de vaccination universelle des enfants.

Classement des pays

Pays regroupés selon leur développement humain

Développement humain élevé (IDH égal ou supérieur à 0,800)	*Développement humain moyen (IDH de 0,500 à 0,799)*	*Faible développement humain (IDH inférieur à 0,500)*
Albanie	Afrique du Sud	Afghanistan
Allemagne	Arabie saoudite	Algérie
Antigua-et-Barbuda	Belize	Angola
Argentine	Botswana	Bangladesh
Australie	Brésil	Bénin
Autriche	Chine	Bhoutan
Bahamas	Corée, Rép. pop. dém.	Bolivie
Bahreïn	El Salvador	Burkina Faso
Barbade	Emirats arabes unis	Burundi
Belgique	Equateur	Cambodge
Brunei Darussalam	Fidji	Cameroun
Bulgarie	Gabon	Cap-Vert
Canada	Grenade	Comores
Chili	Guatemala	Congo
Chypre	Guyana	Côte d'Ivoire
Corée, République de	Iran, République islamique	Djibouti
Costa Rica	Iraq	Egypte
Cuba	Jamahiriya arabe libyenne	Ethiopie
Danemark	Jamaïque	Gambie
Dominique	Jordanie	Ghana
Espagne	Liban	Guatemala
Etats-Unis d'Amérique	Maldives	Guinée
Finlande	Maurice	Guinée-Bissau
France	Mongolie	Guinée équatoriale
Grèce	Nicaragua	Haïti
Hong-Kong	Oman	Honduras
Hongrie	Panama	Inde
Irlande	Paraguay	Indonésie
Islande	Pérou	Kenya
Israël	Philippines	Lesotho
Italie	Roumanie	Libéria
Japon	République arabe syrienne	Madagascar
Koweït	République dominicaine	Malawi
Luxembourg	Sainte-Lucie	Mali
Malaisie	Saint-Kitts-et-Nevis	Maroc
Malte	Saint-Vincent	Mauritanie
Maurice	Salomon, Iles	Mozambique
Mexique	Samoa	Myanmar
Norvège	Seychelles	Namibie
Nouvelle-Zélande	Sri Lanka	Népal
Pays-Bas	Suriname	Niger
Pologne	Thaïlande	Nigéria
Portugal	Tunisie	Ouganda
Qatar	Turquie	Pakistan
Royaume-Uni		Papouasie-Nouvelle-Guinée
Singapour		République centrafricaine
Suède		République dém. pop. Laos
Suisse		Rwanda
Tchécoslovaquie		Sao Tomé-et-Principe
Trinité-et-Tobago		Sénégal
Uruguay		Sierra Leone
URSS		Somalie
Venezuela		Soudan
Yougoslavie		Tanzanie, Rép. unie de
		Tchad
		Togo
		Vanuatu
		Viet Nam
		Yémen
		Zaïre
		Zambie
		Zimbabwe

Pays regroupés selon leur revenu

Revenu élevé
(PNB par habitant égal ou supérieur à 6 000 $)

Allemagne
Antigua-et-Barbuda
Arabie saoudite
Australie
Autriche
Bahamas
Bahreïn
Barbade
Belgique
Brunei Darussalam
Canada
Chypre
Danemark
Emirats arabes unis
Espagne
Etats-Unis d'Amérique
Finlande
France
Hong-Kong
Irlande
Islande
Israël
Italie
Japon
Koweït
Luxembourg
Malte
Norvège
Nouvelle-Zélande
Pays-Bas
Qatar
Royaume-Uni
Singapour
Seychelles
Suède
Suisse
Suriname

Revenu moyen
(PNB par habitant entre 500 et 5 999 $)

Afrique du Sud
Albanie
Algérie
Angola
Argentine
Belize
Bolivie
Botswana
Brésil
Bulgarie
Cameroun
Cap-Vert
Chili
Colombie
Congo
Corée, République de
Corée, République pop. dém. de
Costa Rica
Côte d'Ivoire
Cuba
Dominique
Egypte
El Salvador
Equateur
Fidji
Gabon
Grèce
Grenade
Guatemala
Honduras
Hongrie
Iran, République islamique d'
Iraq
Jamahiriya arabe libyenne
Jamaïque
Jordanie
Liban
Malaisie
Maroc
Maurice
Mexique
Mongolie
Namibie
Nicaragua
Oman
Panama
Papaousie-Nouvelle Guinée
Paraguay
Pérou
Philippines
Pologne
Portugal
République arabe syrienne
République dominicaine
Roumanie
Sainte-Lucie
Saint-Kitts-et-Nevis
Saint-Vincent
Samoa
Sénégal
Swaziland
Tchécoslovaquie
Thaïlande
Trinité-et-Tobago
Tunisie
Turquie
Uruguay
URSS
Vanuatu
Venezuela
Yémen
Yougoslavie
Zimbabwe

Faible revenu
(PNB par habitant inférieur à 500 $)

Afghanistan
Bangladesh
Bénin
Bhoutan
Burkina Faso
Burundi
Cambodge
Chine
Comores
Ethiopie
Ghana
Guinée
Guinée-Bissau
Guinée équatoriale
Guyana
Haïti
Inde
Indonésie
Kenya
Lesotho
Libéria
Madagascar
Malawi
Maldives
Mali
Mauritanie
Mozambique
Myanmar
Népal
Niger
Nigéria
Ouganda
Pakistan
République centrafricaine
République dém pop. Laos
Rwanda
Salomon, Iles
Sao Tomé-et-Principe
Sierra Leone
Somalie
Soudan
Sri Lanka
Tanzanie, Rép. unie de
Tchad
Togo
Viet Nam
Zaïre
Zambie

Regroupements de pays en grands groupes

Pays moins avancés (PMA)

Afghanistan
Bangladesh
Bénin
Bhoutan
Botswana
Burkina Faso
Burundi
Cap-Vert
Comores
Djibouti
Ethiopie
Gambie
Guinée
Guinée-Bissau
Guinée équatoriale
Haïti
Lesotho
Malawi
Maldives
Mali
Mauritanie
Mozambique
Myanmar
Népal
Niger
Ouganda
République centrafricaine
République dém. pop. Laos
Rwanda
Samoa
Sao Tomé-et-Principe
Sierra Leone
Somalie
Soudan
Tanzanie, Rép. unie de
Tchad
Togo
Vanuatu
Yémen

Pays en développement

Afghanistan
Afrique du Sud
Algérie
Angola
Antigua-et-Barbuda
Arabie saoudite
Argentine
Bahamas
Bahreïn
Bangladesh
Barbade
Belize
Bénin
Bhoutan
Bolivie
Botswana
Brésil
Brunei Darussalam
Burkina Faso
Burundi
Cambodge
Cameroun
Cap-Vert
Chili
Chine
Chypre
Colombie
Comores
Congo
Corée, République de
Corée, République pop. dém. de
Costa Rica
Côte d'Ivoire
Cuba
Djibouti
Dominique
Emirats arabes unis
Egypte
El Salvador
Equateur
Ethiopie
Fidji
Gabon
Gambie
Ghana
Grenade
Guatemala
Guinée
Guinée-Bissau
Guinée équatoriale
Guyana
Haïti
Honduras
Hong-Kong
Inde
Indonésie
Iran, République islamique d'
Iraq
Jamahiriya arabe libyenne
Jamaïque
Jordanie
Kenya
Koweït
Liban
Lesotho
Libéria
Madagascar
Malawi
Malaisie
Maldives
Mali
Maroc
Maurice
Mauritanie
Mexique
Mongolie
Mozambique
Myanmar
Namibie
Népal
Nicaragua
Niger
Nigéria
Oman
Ouganda
Pakistan
Panama
Papaousie-Nouvelle-Guinée
Paraguay
Pérou
Philippines
Qatar
République arabe syrienne
République centrafricaine
République dém. pop. Laos
République dominicaine
Rwanda
Sainte-Lucie
Saint-Kitts-et-Nevis
Saint-Vincent
Salomon, Iles
Sao Tomé-et-Principe
Samoa
Sénégal
Seychelles
Sierra Leone
Singapour
Somalie
Soudan
Sri Lanka
Suriname
Tanzanie, République unie de
Tchad
Thaïlande
Togo
Trinité-et-Tobago
Tunisie
Turquie
Uruguay
Vanuatu
Venezuela
Viet Nam
Yémen
Zaïre
Zambie
Zimbabwe

Pays industrialisés

Albanie
Allemagne
Autriche
Australie
Belgique
Bulgarie
Canada
Danemark
Espagne
Finlande
France
Grèce
Hongrie
Irlande
Islande
Israël
Italie
Japon
Luxembourg
Malte
Norvège
Nouvelle-Zélande
Pays-Bas
Pologne
Portugal
Roumanie
Royaume-Uni
Suède
Suisse
Tchécoslovaquie
URSS
Yougoslavie

Pays en développement regroupés par région

Afrique subsaharienne

Afrique du Sud
Angola
Bénin
Botswana
Burkina Faso
Burundi
Cameroun
Cap-Vert
Comores
Congo
Côte d'Ivoire
Djibouti
Ethiopie
Gabon
Gambie
Ghana
Guinée
Guinée-Bissau
Guinée équatoriale
Kenya
Lesotho
Libéria
Madagascar
Malawi
Mali
Maurice
Mauritanie
Mozambique
Namibie
Niger
Nigéria
Ouganda
République centrafricaine
Rwanda
Sao Tomé-et-Principe
Sénégal
Seychelles
Sierra Leone
Somalie
Swaziland
Tanzanie, Rép. unie de
Tchad
Togo
Zaïre
Zambie
Zimbabwe

Etats arabes

Algérie
Arabie saoudite
Bahreïn
Egypte
Emirats arabes unis
Iraq
Jamahiriya arabe libyenne
Jordanie
Koweït
Liban
Maroc
Oman
Qatar
République arabe syrienne
Soudan
Tunisie
Turquie
Yémen

Amérique latine et Caraïbes

Antigua-et-Barbuda
Argentine
Bahamas
Barbade
Belize
Bolivie
Brésil
Chili
Colombie
Costa Rica
Cuba
Dominique
El Salvador
Equateur
Grenade
Guatemala
Guyana
Haïti
Honduras
Jamaïque
Mexique
Nicaragua
Panama
Paraguay
Pérou
République dominicaine
Sainte-Lucie
Saint-Kitts-et-Nevis
Saint-Vincent
Suriname
Trinité-et-Tobago
Uruguay
Venezuela

Asie de l'Est, Asie du Sud-Est et Océanie

Brunei Darussalam
Cambodge
Chine
Corée, République de
Corée, République pop. dém. de
Fidji
Hong-Kong
Indonésie
Laos, République dém. pop. de
Malaisie
Mongolie
Myanmar
Papaousie-Nouvelle-Guinée
Philippines
Samoa
Salomon, Iles
Singapour
Thaïlande
Vanuatu
Viet Nam

Asie du sud

Afghanistan
Bangladesh
Bhoutan
Inde
Iran, République islamique d'
Maldives
Népal
Pakistan
Sri Lanka

Pays industrialisés regroupés par région

OCDE

Allemagne
Autriche
Australie
Belgique
Canada
Danemark
Espagne
Finlande
France
Grèce
Irlande
Islande
Italie
Japon
Luxembourg
Norvège
Nouvelle-Zélande
Pays-Bas
Portugal
Royaume-Uni
Suède
Suisse

Europe de l'Est et URSS

Albanie
Bulgarie
Hongrie
Pologne
Roumanie
Tchécoslovaquie
URSS
Yougoslavie

Pays nordiques

Danemark
Finlande
Islande
Norvège
Suède

Europe méridionale

Albanie
Espagne
Grèce
Italie
Malte
Portugal
Yougoslavie

Communauté européenne

Allemagne
Belgique
Danemark
Espagne
France
Grèce
Irlande
Italie
Luxembourg
Pays-Bas
Portugal
Royaume-Uni

Pays non européens

Australie
Canada
Etats-Unis d'Amérique
Israël
Japon
Nouvelle-Zélande

Amérique du Nord

Canada
Etats-Unis d'Amérique

Principales sources des données

Les données relatives aux dénomination en italiques ont été recueillies auprès de plus d'une source principale.

Banque mondiale
Dépenses étatiques et locales pour les services sociaux. Dépenses militaires, de santé et d'éducation. Epargne intérieure. Investissement intérieur. *PIB*, PNB et *PIB réel par habitant*. Population au-dessous du seuil de pauvreté. Population stationnaire. Prestations de sécurité sociale. Revenus des ménages. *Service de la dette et remboursement des intérêts.*

Bureau de statistique (ONU)
Automobiles. Dépenses de PIB réel par habitant. Exportations et importations. *Logement. Mortalité infantile.* PIB. *Personnes par pièce habitable. PIB réel par habitant. Population totale.* Termes de l'échange. Taux de dépendance commerciale.

Centre international d'études urbaines.
Densité de la population en zones urbaines.

Centre pour le développement social et les affaires humanitaires (CSDHA) (ONU)
Divorces. Homicides. Infractions à la législation sur les stupéfiants. Population carcérale.

Commission économique pour l'Europe (CEE) (ONU)
Déboisement et large gamme d'indicateurs pour les pays de la CEE.

Division de la population (ONU)
Densité de population. Espérance de vie. Fécondité. *Mortalité infantile et mortalité des enfants de moins de cinq ans. Population : totale*, urbaine, et rurale. Taux de natalité et de mortalité. Taux de dépendance.

Enquête mondiale sur la fécondité
Allaitement maternel

Fonds des Nations Unies pour la population (FNUAP)
Taux d'emploi des contraceptifs.

Fonds des Nations Unies pour l'enfance (UNICEF)
Allaitement maternel. Malnutrition infantile. Mortalité des enfants de moins de cinq ans. Vaccination.

Fonds monétaire international (FMI)
Dépenses étatiques et locales pour les services sociaux. Dépenses militaires, de santé et d'éducation. Excédent/déficit budgétaire. Impôts. Inflation. Réserves internationales. Solde des opérations courantes. Transferts des travailleurs.

Habitat
Personnes par pièce habitable.

Institute for Resource Development
Allaitement maternel. Malnutrition infantile.

Luxembourg Income Study Database (LIS)
Seuil de pauvreté avec le PIB réel par habitant.

Office statistique des Communautés européennes (CE)
Large gamme d'indicateurs pour les pays de la CE.

Organisation de coopération et de développement économiques (OCDE)
APD, reçue et donnée. *APD pour secteur social et large gamme d'indicateurs pour les pays de l'OCDE. Service de la dette.*

Organisation des Nations Unies pour l'alimentation et l'agriculture (FAO)
Apport en calories. Bétail. Bois de feu. *Déboisement*. Importations de produits alimentaires. Production agricole. Production alimentaire. Superficie des terres. Terres arables.

Organisation des Nations Unies pour le développement industriel (ONUDI)
Salaires.

Organisation des Nations Unies pour l'éducation, la science et la culture (UNESCO)
Abandon à l'école primaire. Alphabétisation. Cinéma. *Dépenses d'enseignement*. Diplômés. Enseignants. Musées. Prêts de librairies. Quotidiens. Radios. Redoublants. Scolarisation dans l'enseignement primaire, secondaire et supérieur. Scolarité obligatoire. Télévision. Titres de livres. Scientifiques et techniciens.

Organisation internationale du Travail (OIT)
Chômage. Emploi. Main-d'œuvre. Salaires.

Organisation mondiale de la santé (OMS)
Accès aux services de santé, à l'eau potable et à l'assainissement. Insuffisance pondérale néo-natale. *Malnutrition infantile*. Médecins et infirmières. Mortalité maternelle. Naissances sous contrôle. Tabagisme. *Vaccination*.

Programme alimentaire mondial (PAM)
Aide alimentaire.

Programme des Nations Unies pour le développement (PNUD)
Années de scolarisation. Estimations choisies de l'alphabétisation. Estimations choisies du PIB réel par habitant. Indice de développement humain (IDH).

Union interparlementaire
Femmes parlementaires.

Université de Pennsylvanie
PIB réel par habitant.

World Priorities Inc.
Dépenses militaires, de santé et d'éducation.
Exportations et importations d'armes. Forces armées.

World Resources Institute
Ressources en eau intérieures renouvelables. Indice de serre.

Imprimé en France. — JOUVE, 18, rue Saint-Denis, 75001 PARIS
N° 61488. — Dépôt légal : Mai 1991